CASINO BALNEARIO RIO DA URCA

Este livro foi revisado segundo o Novo Acordo Ortográfico da Língua Portuguesa.

Todos os esforços foram envidados no sentido de garantir o devido crédito aos detentores de direitos autorais e de imagem. No caso de um detentor se identificar, faremos com prazer constar o crédito nas impressões e edições seguintes.

Direção editorial
Martha Ribas
Ana Cecilia Impellizieri Martins

Editora de textos
Fernanda Cardoso

Editora assistente
Marina Boscato Bigarella

Produção gráfica
Meyrele Torres

Pesquisa
Debora Fantini
Diogo Cunha Machado
Euler Corradi
João Perdigão
Manuela Tenreiro

Redação
Manuela Tenreiro

Copidesque
Simone Campos

Revisão
Laís Alcantara

Projeto gráfico (capa e miolo)
Retina 78

Diagramação e Pré-impressão
Filigrana

CIP-BRASIL. CATALOGAÇÃO-NA-FONTE
SINDICATO NACIONAL DOS EDITORES DE LIVROS, RJ

P485r

Perdigao, João
O rei da roleta, a incrível vida de Joaquim Rolla, o homem que inventou o Cassino da Urca e transformou a história do entretenimento no Brasil / João Perdigão, Euler Corradi. – Rio de Janeiro : Casa da Palavra, 2012.

ISBN 978-85-7734-239-6

1. Rolla, Joaquim, 1899-1972. 2. Empresários – Brasil – Biografia. 3. Cassinos – Brasil. I. Corradi, Euler. I. Título.

12-0328. CDD: 926.8
CDU: 929:7.075

CASA DA PALAVRA PRODUÇÃO EDITORIAL
Av. Calógeras, 6, sala 1.001, Centro
Rio de Janeiro RJ 20030-070
21.2222-3167 21.2224-7461
divulga@casadapalavra.com.br
www.casadapalavra.com.br

Patrocínio

Realização

João Perdigão & Euler Corradi

O REI DA ROLETA

A INCRÍVEL VIDA DE JOAQUIM ROLLA

♠♥♣♦

Casa da Palavra

K

Sumário

CEM MIL REIS
1403
500

CEM MIL REIS
100$000
1403
500
1403
5000
1403
Crs 1000,00
500
CEM MIL REIS
100$000
500
CEM MIL REIS
100$000
500

{25 DE MAIO DE 1938} *Capítulo 1*

A URCA PÕE A BANCA

Rio de Janeiro, maio de 1938. Enquanto no dia 11 ocorrera um malfadado golpe perpetrado pelos integralistas para tentar derrubar Getúlio Vargas do poder, o assunto principal da cidade no fim do mês era outro. Em todas as rodas sociais, só se falava do festejo na segunda-feira 25, marcado à avenida Portugal, 13. Neste endereço iria ocorrer a festa do ano, a reinauguração do novo *grill-room* do Cassino da Urca. O proprietário da casa encomendou um espetáculo que pudesse mostrar ao seu público qual era a melhor casa de diversões da América do Sul, e uma das maiores do mundo. Com este evento, ofuscaria de vez seu principal concorrente, o Cassino Atlântico, que estava anunciando nos jornais cariocas seus shows como superlativos em estrutura e programação artística.

As inovações feitas eram para deixar boquiaberto qualquer apreciador de espetáculos ao estilo *music-hall.*[1] Ao contrário do que ocorria em Paris, os shows oferecidos a preços baixos aqui no Brasil careciam de um complemento diferente para bancar a conta nada baixa de artistas, cenários e figurinos: o jogo. A Urca queria gente lá apostando, sim, mas o modo como atraía sua audiência era agradando a quem quisesse dançar ou apenas jantar. Para os apreciadores da noite, seu nome já se tornara uma força incomparável.

O salão do *grill-room*, antes limitado por conta de uma área de serviço, havia ganhado espaço com sua transferência para o salão de jogos, do outro lado da rua, que também fora ampliado sob a praia. O espectador, que nos outros cassinos e teatros de revista na cidade aguardava o intervalo entre um número e outro para preparação do palco, na Urca via os vários shows num só ato. Numa engenharia inédita para uma casa de tal porte, o palco principal se dividia em dois num apertar de botões, enquanto dois elevadores levavam e traziam artistas ao tempo de um *fade* musical.

Agora era o momento de inaugurar o arremate para realçar o luxo do palco: uma fantástica cortina de espelhos, que decorava a plataforma fixa sob a qual o palco, móvel como uma gaveta, avançava pela pista de dança. Este segundo palco passou a ter um chão de vidro, com iluminação subterrânea, realçando a beleza das vedetes e os grandes cantores que fechavam a noite. Uma nova iluminação foi colocada em todo o *grill-room* e na sala de jogos, destacando a majestosa decoração planejada pelo arquiteto Luiz Fossati.

Mal dava para notar que toda esta badalação era orquestrada por um caipira vindo de Minas Gerais. Homem elegante de porte corpulento, o empresário Joaquim Rolla circulava pelas rodas da alta sociedade. Mesmo assim, era criticado pelos intelectuais de plantão, que preconceituosamente estigmatizaram-no como burro pela sua fala truncada, trocando palavras e criando expressões próprias e sempre trocando o L pelo R. Em sua trajetória de subidas e descidas, o que havia de burro mesmo eram os próprios muares, pois ainda adolescente já fazia negócio levando e trazendo mercadorias no lombo desses animais.

Rolla nunca se gabou por estar sempre no lugar certo na hora certa. Quando moleque brincava de ser pé-quente e se esforçava em ser o melhor da turma nas disputas, da partida de birosca à cabra-cega, e tinha sorte para ganhar. Adolescente, já era um popular negociante em São Domingos do Prata, cidade na bacia do Rio Doce mineiro. Lá, Joaquim foi vaqueiro, açougueiro, tropeiro e finalmente, construtor de estradas. Foi aí que, por linhas tortas, se embrenhou na politicagem através de um grande mestre, seu padrinho e tio, o coronel Francisco Rolla. Na sua passagem de três anos por Belo Horizonte, sentiu-se tolhido por criar jornais de apoio a Artur Bernardes e seu PRM.[2] Na capital mineira, Joaquim foi perseguido por conspirar contra o governo de Olegário Maciel,[3] autoexilando-se no Rio de Janeiro a partir de 1932, onde logo se tornou sócio e depois dono da mais famosa casa de jogos que já existiu por lá.

Localizado dentro de uma pequena península da Baía de Guanabara, o bairro da Urca até hoje possui um único acesso. O prédio que em 1933 virou cassino foi construído originalmente para abrigar o hotel Balneário da Urca, no princípio da década de 1920, mas seu nome permanece até hoje relacionado ao uso que teve nos tempos de jogo, quando o trânsito de estrelas e de público se renovava a cada temporada.

Com o novo uso da casa, Rolla quis celebrar também seu pleno sucesso no ramo, pois agora estava tocando um negócio que o elevou a um status de *café-society*.[4] Contratou para a prodigiosa reforma um experiente cenógrafo de teatro, o nobre faz-tudo Luiz de Barros,[5] que como diretor de cinema realizou desde filmes mudos na década de 1910 até pós-chanchadas na década de 1970. Barros também era responsável por dar palpite nos contratos das grandes estrelas e jovens artistas que deviam ou não se apresentar no *grill-room*, responsáveis por trazer a nata da sociedade para a casa.

PLAY THE SHOW

No dia 25 de maio de 1938, na festa de estreia do *grill-room*, afluiu ao Cassino da Urca o maior *casting* artístico de grande quilate a se apresentar simultaneamente numa casa de shows carioca. O casal de dançarinos franceses Bowyer e Ravel, as modelos Grosvernor Girls, vindas de Londres e desfilando joias preciosas, a Miss França 1937, Jacqueline Janet e, dos Estados Unidos, o grupo de dançarinas Vampire Girls e como grande atração, a orquestra do Cotton Club, com repertório de Duke Ellington e Cab Calloway. Luiz de Barros conta[6] que quem ia ao cassino para dançar com muito ânimo e para farrear estava encantado. Porém, a turma que ia para encontrar amigos e conversar estava inconformada com o barulho da orquestra e foi reclamar ao proprietário, que mandou chamá-lo:

Orquestra descendo do palco principal sob a cortina de espelhos.

– Seu Luiz, precisa dizer a essa orquestra para tocar mais suave, tocar uns *blues*...

– O senhor desculpe, mas eu não vou dizer isso aos músicos. O senhor mandou contratar uma orquestra *hot*. Esse é o gênero dela e é isso que ela toca.

– Mas eu estou mandando.

– Então, manda diretamente a ela, pois já não sou mais o diretor artístico desse cassino. Prefiro sair a fazer um papel de bobo perante a orquestra.

Mas, apesar de caipira do estopim curto, Rolla era um cavalheiro correto e, para evitar perder o homem que o ajudou a revolucionar seu espetáculo, desculpou-se, convidando-o a cear em sua mesa. E teve-o em seu quadro de funcionários por mais um ano. Nesse ínterim, Barros pôde acompanhar o afluxo de um público cada vez mais sofisticado para o cassino.

No mezanino superior do *grill*, com sua vista privilegiada, Rolla observava a chegada de ministros, empresários, deputados, senadores e, outras figuras proeminentes que passavam por sua mesa para cumprimentá-lo. Avesso a badalações e colunas sociais, estava presente em situações especiais, mas não todos os dias, o que só ajudava a aumentar a aura de mistério em torno do mineiro que há apenas cinco anos chegara *exilado* a terras cariocas. Trouxe para participar da festa, vestida à risca dos melhores figurinos parisienses, sua esposa Zorayda, que, indiretamente, foi um dos motivos de sua vinda para o Rio.

A esta altura, Rolla havia concebido a ideia de uma rede de hotéis e cassinos. Havia comprado o Cassino Icaraí, em Niterói, propriedade de Luiz Alves Castro, que continuou como sócio. Conhecido como capitão Lulu, foi para a capital quando os gaúchos amarraram seus cavalos no obelisco da Praça da República levando a experiência em lidar com o jogo, aprendida nas roletas e cartas de seu Cassino Clube dos Caçadores, em Porto Alegre, na década de 1920.

Era mais que uma noite de gala, e ali, com mão de obra experiente, os melhores pratos também eram servidos como de costume. Na sofisticada cozinha regida pelo chef Francisco Soricillo, as panelas nunca derreteram um grama de banha, sendo sempre utilizada a manteiga – para deixar os alimentos mais saborosos. Servia-se também a grande novidade no Brasil de então. Era o novo desinibidor social, o uísque, das hoje desconhecidas marcas Haig, Canadian Club e Old Smuggler. O cartunista e compositor Nássara e seu parceiro Orestes Barbosa foram assíduos frequentadores da Urca nos tempos em que os cariocas passaram do vermute para o drinque escocês e discutiam: "Será que se bebe puro? Misturado com soda ou com gelo?" Preferências à parte, certo é que o gosto se espalhou pelo Brasil e até hoje tem gente que gosta de bebida forte e não toma cachaça nem a porrete.

Quem se excedia na bebida ou criava algum problema no setor do jogo era levado pelos leões de chácara para fora dos domínios do seguro bairro da Urca. Dentro de suas pacatas imediações na zona sul carioca, as fichas do cassino eram moeda corrente nas pequenas casas de comércio. Os garçons possuíam dupla função e, além de passarem por um treinamento impecável para o atendimento, eram instruídos a aplaudir no encerramento das apresentações, ajudando assim a aumentar a ovação e a estimular os mais tímidos a espalmarem suas mãos. Uma *mise-en-scène* peculiar em um novo tipo de negócio em ascensão.

PROPOSTA DE FERRO

Na noite de 25 de maio de 1938, compareceu ao Cassino da Urca para prestigiar a reinauguração o maior aliado de Rolla na mídia: o imperador dos Diários Associados, Assis Chateaubriand. Eram como sócios, pois dividiam os cachês das estrelas internacionais que conseguiam fazer aportar no Rio de Janeiro quando descobriam que estas iam a bordo de algum transatlântico em direção a Buenos Aires. E Chateaubriand, proprietário da rádio Tupi, sempre comparecia a esses shows. Durante esse dia, a orquestra do Cotton Club havia se apresentado na sua rádio, ao vivo, para todo o Brasil. Os shows noturnos da Urca, que sempre começavam às onze, a pedido dos clientes assíduos agora iniciavam às dez e meia. Chateaubriand chegou cedo para contemplar todos os números artísticos, e sentou-se à mesa com Rolla sem cerimônia, pois tinha cadeira cativa, mesmo sua presença sendo esporádica.

O empresário paraibano recebeu, ao entrar, um pequeno fôlder do Cassino da Urca, onde, além das propagandas das estrelas que ali se apresentavam naquele período, havia reclames de joias, lingerie, cigarro, uísque, lâmpadas e empresas que prestavam serviço para o estabelecimento. Chateaubriand, impressionado com aquele tanto de anunciantes, brincou com Rolla se ele queria passar para o setor da propaganda, e Rolla respondeu afetuosamente: "Se eu sair do ramo dos jogos passo a Urca pra você."

Enquanto os amigos caíam na gargalhada, ouvindo mais uma das histórias de Chatô, Evaristo de Freitas Castro, o mais antigo sócio do Cassino da Urca apareceu na mesa com a notícia de que Percival Farquhar[7] estava no cassino querendo conferenciar com Joaquim. E mais, trazia junto dele como assistente, o engenheiro Amynthas Jacques de Moraes,[8] amigo de Rolla, que ele não via desde os tempos de Belo Horizonte. Como se precisasse pedir, o dono da casa solicita autorização a Chateaubriand: o magnata quacre[9] podia sentar à mesa com eles?

O antigo companheiro Amynthas chega primeiro e dá um caloroso abraço em Joaquim, que logo coloca a casa à disposição dos nobres presentes. Logo em seguida chega o controverso empresário americano, que o cumprimenta de maneira seca, esboçando querer ser mais simpático do que a sua aura taciturna, em oposição aos modos completamente informais de Chateubriand que, apesar da pouca estatura, quase carrega o gringo, como que o ovacionando.[10]

A conversa entre os quatro caminha logo a um tema que seria dominante naquela noite: a Itabira Iron Ore Company.[11] Enquanto Chateaubriand bajulava Farquhar, eternamente grato por ter seus honorários pagos quando era advogado da Itabira Iron com uma generosa oferta para ter seu primeiro diário, *O Jornal*, Joaquim e Amynthas lembravam os tempos de construção de estradas de ferro e os negócios imobiliários que fizeram juntos em Belo Horizonte.

Esfriados os cumprimentos iniciais, Farquhar expõe na conversa o motivo de sua vinda ao Cassino da Urca: quer vender a Joaquim Rolla a Itabira Iron Ore Company. Amynthas traduziu as falas do magnata, apesar das interferências de Chateaubriand. Compenetrado, Joaquim prestava atenção a cada palavra, afinal, como ele mesmo pregava: "O que precisa de lápis e papel para vender não me interessa." E a proposta de Farquhar era muito simples e objetiva: comprar ou tornar-se sócio do americano. A oportunidade vinha em um momento decisivo e singular: pela primeira vez Joaquim tinha dúvidas quanto ao rumo de suas empresas. Seu carro-chefe, o Cassino da Urca, era suscetível a mudanças na legislação dos jogos de azar ou a alguma conspiração de empresários ciumentos. A proposta o desviaria para um ramo completamente diferente, mas estaria entrando em conflito direto com Artur Bernardes, cegamente contrário à exploração do minério de Minas por estrangeiros, especialmente por Percival Farquhar.

Devido às amizades envolvidas e à forte dúvida, Joaquim resolvera questionar Chateaubriand, que pelos seus laços de amizade com os dois empresários, preferiu abster-se. Apreensivo, Rolla deu uma olhada no *grill-room*. Em câmera lenta, a orquestra do Cotton Club acabara de finalizar sua terceira canção e os aplausos eram ensurdecedores. Na sua mente, em meio a luzes, ovações e fumaça, ressuscitou lembranças das montanhas. Dez anos atrás, era um mero prestador de contas, cortando caminho e botando os trilhos na bitola para a Estrada de Ferro Vitória-Minas,[12] da qual Farquhar era uma espécie de concessionário. Rolla contratava peão, mestre de obras e engenheiro sujo de barro, o que, por caminhos enviesados, levara-o ao luxo transbordante do jogo. Agora, seu remoto chefe da década passada lhe propunha uma oferta tentadora para que ele entrasse no negócio do minério. Mas queria uma resposta ali, na lata, pois em poucos instantes entraria no transatlântico Massilia, de volta a Paris.

De repente, chega Mário, dizendo a Rolla para não perder essa oportunidade "afinal, cavalo arreado só se passa uma vez". Por outro lado, Mário pensou que fosse aconselhável consultar alguém do governo para saber as reais possibilidades de que o empreendimento se concretizasse. Mário se preocupava com o irmão e sabia dos riscos do negócio, que poderiam variar de acordo com o humor do ditador brasileiro.

Com o placar da decisão embaralhado, Rolla até pensou em postergar a resposta o quanto pudesse. Sabia que seus antigos companheiros de PRM nunca apoiariam um plano de exploração do minério com Farquhar no meio. E também sabia que o mundo, em rota de colisão entre poderes democráticos e nazifascistas, iria precisar de muito ferro para a beligerância por vir. Havia um espaço mínimo de tempo para poder fazer um balancete de seus bens e ver uma maneira real de poder aplicar seus investimentos.

25

O *speaker* anuncia a banda que sobe ao palco-gaveta avançando sobre a pista do *grill-room*.

Pediu que viesse até sua mesa o seu contador e tio torto, o poliglota, esperantista e espírita Ismael Braga, que caminhou na calçada até o escritório na lateral do mesmo prédio e trouxe um resumo das operações de suas empresas, permitindo a Farquhar olhar a situação dos negócios de Rolla. O montante suplantava em quase duas vezes o valor que o magnata pedia pela mineradora. Era o suficiente para a construção da indústria siderúrgica prevista no contrato entre o governo brasileiro e a Itabira Iron Ore Company, assinado em 1920. No entanto, Farquhar abandonou o cassino sem uma resposta de Joaquim, para não perder a viagem no transatlântico.

Rolla comentou com Chateaubriand porque iria recusar a proposta. O seu pensamento era lógico: se o Farquhar, que tentava engatilhar a exploração do minério e a construção da siderúrgica há mais de trinta anos não conseguia mexer um palito sequer, por que motivo comprar a batata quente e entrar nessa briga? Ao que Chateaubriand, agora sem a presença de Farquhar, concorda. Como Rolla, ele também era um homem cuidadoso nos negócios.

A conversa perdeu o tom impessoal e tomou um rumo mais íntimo. Dos negócios passaram para a vida privada e o dono do cassino sentiu uma nostalgia estranha. Quis explicar ao amigo seu percurso. Num flashback onírico e confuso, pôs-se a contar para Chateaubriand uma história de como tudo começou na sua família e na estimada terra natal que o inspirou. Lembrou do fluxo de estrangeiros que havia em São Domingos do Prata, quando, ainda adolescente, começou a fazer negócio com gente graúda. Era sempre no domingo, o único dia com movimento de verdade na praça da cidade ou no pátio de alguma fazenda em festa. Aquele menino brejeiro, sonhando se todos os dias poderiam ser como os finais de semana, podia ser o mesmo homem responsável por revolucionar a rotina da noite brasileira, do turismo e da propaganda?

Esqueceu temporariamente de sua desistência do negócio com a Itabira Iron Ore, e deixou vir à tona um sabor agridoce que não sabia se vinha da boca ou da recordação.

A inauguração do *grill-room* na noite de 25 de maio trouxe ao Cassino da Urca uma variada gama de apresentações artísticas.

{1899 – 1932} Capítulo 2

FORMATURA, ALTAR E ESCOLHA

Foi numa típica fazenda mineira que Joaquim Rolla nasceu, no dia 15 de agosto de 1899. A propriedade cafeeira estava na família há várias gerações e, quando Joaquim nasceu, era administrada por seu avô paterno, José Agostinho Rodrigues Rolla – vovô Juca – e sua avó, Joana Geraldina Lima Rolla. Era a imponente fazenda São Tomé,[1] circundada por um córrego artificial e palmeiras imperiais, amenizando a temperatura de mata atlântica local. Era uma construção de dois andares típica do século XIX, nos moldes dos casarões espanhóis e portugueses. No piso inferior ficava o armazém e as benfeitorias para guardar ferramentas. No andar elevado, o lar com cômodos amplos, alguns deles conjugados. A decoração dos salões principais era feita com papéis de parede importados e possuía candelabros de cristal. A sala de jantar tinha um relógio quase da altura do pé direito do segundo andar, que tinha cerca de cinco metros. E como não podia faltar na casa de uma devota família mineira, havia uma capela no fim da varanda de entrada e cada um de seus quartos possuía um altar na parede.

Os outrora escravos que ali trabalhavam viviam soltos e nunca chegaram a ser açoitados. Em 1888, com a declaração da Lei Áurea, os negros libertos preferiram permanecer na fazenda como funcionários a sumir pelo mundo. A fazenda São Tomé, hoje uma ruína, era sempre suscitada na lembrança de Rolla nos dias de espetáculo. E quando era questionado sobre onde nasceu, as boas recordações de sua meninice sempre o levavam a identificar-se como pratiano.

Possuía um afeto especial por São Domingos do Prata,[2] que apelidava de Pratinha. Terra cheia de grotas, monólitos enormes e terra vermelha, ideal para a plantação de café, lá aprendeu a trocar mercadoria como um verdadeiro negociante, lá recebeu estímulos do coronel Chico Rolla e por lá deixou seus parentes e amigos. Além do filho, Rubens, nascido em 1928, fruto de um casamento imposto pelo coronel, com Odette Drummond, filha de um partidário seu, Juca do Macuco. Passaram juntos poucos meses, durante a construção da estrada rodoviária ligando São Domingos do Prata à Saúde.

A mãe de seu primogênito possuía um temperamento muito diferente do dele. Adolescente, Rolla troçava fazendo graça com ela ainda menina: "Um dia vamos nos casar." Nessa mesma época, um cigano leu a mão dela, relatando-lhe que teria um desgosto maior que a vida. Separaram-se oficialmente em 1932, mas o desfecho deste matrimônio demorou a vida inteira para ela, que nunca o esqueceu. Odette carregou sua paixão por toda vida e chegou a passar dificuldades, mas foi atendida por ordem judicial. Joaquim alegou ter sido coagido a se casar com Odette, e abandonou-a quando ela encontrou, num terno sujo, uma foto três por quatro com juras eternas de Zorayda e pediu mais explicações. Rolla foi lacônico e, inconscientemente, criou dentro de si um motivo para desaparecer de São Domingos do Prata.

Joaquim pregava que chegaria fácil aos 100 anos e logo ele, que aos 70 considerava já ter vivido como se fossem 200, não cumpriu a promessa. Odette, recusada no amor, foi morar em Belo Horizonte, não querendo viver a sina de mulher desquitada no interior. Criou um filho, diversos sobrinhos e agregados, porém nunca mais se casou, viveu até os 103 anos.

Toda essa história que Joaquim deixou no Prata o impelia a um retorno, mesmo breve, à terra natal. Talvez fosse a tensão dos negócios no Rio. Rememorava os tempos de menino para se distanciar dos problemas e lembrava quando o Prata ainda nem tinha escola ou padaria. Enquanto Zé Prequeté, figura folclórica local, vendia pão de queijo num balaio pelo centro da cidade, ele recebia a visita da dona Ritinha Magalhães em casa para aprender a ler. Quase não teve jeito, e quanto sufoco foi pra escrever também. Seu pai, leitor de livros clássicos, tentava em vão botar no menino o gosto pela leitura. Mas o moleque preferia o mundo como sua escola.

Joaquim gostava mesmo é de sair pelas roças ao redor. Pelo fato de morar bem no centro do arraial, facilitava aos amigos chamarem-no aonde quer que fosse. Adorava andar a cavalo no meio do mato, além de tocar gado, que era sempre dos outros, e caso isso gerasse algum vintém, melhor ainda. O contato com a pecuária fazia com que ao menos na matemática ele pudesse conseguir algum destaque, porque caso nos problemas de contas tivesse de somar vaquinhas ou cavalinhos, o resultado era sempre certo e ele tinha seu momento de bom aluno.

Sua diversão era sempre estar a postos para fazer qualquer atividade à qual os adultos o chamassem, motivo de ter adquirido o apelido de Prontinho. Recebeu a alcunha do irmão mais velho, José, o Juca, durante a construção da fazenda do Seára. O coronel Francisco Rolla, o tio Chico, demorou cerca de uma década para montar esta propriedade, do jeito que pretendia. Mesmo com dez filhos, o coronel sempre levava o sobrinho e afilhado a tiracolo.

Havia em São Domingos do Prata, desde o final do século XIX, um afluxo de imigrantes italianos e espanhóis. Os imigrantes italianos eram do Vêneto, região nordeste da Itália, e os espanhóis de regiões dispersas. Logo se adaptaram ao estilo caipira local e se tornaram tão aptos quanto qualquer peão ao duro trabalho no campo. O italiano Gervásio Arthuso havia se decepcionado com o apático tratamento dispensado a ele nas fazendas de São Domingos do Prata e foi trabalhar na fazenda São Tomé, quando Juca Rolla implantava novas técnicas agropecuárias aprendidas com a mão de obra estrangeira. Gervásio ficou contente em ser bem recebido em São Tomé, pois, além do tratamento cordial, recebia do patrão uma leitoa por semana para alimentar sua família. Logo, com a decadência da fazenda São Tomé, encontrou na fazenda do Seára uma boa oportunidade de trabalho, estabelecendo-se em São Domingos do Prata novamente.

Anos 1920. A antiga praça de São Domingos do Prata possuía uma capela barroca com um cemitério ao redor. A casa onde a família Rolla vivia era a quarta casa do lado direiro.

A fazenda do Seára, construída desde 1907 pelo seu proprietário, era um modelo de propriedade rural na cidade. Concluída em 1915, contava com moderníssimas estruturas de agricultura, inéditas, como o trator de arado mecânico e fábrica para farinha de mandioca. Possuía também intensa produção de queijo minas e uma enorme plantação de café. Os produtos da fazenda do Seára recebiam rótulo próprio através de um carimbo para marcar sua procedência, coisa rara naqueles tempos. Francisco Leôncio Rodrigues Rolla havia comprado o título de coronel da recente república brasileira, no poder desde 1889. Em seus primórdios, o governo republicano ainda não tinha se livrado do hábito monárquico de comerciar status. Se o imperador Dom Pedro II vendia títulos de nobreza, agora os republicanos concediam títulos militares a seus novos barões.

De todo jeito, a família Rolla, que chegou de Portugal ao entorno de Mariana no princípio do século XVIII, possuía alguma tradição militar de verdade. José Agostinho Rodrigues Rolla, o patriarca avô de Joaquim, era filho de capitão e neto de guarda-mor. Foi do 146º Batalhão da Reserva, onde tinha a patente de tenente-coronel do Estado-maior, conquistado durante a Guerra do Paraguai (1864-1870).

Anastácio, João, Francisco e Manuel foram quatro dos dez irmãos, filhos do guerreiro, que escolheram viver em São Domingos do Prata. O primeiro deles a fixar-se na cidade foi o primogênito Anastácio, farmacêutico formado na então capital do estado, Vila Rica. Ele se casou e abriu a primeira farmácia do município, a farmácia São José. O negócio não ia mal, mas depois de alguns anos vivendo no centro da cidade, teve uma grande decepção. Anastácio, para aplacar sua dor, caiu no vício de um componente que vendia: a morfina. Acabou amargurado, sem qualquer simpatia pelo Prata, acabou se mudando para Barra Longa, uma cidade próxima.

Quem veio substituí-lo foi o irmão João Monteiro Rolla, que também estava se formando em farmácia na mesma faculdade de Vila Rica. Antes disso, arranjou por lá uma bela noiva pela qual se apaixonou, chamava-se Olympia. João não imaginava que pudesse existir amor de verdade além dos casamentos combinados pelas tradicionais famílias mineiras. Olympia via na paixão por aquele homem incomum um grande estímulo, encontrando nele um homem correto, com um gosto literário e filosófico como o dela – diferente dos outros estudantes que pipocavam pela capital.

Feliz da vida pela dupla realização, João enviou a seus pais em São Tomé os convites de formatura e casamento num só envelope. Faltavam poucos dias para tudo se concretizar, quando, de repente, João recebeu um breve bilhete da mãe. Ela pedia-lhe que comparecesse em seu leito de morte, pois desejava vê-lo uma última vez. Criado sob o crivo religioso de uma família católica praticante e temente a Deus, João Monteiro primeiro começou a orar para que Joana Geraldina melhorasse. Depois, correu para pegar o recém-inaugurado trem que ia de Vila Rica a Saúde em menos de um dia, o que lhe permitiu chegar à fazenda São Tomé bem mais rápido do que nos tempos de calouro, quando só fazia o trajeto a pé ou montado e demorava de três a cinco dias. Chegou a Saúde, onde um cavalo da propriedade do pai estava arreado e amarrado na frente da estação para seguir o restante do percurso confortavelmente.

Estando sob a copa das palmeiras da casa de São Tomé, João Monteiro Rolla se lembra de seu pai, que anotava em um livro de família, criado por ele, minuciosas informações sobre cada pessoa nascida no local, todo fato digno de nota, cada passo importante que um familiar dava na vida. Nascimento, batismo, alfabetização, crisma, se esteve doente, se quebrou um braço, tiro de guerra, formatura, casamento, gerações e morte, tudo era registrado no livro dos Rolla de São Tomé.

Viajou preocupado com a saúde da mãe. Por essa razão, qual não foi o seu espanto quando, ao chegar, quem o esperava era a própria dona Joana Geraldina, corada e incólume num vestido negro, anunciando uma cara de más notícias, do alto da varanda de madeira.

– Mãe, graças a Deus a senhora sarou! – grita João ainda de cima do cavalo.

– Filho, você desapontou sua mãe. Eu tava doente de desapontamento. Vamos entrar pra você tomar um café e eu te contar tudo direitinho – responde Joana Geraldina, ao lado dos irmãos mais jovens e do pai José Agostinho.

Cabisbaixo e abatido com o que ouvira, João sobe a escada do casarão de São Tomé. Imaginava o que poderia se desenhar para os próximos momentos, e para o final de sua vida. Ainda jovem, fora escolhido para se casar com uma moça de São José da Lagoa, a Chiquinha, filha do Joaquim Eloy Martins da Costa. Foi exatamente nessa questão que a conversa rondou durante o café. Com um detalhe ainda pior: dona

Fazenda São Tomé, 1900. Com a parede coberta de tecidos, os descendentes de José Agostinho Rodrigues Rolla e Joana Geraldina posam.

Joana Geraldina se mostrou irredutível a respeito da antiga promessa familiar de matrimônio do filho. Mesmo que isso alterasse sua sina dramaticamente, ele não voltaria a Vila Rica nem mesmo para buscar o diploma de farmacêutico. Quanto mais para realizar o casamento, agora com rota e noiva diferentes.

A nova união com a Chiquinha selou a ida do casal para São Domingos do Prata, onde iriam criar seus 11 filhos. Ele, que chegou a pensar em abrir seu próprio negócio na capital do estado quando tinha a cabeça nos estudos e sonhava com as histórias rocambolescas que lia nos romances, de repente viu sua vida alterada sob o crivo de um desejo familiar.

Mesmo guardando a imagem da amada com carinho, era incapaz de escrever uma carta explicando o ocorrido. A ex-escolhida por João Monteiro para viver a seu lado até o fim da vida, Olympia, agora preterida, teve a maior tristeza da vida em pleno altar. O noivo, que havia pedido sua mão a seu pai e que tanto insistira no fato, de repente sumira. O bolo e os doces que a família encomendou para a festa expiraram em amargura. Nunca mais conseguiu viver sob os parâmetros da realidade e lançou a João Monteiro Rolla um mau agouro; a partir daquele momento, todo homem que viesse dele teria azar na vida.

A família de sua nova esposa vivia na fazenda Barra do Prata e o pai de Chiquinha era um negociante de renome pelos Mato-Dentros mineiros. O avô dele descendia do fazendeiro que introduziu a cultura de café na região do rio Doce, seu homônimo, o político libertador Joaquim Martins da Costa. Durante as Revoltas Liberais de 1842[3] em Minas Gerais, Martins da Costa só não foi preso pelo Império porque um escravo o escondeu num balaio de milho durante uma diligência.

Joaquim Eloy foi também um benemérito da localidade mais próxima de sua propriedade, São José da Lagoa,[4] distrito de Itabira. Ainda nos tempos do Imperador Dom Pedro II, foi o responsável pela construção de uma enorme ponte de madeira para permitir o fluxo de tropas e mercadorias entre os dois lados do rio Piracicaba. A ponte durou cerca de cinquenta anos, e depois de cair, em 1938, deu origem a uma ponte de concreto que ainda está lá, motivo embrionário do local ter se tornado município em 1939, com o nome temporário de Presidente Vargas. Quem também vivia em São José da Lagoa, ou simplesmente Lagoa, era o tio José, casado com a tia Laurinda, que um dia foi imortalizada por Carlos Drummond de Andrade num poema como uma nostálgica moça à janela.[5]

PRONTINHO PARA TROPEIRAR

Apesar de morar numa rua vizinha à casa paroquial de São Domingos do Prata, Prontinho permanecia alheio às rezas impostas nas aulas de catecismo. Preferia visitar o vizinho da outra banda, o seu Raimundo Seleiro, que confeccionava arreios e derivados de couro. A selaria do seu Raimundo era frequentada pelos tropeiros de passagem por São Domingos do Prata, quando eles estacionavam suas tropas por lá para pequenos consertos e contavam causos de fantásticas travessias pelos rincões de Minas Gerais, São Paulo, Goiás e Brasil afora.

Figuras enigmáticas e de aspecto abrutalhado, os tropeiros exerciam uma atividade econômica sujeita às intempéries e aos percursos infestados de perigos naturais e também de gatunos. O menino via e escutava os causos daqueles homens com os olhos brilhando. Poderiam ser cavaleiros da triste figura, sujos e maltrapilhos pelo tempo e sujeira, ou luxuriosos e sempre vistosos, mas sempre valentes e carregando o mundo nas costas de seus burros.

Não era à toa o fato de o tropeiro possuir uma indumentária e apetrechos de montaria incomuns a um cavalariano de cidadezinha. Quando passavam montados em seus arreios decorados e estribos de prata, um capiau podia confundi-los com um soldado da cavalaria. Quando estavam em marcha, com camisa e calça marrom de tecido forte e chapéu de feltro cinza, usavam uma bota de couro macio que alcançava a metade da coxa, para que não se molhassem na travessia de rios caudalosos. A manta de baeta envolvida no pescoço era uma característica primordial para atravessar brenhas e manter a pele sem arranhões.

As tropas de muares não eram o único transporte dos tempos pré-automóvel, pois em regiões planas com trilhas mais largas, a carga poderia ser levada no compasso do carro de boi, que levava um peso bem superior a um burro, porém era ainda mais lento. Ainda menino, Prontinho, só de escutar o assobio arrastado de certo carro de boi chegar à rua, sabia ser de um conhecido seu. Vindo da fazenda de Chico Rolla e tocado pelo vaqueiro Cupido, o carro de boi de três juntas do Seára entregava leite, queijo, e farinha de mandioca aos armazéns da cidade. A amizade entre o filho de ex-escravos e Prontinho foi consolidando-se com a vontade do menino de estar sempre na fazenda do Seára. Era a carona certa para Prontinho, o aprendiz de vaqueiro, assistir e brincar de participar do pungente centro de produção agropecuária do tio. Quando chegava lá, ajudava o amigo a cuidar do gado e tocá-lo pelos pastos.

Vaqueiro que tocava gado para dono de fazenda em curtas distâncias não era considerado um tropeiro. Cupido, que também nasceu na fazenda São Tomé, contava ao menino sua amargura por ser apenas um projeto de tropeiro. Queria mesmo era tocar e cuidar de uma tropa grande, dormir ao relento, conhecer o mundo e ganhar um bom dinheiro para isso.

Ver e escutar os burburinhos na selaria de seu Raimundo e os sonhos de Cupido deixavam Prontinho encantado, e ele sonhava com um futuro de aventuras. Ao mesmo tempo, tinha um encanto especial pelas fazendas dos tios e avós. O meio rural inspirou-o a fazer negócio, ao ver as obras de seus ancestrais empreendedores.

Quando ainda era bem moleque, suas irmãs Thereza e Maria se casaram quase simultaneamente e ele foi pajem em ambas as cerimônias. O padre Pedro Domingues teve muito trabalho para ministrar a Prontinho os trâmites para guiar as alianças aos noivos. Quando era ajudante na missa dominical, falhava no tempo de tocar o sininho da consagração, não possuía o mínimo talento para ser coroinha. João Monteiro tentava ser enérgico para incutir sentimento religioso no menino, entretanto dona Chiquinha era complacente, e mesmo sendo católica devota, compreendia que a virtude do garoto poderia expressar-se por outros meios que não apenas religiosos ou estudantis. Como a cidade ainda não possuía escola, o pai tentava disciplinar o menino pela reza. Em vão, pois ele tinha outros interesses que o norteavam.

As aulas particulares que dona Ritinha Magalhães ministrava por lá serviram primeiro à Thereza e Maria, conhecidas pelos apelidos Dedê e Quinha, respectivamente. Depois para os irmãos Juca, Joaquim, Waldemar e Joana. Dona Chiquinha ia cuidando dos outros que iam nascendo, Olga, Joãozinho, Mário, Edith e Dejanira, que já tiveram oportunidade de estudar na primeira escola da cidade, a Cônego João Pio, ali bem perto de casa.

No princípio do século XX, São Domingos do Prata ocasionalmente recebia a visita de mercadores e mambembes que levavam as novas traquitanas que estavam sendo inventadas na Europa aos cafundós de Minas Gerais. Primeiro a fotografia, depois o cinema, até que enfim o automóvel, uma carroça sem cavalo! Os cinemas passavam filmes na pracinha da cidade, ainda bem rudimentar e sem iluminação. Eram companhias que andavam com seus aparelhos cinematográficos como se fossem companhias de circo. Eram acompanhados por músicos e de um leitor para ler as legendas dos filmes, já que a maior parte da população era analfabeta.

Pelo início da adolescência de Prontinho, sua dedicação comercial chamou a atenção do coronel Francisco Rolla, vendo um pouco de si no jovem batalhador. Foi quando Prontinho ajudava na mudança de um antigo morador da cidade. Realizava o pequeno serviço escondido, pois a notícia não poderia chegar aos ouvidos de seu pai, que não aprovava o menino trabalhar tão jovem. Nesta situação, foi visto pelo coronel. Surpreendido e atônito, só pensava na bronca quando retornasse ao lar. Para sua surpresa, Chico Rolla não fez nada além de levantar o chapéu branco e movimentar suavemente a cabeça. Um aceno de "estou de acordo com seu estilo".

Os frutos de tanto suor eram religiosamente enterrados e resgatados depois de semanas. Como uma brincadeira de mapa do tesouro, as moedas adquiriam uma aparência ferruginosa. E Prontinho podia se considerar o mais sortudo da turma de amigos quando encontrava aqueles trocados. Ao mesmo tempo, tinha uma desculpa para o pai, ou seja, seus vinténs foram achados. As aulas particulares em casa haviam encerrado para Prontinho, afinal, recebera educação equivalente ao quarto ano de grupo escolar.

45

Em 1918, as bodas de prata de João e Chiquinha em São Domingos do Prata. Na primeira fila, da esquerda para a direita: Pedro Rebello Horta, Astholfo da Silva Perdigão, João Monteiro Rodrigues Rolla com Edith no colo, Chiquinha, Maria Rolla (Quinha), Thereza Rolla com Edemia no colo. Na fila do meio, da esquerda para a direita: João Rolla Filho, Waldemar Rolla, Joaquim Rolla, José Martins Rolla (Juca), Joana Rolla (Nita), Olga Rolla, Hortência e Dejanira. Na última fila, da esquerda para a direita; Paulo Rolla, Célia Rolla, Onofre e, por último, Mário Rolla.

Através da inserção política de dois importantes capelões de São Domingos do Prata, Prontinho chegou a admirar a influência dos padres junto ao povo. Padre Pedro Domingues havia sido vereador e prefeito do Prata e todos os moradores da cidade lhe pediam conselhos para toda sorte de decisão, fosse religiosa, matrimonial, de negócios e obviamente, política. Faleceu em 1910 e logo seu nome passou a denominar a principal rua da cidade. Domingues foi substituído por Cônego João Pio, um pratiano de criação e coração que logo tornou-se referência do povo. Chegou a ser um dos maiores nomes da Igreja Católica de Minas Gerais. Jornalista, professor e um grande orador, João Pio ainda foi senador estadual. Havia apenas oito estados com este cargo durante a República Velha. Permaneceu pouco tempo na cidade que tanto amava, por ter enfrentado o chefe do destacamento policial da cidade, o alferes Daniel, em 4 de abril de 1910. Pois um policial havia surrado uma mulher em via pública e nenhuma providência foi tomada. João Pio reclamou com as autoridades mais proeminentes e acabou desacatado pelo mesmo policial. Abandonou a cidade imediatamente, em protesto contra a injustiça. A população fez um abaixo-assinado pedindo a João Pio que retornasse, o que aconteceu dois meses depois, na calada da noite. Mas, infelizmente, era apenas para pegar seus pertences. A população fez um ato de desagravo em frente à casa paroquial, com a Banda de Música João Januário tocando o Hino Nacional. Prontinho viu tudo isso acontecer e pela primeira vez na vida ficou consternado com algo saído da boca de um padre:

> Fizeram mal os meus conterrâneos em vir à minha casa, porque me obrigam a falar (...): O povo pratiano é um povo de escravos que tem de curvar o lombo para apanhar com o chicote do feitor, que são aqueles que se arvoraram em mandões desta terra. (...) Senhores (disse ainda, apontando para o edifício do Fórum), aquilo ali é um lupanar, onde o juiz prostitui a justiça, onde esta não se vende por dinheiro, porque não há ouro que a compre, mas se distribui ao sabor político de seu falso sacerdote.[6]

Naqueles tempos de injustiça social reinante, os pequenos folhetins locais eram a única mídia disponível aos poucos que sabiam ler. Enquanto Prontinho crescia no arraial do Prata, comentava-se pelas ruas causos ocorridos pelos grotões e até mesmo histórias de assombração. Nos discursos dos jornais locais, é perceptível, nos anos de sua infância a preferência por falar sobre grupos teatrais, clubes literários e afins. Prontinho estava mais atento ao campo, fugia das palavras escritas. Mas, eventualmente, assistia às peças de teatro montadas pelo Coelho Neto, grupo dramático local. Foi numa montagem de *Borboleta e Abelha* que ele se interessou por Odette, atriz principal da peça, porém o namorico só se concretizaria tempos depois. Em seguida, o tema dominante nos periódicos locais passou a ser política – que o interessou bem mais do que os livros.

A tradição do povo se refletia no trato cotidiano, na culinária e nas crenças arraigadas, costumes ainda muito parecidos com o século XIX. As famílias pratianas costumavam fazer gasosa, bebida quase sem álcool, para as festas religiosas dos fins de semana. A gasosa é obtida colocando a casca do abacaxi numa garrafa d'água com uma pitada de açúcar. Ali o líquido permanece alguns dias tapado sob pressão até fermentar, com o resultado comparável a um licor.

Quando trabalhou no pleito eleitoral de 1914, fazendo boca de urna para o candidato a deputado federal Artur Bernardes, Prontinho aprendeu a fabricar gasosa. No dia da eleição, onde havia uma urna, tinha também uma pipeta cheia, para que os eleitores pudessem beber a derivada de abacaxi. O povo escolhia seus candidatos sob a pressão dos coronéis, porque nos tempos da República Velha o voto ainda não era secreto e, além disto, apenas os homens exerciam este direito. O sistema coronelista em voga no Brasil tinha como sua máxima expressão política o esquema do café com leite, que se resumia, respectivamente, em paulistas e mineiros revezando-se na presidência do país por meio do Partido Republicano. E o café com leite, em São Domingos do Prata, era representado através das duas influentes classes ligadas ao PRM, cada uma com seus respectivos caciques; os diquistas, liderados por Egydio Lima, o capitão Dico, um rábula que foi agente executivo municipal de 1922 a 1926; e os edelbertistas, sob a batuta do médico Edelberto Lellis, natural de Ferros e casado em São Domingos do Prata, onde tinha seu consultório, família e os seguidores que o elegeram chefe do executivo municipal por duas vezes.

O coronel Chico Rolla chegou a ser vereador por três mandatos e presidente da câmara em duas oportunidades. Era fiel partidário do doutor Edelberto e, juntos, contavam com a ajuda de políticos de renome estadual para trazer benefícios ao Prata, ainda desprovido de recursos básicos. Quando apoiaram o viçosense Artur Bernardes no pleito de 1914, o deputado não chegou a assumir a vaga no legislativo: em vez disto foi Secretário das Finanças no governo de Júlio Bueno Brandão. Neste cargo, conseguiu oficializar para a cidade a construção da primeira escola e a vinda de uma colônia de alemães para incrementar o desenvolvimento local.

A Colônia Guidoval havia sido idealizada em 1913 para receber europeus que quisessem ir morar em São Domingos do Prata. Mas só se concretizou com o término da Primeira Guerra Mundial na Europa, quando Bernardes já era governador do estado. O município, com emprego livre ainda bem rudimentar, recebeu os imigrantes alemães. Em sua maioria vinham da região de Hamburgo, área industrial do país arrasada pelo conflito. O maior contingente de imigrantes alemães que veio para o Brasil neste período dirigiu-se para o sul do país, porém algumas poucas levas tomaram o rumo de Minas Gerais. No Prata, começaram a afluir em massa desde 1918 e, no princípio não sabiam muito bem como levar a vida numa terra movida a agropecuária. Alguns queriam tomar algum álcool que não fosse tão forte como a cachaça, afinal, aqui não encontravam sua bebida predileta, a cerveja. Prontinho começou vendendo aos alemães a tal bebida já vendida ao comércio da cidade e a alguns italianos há alguns anos. Sua gasosa tinha um grau a mais e não era tão doce, motivo de ter feito sucesso.

A energia elétrica foi inaugurada no dia 15 de agosto de 1916 e Prontinho não podia ter um presente de aniversário melhor. Agora podia vender gasosa à noite. Só faltava que lhe chegassem mais clientes.

O coronel incentivava a pequena produção de gasosa do sobrinho. Mandava Cupido comprar algumas dezenas de garrafões para as festas celebradas na fazenda do Seára nos finais de semana. De vintém a vintém, Prontinho finalmente pôde comprar Canário, um bravo burro-burreiro branco. Neco Magalhães, seu ex-dono, alegava não ter ninguém para montá-lo com segurança, por isso Prontinho conseguiu comprar um burro da mais alta estirpe, um autêntico garanhão importado do Rio Grande do Sul, a um preço melhor. Com a ajuda de Cupido, ensinou Canário a tornar-se um animal de boca macia, qualidade rara nos muares. Tornou-se um dos cavaleiros mais instruídos e logo encomendou a seu Raimundo uma sela nova para ter mais conforto, e, ao mesmo tempo, ser mais apresentável sobre seu esquentado burro branco.

João Monteiro havia acabado de expandir a farmácia e abriu ao lado um pequeno armazém, onde seus filhos ainda solteiros ajudavam. Prontinho não suportava barganhar parado e ficou desapontado por sentir-se incapaz de participar nos negócios da família. Entretanto, já estava impelido a buscar um modo diferente de somar algum trocado pelas grotas do vasto município onde vivia. Ao menos sabia que São Domingos do Prata e redondezas estavam lotadas de vilas, fazendas, matas e oportunidades do tipo de relação comercial que lhe agradava.

Tornou-se conhecido ao longo da imensidão do rio Piracicaba e, aos poucos, foi conquistando a amizade de alguns roceiros, vaqueiros, tropeiros e matutos interessados em fazer um bom negócio. Durante uma colheita de café, Prontinho foi contratado a ser camarada da tropa de Neco Magalhães, dono da fazenda do Paiva. Uma das maiores produtoras de café do Médio Piracicaba, a Paiva escoou sua produção de 1400 arrobas em vinte viagens até Saúde, onde a carga seguiu de trem para Ponte Nova. O camarada era o tangedor ou tocador da tropa, o maior salário, responsável pela carga e o restante da tripulação tropeira, também composta por outro assistente para tocar, além do cozinheiro, cães e a mula madrinha. A escolha por qual trilha tomar a cada encruzilhada demandava um senso de direção apurado do camarada. Com qualquer desatenção, perdia-se fácil um dia de viagem.

Entregando toda a carga transportada corretamente, o camarada Prontinho foi a pessoa de plena confiança do tropeiro, o fazendeiro e patrão da empreitada, que neste caso não viajava com sua tropa, apenas encomendava o serviço. Em menos de seis meses, escoou toda a produção de Magalhães e na volta, com a tropa descarregada, pôde trazer nas viagens muitas mercadorias e encomendas a São Domingos do Prata, gerando diversos negócios.

No dia que Prontinho completou 18 anos, não esperava ganhar nada de especial pelo aniversário. Era a última viagem feita para Neco Magalhães, quando voltou tocando gado por 15 km de Vargem Alegre ao Prata e trouxe o rebanho a um pequeno sítio perto da cidade. Como havia dispensado o restante da tripulação tropeira, o amigo Clóvis Mendes ajudou Prontinho neste último serviço. Clóvis e Prontinho se conheciam desde bem pequenos e tinham uma competição sadia como negociantes, logo convertida numa sólida amizade.

Na hora do lusco-fusco, Cupido esperava Prontinho chegar, a mando do coronel Chico Rolla. Deu os parabéns a ele e falou que o coronel queria uma conversa séria. Chegando a fazenda do Seára com suas varandas nos dois andares, de longe, notou que o tio o esperava no segundo piso com um ar compenetrado. O papo foi ali mesmo. O coronel abraçou o sobrinho e ofereceu a Prontinho um presente que era também uma proposta de sociedade com a fazenda do Seára, uma parceria irrecusável para incentivá-lo: daria a ele uma tropa de 15 mulas brancas para poder escoar a produção de mercadorias da fazenda do Seára: gado, farinha de mandioca, porcos, queijo, arroz e café. A resposta foi um choro de gratidão.

Prontinho logo conseguiu autorização para contratar seu amigo Cupido, o melhor vaqueiro da fazenda do Seára. Para auxiliar no tangimento dos outros bichos promoveu o amigo a camarada. Geralmente era ele mesmo o braço direito do muladeiro grande, mas agora Prontinho passou de camarada a tropeiro, na amplidão da palavra. Ou seja, o dono das tropas, com mais oportunidades de negócios e até crédito para fazer suas próprias barganhas de modo mais livre. O intuito era que tudo fosse levado aos portos de terra da região: Ponte Nova, Caratinga, Itabira, Guanhães e, principalmente, Saúde e Santa Bárbara. E, no fim das contas, quando as tropas regressassem, Prontinho estaria livre para retornar com mercadorias encomendadas pelo comércio de São Domingos do Prata.

A nova tropa de muares brancos, com seus 15 animais, era uma baita tropa. A 15ª mula era também a mula mais formosa, Pratiana. Tinha uma estrela negra na testa e foi escolhida como madrinha, por ser a mais experiente e astuta. A madrinha era um dos elementos mais importantes da tropa. Não carregava peso e servia de guia para a fila indiana. Exercia uma autoridade extra sobre os outros animais, pois sabia escolher os caminhos puídos e encontrava água instintivamente. Pratiana, assim como toda madrinha, era a mais enfeitada da tropa. Com seu cincerro tilintando o som característico, de agora em diante, avisava a chegada da tropa de Prontinho pelos ranchos, matas, cidades, fazendas e estações de trem.

A tropeiragem era uma função que apenas homens feitos tinham a capacidade de exercer, um trabalho árduo para o cavaleiro e para os muares. Trotavam sem zigue-zagues, escolhendo a passagem ideal para seguir em cada encruzilhada. Encontravam pelos caminhos e sempre se conferenciavam, com suas tropas indo e vindo, intercambiando informações sobre trilhas, morros e vilas da região, de acordo com a estação. Se fizesse chuva, caso o caminho mais próximo fosse num solo argiloso, para não atrasar a viagem, o ideal era dar uma volta evitando que o casco dos animais carregados atolasse por certo morro em declive.

Quando chegava a hora de descansar, os tropeiros, depois da exaustiva rotina de descarregar os dois sacos de sessenta quilos de cada besta, deviam alimentá-las e cuidá-las para seguir a jornada. Em fazendas dispersas e pequenos vilarejos, a estalagem para receber os tropeiros podia ser ocupada por diversas tropas ao mesmo tempo. Pagavam ao proprietário uma pequena taxa pelo rancho. Era o momento do cozinheiro da tropa fazer seu serviço: café, angu, torresmo, feijão, farinha, ovos e carne-seca. Hora de cozinhar tudo, jantar e café da manhã. Assim, ao acordar no dia seguinte, o feijão tropeiro para levar no embornal já estava preparado.

A média de viagem entre São Domingos do Prata e seus destinos finais para entregar e pegar novas mercadorias era de quatro dias. Havia uma vastidão de pequenos atalhos para chegar aos destinos. Pelas matas menos densas, evitava-se atravessar a propriedade dos poucos fazendeiros hostis que não permitiam a passagem de tropas por suas terras, pois alguns, à noite, confundiam os bravos tropeiros com desonestos tocadores de gado.

Quando ainda não havia o advento de agência bancária por aquelas plagas, o tropeiro dos circuitos de média distância fazia o que hoje conhecemos como transferência financeira entre contas-correntes. Pois conta-corrente não havia. Do mesmo modo que um pai de família colocava toda sua economia debaixo do colchão para protegê-la, o tropeiro andava armado com uma garrucha dependurada. Seus ajudantes contavam ao menos com uma espada, que também servia de facão para cortar mato.

No ramo da tropeiragem, havia vários tipos de tropeiros, às vezes definidos como muladeiros, bruaqueiros ou almocreves. Eles foram os caixeiros viajantes que desbravaram as grotas mais distantes do Brasil acidentado, abastecendo populações praticamente inalcançáveis.

Fazenda do Seára na década de 1920. Naquela época, durante os finais de semana, o movimento da fazenda era maior do que em São Domingos do Prata. No canto inferior direito, nota-se um tropeiro com um burro carregado.

Andavam uma média de trinta quilômetros por dia. Uma velocidade extremamente lenta comparada aos transportes de hoje, mas havia também os cometas, que eram tropeiros com poucos burros na tropa, geralmente mais ágeis que seus concorrentes. O volume do rebanho tocado por uma tropa, além do que carregava, era absurdo, devido à extrema habilidade para organizar a carga.

Algo que geralmente fazia a viagem ser mais demorada que o normal era tocar cabritos e porcos, como nesta viagem. Esses animais movimentam-se lentamente e exigiam uma atenção maior do tropeiro. Cupido, conhecedor da psicologia dos bichos, sugeriu a Prontinho que um dos dois saísse na noite anterior com os caprinos e suínos e, assim, sua comitiva poderia ser considerada quase de cometa. Afinal, chegavam antes do horário combinado. E, assim, foi dando certo o negócio que ele preferia chamar de muladeiro. Neste papel, Prontinho agora passou a ser conhecido como Joaquim, sobrinho do coronel Chico Rolla. Agora podia exercer outras funções que os tropeiros tinham hábito de praticar para ajudar sua gente; entregar cartas e mandar notícias às mais distantes grotas por onde passavam. Era o primeiro passo neste mercado de leva e traz com tudo para prosperar.

Com a credibilidade dos comerciantes que encomendavam seus produtos pelas mãos de alguém próximo, começou a emanar de Joaquim o triunfo de um sujeito que se tornaria referência na região. Em Santa Bárbara, Saúde, Ponte Nova, Caratinga, Itabira e Guanhães conseguia comprar os produtos na mão de cada fornecedor que oferecesse um preço melhor e repassava a oferta aos seus conterrâneos que os encomendavam. Os tocadores de tropas também eram negociantes e momentaneamente tornavam-se parceiros para poder tocar animais ou fechar uma oferta melhor e trazê-la aos seus clientes. É obvio que havia muita competitividade no ramo de tropeiragem, mas o espírito de união entre os muladeiros era admirável, principalmente quando vinham da mesma área. Em seus trajetos pelos cantos inóspitos, Joaquim teve diversos amigos de confiança, como Tatão Moreira e Clóvis Mendes. Outro constante parceiro de Joaquim neste período era seu conterrâneo Zé Alfredo, um ás do carteado a valer.

À medida que Joaquim crescia, aumentava junto sua ambição; ele não pretendia ser muladeiro para sempre. Imaginava chegar o momento quando ele seria um novo Chico Rolla, com uma fazenda produzindo e comercializando de tudo um pouco. Se possível, sonhava estar com a maior tropa de burros da cidade, podendo inovar seus negócios para dali criar uma nova forma de acumulação de capital. Além disso queria enriquecer com ele seus confins e sua gente.

Depois de alguns meses e dezenas de viagens alternadas para Santa Bárbara e Saúde, Joaquim Rolla viu que Zé Alfredo às vezes voltava com alguma mula ou mercadoria extra, trazida por meio de seu dom de virar a noite em rodas de carteado. Blefava e botava banca sob a sorte de uma mesa cheia de peões ensandecidos no vício do truco, disputando as três partidas até rapar a mesa. Entretanto, havia também ocasiões em que Zé Alfredo perdia alguma coisa além do que podia e voltava ao Prata devendo a algum comerciante para depois levantar-se novamente. Hoje tão popular nas grandes cidades, o jogo de truco foi espalhado pelos tropeiros no sertão brasileiro.

Rolla ficava observando o jogo e os macetes dos ganhadores. Zé Alfredo o incitava, mostrando a lógica do truco. Para aprender, quis arriscar usando o mínimo permitido para entrar na batota. Acabou retornando à São Domingos do Prata com cinco mulas a mais; ainda pôde escolher as de cor branca, sem desconfigurar a cor predominante de seus animais. Chegou à noite, deixando a tropa estacionada no rancho do cunhado Astolfo, no final da rua.

Porém, quando saía para a próxima viagem, Joaquim passou pelo centro e, ao encontrar seu pai, foi questionado sobre o aumento repentino da tropa e sobre sua aproximação a Zé Alfredo. Joaquim inventou que as mulas excedentes realmente tinham relação com a sorte:

– Um azarado perdeu as mercadorias e me vendeu as mulas com preço muito abaixo da tabela, para cobrir o prejuízo – falou em um tom de voz vacilante, deixando transparecer sua sorte numa culpa tola.

– Quer ser Prontinho a vida toda ou vai virar Joaquim Rolla? Filho, o que vem fácil, vai fácil, não cai nessa vida, o vício não pode dominar o homem.

SORTE-AÇÃO

Na viagem seguinte, rumo ao norte, à distante Guanhães, Joaquim foi entregar uma carga de café a uma pequena torrefação da cidade. Agora levava também um novo integrante, Oscar Ângelo, que auxiliava no transporte dos animais, além de preparar as refeições da pequena trupe.

Logo no início, encontrou pelo caminho, tangendo uma enorme tropa de gado, o seu companheiro de profissão Tatão Moreira, de São José da Lagoa. Ele levava em suas mulas, além de muito café, uma grande produção de chapéus de palha, especialidade daquele vilarejo. Demoraram cinco dias para chegar. Quando Joaquim chegou com sua tropa, logo descarregou a mercadoria no local combinado. Com tempo para mercadejar, comprou uma boa quantidade de cachaça produzida ali perto, em Serra Verde, para pagar e trazer na volta. Logo, já estava num pequeno e movimentado rancho perto do centro da cidade, onde sua tropa foi colocada para descansar.

Por vezes, como nessa noite, o rancho virou um acampamento de várias tropas, e, como invariavelmente ocorria em tais ocasiões, o local virou uma festa. Enquanto os animais dormiam, o que acabou acontecendo foi uma serenata. O acampamento de tropeiros fez um razoável barulho ao som das violas caipiras e logo o carteado esquentou. Havia também uma grande refeição organizada pelos cozinheiros das tropas que Oscar também ajudou a preparar. Nas rodas de viola, contavam-se diversos causos. Logo, ali num canto, começava a se movimentar um campeonato de truco que varou a noite.

Joaquim resolveu prestar atenção numa partida entre alguns conhecidos, até que alguém perguntou por Zé Alfredo. Ele disse que não sabia dele, devia estar por Santa Bárbara ou Saúde. Percebendo que faltava um jogador, se ofereceu para participar. Já era um conhecedor do jogo, mas, até então, só o fazia por diversão. Porém agora a intenção não era divertir ou passar o tempo.

Era comum nestes campeonatos de truco organizados pelos tropeiros colocar em disputa algum dinheiro, mercadoria, mula ou a tropa inteira, de acordo com o risco dos azarados ou do sortudo.

Cupido tentou avisar Joaquim do risco, mas ele foi solenemente alheio à fala do fiel camarada. A grande possibilidade oferecida pelo jogo era o enriquecimento rápido.

Antes mesmo de ganhar sua tropa no aniversário, Joaquim já vinha juntando capital para poder comprar a sua própria tropa. Depois de ter ganhado os burros brancos do coronel, resolveu que compraria uma segunda tropa para alavancar seus negócios. Se desse certo, em poucas horas poderia conseguir algo que levaria meses de estrada.

Às duas horas da manhã, conseguiu chegar à final do certame. Tremeu por dentro quando viu seu adversário, o famigerado Beto Marrano, um tropeiro de Diamantina descendente de espanhóis versado nas cartas. Ficou atento no momento de escolher um baralho, não poderia perder o jogo pela artimanha. Marrano exigia do adversário agilidade no jogo, e por sua esperteza, mesmo que não estivesse trapaceando, parecia esconder seu truque pessoal no truco. A sorte não esteve ao lado de Joaquim na maior parte do tempo e quase chegando ao final, começou a perder a tropa. Num intervalo, acordou Tatão Moreira em sua barraca, pedindo-lhe, encarecidamente, dinheiro emprestado para não perder sua tropa. Tatão ficou ressabiado, mas sabia da palavra de Joaquim e cedeu a quantia pedida.

Voltando à queda derradeira, Joaquim concentrou-se profundamente e passou a utilizar o método de Marrano na outra partida. Começou a jogar suas cartas à mesa numa agilidade extrema e a sorte começou a rimar para ele. Marrano mal acreditou estar perdendo o jogo para um iniciante e começou a ficar nervoso. No fim das contas, Joaquim reaveu o que havia perdido e, além disso, conseguiu quantia suficiente para pagar o suprimento de cachaça e Tatão. Enfiou tudo no bolso de seu sobretudo, encerrando o jogo. Marrano, pasmo com a situação, avermelhou a pele e subiu em cima da mesa improvisada, insinuando a Joaquim: "Se parar de jogar agora, o senhor Rolla vai estar sujeito às leis da madrugada. Tão aqui comigo meus três peões atentos no jogo, que não me deixam mentir."

Até pouco antes, havia alguma possibilidade do jogo continuar. Mas com uma provocação assim, Joaquim não retornaria para casa. A petulância de Marrano irritou-o, gerou nele uma reação brusca. De braços firmes, voou nas pernas do tropeiro. Abraçou-as num golpe, provocando sua queda abrupta alguns metros adiante. Quando ia desferir um soco no adversário, os três capangas, aos pontapés, solapavam suas costas.

Joaquim largou as pernas do tropeiro diamantinense, agora atordoado pelo baque. Na sequência, distribuiu uma direita e uma esquerda potente nos dois que o estavam golpeando a pequena distância. Ambos foram lançados ao chão em cada pancada. Faltava agora o mais corpulento. No calor enervante da peleja, começou um justo arranca-toco, homem a homem. Tomou um gordo pontapé no nariz que pouco doeu e, sem perceber, logo brotava sangue. Os violeiros, contadores de causos e cozinheiros de outras tropas, logo vieram e tentaram interceder para impedir uma briga injusta. Deste modo, Joaquim abstraiu-se do jogo sujo praticado pelo oponente. De repente, seus dois braços foram imobilizados por Marrano, que o agarrou por detrás. Agora imobilizado, a caixa de seu corpo era socada pelos três capangas e, para se defender, dava chutes a esmo; às vezes acertava. Firmou-se na terra e, não se sabe de onde, lhe veio uma força do além. Acostumado a ensinar burro bravo, Joaquim se agachou de uma vez e deu um impulso forte no adversário de trás, arremessando-o sob seus três serviçais. Em guarda, esperava os oponentes se levantarem.

Acordados pela agitação, abruptamente, Cupido, Oscar e Tatão vieram correndo em seu socorro e, para finalizar o tumulto de vez, ainda levaram uns sopapos. Depois de reclamarem dos roxos e da jogatina na madrugada, logo retornaram a seus aposentos para a viagem de volta. Cupido ainda brincou com Joaquim que quando ele não perde, ele quase apanha. Salvo pela camaradagem.

E como sempre ocorria, o retorno a São Domingos do Prata foi uma festa. As famílias de tropeiros aguardavam com ansiedade o regresso de seus entes queridos e costumavam celebrar com pequenas festas particulares. Sabiam os dias de retorno, mas não a hora exata. Dona Chiquinha não era diferente. Ainda mais se o viajante fosse o amado filho Joaquim. Uma mesa bem servida com seus quitutes preferidos era o mínimo que o poderia esperar.

No dia seguinte, ao acordar, Joaquim logo arreou Canário e botou o burro na trilha. Foi procurar um francês que vivia perto de São Domingos do Prata. Havia mais de uma década que Raul De Caux produzia diversos e apurados tipos de vinhos num sítio em Santana do Alfié. O arrojado vinicultor viera para o Brasil trabalhar na fazenda do pai de Santos Dumont e depois fora professor numa escola de agronomia em Itabira. Logo se casara com Bernardina Martins da Costa, prima de Rolla. Em 1899, De Caux comprara uma propriedade para plantar uva num rincão de terra. Possuía solo pobre, todavia com clima ideal, permitindo-lhe, menos de uma década depois, receber destaque com o grande prêmio da Exposição Nacional do Rio de Janeiro de 1908. O vinho produzido no Vinhedo Alto Alfié levou a medalha de ouro na Exposição Universal de Bruxelas de 1910, e também uma menção honrosa na Exposição de Turim de 1911.

Após algumas conversas com o marido de sua prima, conseguiu o aval de De Caux para transportar parte de sua premiada produção. O percurso compreendido entre Santana do Alfié e os portos de terra variava de quatro a seis dias. Lá, as caixas de garrafas eram embarcadas nos vagões de trem com destino a Belo Horizonte ou ao Rio de Janeiro, onde poderiam ser exportadas. A variedade era grande; hebermont (doce), tinto de mesa, branco, conhaque, graspa, xarope, além de um vinho reconstituinte.

Se a longo prazo tivesse sucesso em escoar a produção de De Caux e continuasse indo bem com seus negócios, Joaquim logo poderia dobrar o número de mulas, criando assim uma segunda tropa que ficaria sob o comando de seu camarada Cupido. Dando um passo de cada vez, conseguiu exclusividade no transporte das bebidas. A primeira carga ficou combinada para outubro de 1919, quando o número de pedidos era elevado devido à proximidade do Natal e Ano Novo.

Para transportar a mercadoria, combinou com Cupido chegarem bem cedo ao Vinhedo Alto Alfié. Foram recebidos pelo proprietário, sua esposa Bernardina e seu filho Henry. Mesmo com a boa conversa na cozinha, não se alongou no cafezinho, pois queria carregar as mulas o quanto antes. Apesar de alguns anos na prática de transportar, agora, com o vinho, Joaquim devia tomar cuidados especiais; era necessário evitar o calor intenso, e com relação à integridade das garrafas, pois caso se quebrassem, o prejuízo seria seu. Apesar das restrições como a incapacidade de transportar em horário de sol a pique e os riscos no transporte, o frete valia o trabalho e outras oportunidades poderiam surgir.

Caiu na estrada logo após embarcar a tropa. Parou no horário de almoço para comer o seu feijão tropeiro preparado por Oscar. Seguiu viagem, e à noite parou na primeira estalagem, próxima da fazenda Rio do Peixe, onde possuía carta branca, por ser de seus parentes. Depois, São Miguel do Piracicaba, e na vila de Florália, até finalmente chegar ao destino, Santa Bárbara. A cidade viveu um amplo desenvolvimento com o advento da estrada de ferro, inaugurada em 1908. Pela ferrovia eram trazidos os artigos que vinham de fora e escoava-se a produção da região do Vale do Rio Doce até Belo Horizonte.

Parte de São Domingos do Prata originalmente pertencia a Santa Bárbara e a circulação de mercadorias entre os dois municípios tinha um volume considerável. Quando chegavam ao centro comercial mais importante da região, os tropeiros tinham até mesmo opção de divertimento. Com sua vida noturna comparável à da capital Belo Horizonte daqueles tempos, Santa Bárbara contava com diversos botequins, hotéis, casas de mulheres da vida e até mesmo um restaurante. Entretanto, como os preços de tais confortos só podiam ser pagos pelos coronéis, o habitual era ficarem nos acampamentos alugados. Depois de descarregar os muares e colocá-los para descansar, era hora da viola, dos causos e do carteado.

Logo já havia uma mesa improvisada sob uma pedra num lote elevado, e naquela noite praticamente todos os peões foram tentar a sorte nas cartas. Ao ver os olhos de Joaquim brilhando com a afluência de gente indo jogar, Cupido chamou-o pra conversar. Contou a ele de quando se deu muito mal em jogo e cachaça, não queria ver o amigo nesse ciclo: "Calma Cupido, vou só ali passar um tempo. Não vou colocar nada em risco."

E lá se foi, ele, prontinho para uma longa noite. Quando seus tropeiros já dormiam começou a jogar. De início teve sorte, e como tinha muita astúcia, sobressaía-se. Empolgado, continuou aumentando as apostas. Sem ver, chegou a colocar em disputa todo o lucro que conseguira com os vinhos de Alfié. No fluxo da noite, ganhou três partidas e chegou à final. Poderia ganhar cinco vezes o valor de sua tropa e mercadorias. Ou poderia abandonar o campeonato, ficar com um lucro de 100% do que tinha antes de começar, aclamando seu adversário vencedor da noite.

Negociante persistente, como jogador Joaquim fazia a mesma linha, polido, astuto e discreto. Seu adversário era Toninho Romeira, um experimentado tropeiro de Itabira, dono de várias tropas de muares.

Ele estava com uma bolada de dinheiro muito superior ao que Joaquim tinha conquistado.

Joaquim resolveu arriscar, mesmo desconfiado que Romeira pudesse estar com algum capanga espreitando seu jogo. E de fato, não foi desta vez que tudo deu certo. Acabou perdendo o lucro do negócio com o francês, incluindo as mulas que tinha ganhado por sorte numa viagem anterior. Ao sair da mesa em direção a sua barraca, abatido e sentindo-se sem chão, se deu conta do problema que acabara de arranjar. Cupido havia tentado alertar sobre os perigos da jogatina antes e quis saber o que Joaquim diria ao chegar no Prata. Deixou subentendido em sua pergunta que não compactuaria com mentiras. Não seria necessário contar lorota; Joaquim afirmou que diria a verdade.

A viagem de volta demorou uma eternidade, não em distância, mas em remorso. Dona Chiquinha aguardava Joaquim com a mesa cheia. De longe era possível avistar a tropa chegando, e Joaquim pediu que Cupido se dirigisse diretamente ao Seára, para não o envolver em sua falha. A mãe logo percebeu algo errado, talvez por sua cara amarrada, ou porque achava a profissão do filho coisa de gente bronca que se arriscava demais. Mesmo trabalhando a apenas dez metros de casa, seu João Monteiro não se encontrava presente. Joaquim chegou em casa e, como sempre, agradeceu à mãe pela recepção, mas já estava pensando em outra coisa.

Logo foi descansar, mas como a estação de transportar café estava distante, agora era hora de arrumar uma maneira de transportar outras mercadorias além da fazenda do Seára. Botou a cabeça no travesseiro e mal dormiu, ansioso pelo próximo dia, no qual executaria seu novo plano.

Joaquim acordou muito cedo no dia seguinte e quando viu a mãe abraçou-a, conversando a sós enquanto os irmãos menores ainda não haviam acordado para tomar o café da manhã. A decepção foi grande, mas Joaquim tranquilizou-a e pediu-lhe perdão, assegurando-lhe que honraria sua dívida com De Caux usando suas economias, que escondia no alto do armário de seu quarto.

Mas num arraial pequeno como São Domingos do Prata, era questão de tempo até que a notícia já tivesse circulado na boca e ouvido de todos, e não demorou para chegar até a farmácia da cidade. Assim que soube da derrota, seu João abriu a porta para casa, nos fundos de sua loja. Como não encontrou o filho, aguardou a sua volta com um plano na cabeça que daria um jeito na energia impulsiva de Joaquim. Se não queria trabalhar na farmácia, tampouco poderia exercer uma vocação errante.

A opção imposta pelo pai foi sua ida para o exército, em Belo Horizonte, pois o Prata, com sua população mirrada, ainda não possuía tiro de guerra para os jovens cumprirem serviço militar. Agora era ele o escolhido da família para herdar, nem que fosse à força, a rígida disciplina militar que a família Rolla tinha tradição em seguir há diversas gerações.

Neste mesmo dia, Joaquim viajou pelas redondezas, pois devia passar por dois lugares para acertar as contas. Primeiro passou no Vinhedo Alto Alfié de Raul De Caux, onde pagou o dinheiro procedente da venda de sua carga. Contou a ele sua história de azar no carteado, porém estava ali honrando o valor transportado. Depois, na fazenda do Seára, teve uma longa conversa com o seu grande incentivador. O coronel se preocupava em passar seus conhecimentos a Joaquim. Compreendia a ansiedade do jovem em crescer e ser dono do próprio nariz, alertando-o para o perigo no mundo dos negócios. Os filhos do coronel, mesmo sendo rapazes de educação refinada e trabalhadores, não tinham este tipo de conversa com o pai. Fato que causava certo ciúme. Joaquim abriu o coração com ele como não abriria com ninguém, contou como seus olhos brilhavam quando ganhava nas cartas e como o jogo o seduzia. No que o coronel ponderou: "É, Joaquim, tem sempre alguém te dando corda pra arriscar a sorte, mas na hora do azar, ele é só seu. Dá um passo de cada vez, assim como a tropa segue a madrinha, também segue meu conselho de colocar um pé na frente do outro, não avoa."

Saiu tarde do Seára e seguiu animado para casa, matutando no conselho do coronel, planejando um recomeço comedido. No retorno ao lar, quando abriu a porta teve uma visão que o assustou. Ainda não sabia da novidade. Uma mala estava pronta no meio da sala, e seu pai, sentado numa poltrona solitária com um olhar frio, informou: "Esta é a sua última noite em casa."

Deveria partir para Belo Horizonte no dia seguinte, rumo ao tiro de guerra. Só teve tempo de quitar suas dívidas com os comerciantes locais e avisar ao amigo Clóvis sobre sua partida, deixando a ele sua tropa arrendada por um preço ínfimo. Estava retribuindo a boa vontade do amigo que sempre o apoiara, e fez-lhe um último pedido de que empregasse o leal Cupido.

ATLETA DE GUERRA

Na ida para a capital, foi montado em Canário até a estação de trem de Saúde, seguindo sua viagem. Levava no bolso uma certidão de nascimento adulterada por João Monteiro, que conseguiu forjá-la no cartório do Prata, onde colocou Joaquim um ano mais jovem, pois 21 anos era o limite de idade para um homem se alistar no exército. Via seu inesperado destino como uma nova fase, e embora lhe pesasse a mágoa que causara aos pais e ao tio Chico Rolla, de certa forma sentiu algum entusiasmo por esta jornada de encontro ao desconhecido.

A chegada a Belo Horizonte, naquele início de primavera de 1921, desembocava na praça Rui Barbosa, às portas de uma capital recém-inaugurada que começava a abraçar a modernidade. Encontrava-se em construção o atual edifício da Estação Central, que viria a ser inaugurado um ano depois. Na torre do antigo prédio, erguia-se o primeiro relógio público da cidade, que lhe lembrou o que havia no alto da igreja do Rosário, virado para sua casa no Prata. Atravessou o rio Arrudas, passeou um pouco pelos jardins da praça e, animado pela agitação urbana à qual não estava habituado, viu abrirem-se novas possibilidades em relação ao futuro.

A nova capital do estado fora fundada em 1897, no local da vila de Curral Del Rey que, ao contrário das cidades históricas mineiras, criadas em torno da corrida ao ouro e aos diamantes, se desenvolvera com o negócio do gado. Topograficamente a região era bem menos acidentada que a antiga capital, Ouro Preto, o que facilitava a expansão da cidade. Com planta do engenheiro Aarão Reis seguia os padrões das mais modernas cidades da Europa e Estados Unidos, desenhadas geometricamente tanto na edificação quanto na arborização,

Vestido com roupa de montaria, no 12º Batalhão do Exército de Belo Horizonte. Joaquim foi destaque nos esportes.

e com os mais altos cuidados de higiene ambiental e social. O destino do governo de Minas estava decidido e foi naquele chão que o poder passou a ser exercido.

Em 1921, Belo Horizonte, prestes a celebrar um quarto de século, era uma cidade encantadora, onde a história se fazia com os habitantes vindos de todos os cantos do estado. Assim como Joaquim, que seguia para o tiro de guerra, chegavam à capital diariamente jovens de todos os cantos do Brasil e muitos italianos, que vinham para estudar e trabalhar. A jovem capital, até aí apelidada de Poeirolândia,[7] recebia diariamente uma parcela de vida nova.

Agora que Joaquim trocara a tropa de burros pela caserna, a capital onde foi servir acelerava o seu progresso industrial. Os mesmos ventos do norte que haviam trazido os conceitos de cidades organizadas sopravam agora uma cultura modernista, e por toda Belo Horizonte surgiam exposições de arte, cinemas, teatros e botequins. Esta foi também a época em que os poetas e escritores da modernidade mineira começaram a se conhecer e a produzir juntos, e era habitual ver nomes como Carlos Drummond de Andrade, Pedro Nava ou Milton Campos reunidos no Bar do Ponto ou na Confeitaria Estrela.

Nas folgas do quartel, na companhia dos jovens camaradas do 12º Regimento de Infantaria, Joaquim tomava contato com a vida da capital, onde já se preparavam os festejos para o centenário da Independência. A cidade estava em festa, e desenvolvia-se a cada dia, tornando-se mais industrializada, mais comercial e mais populosa.

Na rua, Joaquim maravilhava-se com as inúmeras lojas, repletas de produtos vindos de todos os cantos, e escutava atentamente as conversas sobre política e cultura travadas pelos cafés e pontos de encontro de estudantes e intelectuais. Moças trajadas à moda melindrosa cruzavam seu caminho e retinham o seu olhar. Era um sujeito bem apessoado, alto e galante, e não faltavam moças retribuindo seu interesse. Frequentava os bailes militares, e participava do *footing* depois da missa, aos domingos de manhã, defronte da igreja São José, sob a sombra dos fícus da avenida Afonso Pena ou nos jardins da praça da Liberdade, reinaugurados recentemente para a visita do rei da Bélgica.

Habituou-se às discussões políticas entre os aspirantes, quando um movimento militar de caráter social estava sendo forjado no ideal de jovens soldados e tenentes. Por um ano e meio, aprendeu tiro e suportou os duros ensinamentos militares no 12º Regimento de Infantaria de Belo Horizonte. Era uma disciplina francesa, pois, em 1919, o governo brasileiro encarregara o general Maurice-Gustave Gamelin, que defenderia a França com distinção durante a Segunda Guerra Mundial, da missão de reorganizar todo o exército brasileiro.

A vida na tropa em Belo Horizonte não foi só de dura disciplina para Joaquim. Tornou-se também uma fonte de prazer. Pôde ativar o seu gosto por esporte e passou a ser o grande destaque de seu batalhão em diversas modalidades. De salto à distância a natação, passando por peteca, um esporte que, a partir do aprendizado, adotou por toda a vida. Disputada preferencialmente pelos jovens belo-horizontinos, os ensinamentos da peteca eram repassados aos que vinham do interior, e assim iam se popularizando por todo o lado. E quando o assunto era montaria, Joaquim era um ás. Adestrou os cavalos do coronel Matias Barbosa, que ficou muito grato e tentou fazê-lo seguir carreira militar. Mas a guerra de Joaquim era tentar a vida na sorte e pensava que, para tal, tinha de tentar erguer sua capacidade e realizar um grande trabalho em sua terra natal.

RÁDIO-MULA

Dezoito meses se passaram e Joaquim, prestes a completar 23 anos, queria ganhar o mundo começando de casa. Retornou para São Domingos do Prata cheio de saudades. As várias atividades físicas praticadas na caserna ajudaram a manter em forma o ex-tropeiro, que planejava retomar sua antiga atividade. Para desespero do pai, que constatou a ineficácia de sua imposição em despertar no filho outra vocação longe dos riscos.

De volta ao lar, foi calorosamente recebido por toda a família. Mário foi quem mais sentiu falta de Joaquim, pois gostava de escutar seus causos quando ele tocava tropas pelo Vale do Rio Doce. Agora escutava do irmão suas façanhas como esportista no maior batalhão da capital, onde virou campeão de salto à distância, natação e peteca. Coincidentemente, outro esporte havia ganhado força no Prata: o futebol. Mário, mesmo não possuindo muito dom com a direção da pelota, tomou enorme gosto pelo esporte pela força de seu chute.

A primeira visita após sua casa foi à fazenda do Seára, cheio de saudades em conferenciar com o tio Chico. Chegando lá no final da tarde, quem encontrou foram os primos, filhos do coronel, Faninho, Joãozinho, Ary, Pedro e Nico, empolgados em jogar futebol com Cupido e outros funcionários no terreiro da propriedade. Seu amigo Clóvis Mendes, que havia se tornado responsável pelo transporte da carga produzida no Seára, era o juiz da partida e interrompeu o jogo para conversar com o amigo. Durante o ano e meio que Joaquim ficou fora, Clóvis começou a travar um intenso comércio com as mercadorias do coronel Chico Rolla para Santa Bárbara e havia conquistado a confiança do comércio pratiano para a compra dos itens secos e molhados vendidos pelo pequeno arraial.

De imediato, Clóvis repassou a tropa de mulas brancas ao dono original muito agradecido, pois com o lucro obtido no entretempo, já tinha comprado sua própria leva de mulas. Chico Rolla ficou feliz em ver Joaquim novamente e abriu campo para que ele aos poucos retomasse suas viagens, porém colocou uma condição para o fato. Inicialmente, Joaquim deveria acompanhar Clóvis – agora homem de confiança do local.

As viagens começaram dois dias depois, acompanhando a tropa do amigo com quem iria dividir as remessas. Clóvis tinha como seu camarada o ex-escravo Luciano, da Barra do Prata. A tropa de Joaquim, ao juntar com a de Clóvis, já contava com Oscar Ângelo melhor preparado a exercer a função de cozinheiro, agora servindo guarida às duas tropas. Nisto, os cinco tropeiros iam para regiões cada vez mais distantes, cada um tomando conta da sua tropa, e auxiliando um ao outro nos momentos complicados.

Invariavelmente, perto de Santa Bárbara, sempre pediam rancho numa área conhecida como Pantame, que, de tão escondida, possuía apenas uma trilha para se chegar e outra no meio do mato para sair. Lá havia ótimas fazendas cafeeiras com o clima montanhoso da região, ideal para plantar a semente do ouro negro.

A perspicácia de Rolla ajudava nas viagens. Conheceu novos comerciantes, lugares, regiões e trabalhou com novos produtos. Começou a frequentar Ponte Nova, cidade polo e grande distribuidora de café naquele período. Nesta época, sua tia Maria Rolla casou-se com o esperantista Ismael Gomes Braga, que se tornou grande amigo de Joaquim. Através dele, fez importantes contatos na cidade, principalmente com a família Freitas Castro, que atuava no negócio do café e também sob a mesma bandeira política dos Rolla, o PRM. Era comum a troca de mensagens entre o coronel Felipe Freitas e o coronel Chico Rolla, atuando em conjunto politicamente. Com o tempo a amizade de Joaquim, Clóvis e os filhos de Felipe (Evaristo, Cristiano e Caio) cresceu. Era comum vê-los sempre juntos, principalmente em eventos do PRM. Cristiano teria, em poucos anos, uma ligação pessoal com a cidade de Viçosa, pois se casou com Rita Bernardes, filha do presidente Artur Bernardes. Assim como o irmão mais velho de Joaquim, Juca, nesta mesma época, casou-se com uma sobrinha do poderoso político viçosense. Foi um período de breve alegria, pois nove meses depois do matrimônio, o parto fez com que viessem a falecer a esposa e o filho de Juca, deixando a família consternada.

Quando tudo parecia tranquilo, na cidade de Santa Bárbara Joaquim deparou-se com Toninho Romeira, seu algoz nas cartas de quase dois anos atrás. Enquanto preparavam suas traquitanas para arranchar na cidade, Joaquim sentiu alguém lhe puxar pelo braço para desafiá-lo. Foi provocado por Romeira novamente e, se pretendia uma revanche, era essa a sua oportunidade.

Será que teria aprendido algo nesses 18 meses? Seus amigos aproximaram-se. Cupido nem precisou abrir a boca para repreender Joaquim. Clóvis foi mais enérgico, disposto a brigar; foi apartado pelo próprio Joaquim. De repente com atitude contrária ao jogo, Joaquim disse não ter interesse na sorte fácil, muito menos numa revanche. E assim, com os ânimos menos exaltados, todos descarregaram as mulas e prepararam seus respectivos tropeiros para o dia seguinte. Por sorte, puderam ainda nadar em uma pequena cachoeira da região conhecida como Campo de Fora. Com o calor do fogo e o cansaço do dia, logo se deitaram.

Joaquim permaneceu quieto e coberto, no entanto, com os olhos vidrados no casebre onde a jogatina desembolava. Depois de constatar que seus colegas de tropa já estavam cochilando, levantou e dirigiu-se à roda de carteado, chamando Toninho Romeira: "Já é hora de você devolver o que é meu."

A partida iniciou-se e Joaquim, que não pretendia se alongar, foi com sede ao pote, pois não podia correr o risco de seus colegas acordarem e apanharem-no jogando. Segundo seu pensamento, logo estaria deitado com o dinheiro no bolso que havia perdido dois anos atrás. Todavia, Romeira jogou surpreendentemente bem, fazendo-o perder novamente o montante. Decidido a recuperar-se, apostou toda a carga que carregava. Nervoso, decidiu apostar também algumas mulas, e desesperado, a tropa inteira. Era o fim. Ao menos as roupas do corpo, Canário, os cavalos dos amigos e seu chapéu conseguiu manter.

Deixou Clóvis, Luciano, Cupido e Oscar Ângelo dormirem. Que diferença faria agora? Amanhã pelo menos ao voltar eles estariam descansados. Joaquim não pregou os olhos, e quando o galo cantou, acordando os colegas, logo eles deram pela falta da tropa e da mercadoria. Joaquim disse decepcionado não ter resistido à tentativa de revanche; jogara e perdera. Incrédulos com tamanha irresponsabilidade, recusaram-se a acompanhá-lo na volta. Vieram os quatro, enquanto ele voltava sozinho, apático e em passo lento. Quando chegou ao Prata, toda a cidade já sabia. O pai desta vez o proibiu de entrar em casa e Joaquim passou a viver numa cabana dos fundos de Cupido, perto do Seára.

Cupido recuperou o emprego com o coronel, que mal quis conversa com Prontinho, seriamente abalado. Impedido inclusive de cear com a família, sua mãe ainda fazia um truque para poder ajudá-lo. Prontinho recebia seu prato depois que todos já tinham terminado a refeição e almoçava sozinho no quintal.

Insistiu em conversar com o tio, mas o coronel, seu grande incentivador, agora estava desapontado e não aceitou receber Joaquim. Alegava estar muito ocupado trabalhando, verbo que fez questão de frisar. Mas Joaquim sabia que no fundo o coronel estava magoado. Como recomeçar? Com que atividade pagaria suas dívidas com os comerciantes que agora o rechaçavam?

Precisava trabalhar urgentemente, com algo que tivesse escala e fosse constante, sem precisar de dinheiro para iniciar e prosperar, mostrando a todos que tinha aprendido a lição.

Estava chegando o Carnaval de 1923 e, conversando com seu ex-cliente de gasosa, o alemão Frederich Bornikel. Bornikel comentava que, mesmo sem trabalhar, os alemães não paravam de comer sua sagrada carne de porco, geralmente defumada. No que é respondido sobre os hábitos dos brasileiros, que também não deixam faltar uma carninha no prato.

Foi quando teve a ideia que atenderia seus anseios. Resolveu ser açougueiro, mas sem açougue, sem boi, nem porco. Começou a caminhar pelas cidades da redondeza vendendo, de boca, os pedaços do boi ou porco que cada um queria, e quando o bicho estava todo vendido, abatia-o. Entregava a carne na casa do cliente, recebia o dinheiro e pagava pelo animal abatido, ficando com o lucro. A questão era quem iria vender a ele para só receber no dia seguinte, de alguém acostumado a jogar suas próprias cargas à própria sorte? Decidiu procurar Chico Rolla, queria sua chance de se redimir e era exatamente a ele quem carecia mostrar uma mudança interior.

O coronel passou uma semana se recusando a receber Joaquim até ceder pelo cansaço. Escutou toda a ideia do sobrinho, mas no fim disse não poder ajudar. Ainda estava decepcionado e sem base para iniciar um novo ciclo de confiança. Sem ter nada a perder, Joaquim se lembrou do filho de um fazendeiro distante que poderia lhe ajudar. Era Evaristo de Freitas Castro, com quem criara uma relação comercial alguns meses antes, em Ponte Nova. Evaristo topou a empreitada, desde que tivesse participação na venda. Não havia saída: ou Joaquim aceitava trabalhar muito e ganhar pouco ou nunca limparia seu nome e continuaria vivendo numa cabana, apenas com Canário em sua propriedade.

Joaquim percorria toda a região. Vender a carne não era difícil, complexo era abater, limpar, separar, cortar, embalar e entregar de casa em casa, tudo sozinho. Comercializava pela região rumo a Ponte Nova. Lá chegando, abatia e voltava fazendo as entregas e anotando novos pedidos. Chegava em casa, dormia e voltava procurando novos clientes. O negócio deu certo; começou abatendo dois bois por semana, depois três, e até sete. Queria crescer e propôs a Evaristo ir a Belo Horizonte para vender gado de corte a novos clientes. A parceria informal consolidou-se com os negócios.

De longe o coronel recebia notícias e acompanhava o andamento do negócio do sobrinho. Friamente recebido, pagou o prejuízo com o dinheiro da labuta de abate bovino, suada durante quase seis meses. Foi só virar as costas para ir embora e o tio se lembrou do Joaquim idealizado por ele na infância. Sem dúvida, aquele sobrinho era muito especial. Apesar do lucro crescente, a sociedade com Evaristo foi desfeita. Evaristo estava de mudança para o Rio de Janeiro, vislumbrando novos negócios, e Joaquim ainda necessitava de um fornecedor de gado que lhe desse crédito.

Estava quitando a dívida com o coronel e com os comerciantes. E o próprio coronel apareceu como solução. Como agora tinha recebido o resto do prejuízo e acreditava que o sobrinho se esforçava de coração, propôs manter a oferta bovina assumindo o lugar de Evaristo. Animado, Joaquim aceitou e continuou a comercializar, prosperando e sem jogar.

Voltou a frequentar a casa do coronel para ter um pouco de conforto. As arestas de suas burradas diminuíram. Ainda não era 100%; talvez o tempo fosse o único fator com poder de reatar, sem reservas, aquela relação.

Recuperado moralmente com a perspectiva de pagar rapidamente suas dívidas, Joaquim pôde até pular a festa momesca daquele ano. Em São Domingos do Prata, houve vários desfiles de carros, inclusive da colônia alemã. Além de muita música, como tanguinho, maxixe e um samba que alfinetava os costumes da família tradicional:

Almofadinha que banca dandy,
Anda com calça de pesca siri,
E à melindrosa pergunta assim,
Gosta maldosa, meu neclin?

Somos marvados de fato,
Somos pesados no vinte e dois,

Melindrosinha que vem perfumada
Perna de fora e cara pintada,
É o tipo da boa, é toda alinhada,
Sem dar nunca o fora à peruada.

Depois do Carnaval, já conseguia se relacionar bem com os primos, e no dia primeiro de março de 1925 foi escalado para compor, juntamente com seus irmãos Mário, João e Waldemar, mais o primo Nico e os amigos Benedito Ribeiro, José Duarte, Eduardo Palmieri, Quinquim Braga, Noca Miranda, Reginaldo Duarte, Bebeto Lélis e José de Assis Santiago a armada do Pratiano Foot Ball Club. Foi uma partida em homenagem a um novo amigo há pouco estabelecido em São Domingos do Prata, o advogado Claudiano Drummond. O advogado era um agregado de Chico Rolla e dava grande trabalho ao capitão Dico, adversário político que estava com diversas ações na justiça por problemas eleitorais e de divisas de terra. Por falta de goleadores para golear, a disputa terminou empatada. O suficiente para Joaquim demonstrar toda a sua falta de coordenação motora.

Ainda assim foi convocado mais uma vez no dia 22 de março para enfrentar o clube João Barcelos, em Saúde. A turma foi recebida por uma grande multidão e com duas bandas de música. Chegaram a Saúde por volta das 16 horas, tiveram como recepção um banquete, assistiram a um filme no cinema. Em seguida foram dormir, distribuídos entre as maiores casas da vila. Na manhã seguinte, antes da hora do jogo, foi disparada uma salva de 21 tiros anunciando ao povo o início da partida. O jogo repetiu o placar do último amistoso, e Joaquim chegou à conclusão que não tinha a menor vocação futebolística. Diferente de seu irmão Mário, que se tornou figura essencial na esquadra pratiana, Joaquim não foi mais convocado para nenhuma partida.

O melhor a fazer era ir ao Seára conhecer a grande novidade tecnológica do Brasil daquela década. O coronel, pioneiro em suas técnicas de agricultura e com sua política desenvolvimentista, foi também o primeiro a adquirir na cidade um aparelho de rádio. E Joaquim, restabelecida sua aproximação com o padrinho, costumava passar as noites conversando com ele na fazenda. Adepto de rodar o mundo e pouco caseiro, atraído pelas novidades, encontrou um motivo a mais para ficar no Seára. Sempre animado, o coronel recebia vários amigos e alguns funcionários da fazenda para conhecer a caixa falante. Como não era possível todos permanecerem na sala ao mesmo tempo, alguns minutos eram suficientes para saciar a vontade da grande fila de gente curiosa.

Certo dia, Joaquim havia chegado de Ponte Nova, aonde costumava tropeirar anteriormente, quando foi visitar o amigo Cristiano de

Freitas Castro, que lhe contou sobre Evaristo, ainda procurando uma boa oportunidade no Rio. Joaquim aproveitou para buscar Mário, que estudava no Instituto Propedêutico, mas passava finais de semana prolongados e férias em casa. Os irmãos trouxeram uma lembrança para o coronel de seu compadre também político. Era uma bonita gravata ofertada pelo coronel José Felipe de Freitas Castro. Uma provocação sadia do amigo para comemorar a estrada de ferro que chegaria dentro de poucos meses a sua cidade. Assim, o amigo estaria bem alinhado para receber o presidente Bernardes na solenidade de inauguração.

À medida que os dias passavam, o número de curiosos por escutar a fala elétrica do rádio no Seára diminuía. Era mês de março, chovia bastante e Joaquim já havia inclusive voltado a almoçar na casa da família na cidade quando pôde finalmente ter seus minutos de exclusividade para desabafar a Mário sobre seus dias de ovelha negra no coreto da praça.

Retornando ao Seára novamente, viu que o coronel estava tirando sua sesta. Joaquim e Mário, que tinha ido à garupa, foram convidados a escutar rádio com os primos Faninho, Joãozinho, Ary, Nico e Pedro. Era o momento de ouvir as principais notícias do dia. Entre elas, foi anunciada uma abrupta alta do café, informando ainda o fato de que tal preço iria manter-se neste patamar com tendência à alta nos próximos meses. Sem contar nada ao irmão e aos primos, concentrado, viu-se agraciado pela sorte, sentia-se iluminado a partir da informação.

Sem tempo a perder, acordou o coronel do cochilo, pedindo-lhe um voto de confiança. Longe de todos, explicou a ele seu plano minuciosamente. Para tal, carecia ter o aval de seu padrinho, para conceder-lhe notas promissórias assinadas, com o valor em branco. E foi atendido. O coronel, empolgado com a ideia da alta do café, cedeu três notas promissórias para o sobrinho percorrer as fazendas mais produtivas do Pantame. Joaquim saiu correndo da sala deixando o irmão e os primos sem uma explicação detalhada.

Assim como a alta do café, a chuva também aumentou naquele momento. Caía um toró e mesmo assim, montou em seu burro Canário, disparando rumo ao Pantame. Seus primos e o resto do pessoal da família começaram a falar que Joaquim era louco, não tinha lógica alguém sair numa chuva daquelas, podia pegar pneumonia. Mas ele estava num certo transe hipnótico com sua ideia fixa.

Como foi dito, o Pantame era uma região de difícil acesso. Portanto, uma área onde as notícias chegavam com atrasos superiores a um dia. Se fosse veloz e tivesse sorte, poderia chegar em duas horas. Apertou o ritmo, exigindo o máximo de Canário. E ia raciocinando a logística necessária para executar seu plano. Era necessário passar por três fazendas e negociar com seus donos. Durante aquele temporal danado, ao menos os fazendeiros estariam em casa. Aqueles seriam os locais que iriam colher a maior produção de café nos próximos meses. O percurso exigia cuidados, a estrada era barrenta, com trechos pelo alto de morros. Se caísse e se machucasse, não haveria segunda chance para se recuperar do tombo financeiro.

Agora, menos de três quilômetros separavam Joaquim dos seus destinos. Seriam somente mais algumas curvas até chegar à única ponte que ligava o Pantame ao mundo. No entanto, devido à grande chuva daquele momento, a ponte acabara de ser levada rio abaixo. Assim, a região ficou isolada pelo rio Piracicaba durante um bom tempo. Joaquim assustou-se com a correnteza bravia de um rio caudaloso sob forte chuva. Apesar de ter sido campeão de natação no exército, achava pouco provável conseguir atravessar o rio com seus braços apenas. Não se deu por vencido, cavalgou um pouco ao longo do rio procurando um ponto por onde cruzá-lo.

Achou um bom lugar, bem mais curto, para a travessia. Pulou no rio, mas antes tocou Canário, com suas quatro patas a remar. Segurou firme no rabo do burro, controlando a direção certa. Era um fluxo constante de água. Joaquim chegou a sentir medo, pois não imaginava que a água iria levá-lo tão longe na outra margem. Lutavam, homem e animal juntos, contra a corredeira que os arrastava. No fim das contas, mesmo tendo calculado errado o ponto de passagem do rio, conseguiu sair ileso por uma proteção rochosa que diminuía a correnteza.

Assim que montou em Canário novamente, avistou a algumas centenas de metros a fazenda Pantaminho, uma média produtora da região, que tinha o café como seu carro-chefe. Procurou pelo proprietário, seu Vadim Barros, conhecido seu quando tropeirava por lá. Queria comprar dele os pés de café ainda verdes, antes de serem colhidos. Pediu um ferro de passar para poder secar as notas promissórias: queria arrematar toda a produção e não teve dificuldades. Animado, o fazendeiro aceitou, dando inclusive um pequeno desconto, pelo fato de Joaquim estar adquirindo a safra inteira. Combinou de retirar a produção assim que a ponte e a colheita começassem. E assim, Joaquim foi a mais duas fazendas também de grande porte da região, e fez o mesmo negócio com as promissórias que o coronel lhe emprestara.

Quando tomou o rumo de volta ao Prata, só faltava terem espalhado cartazes de Procurado pela cidade. Seus primos Faninho, Pedro, Nico e Ary, além de seu irmão Mário, pensaram que o pior tivesse acontecido. O coronel Chico Rolla, troçando, não quis explicar a eles o que Joaquim fora fazer. Daí, os jovens saíram pela cidade relatando a tresloucada saída de Joaquim na tempestade.

Era madrugada quando chegou à fazenda do Seára. O tempo tinha estiado e chamou gritando pelo tio Chico, até que o coronel acordasse. De roupão e touca, o coronel, ainda grogue de sono, abriu a janela e perguntou surpreso onde o sobrinho se metera. Joaquim, muito feliz, disse ter ido atrás de uma oportunidade para se levantar e ainda dar um belo lucro ao tio. Mirava resgatar definitivamente a sua confiança. O tio, confuso pelo sono e curioso, perguntou qual tinha sido a jogada. Joaquim contou que comprara toda a produção, não só da fazenda de Vadim Barros, mas também de dois vizinhos dele. O pagamento devia dar, segundo as estimativas de produção, um valor impossível de arcar sozinho. Porém, como o coronel bancou a compra, Joaquim faria todo o escoamento da produção para comercializá-la rapidamente. O coronel, admirado com a iniciativa, deu um beijo no rosto do sobrinho. As mazelas da jogatina estavam desfeitas.

Enquanto isso, chegou a Ponte Nova o ramal da Estrada de Ferro Central do Brasil. Desde 1889, quando a ferrovia chegara a Ouro Preto, a região pleiteava a ligação de Ponte Nova à antiga capital de Minas. José Domingues Machado e Custódio Silva foram os empreiteiros da construção do ramal, cuja inauguração aconteceu ainda durante o governo de Artur Bernardes, no dia 28 de agosto de 1926. Com a ascensão política de Bernardes, que, por ser daquela região, conhecia a importância desse ramal, a estrada ganhou impulso para ficar pronta rapidamente. O presidente Bernardes deixaria o Palácio do Catete em novembro do mesmo ano.

Deslocaram-se para Ponte Nova, representando São Domingos do Prata, o prefeito Edelberto Lellis, o presidente da Câmara Francisco

Rolla e seu sobrinho Joaquim, que naquela tarde veria de perto o chefe perremista pela primeira vez. Durante a cerimônia, Chico Rolla pôde conversar reservadamente com Daniel de Carvalho e soube dos novos investimentos rodoviários e ferroviários que seriam feitos na sua região. Estava no lugar e momento certos conversando com quem decidiria o assunto. Pôde ainda contar com o amigo Felipe para se aprofundar sobre os rumos do desenvolvimento local.

Bernardes promovia para os municípios onde foi bem votado em seu princípio de carreira um intenso investimento. Deliberava concorrências de cartas marcadas, mas que independentemente de privilégios partidários deveriam ser entregues com todo o capricho e no prazo determinado. O coronel gostou do que viu e ouviu. Afinal, Daniel de Carvalho lhe apresentou uma oportunidade para participar de uma importante licitação na qual geralmente, os caciques perremistas saíam vencedores.

Desde que viu ventilar a possibilidade de lucrar com o desenvolvimento viário na região, Chico Rolla sabia que Joaquim seria seu sócio perfeito. Pois apesar de o coronel ter contatos de alto nível que lhe assegurariam a participação, era o sobrinho quem conhecia a região de cabo a rabo e saberia contratar uma competente massa braçal. Assim, Joaquim recebeu do coronel um inesperado convite para participar de uma grande empreitada estradeira.

O coronel, já com certa idade, corria o risco de não ter energia suficiente para acompanhar diariamente as obras. Com mão de obra, capital e um homem de confiança, faltava apenas o *know-how* para construir estradas, o que não seria complicado para um tropeiro acostumado a trafegar pelos mais variados caminhos.

Joaquim e o coronel Chico Rolla viajaram para Belo Horizonte, acompanhados do advogado Claudiano Drummond, para discutir os pormenores do negócio e assinar o contrato. Ficaram hospedados no Grande Hotel, o quartel-general do PRM. Na manhã seguinte, dirigiram-se à Secretaria Estadual dos Negócios da Agricultura, Indústria, Terras, Viação e Obras Públicas, sob crivo do itabirano Daniel de Carvalho. A próxima estrada rodoviária seguinte a sair da prancheta seria a Prata-Saúde.

Carvalho era amigo dos Rolla de longa data e se dava muito bem com Joaquim. Aprovou o plano de construção da estrada rodoviária ligando o distrito de Vargem Alegre (que já era ligado a São Domingos do Prata) à Saúde. Esta estrada seria um importante projeto para incrementar o comércio de mercadorias não só entre São Domingos do Prata e a Leopoldina Railway, mas também entre a região do rio Piracicaba e a Zona da Mata. Curioso lembrar que com a conclusão desta obra, diversos tropeiros da região perderiam sua função, pois, com o advento da estrada rodoviária, o transporte para a ferrovia poderia ser feito de caminhão. Joaquim precisou reunir-se também com o oficial de gabinete de Carvalho, Alberto Deodato.[8] Simpático e bem-humorado com o visitante, Deodato manteve uma conversa que extrapolou o assunto a ser tratado com Rolla. Seriam em poucos anos colaborador e patrão.

Chamou Clóvis Mendes para lhe ajudar, e Cupido, mesmo ainda aprendendo a dirigir, foi promovido a motorista. As obras tiveram início no dia 15 de março de 1927. Joaquim já não era mais o menino que fazia mudanças escondidas, vendia gasosa e tropeirava. Agora trabalhava noite e dia na construção da estrada que ligava o distrito de Vargem Alegre, em São Domingos do Prata, à Saúde.

Enquanto a estrada Prata-Saúde começava a ser cortada, Joaquim começava um namoro com Eulália Drummond, parente de sua futura mulher, Odette. Seu pai, João Monteiro, reaproximou-se dele, perdoando o filho dos tempos de risco nas cartas. E a construção da estrada era algo relativamente tranquilo se comparado com a força que fazia na época de comerciar carnes. Uma vantagem desta empreitada é que ela renderia um bom dinheiro, caso não houvesse atraso ou desperdício de recursos. Além disso, Joaquim pôde contar com um novo luxo para agilizar seu trabalho. Mesmo sem possuir carteira de motorista, passou a fazer uso do carro Ford-T do coronel, já imaginando que logo teria seu automóvel. Lamentavelmente não tinha a mesma habilidade para conduzir carros que tinha para tanger sua tropa, e por pouco não aconteceram graves acidentes. Cupido logo estava dirigindo o carro a maior parte do tempo.

MATUTO COSMOPOLITA

Com o fim do governo Bernardes, Washington Luís assume e acena com uma proposta de construção de duas estradas muito maiores a serem feitas na região do rio Piracicaba durante seu mandato. Uma seria um longo trecho da Estrada de Ferro Vitória-Minas, entre a estação de Baratinha em Antônio Dias, até a estação de Drummond, em São José da Lagoa. A outra seria uma estrada rodoviária ligando São Miguel do Piracicaba a Santa Bárbara.

A possibilidade de Joaquim e Chico Rolla bancarem outra estrada dependia da competência do empreiteiro, teria preferência quem já tivesse prestado serviços e cumprido metas. O que diferenciava o interesse do governo na Estrada de Ferro Vitória-Minas de outras linhas era tanto o transporte de mercadorias e passageiros quanto facilitar a exportação de minério da empresa Itabira Iron Ore, então controlada pelo capitalista norte-americano Percival Farquhar.

Por se tratar de uma obra federal, desta vez o contrato foi assinado no Rio de Janeiro. Joaquim sentiu-se como na sua primeira viagem de tropeiro, quando mal conseguiu dormir. Como saber o que iria encontrar na internacionalmente famosa cidade do Rio de Janeiro? Apreensivo, dormiu na casa do tio Chico e durante a noite lhe disparou uma série de perguntas sobre a capital federal. O coronel já conhecia a cidade e respondia bem-humorado os detalhes que faziam a fértil imaginação do sobrinho sonhar. Lembrou-se de uma lenda específica, era a história de que se você entrasse no mar, não deveria perder o contato dos pés com a areia, pois caso isso ocorresse, o mar te levaria para dentro.

Na manhã seguinte, Cupido os levou até a estação de Saúde. O trem estava marcado para as 10 horas da manhã. Embarcaram para conhecer a capital federal e assinar as regras de licitação da maior obra viária que realizariam em suas vidas.

Evaristo já os esperava na estação da Leopoldina Railway e Joaquim, ao descer do trem, olhou encantado pela primeira vez a cidade que seria seu lar por metade da vida. Como bem conhecia os amigos pratianos, Evaristo disse no trajeto rumo a seus alojamentos que o melhor ainda estava por vir.

Ao entrar na avenida Atlântica, o oceano. Habituado a viver em paisagens montanhosas a vida inteira, Joaquim ficou boquiaberto. Nunca vira o mar e a infinitude de azul o fez sentir-se pequeno. Era algo maior que ele, inatingível. Porém, ao virar a cabeça, sentiu as possibilidades de grandeza que aquela cidade poderia lhe trazer. Na estrada, do outro lado, insinuavam-se os contornos do suntuoso Copacabana Palace, onde ficariam hospedados.

Já dentro do hall, enquanto realizavam o registro no hotel, Rolla observava todo o salão do ambiente aristocrático, da porta giratória à escadaria, dos mármores de Carrara aos tapetes. O hotel destacava-se na paisagem pelo fato de ser o prédio mais alto no bairro, naquela altura com apenas algumas mansões dispersas.

O Copa, como ficou conhecido, havia sido construído pelos empresários Octávio Guinle e Francisco Castro Silva, solicitado pelo presidente Epitácio Pessoa, que desejava um grande hotel de turismo na capital do país para hospedar os sofisticados visitantes esperados na Exposição do Centenário da Independência do Brasil. Para concretizar tal investimento, o Governo Federal concedeu incentivos fiscais aos proprietários, assim como a licença para que nele funcionasse um cassino, embora naquele momento o jogo estivesse na ilegalidade.

Os hóspedes seguiram rumo ao quarto onde, após um banho, descansaram para poder desbravar a boêmia carioca em companhia de Evaristo. Na hora de sair, o coronel achou melhor ficar no hotel. Joaquim tentou, em vão, convencer o tio a acompanhá-los. Joaquim e Evaristo fizeram um tour pela cidade. Conversaram sobre a imponente obra que estava em curso no morro do Corcovado, o Cristo Redentor. Depois, seguiram para Botafogo e Flamengo. Desceram um pouco na Cinelândia, onde havia enormes arranha-céus e durante a noite abriam as portas os mais movimentados espaços da cidade, como o Café Rivera.

Seguiram de volta ao hotel, mas ainda gastaram algum tempo no restaurante do Copa conversando sobre as possibilidades de negócios no Rio. Joaquim continuava maravilhado com o fluxo de gente, o luxo e a riqueza do lugar. Sentia-se mesclado ao ambiente, combinava com aquele frenesi cultural, e fascinaram-no a mistura de vários idiomas e diversidade dos hóspedes. Uma novidade sem precedentes para Joaquim, que era também um sentimento novo de familiaridade.

Pela cabeça dele passavam um turbilhão de ideias e possibilidades. Imaginava diversas opções de negócios numa cidade tão frenética. Na própria indústria hoteleira poderia estar uma resposta para sua pergunta. Já pensou um dia fazer um hotel ainda mais majestoso que o Copa? Tinha um espírito competitivo e o Rio de Janeiro pareceu-lhe um lugar ao alcance de suas ambições. Era, sem dúvida, uma cidade onde gostaria de morar um dia.

Na manhã seguinte dirigiram-se ao Ministério da Viação e Obras Públicas, então comandado por Vitor Konder. As obras viárias recebiam atenção do governo anterior, mas agora haviam se tornado o mote principal da administração do presidente Washington Luís. Foram muito bem recebidos pelo catarinense Konder, que analisara as obras já feitas pela dupla e constatara que eles possuíam a exata responsabilidade na qualidade do trabalho e nos prazos exigidos pelo seu ministério. O trecho ferroviário a ser cortado cobriria trinta quilômetros de mata fechada e mais cinquenta à margem do rio Piracicaba. Os pagamentos seriam feitos em etapas e seria necessário também que a dupla já tivesse algum capital para bancar os primeiros quilômetros.

Na volta ao Prata falaram um pouco mais sobre o Rio, além das atitudes a tomar para otimização do contrato. Era necessário deixar tudo pronto para o serviço a ser prestado. A obra deveria ser concluída ainda naquele governo, impreterivelmente. Joaquim cogitou que após terminarem a empreitada, ele poderia morar no Rio, o que soou um absurdo para o tio, sem intenção alguma de abandonar sua fazenda.

Contrataram funcionários especializados e entre os maiores salários da folha de pagamento, estavam os engenheiros José Moreira Martins da Costa, José Belém Barbosa e João Linhares. Havia também aqueles que, apesar de pouca instrução, iriam coordenar a enorme massa de funcionários, como o mestre de obras Domingos Silvério, dali em diante, braço direito de Joaquim. No vale do rio Piracicaba, a oferta de mão de obra para realizar tarefas que hoje são feitas por máquinas era grande. O trajeto da Estrada de Ferro Vitória-Minas, partindo de Antônio Dias, seguiu o curso do rio Piracicaba, derrubando florestas. Os 2400 funcionários estavam sujeitos às doenças tropicais, muito comuns nos tempos coloniais e nos ermos rincões do Brasil. Cerca de 30% dos cortadores de árvore e carregadores de madeira eram vitimados pela malária, e suas famílias eram indenizadas.

As obras tomavam todo o tempo de Joaquim, logo decidido a terminar o seu relacionamento com Eulália, que reclamava constantemente sua ausência. Ele concluiu que assim teria tempo para se dedicar às duas obras, a rodoviária e a ferroviária. Depois, com certeza, apareceria alguém que o completasse.

Joaquim costumava dormir em alguns dos alojamentos instalados nos canteiros de obras, principalmente na EFVM. Certa noite, quando retornava do povoado de Gomes, onde contratou alguns funcionários para sua obra, se deparou com Odette no caminho e parou para conversar. Ela contou que estava à sua espera desde muito tempo. Não se esquecera de quando ele tinha prometido casamento a ela. Odette soube do rompimento com Eulália, e alimentava esperanças de que as promessas ditas anos atrás se tornassem realidade. Contou a Joaquim o tamanho de seu sofrimento acordando muito cedo diariamente para preparar todos os afazeres da casa de seus pais. Amparava os pais no cuidado de seus irmãos mais novos. Ele notou na bela Odette uma presença fora do comum para o trabalho e se dispôs a tirá-la daquela vida. E logo, um beijo selou o relacionamento.

Em outubro, quase quatro meses antes da data prevista para inauguração, a estrada Prata-Saúde já era uma realidade e motivo de orgulho para a cidade. A passagem elevou a dupla Joaquim/Chico Rolla a um novo status social. Agora, estavam diretamente ligados ao desenvolvimento da região. Durante a festa de inauguração, que contou com a presença de Odette, o coronel percebeu que algo estava muito adiantado.

Amarrados pela burocracia governamental, os construtores de estrada demoraram para receber o montante pelo serviço rodoviário e chegaram a passar aperto para pagar seus funcionários. Quando o capital foi liberado, Joaquim pôde comprar seu primeiro automóvel, um Ford-T usado.

Costumava ir entre duas e três vezes durante a semana almoçar com o coronel. Era nesse momento que lhe passava um relatório completo sobre o andamento da obra da EFVM. Como a relação excedia o lado profissional, resolveu confidenciar-lhe sobre seu

1923. Ainda sem vizinhos por perto, o Copacabana Palace já era referência de *glamour* no Rio de Janeiro.

namoro. O coronel ficou preocupado. Desconfiou que a relação poderia estar com mais intimidade do que era apropriado, e temeu manchar a honra do seu compadre Juca do Macuco. Ainda mais quando Joaquim argumentou ter atropelado os sentimentos e ainda não estar preparado para, naquele momento, envolver-se num romance sério. O sobrinho preferia dar prioridade às obras a continuar se dedicando ao relacionamento. Então, o coronel sugeriu que se o problema era a falta de tempo para namorar isso não precisava mais acontecer se eles se casassem.

Com dinheiro no bolso, concretizar o casamento foi inevitável. Era uma quarta-feira, 14 de dezembro e houve, em seguida, uma pequena festa com doces, sem salgados presentes. Da família do noivo, encontrava-se apenas o coronel Chico e alguns conhecidos. Seus pais e irmãos não compareceram, pois nesta época moravam em Viçosa. A festa para os convidados foi numa pequena e confortável casa que ele acabara de comprar especificamente para sua vida de casado. Com um jardim bem cuidado, varanda e alpendre, a residência mal se concretizou como seu lar.

Passados três dias da contração de núpcias, ele constatou em Odette um cuidado com o asseio além do habitual. Havia comprado uma prataria inglesa de seu engenheiro, José Belém Barbosa. Na primeira refeição em que levou visitas em casa, notou que ela escondia os talheres, substituindo-os por peças puídas que ganhara de seus pais. Além disto, quando ele entrou em casa acompanhado de alguns funcionários das estradas, que soltavam poeira até pela roupa, eles sentaram-se à mesa, mas ela se recusou a participar da refeição, e logo estava varrendo e passando pano úmido pelo chão. E quando eles saíram, ela repetiu a operação-limpeza novamente. Assim, Joaquim escolheu conviver minimamente com Odette, e logo sumiu no mundo para traçar seus novos caminhos. Foi o principio do fim desta curta relação; nunca mais voltaria a viver em São Domingos do Prata.

UM VAQUEIRO NO CURRAL DEL REY

Sem endereço fixo, Joaquim passou a viver em Belo Horizonte a maior parte do tempo. Sua morada inconstante e base de negócios seria agora o Grande Hotel. O lugar era também o quartel-general da Tarasca.[9] As lideranças políticas e homens de negócios eram recebidos no hotel sob a direção do italiano Arcangelo Maletta.[10] Da sacada de seus apartamentos virados para a rua da Bahia, discursavam célebres políticos, como Artur Bernardes e Melo Viana:

> Os dois eram realmente populares. Cada qual, a seu gênero, representando o símbolo fálico e genitor que a psicanálise e o freudismo emprestam à figura dos chefes de Estado. Melo Viana era íntimo, dadivoso e paternal. Bernardes era distante, punitivo e paternalista.[11]

Joaquim caminhava e descia dois quarteirões na rua mais famosa da cidade vindo do Grande Hotel e chegava ao seu centro nervoso, o Bar do Ponto. Sinônimo de local bem frequentado, o Ponto era onde as coisas aconteciam. Ali, travava novas amizades e fazia contatos comerciais. Encontrava gente como o negociante Cristiano de Freitas Castro, o jornalista Alberto Deodato ou o médico Pedro Nava. Por lá também conheceu Romeu de Neiva Bastos, comerciante que almejava um sócio para abrir uma casa de tecidos em Belo Horizonte. E podia ainda flertar com as senhoritas belo-horizontinas, agora que se considerava livre.

Num encontro informal do PRM no Grande Hotel, Joaquim conheceu alguns de seus líderes, como Djalma Pinheiro Chagas, Mário Brant e Artur Bernardes Filho. O assunto da conversa era buscar soluções para reverter a situação política na briga entre o café e o leite. Havia acabado de tornar-se público o projeto do presidente Washington Luís em lançar o paulista Júlio Prestes como candidato a substituí-lo nas próximas eleições. A decisão era encarada como uma afronta aos líderes mineiros, pois esta seria a vez do PRM lançar o seu nome. Além disto, acabara de ser criado na cidade O repórter mineiro, um jornal para difamar os perremistas.

De modo informal, quem adentra o salão do Grande Hotel e chega no meio da conversa é o jovem político Virgílio de Melo Franco.[12] Virgílio era um dos perremistas com maior possibilidade de ascensão estadual e, consequentemente, nacional. Era muito próximo de Artur Bernardes desde que o defendera no episódio das cartas falsas[13] no princípio de seu mandato como presidente. Virgílio nascera em Ouro Preto e desde muito jovem convivera com as maiores lideranças políticas de seu tempo. Criado no Rio de Janeiro, diplomou-se bacharel em direito aos 21 anos, logo se tornando chefe de gabinete do ministro da viação e obras públicas, Afrânio de Melo Franco, seu pai. Em 1922, foi eleito deputado estadual por Minas Gerais, mesmo residindo fora do estado, de onde sonhava tornar-se governador um dia.

Inserido nos meandros do poder, Virgílio logo encontra na discussão de seus partidários uma linha de ação que desperta a atenção de Joaquim. Ao discorrer sobre a situação dos veículos jornalísticos de Belo Horizonte com maior circulação naquela época, propõe a criação de um periódico de grande impacto em apoio à linha bernardista da Tarasca, a executiva do PRM era controlada em tríade pelo então presidente de Minas Gerais, Antônio Carlos de Andrada[14] e pelos ex-presidentes da República Venceslau Brás[15] e Artur Bernardes.

Quando foi finalizada a estrada para Saúde, Joaquim compareceu à cerimônia de inauguração, e no caminho evitou permanecer muito tempo em São Domingos do Prata para não encontrar Odette. Além disto, colocou em sua cabeça a ideia de criar um vespertino e estava inquieto para retornar à capital e consultar seus contatos sobre esta possibilidade.

Chegando a Belo Horizonte, procurou por Artur Bernardes Filho e lhe contou sobre seus planos. Coincidentemente, quem estava conversando com Bernardes Filho era Virgílio de Melo Franco, o próprio autor da ideia, que ficou empolgado com o aparecimento de um investidor. Sugeriu que ambos fossem ao Rio de Janeiro para tratar da nova demanda com a Tarasca.

A ligação rodoviária entre Belo Horizonte e Rio de Janeiro demorava cerca de quatro dias. No caminho, pararam em Barbacena, onde Virgílio havia marcado uma conversa com seu amigo Fábio

Andrada, filho de Antônio Carlos de Andrada. Joaquim participou da conversa discretamente, pois sabia que ali havia uma facção do PRM com outros interesses.

Chegando ao Rio de Janeiro, Joaquim foi resolver detalhes da EFVM no Ministério de Viação e Obras Públicas. Na sequência, como Virgílio havia lhe convocado, participou de uma reunião privada do PRM na residência de Artur Bernardes, na rua Valparaíso. A pauta do encontro era a ideia de Virgílio e Joaquim: a criação de um jornal em Belo Horizonte para defender o PRM.

Virgílio lembrou de 1924, quando Assis Chateaubriand comprou, por meio da intermediação dele, *O Jornal*. A grande curiosidade daquele negócio foi o capital, cedido por um inimigo de Bernardes, o magnata Percival Farquhar, que pagou a seu ex-funcionário o montante para realizar a transação. Naquele tempo, Virgílio e o PRM apoiaram o negócio para tirar *O Jornal* de um grupo que estava importunando o partido.

Bernardes sabia que Joaquim passava por um bom momento financeiro e era pessoa de confiança do PRM. Ficou empolgado com a possibilidade de um novo veículo impresso na capital mineira apoiar e dar voz ao PRM. A dúvida de Joaquim sobre qual negócio iniciar estava resolvida, e como incremento financeiro deste empreendimento político, ele sabia que também poderia receber pela propaganda vendida no jornal.

De volta ao Grande Hotel, recebeu um recado do coronel relatando um acidente com uma junta de dormentes na EFVM. Quando retornou à obra foi investigar o ocorrido. Apesar de não ter causado vítimas, os dormentes que sustentariam a base de uma ponte em Antônio Dias caíram no rio Piracicaba e se perderam; foi um prejuízo considerável. Constatou uma imprudência do gerente, demitindo-o. Procurou por alguém mais capacitado e logo se lembrou de um competente engenheiro chamado Amynthas Jacques de Moraes. Oriundo do distrito pratiano de São José do Grama,[16] Amynthas era especializado em engenharia de minas, profundo conhecedor do solo da região do rio Doce, e portanto extremamente capacitado para o cargo. Por ser dedicado, inteligente e proativo, saiu-se melhor que o esperado. Joaquim sempre elogiava muito seu trabalho e tornaram-se grandes amigos, fazendo projetos para trabalhos conjuntos fora da região.

Localizado entre a rua da Bahia e a antiga avenida Paraopeba (atual Augusto de Lima), o Grande Hotel era o local onde eram tomadas as decisões políticas. O prédio foi destruído na década de 1950.

Poucos anos depois, Amynthas se tornaria o principal parceiro comercial de Percival Farquhar na Itabira Iron.

Com a amizade do coronel consolidada novamente, agora não havia mais lembranças da triste fase de Joaquim quando perdera tudo no jogo. Com um capital considerável no bolso, já era empresário respeitado e estabelecido. Enquanto isso, em casa, Odette sentia constantes enjoos. Ao transitar por São Domingos do Prata e adjacências para vistoriar as obras das estradas, Rolla se concentrava no trabalho. Ia visitar sua irmã Dedê no fim da cidade, as fazendas de amigos e as casas comerciais, onde ficava sabendo o que se passava em sua terra. Não cogitava sequer um momento em passar em na própria casa e acompanhar a saúde de Odette. Ele não soube, mas ela estava grávida.

Joaquim sondava um ponto comercial em Belo Horizonte. Delegou a Clóvis Mendes tal tarefa, fazendo-o mudar-se com a família para a capital. Na sequência, Joaquim foi ao Rio de Janeiro buscar equipamentos para imprimir o futuro porta-voz do PRM, seu jornal, ainda sem nome.

Voltou à capital federal na companhia de Virgílio de Melo Franco e Evaristo de Freitas Castro. Os três foram assistir a uma corrida de cavalos no Jockey Club, na Gávea. Ali puderam fazer, cada um à sua maneira, uma aposta em um cavalo com chances de levar o páreo. E se o animal menos cotado vencesse, o prêmio seria ainda maior. Outro motivo para frequentar o Jockey era para, além de se inserir na alta sociedade carioca, poder encontrar durante o evento boas oportunidades de negócios. E como mineiro se depara em todo canto, Evaristo e Virgílio logo acharam por lá o amigo Paulo Pinheiro Chagas e apresentaram-no a Joaquim. Nem precisava, pois já haviam se esbarrado nas reuniões do PRM, em Belo Horizonte. Não foi desta vez que algum dos mineiros levou o grande prêmio.

Entretanto, no meio de toda elegância e glamour do Jockey Club, Joaquim acabou prestando atenção numa graciosa moça de olhos lânguidos. A bela jovem, vestida à moda melindrosa, aparentemente estava acompanhada do namorado. Era um sujeito com ar almofadinha usando roupa branca, talvez um médico. Parecia aéreo com a moça. Foi fácil para ela notar a paquera do ousado e elegante mineiro cortês. Contudo, discreta e prudente, olhou apenas com o rabo do olho. Virgílio notou o flerte, disse a Joaquim que tinha a impressão de conhecê-la e ficou de sondar a informação.

No dia seguinte, Joaquim, também acompanhado de Virgílio, foi a um escritório de importação na Cinelândia para encomendar todo gênero de modernos apetrechos para equipar um folhetim que ia dar o que falar na capital das Alterosas. Além da rotativa de imprimir da marca Marinoni, comprou também diversos complementos para um jornal funcionar em toda sua capacidade, tais como os motores elétricos, a *addressograph,*[17] caixas de tipos e os cavaletes.

Enquanto isso, em São Domingos do Prata, exatos 261 dias após a cerimônia de casamento de Joaquim e Odette, nascia Rubens Petrônio. Com a ausência do pai para endossar o sobrenome, inicialmente foi registrado apenas com nome composto. Ainda no Rio de Janeiro, Joaquim recebeu a notícia pelo irmão Mário, entusiasmado ao telefone. Pediu a ele que organizasse uma pequena festa dentro de cinco dias para comemorar a chegada do rebento na sua volta.

Mas antes passou por Belo Horizonte. Cuidadoso e com o tino comercial apurado, Joaquim escolheu os pontos da cidade que facilitariam a elaboração e a distribuição do vespertino, que teria o título de *Folha da Noite*. A oficina localizava-se na rua dos Tamóios, 484 e a redação, a dois quarteirões dali, à avenida Afonso Pena, 708. Sem esquecer um componente vital para que a tarefa fosse lucrativa, zelou por buscar o maior número possível de anunciantes.

Já estabelecido em Belo Horizonte, Clóvis Mendes mostrou-se mais uma vez um ágil negociante ao intermediar a compra dos imóveis do, *Folha da Noite*. Por esta e outras razões, Joaquim convidou-o para ser tesoureiro no jornal. Sob indicação dos amigos perremistas, contratou o experimentado jornalista e advogado Cleveland Maciel para ser o gerente e escolher os melhores repórteres e textos para o novo folhetim.

Como ainda tinha importantes obras da EFVM e a estrada rodoviária Rio Piracicaba-Santa Bárbara para vistoriar, Joaquim desta vez não esqueceu de passar por São Domingos do Prata e conhecer seu filho recém-nascido. O bebê Rubens Petrônio agora também pôde ser registrado com o sobrenome Rolla. Mas logo Joaquim retorna à capital para cuidar de seus negócios.

Finalmente, no dia da mentira de 1929, começou a ser vendido nas ruas de Belo Horizonte o mais novo vespertino mineiro, o *Folha* *da Noite.*Com uma tiragem diária de 10 mil exemplares, começou como um dos veículos de imprensa com maior circulação no país.

Folha da Noite teve como sua primeira manchete meros detalhes sobre uma partida de futebol ocorrida no dia anterior. O jogo foi entre o Santos Football Club e o Palestra Itália[18], que tomou uma goleada de sete no próprio campo. O editorial do *Folha da Noite* ladeava a fotomontagem com os times e a breve matéria futebolística na capa. Mostrava sua face combativa, desde já ventilando uma "redentora cruzada pelo voto secreto" e sob certo clamor nacionalista, aclamava que:

> *Folha da Noite* é um jornal construtor. Quer Minas dentro do Brasil maior. (...) Se aval fosse preciso para as nossas palavras, elas aqui estão: a nossa mocidade, o nosso entusiasmo solar, a nossa mineiridade, o nosso amor pelo Brasil.

Num formato popular e a preços competitivos, suas oito páginas cobriam de esportes à sociedade, dos fatos da cidade aos últimos filmes em cartaz nos cinemas e relatava até mesmo uma peleja publicitária envolvendo as cervejas Brahma e Hanseática.

Flanqueando os nomes dos diretores do órgão noticioso, uma pequena nota pedia desculpas aos anunciantes ainda não publicados, informando-os que a situação brevemente se regularizaria. Ainda na primeira edição de *Folha da Noite* vinha uma chamada bem clara para o que seria sua segunda capa: a vitória de Jesuína Santiago no concurso Miss Minas Gerais. Por aqueles dias, havia um alvoroço na cidade pela sua consagração. Logo depois de anunciada vencedora, passou a ser tratada como *mademoiselle* Santiago e recebeu uma elegante *soirée* dançante no Grande Hotel em sua homenagem. Cortesia de *Folha da Noite.*

Com suas matérias agradando aos leitores, a primeira semana de circulação do *Folha da Noite* teve uma aceitação popular arrebatadora. Porém, a partir da oitava edição passou a denominar-se *Folha da Noite Mineira* para evitar atritos com seu homônimo paulista,[19] que chegou a fazer uma matéria negando qualquer ligação com o vespertino de Joaquim.

Vivendo intensamente em Belo Horizonte, Joaquim viajava pouco para sua terra natal. Quando voltava ao Prata era para fiscalização das obras na mesma região. Aproveitava para visitar seus familiares e entes queridos. Numa conversa com seu pai, contou a ele sobre a aquisição de uma casa na capital, e aceitou a proposta de levar o irmão caçula Mário para estudar em Belo Horizonte. O que se concretizaria no primeiro semestre de 1930.

A nova casa era um solar de dois andares na rua Tomé de Souza, 1244. Mesmo sem se hospedar no Grande Hotel, continuava frequentando-o, pois era a central não oficial do seu partido. De todo jeito, agora tinha residência própria na capital. Uma das vantagens de morar nesta rua, localizada atrás do Palácio da Liberdade era a segurança, além de ser uma área nobre da cidade. Costumava seguir a pé até a casa de Clóvis, que residia à rua Cláudio Manoel, 583. Eram pouco mais de seis quarteirões e aos sábados tinha o hábito de almoçar lá. Havia adquirido uma moléstia estomacal e de sobremesa saboreava sempre um mamão, pois acreditava no poder da fruta para curar-se.

Quando atravessava a praça da Liberdade e descia a avenida João Pinheiro de carro, indo de casa para a *Folha da Noite Mineira*, para o Grande Hotel ou para o Bar do Ponto, Joaquim sempre dava carona a algum conhecido. Por ser proprietário de um jornal, conheceu diversos jornalistas e literatos, alguns deles futuros escritores renomados. Não tinha grande intimidade com os nomes modernistas, mas por meio de Abgar Renault chegou a ter algum trânsito entre aquela gente intelectual. Perremista ferrenho, Abgar contribuiu anonimamente com artigos sobre política no *Folha da Noite* e, posteriormente, no *3 de Outubro*. Ao mesmo tempo, ele e outros amigos estavam envolvidos em publicações literárias que tiveram duração curta como *A Revista* e *Cidade Verde*. Seus companheiros, escritores e poetas como Carlos Drummond de Andrade, Pedro Nava e Cyro dos Anjos eram alguns dos colaboradores destas revistas. Um poeta bissexto respeitado, foi nessa época que Abgar escreveu os pueris versos sobre o proprietário de um automóvel padrão em Belo Horizonte, que poderia muito bem ser Joaquim com seu Ford Bigode:

> Meu Ford fordeja dentro da manhã,
> E sobe a rua velha do meu bairro,
> Arquejando, bufando, fumando gasolina.

Em 1929, quando eram feitas vistorias nas obras da Estrada de Ferro Vitória-Minas. Joaquim Rolla é a figura central. O primeiro à esquerda é Waldemar Rolla; de terno branco, o sobrinho Paulo; de braços cruzados o irmão Juca; de gravata--borboleta, o Cupido.

Sob o espectro de carros passando lentamente pela rua, assuntos jornalísticos, conspirações políticas ou causos do interior, estavam todos em mesas dispostas pelo Bar do Ponto. Lá contavam suas percepções sobre os fatos do momento e as próprias histórias. Mesmo com vocabulário limitado, no Bar do Ponto Joaquim sentia-se à vontade para expor sua vida. Abgar, em seu bom humor jovial, dava corda a ele. E iam sendo narrados seus tempos de tropeiro, de vaqueiro e de Prontinho. E desde esta plateia modernista à plateia conservadora, composta por Alberto Deodato, Mário Dias e outros perremistas, todos se deliciavam com as épicas aventuras de um caipira que atravessava o rio nadando no rabo do burro, e outras histórias que iam sendo contadas com uma pitada de fantasia.

Pouco tempo depois de o jornal completar dois meses de circulação, Clóvis tinha acabado de chegar do Prata num sábado pela manhã para o tradicional almoço com Joaquim. Trouxe a ele um recado do coronel Chico Rolla. Clóvis havia notado que talvez pudesse ser alguma coisa séria e deixou para entregar o envelope somente na hora do mamão. No bilhete, o coronel pedia que o sobrinho fosse encontrá-lo o mais rápido que pudesse. No mesmo dia, Joaquim pediu a Cupido que adiasse sua folga e seguiram rumo ao Seára.

Conseguiram chegar a São Domingos do Prata apenas no domingo pela madrugada. Dormiram um pouco na casa de sua família e de manhã foram tomar café com o coronel. Pela cara do tio, notou certa apreensão, algo preocupante estava acontecendo. Logo foram conversar reservadamente.

O coronel explicou que havia vendido sua safra de café para um grande comprador de Saúde, José Maria Portella. Ele era um atravessador que fazia a ponte entre os fazendeiros locais e os portos internacionais. Portella arrematava lotes em série de inúmeros fazendeiros e obviamente, tais lotes precisavam ser vendidos para poder honrar os pagamentos. Todavia, no entretempo do negociante comprar e vender as sacas no Rio de Janeiro, ocorreu uma abrupta queda do preço do café, oriunda do *crash* da Bolsa de Valores de Nova York em outubro de 1929. Entre a clientela e os fiadores de Portella, o estrago veio em efeito dominó. A extensão da quebradeira seguia de Ponte Nova a Itabira, de Santa Bárbara a Saúde. Entre os prejudicados estavam fazendeiros aliados do coronel, como Francisco Carneiro Cotta e o coronel Fidelis

Monteiro de Andrade, de quem era também fiador. Neste período, o café viu seu valor decrescer em constante espiral. Portella suspendeu o pagamento das sacas de café adquiridas.

A sequela deste prejuízo foi um aviso do órgão que endossava essas transações: o Banco de Crédito Real de Minas Gerais requeria para si a responsabilidade pela execução de uma dívida em nome de Chico Rolla. Todo o patrimônio familiar do coronel corria o risco de ser apropriado por aquela instituição financeira. Chegara a vez de o sobrinho socorrer o tio que tanto lhe amparara na sua trajetória. Caminharam pela fazenda articulando cuidadosamente uma linha de ação para solucionar o problema; só um teatro financeiro podia salvar o coronel da bancarrota.

Joaquim cogitou a possibilidade de emitir uma promissória a favor dele com data de vencimento expirado. Assim, havia uma sustentação para que ele executasse judicialmente o coronel antes do banco. Ou seja, a fazenda do Seára mudaria de mãos, no âmbito dos papéis. Era imprescindível agilidade na operação. Foram ao escritório do advogado Claudiano Drummond, onde a promissória teatral se tornou realidade. Exatamente dois meses antes da execução da divida pelo Banco de Crédito Real, foi forjada uma nota fiscal e o processo para Joaquim reaver o capital foi instituído.

No turbilhão de viagens entre suas obras e Belo Horizonte, Joaquim completou a estrada entre as cidades de Santa Bárbara e Rio Piracicaba. Realizou uma festa no canteiro de obras para comemorar com os dedicados funcionários, que seriam transferidos para a obra da EFVM, dando assim mais corpo e velocidade na empreitada em sua fase final. Como não ia visitar o filho há algum tempo, pediu a Odette que levasse o pequeno Rubens para o festejo. O pedido foi negado. Odette alegou não quis levar o filho em um canteiro de obras onde a poeira pudesse prejudicar a saúde do bebê. Durante os festejos, que contaram com a presença do agora secretário de agricultura Djalma Chagas, Joaquim foi informado de uma nova empreitada que o governo federal pretendia realizar. Para isto, em novembro de 1929, Joaquim dirigiu-se ao Rio de Janeiro com o intuito de tentar a concessão para construir outra estrada. Mais uma vez, dirigiu-se ao Ministério de Viação e Obras Públicas para participar de uma reunião que acabaria dando a ele o direito de abrir mais um caminho numa importante região de Minas. Seria uma linha atípica, desmembrada de grande estrada ferroviária, ligando Entre Rios de Minas e Queluz. Denominada Estrada de Ferro Santa Matilde, atenderia o fluxo de pessoas entre a fábrica de vagões ferroviários Santa Matilde e as duas principais cidades a lhe fornecer mão de obra.

Ficou hospedado no Copacabana, seu refúgio carioca. Após o encontro agendado no Ministério, juntou-se a vários amigos no hotel, numa assembleia extraoficial do PRM, encontro informal e descontraído, sob leve gradação alcoólica. No salão se encontravam Virgílio, Artur Bernardes Filho, Daniel de Carvalho, Fábio Andrada, Evaristo de Freitas, Paulo Pinheiro Chagas e Djalma Pinheiro Chagas. Abordavam os mais diversos assuntos. Era comum a presença de todos eles na capital, embora uma reunião com praticamente todos os próceres não ocorresse com muita frequência. O assunto pertinente da noite foi a sucessão de Washington Luís, que lançou Júlio Prestes, sua cria política e então presidente do estado de São Paulo.

Joaquim tinha um forte interesse nos assuntos políticos, mas naquela noite não se interessou pela conversa. Queria mesmo era saber informações, colhidas por Virgílio durante sua ausência, sobre a bela senhorita que tinha avistado no Jockey Club, durante sua última visita ao Rio. Num momento de distração, cutucou Virgílio pelo braço que, sorrindo, já sabia qual o assunto que lhe seria cobrado. Foram para a varanda procurando privacidade. O interesse de Joaquim chamava-se Zorayda Azevedo. Era filha única e vivia com a mãe em Copacabana desde que o pai falecera cerca de dois anos antes na explosão de uma caldeira industrial. Rolla escutava atento. A notícia ruim ficou para o final do relatório; Zorayda estava noiva de um egocêntrico médico carioca que se julgava um dos melhores da capital. Opinião que não era compartilhada com tanto fervor pela sociedade onde circulavam. Virgílio ainda informou que na noite seguinte seria realizado, no Automóvel Club, um baile em homenagem ao corpo médico do qual o noivo de Zorayda fazia parte. Ou seja, ela provavelmente estaria presente. Rolla pediu para ser infiltrado na festa, e Virgílio, nada espantado, afirmou que, se havia alguém que poderia ajudá-lo nesse caso, seria Fabinho, ali presente, que era amigo de vários docentes.

Joaquim colocou a cabeça para dentro do salão e gritou por Fabinho, enquanto se equilibrava para manter o corpo na varanda. Depois de tudo explicado e combinado, Joaquim se retirou à francesa.

A ansiedade mal o deixaria dormir naquela noite, e antes de entrar no elevador fez questão de relembrar o amigo do combinado.

Na manhã seguinte a primeira providência foi avisar Clóvis que não retornaria a Belo Horizonte, pois decidira ficar ainda mais alguns dias no Rio de Janeiro. Em seguida, se dirigiu ao restaurante onde foi tomar o café da manhã. De sua mesa Joaquim avistou Octávio Guinle circulando pelo hotel e fez questão de ir cumprimentá-lo. Não eram conhecidos, mas tinha por ele uma grande admiração. Lembrou que conhecera o empresário quando, uns anos antes, Guinle quis explorar minerais no solo na região de Teixeiras, em São Domingos do Prata. O empresário, que não se lembrou de Joaquim no momento, impressionou-se, relatando:

– Como alguém que me conheceu por aquelas bandas intrafegáveis veio parar aqui?

No que Joaquim respondeu:

– Agora aquela região não é mais intragável, tem uma estrada cortando Teixeiras, que eu encampei (...)[20]

Pela tarde de um longo dia que custava a passar, Joaquim recebeu a visita de Evaristo e Paulo Pinheiro. Evaristo procurava uma maneira de se desenvolver financeiramente na capital e foi pedir uma luz. Joaquim informou-o da sua mais nova tacada, o *Folha da Noite Mineira*. Paulo Pinheiro fez coro, pois era amigo de Júlio Barata, também proprietário de um importante vespertino intitulado *A Esquerda*, e sabia da capacidade de retorno de um jornal. Evaristo considerou a ideia, mas, ao calcular o custo da aquisição, chegou à conclusão de que o valor ia muito além da profundidade de seu bolso, e logo desviou a prosa. Rolla, no entanto, avançou a possibilidade de ser apresentado a Júlio Barata e fazer uma associação dos vespertinos das sucursais mineira e carioca. Paulo Pinheiro incumbiu-se de sondar Barata.

Assim que partiram, Rolla conferiu as horas. Aproximava-se o momento do baile do corpo médico, e ele estava ansioso. Seguiu para o Automóvel Club e na porta encontrou Fabinho, que já o esperava com Pedro Nava. Ao entrar no recinto, Rolla foi apresentado como convidado de Nava, que também tinha vindo de Belo Horizonte. No interior decorado, o ambiente seguia numa animação contida, com toda a classe médica, e representantes da *high society* presentes.

RIO-JORNAL
PAPELARIA
BAR DO PONTO
RIO-JORNAL

Localizado no encontro da rua Tupis com a avenida Afonso Pena, o Bar do Ponto era o principal local para encontros nas primeiras décadas da capital mineira.

Para Joaquim, uma ligação com a almejada dama era certa, logo a sorte os colocaria à vista. Quando se pegou pensando assim pela enésima vez, ela surgiu em seu foco. Magnetizado, ele observa cada gesto e cada parte do corpo dela. No meio de um salão tão cheio, hipnotizado, não a perdia de vista um segundo sequer. Ao lado, o noivo tentava animados diálogos com os elegantes participantes do baile. Gesticulava como se ressaltasse suas façanhas médicas de clínico geral. A cada cinco minutos de determinada conversa, seus interlocutores aparentavam cansaço.

Ao passar os olhos pelo salão, Zorayda percebe o mineiro que não recuava o olhar, e sorriu discretamente. O coração de Joaquim disparou, mas era delicado agir naquele momento. Precisava de alguns minutos com Zorayda, e começou a procurar desesperadamente por Nava e Fabinho. Após localizá-los, pediu que puxassem o noivo de Zorayda para uma conversa e o distraíssem por algum tempo. Os dois se dirigiram ao casal, e Joaquim observou como, após cochichar algo a seu noivo, Zorayda se afastou em direção ao toalete. Ele a seguiu enquanto Nava e Fabinho cumprimentavam o médico.

No caminho rumo ao toalete abordou a moça, por quem estava apaixonado. Apresentou-se e ouviu surpreso de Zorayda que ela já sabia quem ele era e se lembrava dele no Jockey. Joaquim confidenciou que não a tirara da cabeça desde aquele dia, e queria muito tê-la ao seu lado. Zorayda deu o endereço de sua casa e pediu que ele a procurasse na tarde seguinte.

Depois do almoço, seguiu para a casa dela. Não buzinou, nem sequer desceu do carro. Simplesmente esperou. Com as cortinas cerradas, o vulto de mulher acenou pedindo que aguardasse. Zorayda trancou a porta e, segundos depois, entrou no carro. Seguiram rumo a uma área pouco movimentada. No caminho trocaram poucas palavras, a situação era delicada. Ela era noiva e ele, um homem casado. Havia uma atração muito forte entre ambos e ali mesmo, no primeiro encontro, trocaram juras eternas de amor. Joaquim queria que ela rompesse o noivado e bolaram uma forma de viverem juntos no Rio. Zorayda levava em sua bolsa uma foto três por quatro dela e escreveu no verso "Ao Rolla, para que se lembre de quem nunca o esquecerá". No dia seguinte, Zorayda dava adeus ao garboso médico e pediu-lhe que não a procurasse mais.

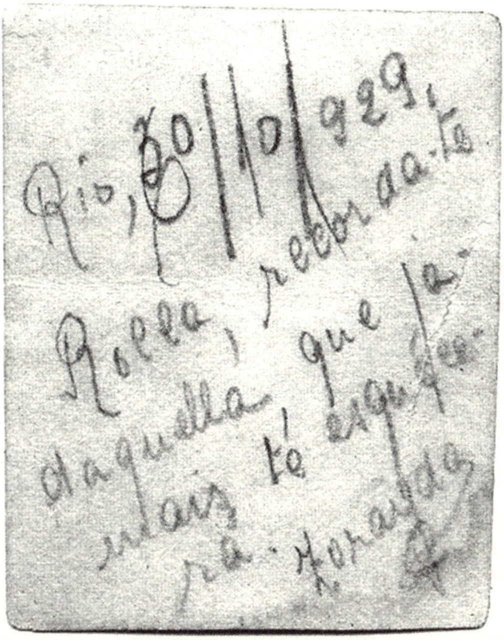

Foto de Zorayda encontrada no bolso de um terno de Joaquim Rolla quando ainda vivia em São Domingos do Prata.

Mas ele não aceitou o rompimento e passou a segui-la, abordando-a insistentemente para reatar o relacionamento. Chegou ao ponto em que Joaquim confrontou o médico na porta da casa dela. Após este episódio, Joaquim decidiu fazer a mudança dela para o Copacabana Palace, que se tornou residência oficial do casal por um bom tempo.

Apesar disto, Joaquim continuou a passar grande parte do tempo em Belo Horizonte. E se antes o relacionamento com Odette não era afetuoso, agora estava completamente dissipado. Só faltava o desquite formal. Joaquim e Odette não chegaram a discutir e tampouco se desrespeitavam, porém, não compartilhavam afinidades e o relacionamento do casal rompeu-se na mesma velocidade de estalo que começara.

Em Belo Horizonte, Joaquim passava o tempo trabalhando em melhoramentos para seu jornal, à procura de novos negócios e acompanhando a movimentação da conjuntura política. Com a construção da estrada indo bem, colocou os irmãos João, Waldemar e Juca para trabalharem na administração da EFVM. O *Folha da Noite Mineira* vendia praticamente a totalidade de suas edições.

Por meio de contatos políticos, soube de uma nova licitação para fazer mais uma estrada. Foi quando procurou por Romeu Neiva, o empresário dos tecidos. Chegou a ir ao Bar do Ponto para tentar encontrá-lo, mas não obteve sucesso. Incumbiu Mário de localizá-lo, pois tinha o interesse de abrir uma loja e Neiva seria o sócio ideal.

Após Mário sair da sala, Joaquim recebeu o diretor do *Folha da Noite Mineira*, Alberto Deodato Maia Barreto, que trazia uma ótima notícia para coroar a boa fase pela qual o jornal atravessava. Durante sua ausência, Deodato tinha sido procurado pelo empresário Enéias Câmara, interessado em alugar a oficina para imprimir o seu vespertino *Folha do Dia*, que assim como o *Folha da Noite Mineira*, compartilhava os ideais da Concentração Conservadora.[21]

A *FOLHA* DE BERNARDES E A ALIANÇA LIBERAL

Em Belo Horizonte, o clima político ficava cada vez mais tenso. O *Folha da Noite Mineira* logo se tornou um potente reverberador para a voz implícita do principal cacique perremista. Quando o rádio ainda era uma mídia para privilegiados, uma multidão de partidários e ouvintes empolgados estava sempre disposta a assistir Artur Bernardes onde quer que ele fosse. As opiniões do prócer perremista enunciadas em seus discursos para as massas, proferidos no Grande Hotel ou na praça da Estação, eram moldadas de acordo com a conjuntura política, pois o país vivia um momento de grande tensão e qualquer sentença mal interpretada poderia causar agitação social. Mas tanto o que se discursava quanto o que se omitia eram a matéria-prima do folhetim de Rolla. Assim, na rua, o povo ouvia apenas meras sutilezas, ao passo que os leitores do folhetim se inteiravam das reais intenções do político em relação a seus adversários. A elite letrada era o público-alvo, pois a massa era essencialmente analfabeta.

A fleuma e a raposice de Bernardes em seus discursos lhe permitia expor essencialmente louvores a seus partidários, mesmo se estivesse enfrentado alguma divergência com eles. Em outubro de 1929, Bernardes dizia: "Estamos ao lado do presidente Antônio Carlos, cujos preciosos conselhos estão sendo ouvidos. Tudo pelo partido, tudo por Minas, tudo pelo Brasil."

Quatro meses depois, uma reportagem na capa do *Folha da Noite Mineira* de 12 de fevereiro de 1930 radicaliza: "Minas está sob o governo de um louco", trazendo logo abaixo uma fotomontagem distorcendo o rosto do presidente mineiro como se fosse um zumbi. O motivo era a indecisão do presidente de Minas Gerais com suas opiniões quase nunca concatenadas com a Tarasca.

Para entender a disputa política entre Bernardes e Andrada, retornemos dois anos, quando o descendente do patriarca da independência entrou em litígio com o presidente Washington Luís. Andrada, por ser presidente de Minas Gerais, até então seria o candidato natural para disputar o poder executivo federal nas próximas eleições. Todavia, quando o presidente Washington Luís escolheu Júlio Prestes como candidato para sucedê-lo, rompeu um pacto de décadas. Com orgulho ferido por ter sido desprezado, em março de 1928 Andrada proferiu uma frase que se tornou histórica: "Façamos a revolução antes que o povo a faça."

Neste primeiro movimento contrário à atitude de São Paulo em lançar seu próprio candidato, Bernardes, precavido para entender o que se passava, negou categoricamente uma solução violenta. Enquanto isto, no âmbito estadual, a indicação de Olegário Maciel para a sucessão de Antônio Carlos de Andrada na presidência de Minas Gerais causou uma ruptura entre os dois líderes. O aliado de Bernardes, o vice-presidente da República, Fernando de Mello Vianna, esperava ser o candidato natural do PRM para o cargo. Com o veto de seu nome, deixou o partido, levando diversos membros insatisfeitos para a Concentração Conservadora, o partido de Júlio Prestes ao governo federal.

Andrada iniciou a articulação de uma frente ao intento do presidente paulista e dos outros 17 estados[22] em eleger Júlio Prestes. Minas Gerais, Rio Grande do Sul e Paraíba uniram-se ao Partido Democrático de São Paulo em oposição à candidatura de Prestes. Foi formada, em agosto de 1929, a Aliança Liberal, um partido criado pelos três estados para combater a vontade paulista de continuar no poder.

Na segunda quinzena de setembro, em uma convenção realizada no Rio de Janeiro, a Aliança Liberal homologou definitivamente a chapa Vargas-Pessoa. Getúlio Vargas era o presidente do Rio Grande do Sul e, um pouco antes, fora ministro da economia de Washington Luís. João Pessoa era sobrinho do ex-presidente Epitácio Pessoa e ocupava o cargo de presidente da Paraíba. Antônio Carlos Andrada, presidente de Minas Gerais, era o nome natural para encabeçar a chapa da Aliança Liberal, mas, com medo de ser derrotado, indicou o nome do gaúcho.

CHEGA DE VOTO COMPRADO

O dia 1º de março de 1930 foi a última vez em que se votou abertamente no Brasil. A eleição também entrou para a história como a última sem voto feminino no país. Estavam em jogo os cargos de presidente da República, deputados, senadores e presidentes de estado. A vitória, como as pesquisas já previam, foi dada ao candidato governista Júlio Prestes, que obteve cerca de 60% dos votos nacionais.

A Aliança Liberal recusou-se a aceitar a validade das eleições, alegando que a vitória de Júlio Prestes era decorrente de fraude. Além disso, deputados eleitos em estados onde a Aliança Liberal conseguiu a vitória não obtiveram o reconhecimento dos seus mandatos. A partir daí, iniciou-se uma conspiração para a mudança de governo, com base no Rio Grande do Sul e em Minas Gerais.

Em fins de março, Virgílio de Melo Franco e João Batista Luzardo, um dos dirigentes do Partido Libertador do Rio Grande do Sul, receberam o apoio de Antônio Carlos e Epitácio Pessoa para criar um movimento armado. E Bernardes, dois anos antes contrário à insurreição, não tardou a juntar-se a eles. Logo, Melo Franco viajou pelo país procurando apoio político de oposição, já com o objetivo de reverter a subida de Júlio Prestes ao poder, e colocar em seu lugar um nome de consenso entre os membros da oposição.

Em junho do mesmo ano, Antônio Carlos, mentor da solução armada, se mostrava cada vez mais hesitante quanto à posição que tomara antes. Acusou Virgílio e seus companheiros de o estarem envolvendo, assim como o estado de Minas Gerais, numa aventura louca. Propôs a Oswaldo Aranha, o chefe da atividade conspiratória no Rio Grande do Sul, um acordo entre os dois estados para a realização de uma campanha exclusivamente política. Seu próprio secretário do Interior, Francisco Campos, afirmou que ele queria evitar o movimento.

Oswaldo Aranha respondeu energicamente que era de responsabilidade do presidente de Minas a decisão de desistir do intento. Essa atitude vacilante de Andrada foi o ponto inicial para uma violenta campanha do *Folha da Noite Mineira*, que já desde janeiro vinha acusando-o de covarde, entre outros sinônimos nada amistosos. O ataque da mídia denunciava que o presidente de Minas estava se preocupando excessivamente com sua segurança, chegando a usar um saquinho de areia nas costas como se fosse colete salva-vidas; um exagero naquela época. Enquanto a balbúrdia reinava no PRM, o jornal finalizava que, nesse ritmo, Minas não daria sequer 50 mil votos a Getúlio.

Ao mesmo tempo, o folhetim trazia um incisivo artigo contra Assis Chateaubriand. No texto, ele era acusado de ganancioso e "capaz de dizer que nunca teve pai, ou que teve muitos". Acusavam-no, e a suas gazetas, de terem distorcido os acontecimentos em Montes Claros.

Em 6 de fevereiro de 1930, poucos dias antes da eleição presidencial, Melo Viana foi ferido à bala quando fazia campanha em Montes Claros. Vice-presidente da República e candidato ao governo mineiro, levou um tiro no pescoço, mas resistiu aos ferimentos. Seu secretário particular, que estava a seu lado, morreu no local. O famoso Atentado de Montes Claros deixou 5 mortos e 14 feridos tendo sido um prenúncio da Revolução de 1930.

O *Folha da Noite Mineira* acusava Andrada de responsável pelo atentado. Dizia-se que ele era intolerante e irritava-se com quem não pensava como ele. E, novamente, o *Folha da Noite Mineira* trouxe mais uma reportagem acusando Chateaubriand de ser um personagem "dobradiço e servil". Pois este agora "lambia as botinas" de Artur Bernardes, sendo que três anos antes, destilara seu veneno contra o político no livro *Terra Desumana*.

Preocupado com a repercussão de sua atitude, Antônio Carlos procurou transferir a responsabilidade da participação ou não de Minas para Olegário Maciel, seu sucessor recém-eleito, até então alheio às atividades dos conspiradores. Maciel, desde sua campanha, seguia os conselhos de Bernardes, que enviou uma carta através de Virgílio de Melo Franco ao futuro presidente de Minas: "Não vejo saída digna de nós senão pela porta da revolução, a única deixada aberta pelo inimigo".

FOGO NA *NOITE*

Nesta época, o *Folha da Noite Mineira* manteve com *A Esquerda,* de Júlio Barata, uma relação de troca de informações sobre os movimentos pré-revolucionários. Atacando sem descanso e de forma bruta o presidente mineiro Andrada, Joaquim e o *Folha da Noite Mineira* sofreriam o seu maior golpe bem antes de completar dois anos.

Foi quando surgiu um boletim anônimo em Belo Horizonte marcando um comício para o dia 17 de julho, que circulou sob vista grossa da polícia. Seu conteúdo era agressivo, incitando os cidadãos a agirem com violência contra o *Folha da Noite Mineira.* A sociedade e o comércio locais, ante as palavras incendiárias do panfleto, imaginavam que a perturbação da ordem seria certa. Para completar, vieram do Rio de Janeiro elementos classificados como baderneiros, entre os quais o jornalista Caio Monteiro de Barros.

As autoridades já sabiam que os oradores iriam protestar contra o Governo Federal e contra o recuo do senhor Antônio Carlos relativo ao caso da Paraíba.[23] A polícia poderia ter tomado quaisquer medidas de segurança para garantir a integridade do prédio do *Folha da Noite Mineira.* Assim, parece que as ordens do Palácio da Liberdade foram de tolerância máxima com os desordeiros.

Durante o comício, na praça Sete de Setembro, os oradores pregaram a Revolução em ataques de baixo calão ao presidente da República. Quando um popular gritou: "Viva o presidente Washington Luís!", recebeu farta distribuição de pancadas. Após um intenso corre-corre sem intervenção da polícia, os oradores e a multidão seguiram para o Palácio da Liberdade, onde o presidente do estado, que não se atreveu a aparecer, foi representado pelo seu filho, o advogado Fábio Andrada.

Um advogado paraibano fez ataques ao presidente de Minas. Em vista da sua atitude, Caio Monteiro de Barros se seguiu nos discursos de reprovação à atitude do presidente. Fábio protestou dizendo que seu pai, se fosse um praticante da violência, não teria aplausos do povo. Terminada a recepção no Palácio, os manifestantes dirigiram-se ao centro da cidade.

Quando retornaram à praça Sete de Setembro eram oito e meia da noite. Contrapino, um camelô vestido de palhaço levantando um estandarte com as cores da bandeira do Brasil, regia a turba excitada pela violência. Os gritos de ordem agora eram: "Fogo no *Folha da Noite*!" Ato contínuo, várias vozes apoiaram a proposta e a massa popular movimentou-se de novo, tomando o caminho mais curto, aos gritos de "Morra!" E logo outro sujeito no meio do grupo começou a chutar o portão fortificado do piso térreo e incitou de vez os manifestantes a empastelar as oficinas do *Folha da Noite*.

> (...) De início, vários tiros de revólver e parabélum foram disparados contra os fechos das portas de aço que protegem as oficinas. Depois, ineficiente o meio, foram utilizadas alavancas de ferro arrebatadas dos bondes que passavam nas proximidades, e enormes pedras tiradas da calçada. Este trabalho durou cerca de dez minutos. Por fim, arrombadas as portas, penetraram todos no interior da casa. Sucessivamente, sofreram danos mais ou menos sérios a máquina de imprimir, os móveis, os arquivos do jornal etc. As armações de madeira, o material de paginação, caixa de óleo de tintas, originais a publicar, papel de impressão, coleções de números atrasados etc., foram arrancados de seus lugares e trazidos para o meio da rua, onde lhes lançaram fogo. Também no interior da oficina, uma fogueira foi ateada, não tomando incremento a pedido das famílias residentes nas casas vizinhas, cuja segurança ficaria gravemente ameaçada. Eram oito e cinquenta, aproximadamente.
>
> A princípio, a única polícia existente no local era formada por dois ou três guardas civis de plantão na rua Tamóios, que, por inferioridade de número, nada puderam evitar, apesar dos seus esforços. Pediram socorro, veio o primeiro contingente de praças, ainda reduzido, e, em meio ao empastelamento, também não conseguiram atenuar as proporções do fato. (...) Um novo contingente foi requisitado, e com a chegada, voltou tudo à calma. Um pelotão da cavalaria fez uma aparição a todo galope, pondo em desbando os populares enfurecidos. Os bombeiros, por sua vez, não demoraram. Chamados por

> um telefonema do senhor Américo Lodi, acorreram a toda pressa, contribuindo muito com sua ação enérgica para que as depredações não continuassem e, assim, as fogueiras ateadas não tomassem maiores proporções.
> Como sempre, a água faltou. A maior parte dos objetos e o material incendiado poderia ter sido salva, não fora a absoluta falta d'água registrada no momento. Os bombeiros foram forçados a procurar o precioso líquido nos registros da avenida Afonso Pena, circunstância que retardou, senão quase anulou, a ação dos mesmos no local do fogo. Os prejuízos sofridos pelo vespertino *Folha da Noite* não foram pequenos, todas as suas máquinas ficaram mais ou menos danificadas ou destruídas, total ou parcialmente. Segundo um ligeiro cálculo executado pelo *Estado de Minas* no local, os danos sofridos podem ser avaliados em até 25 mil-réis.[24]

O fato de a polícia não ter intercedido na violência contra o *Folha da Noite Mineira* parece indicar o consentimento do poder público quanto ao empastelamento do jornal. O corpo de bombeiros foi chamado depois do ocorrido, impedindo apenas o alastramento do fogo aos imóveis ao redor. A polícia chegou com um pequeno contingente de soldados da cavalaria, já depois da depredação. Apenas alguns dos policiais de plantão, que viram os desordeiros, foram chamados para prestar depoimento e nada disseram de relevante quanto à identificação dos acusados. Armando Motta, Antônio Cabral Pena, Lívio Aquiles Balena, além dos italianos Alfredo Morandi e Verdi Cantidiano Mundi (o camelô Contrapino) foram presos por denúncia dos residentes das imediações do jornal.

Joaquim não se deu por vencido. Conseguiu a incrível façanha de imprimir o *Folha da Noite Mineira,* renascido como uma fênix: no dia seguinte a seu empastelamento a edição já estava nas ruas novamente. Para cumprir o objetivo, o proprietário e seus redatores passaram a noite em claro. A composição foi feita nas oficinas de Delorizano de Morais e a impressão na oficina de Simões de Almeida. Até setembro de 1930, quando o *Folha da Noite Mineira* foi encerrado, a impressão alternou-se entre as oficinas deste último e de Queiroz Breyner. A diferença pós-empastelamento era a tiragem. Antes do ataque saíam

10 mil exemplares diários; agora estavam reduzidos a um quarto desse número. Imediatamente, Joaquim entrou com um processo contra o Estado pelos danos sofridos. Afinal, o ataque teve outro prejuízo: Joaquim perdia o aluguel de suas máquinas para o vespertino *Folha do Dia*, que encerrou suas atividades definitivamente após a depredação das dependências.

Guerreiro machucado mas não vencido, o *Folha da Noite Mineira* do dia seguinte estampa na capa uma matéria com sua defesa:

> Deante destes factos, a cidade entregue à malta de desordeiros e réus de polícia, com entradas permanentes nos xadrezes, não há mais garantias para os adversários do governo, para os que, honrando as tradições do povo montanhez, fizeram de *Folha da Noite* a única tribuna livre, o paladino das liberdades públicas a defensora intimorata da cultura, do espírito e da inteligência da nossa gente. (...) As oficinas de *Folha da Noite* estão totalmente destruídas. O plano de assalto à propriedade do adversário esta consummado. Esse crime, entretanto, si affronta a nossa cultura, não enxovalha a civilização mineira.
>
> Não foi o povo montanhez que nelle tomou parte. (...) Fique também certo o Sr. Antônio Carlos de que, pela vida de qualquer de nós que aqui trabalhamos, defendendo Minas do seu despotismo. Deus ha de velar por nos e não abandonará Minas nesta hora tenebrosa que estamos atravessando.[25]

Entretanto, o clima político no Brasil continuava indefinido. A maior parte dos líderes políticos estaduais que se opunham a Washington Luís estava insatisfeita com o resultado da eleição. E mesmo sabendo que a Aliança Liberal havia sido prejudicada com os casos de votos comprados, eleitores fantasmas e todos os maus esquemas da República Velha, não estavam fazendo nada a respeito.

Sem ventos favoráveis e maiores apoios, seguiram conspirando com os tenentes o mineiro Virgílio de Melo Franco e o secretário de estado gaúcho Oswaldo Aranha. Aqueles que tinham sido os grandes nomes apoiadores da Aliança Liberal como Antônio Carlos Andrada, Artur Bernardes, Olegário Maciel e até mesmo o candidato derrotado Getúlio Vargas permaneciam reticentes a uma atitude armada contra o poder estabelecido.

Porém, no dia 26 de julho de 1930, ocorreu um fato que alterou drasticamente o rumo das opiniões e dos acontecimentos. O candidato derrotado à vice-presidência da Aliança Liberal e presidente da Paraíba, João Pessoa, foi assassinado. O motivo deste crime na realidade não tinha maiores relações com o ambiente político.

O chefe político da cidade de Princesa e correligionário de João Pessoa, José Pereira Lima, havia rompido com o presidente do estado e dominado a cidade. Numa ação repressiva, a polícia estadual invadiu a casa de um aliado de Pereira Lima, João Dantas, e confiscou sua correspondência amorosa, relativa a seu caso com uma moça da capital. As cartas secretas dos amantes foram publicadas no diário oficial de Pernambuco, *A União*. Num ato desesperado de vingança, Dantas matou João Pessoa a tiros numa confeitaria em Recife.

Depois do assassinato, Artur Bernardes e Antônio Carlos de Andrada declararam-se de acordo com o movimento armado. Andrada, receoso que o levante pudesse ser malsucedido, negou liderar o movimento. Andrada preferiu jogar a batata quente no colo do velho pastor protestante Olegário Maciel, que acabou tornando-se um dos maiores artífices do que veio a ser a Revolução de 1930.

Joaquim participava ativamente das reuniões bernardistas, e cada passo dado em nome da mudança do *status quo* vigente era apoiado por ele, aliado incondicional não só de Bernardes, mas também do amigo Virgílio de Melo Franco.

IMPÉRIO DAS MEIAS

Além da política, Joaquim lançou-se com empenho no meio comercial. Havia incumbido seu irmão Mário de localizar Neiva Bastos, o empresário da tecelagem. Tinha para lhe oferecer uma proposta de sociedade, e ninguém melhor que Mário, um publicitário de talento, para convencer Bastos a aceitar o contrato. Estava certo. O irmão fechou o negócio no próprio dia que o encontrou.

Apesar do incidente com o *Folha da Noite Mineira*, o empreendedor serial Joaquim Rolla não demoveu seus planos da meta e constituiu, no dia 19 de julho, a firma Bastos, Rolla e Cia. Era uma casa comercial de produtos têxteis e seu carro-chefe eram tecidos e meias. Adquiriram um imóvel à rua Caetés 680, na esquina com a avenida Afonso Pena, e inauguraram a loja Imperial, no aniversário de 31 anos de Joaquim Rolla.

Foram apenas 25 dias entre a assinatura do contrato e a inauguração da Imperial. Neste ínterim, Joaquim se lembrou de chamar para Belo Horizonte seu irmão João, que havia sido excelente funcionário em um pequeno armazém que Joaquim possuíra no canteiro de obras da EFVM.

Nas obras ferroviárias, Joãozinho Rolla era responsável pelo pagamento dos funcionários e todo o abastecimento de alimentação, incluindo um próspero criadouro de galinhas garnisé. Convocado para ajudar Joaquim na Imperial, Joãozinho rapidamente tornou-se sócio da casa. Zorayda veio a Belo Horizonte no aniversário de seu amor. Ficou hospedada no Grande Hotel, mas não compareceu à estreia da loja; afinal, Joaquim ainda estava casado oficialmente.

No final do mesmo mês, Antônio Carlos, dizendo-se autorizado por Olegário Maciel, comunicou-se com Getúlio Vargas para validar a hipótese de o movimento eclodir depois de 7 de setembro. Até mesmo o presidente do Rio Grande do Sul, recém-derrotado em sua candidatura a presidente do país, começou a conspirar contra quem o colocou no cenário nacional, Washington Luís. E sob novos tempos políticos, a Imperial, recém-inaugurada, já com Joãozinho na sua gerência, mudou seu nome para Império das Meias.

A economia brasileira passava por um momento complicado, com o café perdendo mais da metade de seu valor, o que desencadeou um efeito dominó e levou a crise às mais altas esferas sociais. O comércio de Belo Horizonte, abalado pela crise financeira, para não permanecer às moscas, passou a utilizar um recurso quase esquecido. E ressuscitou dos tempos de Pedro II o chamado burrusquê, um tipo de nota promissória primitiva que ajudou o Império das Meias a superar os tempos difíceis.

OS 700 DO BATALHÃO

Enquanto ainda era presidente, Bernardes (no governo entre 1922-1926) tentou, desde a posse de Washington Luís, chegar a um acordo sobre o ciclo eleitoral já para 1930. Desde o resultado da eleição de 1926, os paulistas pretendiam se tornar indicadores exclusivos do cargo, ou seja, romperiam com o mando do café com leite. Queriam impor o café com café.

Bernardes, apesar de ter sido eleito pelo voto, foi acusado de governar o Brasil como um déspota. Houve estado de sítio durante quase a totalidade de seu mandato.[26] Depois, quando senador por Minas Gerais (entre 1926-1930), Bernardes foi contra a solução armada de Antônio Carlos Andrada para resolver o impasse eleitoral de modo forçado. Achava desnecessário sequer cogitar brasileiros se matando por uma mudança de governo.

Porém, houve uma radicalização dos movimentos nacionais depois do assassinato de João Pessoa. Diante da inflexibilidade de Washington Luís, e com Andrada ausentando-se da responsabilidade que ele mesmo criara em 1928, Bernardes acabou tornando-se o pivô para decidir o rumo da maior força política de Minas: o PRM. Olegário Maciel, alçado ao cargo de interventor do estado em setembro de 1930, começou a dirigir o governo mineiro seguindo suas recomendações. Foi a partir daí que uma alteração do poder nacional pôde concretizar-se. Naquele momento, um movimento de grandes proporções só teria chances de sair vitorioso com a ajuda da Força Pública de Minas Gerais,[27] a maior do Brasil.

A pedido de Bernardes, em meados de setembro, Joaquim montou um batalhão com cerca de setecentos soldados da reserva para apoiar a Revolução. Com esse objetivo, pegou o seu capital no valor de 3 mil contos de réis[28] que dispunha no *Bank of London*. Quando a temperatura pré-golpe estava armada em todo o país, no princípio de outubro, os setecentos militares alistados no chamado Batalhão Tiradentes tiveram sua folha de pagamento paga pelo ex-estradeiro Joaquim Rolla. O Batalhão Tiradentes também contava em seu quadro de oficiais com Cristiano de Freitas Castro, genro do ex-presidente.

No dia 3 de outubro deu-se a Revolução, no fim das contas uma quartelada tática bem organizada. Era o dia D e a hora H. Oficialmente, a Revolução iniciou-se com a tomada dos quartéis de Porto Alegre, Rio Grande do Sul, às cinco da tarde. Oswaldo Aranha telegrafou a Juarez Távora comunicando o sucesso da operação. Virgílio de Melo Franco, também conspirando em Porto Alegre, faz o mesmo com Olegário Maciel. O movimento rapidamente se alastrou por todo o país, com pouquíssimas baixas. De imediato, oito governos estaduais no Nordeste foram depostos. Os restantes caíram em poucos dias e, no dia 24 de outubro, o presidente Washington Luís foi obrigado pela junta de seus ministros militares a abandonar o governo e seguir rumo ao exílio, junto de seus Aliados.

Os homens de Joaquim não chegaram a disparar um tiro sequer, mas, ainda assim, ele recebeu do Exército Brasileiro a patente de capitão por ter encampado a retaguarda que alçou Getúlio Vargas ao poder. O único local em Belo Horizonte em que a situação não foi domada de imediato foi o 12º Regimento de Infantaria, onde Joaquim havia servido durante o Tiro de Guerra. Cerca de uma dúzia de oficiais recusaram a render-se, tomando o Regimento. A Revolução de 1930, a esta altura, já estava consolidada em todo o país, mas os homens ainda suportaram um cerco feroz dos combatentes revolucionários, sobrevivendo com escassez de comida, água e munição durante quase uma semana.

De toda forma, montar o batalhão foi uma operação de risco. A façanha dos três estados contra o candidato paulista foi um marco na história da República brasileira.

Washington Luís havia apostado na divisão dos mineiros e em momento algum suspeitou brotar de Minas Gerais um movimento conspiratório contra ele. Mesmo tendo sido o responsável pela criação do serviço secreto no Governo Federal, o seu funcionamento ineficiente foi incapaz de traduzir as mensagens cifradas trocadas entre os políticos mineiros, gaúchos e paraibanos. Não se preveniu nem tomou medidas antirrevolucionárias, e foi derrubado com facilidade.

Os jornais das grandes cidades que apoiavam o governo deposto foram empastelados. Júlio Prestes, que fazia uma viagem de cortesia aos países de primeiro mundo, ficou impedido de retornar ao Brasil, onde tomaria posse em 15 de novembro de 1930.

No Palácio do Catete, às três horas da tarde de 3 de novembro de 1930, a junta militar passou o poder a Getúlio Vargas. Simultaneamente, no centro do Rio de Janeiro, os soldados gaúchos, liderados pelo tenente paulista João Cabanas, cumpriram a promessa de amarrar seus cavalos no obelisco da avenida Rio Branco. Simbolicamente, era o fim da República Velha.

A Revolução de 1930 foi marcada pela chegada de Getúlio Vargas à presidência e o caudilho gaúcho afirmou desde o início pretender restabelecer a democracia e convocar eleições rapidamente. Uma promessa intencionalmente postergada *ad infinitum*, até sua deposição, em 1945.

Por sorte de Joaquim, o xeque-mate planejado por gaúchos, mineiros e paraibanos foi executado num período curtíssimo, livrando-o de maiores complicações com as autoridades e as instituições financeiras que sustentavam seus empreendimentos.

Como já foi dito antes, à exceção do governo mineiro de Olegário Maciel, todos os estados tiveram seus presidentes depostos. E a denominação para o cargo que hoje conhecemos como governador estadual passou a ser interventor, durante os anos Vargas. A constituição de 1891 foi revogada e Getúlio passou a governar por meio de decretos.

Para quem vivia no estado montanhês, as mudanças foram nulas, ou seja:

> Minas se conservou como uma ilha intocada dentro da inundação de gente nova que se estendeu sobre o Brasil. Escapou dos inquéritos ordenados alhures (e que acabariam todos finalmente nas poeiras dos arquivos). Continuaram responsáveis pela imprensa e a publicidade oficial os mesmos homens agindo sob a mesma orientação.[29]

O *3 DE OUTUBRO* E O *PUTSCH*

No princípio de 1931, o capitão Joaquim Rolla ganhou seu processo judicial pelo empastelamento do *Folha da Noite Mineira*. Por ter apoiado a Revolução de modo tão ousado, ou mesmo pela rápida eficiência da Justiça, Joaquim recebeu uma vultosa quantia de indenização.

Em fevereiro do mesmo ano, Getúlio Vargas foi a Belo Horizonte numa cerimônia para comemorar o triunfo da Revolução de 3 de outubro de 1930. Era também um agradecimento aos principais próceres da política mineira, os primeiros a apoiar seu nome para o cargo de chefe da Nação. Para marcar a passagem, ocorreu um desfile de carros abertos e Artur Bernardes era um dos que seguiam a caravana liderada por Vargas, que foi da praça da Estação ao Palácio da Liberdade. Ainda considerando-se eminência ímpar da Revolução de 1930, Bernardes estava cotado para assumir o Ministério da Fazenda.

Enquanto isso, um novo vespertino de Joaquim Rolla estava no forno. Utilizaria as mesmas instalações outrora castigadas pela turba revoltada, que agora estavam reformadas. Dessa vez, no entanto, alterou o nome para *3 de Outubro*, referência ao dia do mais recente estopim-marco da política nacional.

Então, em 20 de abril de 1931, pouco mais de dois anos após a fundação do finado *Folha da Noite Mineira*, o *3 de Outubro* passou a existir na cena jornalística de Belo Horizonte para durar menos de um ano. Joaquim Rolla teve o cuidado de ocultar seu nome como proprietário, honra conferida ao diretor Mário Dias. A associação entre Rolla e *3 de Outubro* agora podia ser feita somente através do endereço da administração e das oficinas, exatamente os mesmos do falecido *Folha da Noite Mineira*.

Exatamente uma semana depois da fundação do *3 de Outubro*, houve a demissão voluntária dos perremistas Levindo Lopes e Cincinato Noronha Guarani do secretariado de Olegário Maciel, numa tentativa vã de desestabilizar seu mandato. Coincidência ou não, poucos dias antes do fato ocorrer, o jornal *3 de Outubro* tentava desmentir a informação, pois os secretários, ligados a Artur Bernardes, estavam sendo devidamente investigados por Olegário Maciel, que sabia da conspiração.

Não era a primeira vez que o partido tentara afetar Olegário Maciel, pois logo que ele assumiu o governo de Minas, grande parte de seu secretariado era de quadros do PRM. Pouco mais de um mês após a Revolução, quatro destes secretários sugeriram ao interventor ancião uma renúncia coletiva do governo. Tentaram convencê-lo: ele era o único presidente de província ainda no exercício do cargo no Brasil. O argumento deles era uma arapuca do PRM para ferir Olegário emocionalmente. Pensavam que com a renúncia dele, teriam a indicação para o mais alto cargo do executivo no estado. De pulso titubeante, Maciel recebeu veemente apoio de Francisco Campos, naquela altura ministro da educação. A partir daí, afirmou ter sido eleito para ficar quatro anos no mandato e demitiu-os imediatamente. Colocou em seus lugares quadros de fora do PRM, como Amaro Lanari e seu primo Gustavo Capanema, que passaram a ser grandes opositores do bernardismo e, consequentemente, do jornal *3 de Outubro*.

Com a consolidação do governo revolucionário, pairava no ar certa apreensão sobre os rumos da política nacional. Havia um enorme grupo de apoiadores da Revolução almejando uma fatia de poder a seus líderes. Em Minas Gerais, esta necessidade começava com os próprios políticos da Revolução, de origem conservadora, como o PRM, aparentemente antagônico ao grupo renovador dos tenentes. Principais artífices militares do movimento, os tenentes queriam impor ao Governo Provisório, desde a sua posse, um caráter de renovação ao poder republicano recém-estabelecido. Naquele cenário de instabilidade social, econômica e política, a transformação era uma necessidade.

O presidente do Governo Provisório, Getúlio Vargas, não fazia questão alguma de um grupo coeso fazendo-lhe pedidos, porque atendê-los atrapalhava sua pretensão em domar a aparelhagem do poder no Brasil. E sua estratégia foi conceder pequenos favores a tenentes e perremistas, jogando com ambas as facções, para assim durar no governo, ou seja, dividia para reinar. Para isto, logo no início de seu governo, escolheu preterir quem já havia desfrutado de grande ascensão na vida política recente. Artur Bernardes havia apoiado a Revolução de 1930 para a subida provisória de Getúlio Vargas ao poder. Haviam assinado um pacto para outra eleição a ser convocada em curto prazo. E o maior nome nacional a ser travado foi Bernardes, junto de seu PRM.

Joaquim alistou militares da reserva em seu Batalhão Tiradentes para endossar a Revolução de 1930 a pedido de Artur Bernardes. Com o novo governo no poder, recebeu uma patente de capitão por ato de bravura e foi totalmente ressarcido de seu investimento (na imagem, Joaquim Rolla é o 7º da esquerda para a direita, na fileira de baixo).

Sob esse prisma, o ex-presidente acabou sendo convidado a assumir a Embaixada do Brasil na França, e, para evitar o fim do Partido, negou a indicação para trabalhar do outro lado do Atlântico.

Se Minas Gerais era o único estado do Brasil em que o quadro político permanecia inalterado desde o dia 3 de outubro de 1930, os apoiadores civis logo foram deixados de lado, e tentaram a todo custo uma solução para virar a mesa. Virgílio de Melo Franco era a carta na manga dos perremistas, o único mineiro credenciado a substituir Olegário Maciel, por sua atuação no movimento. Possuía credibilidade simultânea com Oswaldo Aranha, Artur Bernardes, o PRM e os tenentes.

Inicialmente os tenentes, que também possuíam alguns ideais políticos próximos à Aliança Liberal, receberam prestígio limitado do Governo Provisório. Suas ideias eram escutadas, mas a maioria estava sem cargos importantes no governo. Entretanto faziam enorme pressão para tal. Quatro meses após o estouro da Revolução de 1930, os tenentes criaram o Clube 3 de Outubro, no intuito de defender seus ideais contra as antigas oligarquias que também haviam apoiado o movimento. Era um clube elitista, do qual nem cem pessoas chegaram a fazer parte. Era um grupo aglutinador da *intelligentsia* ao redor do Governo. Mesmo composto essencialmente por tenentes, o Clube 3 de Outubro possuía em seu corpo gente da classe média, profissionais liberais, como médicos, engenheiros, advogados e jornalistas.

Os tenentes haviam sido sagazes opositores ao governo do presidente Artur Bernardes menos de dez anos antes. E, por um acaso, o primeiro presidente do Clube 3 de Outubro foi o general Góes Monteiro, antigo combatente do governo contra a Coluna Prestes.[30] Depois de alguns anos, a grande maioria dos tenentes tornou-se oposição de Getúlio Vargas.[31]

Do mesmo modo que os tenentes se organizaram para criar o Clube 3 de Outubro, Oswaldo Aranha havia concebido uma estratégia de criar um movimento autônomo para conter e agradar à classe política que havia apoiado a Revolução. Seria também um braço do Estado e escamotearia a vontade de Vargas de promover a extinção de todos os partidos. Sob inspiração do ministro da educação Francisco Campos, em fevereiro de 1931 foi criada a Legião de Outubro de Minas Gerais. Logo deveria penetrar também em todos os estados do Brasil, mas não chegou a ultrapassar as fronteiras do estado.

Aparentemente, a Legião de Outubro seria uma inocente organização cívica para discutir políticas de apoio aos governos vigentes. Todos os cargos políticos de Minas Gerais eram ocupados por políticos indicados por Olegário Maciel, até mesmo os prefeitos, seus interventores municipais. A partir de maio de 1931, Maciel enviou um telegrama a todos os interventores municipais do estado indicando-os como chefes locais da Legião de Outubro. O telegrama informava também sobre a utilização do local de reuniões, as antigas instalações do PRM. A Legião de Outubro de Minas Gerais, posteriormente chamada de Legião Liberal Mineira, pretendia substituir o Partido Republicano Mineiro e lutar contra os ideais dos tenentes.

Os membros da Legião de Outubro possuíam indumentária própria, aqui uma camisa cáqui para ostentar sua dominação, que chegaram a ser bancadas com dinheiro público. Numa cerimônia aberta, Olegário Maciel chegou a utilizar a farda cáqui. A Legião de Outubro era uma doutrina conservadora, ávida por utilizar os meios de comunicação para potencializar o dever patriótico e o trabalho produtivo pelas massas, uma assimilação dos valores corporativistas em voga nos países totalitários europeus. Num de seus estatutos, pregava a incapacidade dos "fisicamente inválidos" ou "moralmente incompatíveis". Pretendiam a proibição de bebidas alcoólicas, jogos de azar e até mesmo de loterias.

Todavia, a utilidade imediata da agremiação legionária era erradicar qualquer foco de insubordinação aos governantes no âmbito municipal, estadual e federal. O movimento da Legião de Outubro pode ser considerado o precursor direto do integralismo, que poucos anos depois foi a maior aglutinação nacionalista brasileira, baseada nos ideais e estética nazifascista.

Com poucos meses de funcionamento da Legião de Outubro, os antigos líderes políticos dos partidos estaduais notaram que o verdadeiro intuito de tal confraria era a extinção das antigas legendas partidárias e um retrocesso no caminho para uma eleição. O governo recebeu protestos de seus antigos apoiadores por todos os lados, mas os principais vieram do Rio Grande do Sul, São Paulo e Minas Gerais.

Em meio a esta turbulência política, desde o final de 1930, Joaquim estava envolvido na construção da estrada ligando Queluz a Entre Rios de Minas. Era a estrada ferroviária Santa Matilde, que estava enfrentando graves problemas com os fazendeiros que foram desapropriados e não aceitavam sair de suas terras. No dia 1º de agosto de 1931, Joaquim enviou uma carta ao senador araxense Jacques Montandon. Era um pedido para permitir a continuação das obras na estrada ferroviária Santa Matilde, porque a justiça havia autorizado o andamento do processo. Porém, o governo de Minas Gerais estava negando a continuação da obra. Estranhamente, uma obra que o próprio governo mineiro estava bancando. Esta carta de Joaquim foi encontrada no arquivo pessoal de Olegário Maciel, o que leva a crer que a correspondência do jovem perremista pode ter sido violada. E o motivo disto seria o fato de Joaquim Rolla, assim como seu irmão Mário, o amigo Virgílio de Melo Franco e diversas lideranças do PRM estarem envolvidos num movimento para derrubar Olegário Maciel do poder.[32]

A Legião de Outubro passou a apertar o cerco contra o PRM. Em algumas cidades do interior do estado, fazendeiros, advogados e políticos ligados ao PRM que se negaram a aderir à Legião de Outubro foram violentados ou coagidos a perder seus cargos para ceder ao credo de Maciel. Foi baixado um decreto proibindo comícios e reuniões políticas em Belo Horizonte que não fossem da Legião de Outubro.

Contrariando a imposição deste decreto, no dia 15 de agosto veio a provocação. Iniciou-se uma convenção para discutir o futuro do PRM no Teatro Municipal de Belo Horizonte. O encontro conclamava seus partidários a continuarem insubordinados a qualquer mando da Legião de Outubro. Para isto, houve um improvável conluio entre os saudosistas de Artur Bernardes e o Movimento Tenentista. Foi a segunda vez em menos de um ano que Bernardes trabalhou junto dos tenentes, seus antigos adversários quando era presidente.

A convenção para ressuscitar o PRM durou cerca de dois dias. Logo no começo de sua atividade, os perremistas conseguiram do Governo Federal uma ordem ao comandante do 12º Regimento de Infantaria. Era uma instrução de que, caso se manifestasse qualquer desordem em Belo Horizonte, o comandante deveria assumir o governo do estado, até a rápida nomeação de Virgílio de Melo Franco.

E o intento da convenção foi causar certa balbúrdia e espalhar rumores sobre o estado mental de Olegário Maciel, na época com 75 anos. Ele estaria sendo manipulado pelos seus secretários e políticos mais próximos, os verdadeiros mandatários de Minas Gerais, segundo os boatos perpetrados aos sete ventos pelos perremistas e tenentistas. Então, os politiqueiros de plantão, a fim de gerar temor e ansiedade, ressuscitaram uma velha lenda urbana sobre a construção da capital. Contavam que no lugar do atual Palácio da Liberdade morava uma velhinha que acreditavam ser uma feiticeira. Enquanto os moradores do antigo Curral Del Rey estavam sendo desapropriados, ela recusou-se a sair e, levada pelos soldados, rogou uma praga de morte aos governadores que ali habitassem. Em parte, esta profecia foi cumprida. Em 1902, ali morreu Silviano Brandão e em 1908, João Pinheiro. Esta lenda Joaquim escutara quando esteve no exército, em Belo Horizonte, um causo mais ou menos desacreditado, mas que voltou a ser lembrado quando outro governador morreria por lá: Raul Soares, em 1924. Será que Maciel resistiria vivo este momento de tensão?

Na madrugada do dia 17 para o dia 18 de agosto ocorreu um fato até hoje mal explicado. Uma reconfirmação da ordem que os perremistas tinham do dia 15 de agosto chegou às mãos do comandante do 12º RI, coronel Pacheco de Assis. Ele recebeu um telegrama de Oswaldo Aranha, conclamando-o a tomar o Governo de Minas Gerais devido à acefalia do governador. Com isto, as estações telefônicas, os telégrafos e as estações de rádio da capital mineira foram invadidos por membros do PRM. Durante a madrugada e parte da manhã os meios de comunicação anunciavam aos quatro cantos que Olegário Maciel estava deposto e em breve uma força militar assumiria o governo provisoriamente.

Os insurrecionados só esqueceram-se de desativar as estações telefônicas com linha direta do Palácio da Liberdade ao Palácio do Catete. Desta maneira, o secretário do Interior, Gustavo Capanema, conseguiu falar com o ministro Francisco Campos, no Rio de Janeiro. Na capital federal, o ex-presidente Wenceslau Brás madrugou e convenceu o oficial de gabinete do ministro da guerra a determinar ao coronel Pacheco de Assis que mantivesse a ordem e o Governo.

E assim que o *putsch* contra Olegário Maciel foi controlado, pouco antes do almoço de 18 de agosto de 1931, uma leva de perremistas e tenentes que estavam em Belo Horizonte foram detidos. Havia até padres e todos estavam sendo minuciosamente interrogados para esclarecer o que se passara na mente deles ao tentar sobrepujar o interventor Olegário Maciel. Sobre este fato, Mário Rolla, então com

22 anos, começou a redigir seu diário, inspirado pela quixotesca tentativa de tomar o poder:

> Às 8 horas da manhã levanto-me sobressaltado e radiante sob a alvissareira notícia dada pelo criado, de que o interventor de Minas, Olegário Maciel, acaba de ser deposto, deixando o Palácio.
> Imediatamente, dirigimos eu e mais dois irmãos apressados, de automóvel, para o Grande Hotel, quartel-general perremista. Reinava ali uma confusão alarmante. Gente formigando e escassas notícias. Afinal, tudo terminou de uma maneira burlesca e ridícula. O Governo Federal, que às 6 horas da manhã mandara o Comando do 12° R. de Infantaria assumir a interventoria, revogou às 9 horas a ordem. Foram presos todos do PRM e muitas outras pessoas. A cidade apresenta um aspecto marcial. O medo campeou por toda parte...

Ao chegarem ao Grande Hotel, pelo fato de serem perremistas, os irmãos Mário e Joaquim também acabaram presos. Tinham ido defender os companheiros lá presentes e, para tentar livrá-los, faziam advertências fictícias aos oficiais, mas a tática acabou causando efeito contrário. Depois do ocorrido, o clima para os perremistas-bernardistas em Minas Gerais nunca mais foi o mesmo e começou a perseguição política.

Afeito aos negócios e embrenhado na vida política pelas circunstâncias, Joaquim não imaginava passar pela prisão nesta vida. Mal sabia ele que aquela seria a primeira de várias outras detenções, e todas por motivos essencialmente políticos. Permaneceu no xadrez uma semana, diferentemente de Mário e Joãozinho, que só prestaram depoimento e dormiram ali uma única noite.

Com tempo ocioso pôde refletir sobre como andava sua vida e começou a ficar preocupado com seu futuro. Afinal, trabalhar com certos negócios acabou tornando a sua atividade atrelada à política; de repente não achava isto certo. Queria andar com suas próprias pernas, sem depender de improváveis conchavos entre homens de decisão no poder público. Além do mais, tinha uma paixão no Rio de Janeiro e uma mulher com um filho seu em São Domingos do Prata. Negócios ou política? Amor ou família? Parecia que nada tinha solução nessa vida. Atormentado, passou a ter pesadelos no lugar de sonhos. Acordava com os olhos inchados e passou a tossir muito. Fazia um frio tremendo naquelas noites de agosto em Belo Horizonte e os prisioneiros estavam incomunicáveis. Como não tinham acesso a cobertores, improvisavam uma proteção do frio com o máximo de tecido que pudessem coletar para cobrir o corpo. Uma semana atrás das grades e Joaquim acabou adquirindo uma febre gravíssima.

Sua sorte foi dividir a cela com o médico Odilon Behrens, que mesmo sem uma estrutura básica, ajudava-o a cuidar de sua doença. Sensível pelo seu estado delicado, o médico interviu junto ao delegado Edgard Franzen de Lima para encaminhar Joaquim a um hospital com urgência, afirmando que, de outra forma, ele morreria. O delegado, desconfiado, obviamente pediu outro médico para consultar o paciente e foi constatada uma pneumonia.

Da cadeia para a Santa Casa. Ficou mais uma semana preso, agora à cama de um leito hospitalar. Em 6 de setembro de 1931, Mário relata no diário sua apreensão: "Em vista da doença de Joaquim, passei uns dias amargurados. Agora ele se acha restabelecido, na convalescência."

Enquanto Joaquim ainda estava de cama, num passeio pelo Bar do Ponto naqueles dias, o nervosismo de Mário transpareceu quando recorreu à violência para defender o irmão num bate-boca com um sujeito embriagado. Era um negociante de Itabirito que tinha levado a pior numa negociata e reclamava sem parar, caluniando Joaquim aos berros. Tanto Mário, que esbofeteou o sujeito com violência, quanto o negociante foram parar no xilindró, e o fato teve repercussão até mesmo nas notas policiais do *Diário da Tarde*.

Curado da pneumonia e também do período em que permaneceu na carceragem política, Joaquim sentiu algo mudando na sua vida. Fazer aquilo que nunca imaginara também poderia estar nos planos. Viver ameaçado é que não valeria a pena e talvez fosse este o tempo de deixar Belo Horizonte.

ENTERRO DE UMBIGO

Enquanto isso, a

> (...) política ia evoluindo de forma singular. O Governo Provisório, que tinha sérias responsabilidades no equívoco de 18 de Agosto, nunca perdeu o contato com os perremistas, procurando mesmo lisonjeá-los. (...) Uma prova desse interesse estava no Decreto nº 20.558, baixado a 24 de outubro, dois meses após o fracassado *putsch* de agosto, no qual o Governo Provisório anistiava a todos os civis direta ou indiretamente implicados em movimentos sediciosos de qualquer natureza. Com isso, tornava-se inoperante o processo que o Governo de Minas instaurara contra "os implicados na intentona de 18 de Agosto".[33]

Desde o final do conturbado ano de 1931 em Belo Horizonte, houve uma série de encontros entre os principais líderes para tentar abrandar a briga entre o PRM e a Legião de Outubro. Com incontáveis reuniões entre os chefes de ambas as facções políticas, havia indecisão e boatos sobre um acordo entre os inimigos até a criação do PSN.[34]

Com os negócios andando razoavelmente e embrenhado na causa política, em 1932 Joaquim já havia se tornado o braço direito de seu amigo Virgílio de Melo Franco. Mário, agora um articulado jovem com aspirações jornalísticas, e fiel seguidor dos conchavos do irmão, comenta empolgado sobre sua primeira conversa com o Tiradentes de Outubro de 1930, no Grande Hotel, no dia 25 de janeiro:

> Eu apenas o conhecia de vista por ocasião do congresso do PRM em 18 de agosto passado. A minha impressão de sua pessoa resume-se nas linhas seguintes: um intrépido revolucionário é na aparência um displicente. Fala com facilidade, contornando bem as dificuldades. Tem o "cestro" de franzir

> os lábios num gesto céptico que engana. (...) Terá certamente um papel cada vez mais relevante na política não só de Minas como do Brasil. É moço ainda com seus 35 anos incompletos, e já goza de imensa popularidade, pelo seu todo simpático, pelo desprendimento de que tem dado sempre provas pelo seu caráter sincero e pelo seu papel na Revolução. Já é um nome nacional.

Cerca de um mês depois, no domingo de Carnaval, dia 21 de fevereiro, os irmãos fizeram uma viagem acidentada até São Domingos do Prata para lá passar o Carnaval. A intenção era visitar a numerosa família ainda completa. Mário, empolgado com a viagem, escrevia suas memórias no diário, relatando os percalços detalhadamente e a topografia ligando a capital até sua cidade.

Saíram de Belo Horizonte às 14h, sob o sol causticante. O tempo estava aberto, sob estiagem contínua de muitos dias. A estrada ainda era completamente de chão de terra e, como ainda havia poucos carros em circulação (Belo Horizonte ainda estava bem longe de ter mil unidades), as vias continuavam muito acidentadas, consistindo de pontes primitivas, caminhos largos e subitamente estreitos, um mosaico mal ajambrado, no fim das contas, uma trilha para veículos.

Até Caetés, o carro passeou suavemente pela estrada sem quaisquer incidentes. Mário e Joaquim conversavam sobre política nacional e a guerra virtual que começava a se desenrolar entre China e Japão. A viagem ia bem pela bucólica estradinha. Nas proximidades de um córrego, o carro parou e verificou-se que uma peça pequena quebrara. Cupido, o chofer, com esperança de soldá-la, voltou à velha cidade.

Depois de uma hora sem sinal de conserto, os irmãos ficaram impacientes quando a chuva desceu forte e molhou o interior do veículo. O córrego nas proximidades transbordou, formando uma enxurrada debaixo do carro. Era tarde quando Cupido finalmente trouxe a peça consertada. Com intensa alegria, partiram já certos de que naquele dia não chegariam ao destino.

Entraram em Santa Bárbara às 11 horas da manhã do dia seguinte, ainda sem a janta do dia anterior. Fizeram um rancho caprichado na terra de Afonso Pena. Em seguida, para a infelicidade dos viajantes, quando o veículo ligou novamente, outra peça estava quebrada e exigiu mais algumas horas de conserto. Até São Gonçalo, onde chegaram às 7 horas da noite, os incidentes se resolveram pelo caminho. Ou era o carro que enguiçava, ou a estrada cheia de barro que o agarrava, obrigando os viajantes, molhados e barreados, a arrancá-lo com muito esforço. Sorte serem os Rolla uns sujeitos robustos e dispostos a resolver qualquer problema sem frescura. Sob uma chuva pesada, deixaram o barro para trás receosos de novos imprevistos, pois, segundo informações de pessoas dali, o trecho que tinham de atravessar era o mais difícil.

A chegada deles a Itabira foi penosa. À custa de grandes esforços se acharam nas proximidades da cidade, ao cair da noite, numa estrada boa, após terem lutado com as maiores dificuldades e, principalmente, contra a força incessante da chuva. Quebrou uma terceira peça do carro. Agora era uma das mais importantes, impossível de consertar. Cupido arrumou uma carona até Itabira e foram os três até lá. Eram onze horas da noite de 23 de fevereiro quando chegaram para tomar a primeira refeição do dia, sob a sombra da lua refletida na cidade, onde arrumaram uma estalagem para passar a noite, vendo lá longe o Pico do Cauê.[35]

Às cinco horas da manhã do dia seguinte, prosseguiram a jornada num carro alugado, numa ânsia incontida de chegar. O restante da viagem foi relativamente rápido, cerca de três horas, com uma pequena parada em São José da Lagoa, onde fizeram a barba já dispostos e bem-humorados, recordando as peripécias passadas ali.

Antes de chegar à cidade do Prata para ver os pais, já no município, o caminho passava pela parada obrigatória na fazenda do Seára. Lá, Joaquim e Mário foram muito bem recebidos e intimados pelo coronel Francisco Rolla a tomar um café. Mesmo com a casa em ordem e a mesa farta, Joaquim notou haver uma preocupação implícita no jeito de seu padrinho. Questionou se tudo estava bem. O coronel não conseguiu esconder: a dívida que adquirira em 1930 por avalizar uma venda de café a José Maria Portella estava praticamente perdida para o banco. Foi tranquilizado por Joaquim, que lhe assegurou, sobre o mecanismo elaborado no ano anterior, que liquidaria a dívida do coronel no banco, protegendo assim seu patrimônio.

Chegaram à casa, em frente à praça da cidade. Havia uma surpresa trazida para João Monteiro e Dona Chiquinha. Era uma fotografia, tirada no calor da Revolução de 1930, do batalhão Tiradentes, onde Joaquim posava ao lado daqueles que contratara para endossar o movimento militar pela posse de Getúlio Vargas no final do ano anterior. Na foto, aparecia também o genro de Artur Bernardes, Cristiano de Freitas Castro.

Logo, muita comida boa preparada e os irmãos reunidos com os pais, puderam passar juntos e muito alegres o último dia de Carnaval na folia do centro do arraial de São Domingos do Prata. Tinham convicção de que o processo contra o coronel Chico iria falhar devido ao plano costurado por Joaquim para salvá-lo.

Na quarta-feira de cinzas, o clã dos Rolla estava reunido no escritório do advogado Claudiano Drummond, em São Domingos do Prata, para decidir sobre o futuro do coronel Chico. O advogado afirmou que a decisão seria tomada ainda naquela semana pelo juiz da comarca de São Domingos do Prata. Felizmente o resultado da audiência no dia seguinte deu ganho de causa a Joaquim, livrando a fazenda do Seára da bancarrota. O coronel, emocionado com o parecer, ofereceu a Joaquim um novo Carnaval nos dias seguintes. A dívida foi eliminada por uma peripécia de um aventureiro nato.

Logo após o almoço de domingo na fazenda do Seára, João Monteiro procurou Joaquim para um aparte. Questionou-o sobre o futuro de Odette e seu filho Rubens, que havia deixado em São Domingos do Prata. Ele respondeu ao pai que gostaria de resolver esta situação logo, mas tinha desconforto em procurar a esposa, com quem não tinha mais capacidade de conviver. João Monteiro explicou que entendia a dificuldade de Joaquim, mas achava errado um empresário tão bem-sucedido abandonar o filho daquela forma. O mínimo que um filho espera de um pai, ao estarem na mesma cidade, era uma visita de cortesia entre eles. Joaquim saiu da festa na fazenda do Seára em direção ao centro de São Domingos do Prata. Foi procurar Odette na casa que havia comprado para ela alguns anos antes. Ele soube através de vizinhos que ela havia acabado de se mudar para Belo Horizonte. Explicou ao pai que a procuraria por lá; não era difícil saber onde gente do Prata vivia na cidade grande.

No próximo dia de trabalho, uma segunda-feira, Joaquim convoca Cupido para rodarem seus negócios em Belo Horizonte. Mas a informação do motorista a respeito do carro, o Ford 1929, é que ele está com o motor fundido e pelo telefone um reboque é providenciado.

Em dificuldades financeiras pela obra da Estrada de Ferro Santa Matilde, Joaquim passou a usar a caminhada e o bonde como transporte diário, dispensando Cupido do trabalho por uns dias. Fechou o jornal *3 de Outubro*, que compactuava com os ideais revolucionários, mas continuava acreditando no ramo, e logo adquiriu o *Diário de Minas*, título de um antigo jornal mineiro que já vinha passando de mão em mão desde o século XIX, atendendo a diferentes correntes políticas, dependendo das orientações de seu proprietário. Daí, o velho título conhecido dos meios impressos montanheses passou a ser administrado por Joaquim, junto de seu irmão Mário.

Na inauguração do *Diário de Minas*, o padre Francisco Prada foi convidado para abençoar a moderna maquinaria, quem sabe assim protegendo-a de um novo quebra-quebra. Os convidados foram saudados no escritório da rua Tamóios às 17 horas, brindando com uma taça de champanhe os representantes de *O Globo*, *Estado de Minas* e *Diário da Tarde*, além de vários amigos e familiares, que ouviram, em seguida, o discurso de agradecimento do jornalista Noronha Guarany, representando os proprietários do impresso de tendência bernardista e clamando pela Constituição. O *Diário de Minas*, que ainda funcionou por alguns anos, trazia grande parte do corpo editorial dos antigos vespertinos de Joaquim mencionados anteriormente.

Além de ficar de olho na movimentação da política e imprensa local, Joaquim frequentava também a Loja Imperial, sociedade sua com o outro irmão, o Joãozinho, onde também dava suas opiniões sobre o futuro comercial neste ramo. Como bom negociante, participava das vendas junto aos maiores clientes, e ocasionalmente pedia para conferir o caixa da Imperial, levando parte do montante no fim do dia. Juntou uma quantia considerável para adquirir um automóvel que precisasse de pouca manutenção, ágil e moderno. João fazia vista grossa para a retirada de seu irmão e sócio, pensava que agora era sua vez de ajudar quem o levara para a cidade grande. E Joaquim comprou um Chrysler Imperial Roadster negro. No Brasil, o carro era conhecido como baratinha, sonho de consumo para pouquíssimos.

Em março de 1932 a situação da política nacional começa a atravessar uma fase grave. Noticia-se a desunião dos elementos gaúchos que faziam parte do governo Getúlio Vargas, à exceção de Oswaldo Aranha. A política federal se acha dividida entre duas correntes poderosas: de um lado, os civis, chefiados pelos líderes gaúchos e paulistas, e de outro, os militares da corrente tenentista, apoiando o Governo Provisório. A primeira corrente almeja o regresso do país ao regime constitucional e a segunda não quer assim, pois teme o retorno da política do café com leite. Mário Rolla, demonstrando o receio de sua família quanto a tal cenário, relatou em seu diário: "Dificilmente se chegará a um acordo, tal a animosidade dos dois grupos."

Depois de muitos dias preocupando-se com trabalho e política, no dia 17 de maio, Joaquim recebe uma trágica notícia vinda da terra natal: a morte do pai. Através de um telegrama e ligações telefônicas, ele e os irmãos souberam da sua enfermidade, que foi displicentemente mal tratada por um médico.

Eram cerca de 9 horas da manhã quando Joaquim ligou para Mário, que se encontrava na redação do *Diário de Minas*, pedindo-lhe que viesse imediatamente para casa. Seu pai havia morrido. Poucas horas depois, os irmãos retornavam ao Prata pela mesma estrada cheia de buracos e empecilhos. Desta vez, o tempo ajudou, e a viagem na baratinha foi mais rápida. Mário mal podia apreciar "os panoramas mais pitorescos e sugestivos que pouco antes contemplara (...), não interessavam."

O enterro foi logo no dia seguinte e, contrariamente ao costume local, desta vez calaram-se os sinos da igreja em sinal de respeito ao conhecido senhor João Monteiro, ex-farmacêutico e tabelião de São Domingos do Prata. Os irmãos passaram uma semana de luto juntos, acarinhando a desconsolada viúva Dona Chiquinha, e recebendo inúmeras visitas.

Retornaram a Belo Horizonte, e Joaquim, angustiado com a última promessa que fizera a seu pai ainda no Carnaval, só pensava em procurar Odette. Porém, antes que tivesse tempo de fazê-lo, recebeu uma carta que encerraria essa parte de sua vida afetiva. Era uma intimação judicial, um pedido de desquite solicitado por ela.

Para se defender, Joaquim chamou o advogado Cincinato Noronha Guarani, perremista, ex-funcionário do *Folha da Noite Mineira* e ex-secretário de Olegário Maciel, que ganhou seu sobrenome indígena na universidade, pelo constante hábito de assobiar a ópera de Carlos Gomes. Durante a audiência, ambos se digladiaram com impressões próprias sobre cada ponto de vista relativo ao término do

Odette e Rubens, quando viviam em Belo Horizonte.

relacionamento. Odette alegou que fora abandonada por ele "sem nenhum motivo" e "sem prover a sua subsistência e a do filhinho do casal". Além disso, desde que se mudara para a capital do estado, Joaquim vivia "maritalmente com outra mulher."[36]

Na sua defesa, Joaquim alegou que casara por conveniência "sem ter pela autora a menor simpatia", unicamente para satisfazer a vontade do coronel Chico Rolla, e "apenas conviveu durante DOIS DIAS com a autora". Suas testemunhas foram o jornalista Mário Dias e seu amigo Amynthas Jacques de Moraes, à esta altura seu sócio na compra de lotes em regiões periféricas de Belo Horizonte.

Por fim, apesar de o casamento ter sido em comunhão total de bens, Odette não requereu de Joaquim uma agulha sequer. Foi atendida no processo de desquite em receber uma pensão para seu sustento e de Rubens.

Odette educou o filho rigidamente, como se ele não fosse oriundo de uma família de posses. E como ela produzia quitutes artesanais, exigia que o garoto fizesse as entregas pela cidade. A relação entre pai e filho permaneceria distante por alguns anos, até o dia que o menino enviou uma carta ao pai pedindo uma bicicleta de presente de Natal. Estudante do Colégio Padre Machado de Belo Horizonte, ele descobriu a riqueza do pai por meio de amigos, pois a mãe preferia desviar de qualquer assunto relacionado a Joaquim. Demoraria praticamente dez anos para que pai e filho se conhecessem.

CARTA NA RODA

Desde o início de 1932, um grande movimento conspiratório planejado pela oposição esquentava os ânimos dos politiqueiros em Belo Horizonte. Era um termômetro do que acontecia nas principais capitais do país. Joaquim Rolla, carente por mudar de ares, mal imaginava que algo muito fantástico estava por acontecer em sua vida. Tudo era influência do escarcéu nacional gerado pelo continuísmo de Getúlio Vargas no poder, que causava uma insatisfação geral. A partir desse momento, alguns dos principais nomes da política nacional, carentes por cargos eletivos ou não, passaram a exigir o retorno do país ao constitucionalismo.

Assim como o interventor gaúcho Flores da Cunha, Olegário Maciel havia prometido ao ex-presidente Wenceslau Brás que, caso São Paulo viesse a rebelar-se contra o Governo Federal, ele apoiaria o levante e não permitiria que as tropas nacionais usassem as fronteiras de Minas Gerais como base. Artur Bernardes, já de longa data insatisfeito com a política de Vargas, intermediava as negociações entre o governo e os rebeldes, mas estava ao lado dos que pretendiam virar a mesa.

No Rio Grande do Sul, aderiram ao movimento constitucionalista o ex-governador Borges de Medeiros, João Neves da Fontoura, Raul Pilla, Batista Luzardo e o ex-ministro do trabalho de Getúlio Vargas, Lindolfo Collor. Este último se demitiu do governo logo após o empastelamento do jornal *Diário Carioca* por militares ligados ao Movimento Tenentista. O periódico havia lançado um artigo defendendo uma urgente implantação da Constituição no Brasil.

Em São Paulo, os outrora inimigos de outubro de 1930, o Partido Democrático e o Partido Republicano Paulista, fundaram a Frente Única Por São Paulo Unido, que logo iria descambar na Revolução Constitucionalista de 9 de julho de 1932. Assim, como o assassinato de João Pessoa havia sido o estopim do movimento de 1930, o que levou a Revolução Constitucionalista de 1932 a eclodir foi a morte de quatro estudantes de direito que lutavam com os tenentistas concentrados num local apinhado de armamentos.

Denominado a partir daí de MMDC,[37] o movimento começou no dia 9 de julho.

A partir daí, São Paulo permaneceu independente do Brasil por três meses e meio, mas o intuito real do movimento era a união com outros estados insatisfeitos, que também almejavam a deposição do ditador e a convocação da Constituição, fato que acabou não consumado. E logo que o conflito arrebentou,

> (...) a polícia estava vigilante. De uma feita, foram presos num café no centro da cidade (...) José Pinheiro Chagas, de passagem por Belo Horizonte, Aloísio Leite de Guimarães, o desembargador Limírio Celso e Joaquim Rolla. Motivo: comentavam favoravelmente e em voz bem alta, os últimos acontecimentos relativos à posição de São Paulo. Levados para a secretaria do Interior, lá passaram a noite. Libertados no dia seguinte pelo delegado Edgard Franzen de Lima, receberam a explicação de que a detenção lhes fora aplicada por ordem superior, a título de advertência.[38]

Quando Joaquim saiu da prisão, esperavam-no seus irmãos Mário e João. No caminho para casa, passaram pelo Grande Hotel, onde o irmão de José Pinheiro Chagas, Djalma, perremista ferrenho, propôs aos ex-detentos executar com ele um plano ousado. Convidou-os a se juntarem ao movimento rebelde no estado mais rico do Brasil. Decepcionado com o cenário político de Belo Horizonte, o único que aceitou o convite foi Joaquim.

Cerca de um mês após o começo da insurreição paulista, Joaquim e Djalma Pinheiro Chagas seguiram para São Paulo, atravessando a beligerante fronteira interestadual. Passaram por pequenas localidades dispersas no sul de Minas cortando caminho e conseguiram chegar àquela cidade mesmo sem salvo-conduto.[39] Os dois mineiros fugidos estavam com informações privilegiadas sobre o apoio que o PRM prestava de maneira velada aos paulistas. Visitaram o quartel-general dos rebeldes, instalado no prédio onde hoje funciona o Mercado Municipal. Lá, foram recebidos pelo general Bertoldo Klinger,[40] um dos líderes constitucionalistas. O chefe militar, satisfeito por receber aqueles mineiros engajados em sua luta, explanou a eles a possibilidade do movimento se alastrar pelo Brasil, começando por Minas Gerais.

Logo, Joaquim e Djalma, ambos com experiência militar na juventude, receberam uma farda e se alistaram oficialmente na linha de frente do exército paulista. Rodaram toda a extensão do município, onde puderam constatar, pelo clima da cidade, a mobilização sem igual do povo levantando sua voz contra o autoritarismo imposto ao país pelo Gabinete Negro.[41] E Djalma embrenhou-se a trabalhar na burocracia do movimento, arregimentando contatos secretos ao receber e enviar cartas cifradas aos insurretos de todo o país. Já Joaquim foi a campo, onde conheceu toda sorte de problemas essenciais entre os setores básicos da São Paulo independente, desde a produção de alimentos até a ineficiente distribuição de água. Com o tempo, constatou que preferia o mundo dos negócios à luta armada. Buscava um jeito de retornar a Belo Horizonte, acabando por aceitar o pedido de Djalma para que transportasse uma correspondência confidencial destinada a Artur Bernardes, que se encontrava em Viçosa. Naquela altura, o líder perremista havia acabado de se declarar favorável aos paulistas na Revolução Constitucionalista: "Quanto a mim, fico com São Paulo, porque para São Paulo se transportou hoje a alma cívica do Brasil."

O plano para atravessar a fronteira SP-MG implicava uma breve passagem por Guaxupé, já do lado mineiro. Devido à intensa conspiração entre a resistência paulista e seus Aliados mineiros ligados ao PRM, a pequena cidade, situada no extremo sul mineiro, estava sob vigilância cerrada. Mário Brant era um contato importante a ser sondado por lá, pois estava conduzindo os interesses bernardistas no sul de Minas através de uma base na cidade. As instruções de Djalma a Joaquim eram de levar a Artur Bernardes em Viçosa uma mala repleta de documentos confidenciais e dinheiro para alastrar a Revolução Constitucionalista para Minas Gerais. O motivo da passagem por Guaxupé era procurar Mário Brant, que costurava os conchavos entre as regiões dispersas onde havia bases perremistas. Além disto, Brant indicaria a ele o melhor caminho para seguir em segurança até Viçosa.

Mediante tantos avisos e ciente do perigo de sua missão, Joaquim, preocupado com a travessia, parou sua baratinha em Campinas e executou um lance de astúcia. Escondeu todo o conteúdo da mala na câmara de ar do pneu sobressalente, preparando-se para cruzar a fronteira em Guaxupé.

Mas, sem portar a autorização de salvo-conduto para livre trânsito, viu-se perante uma barreira militar. Pisou no acelerador e tentou passar direto com sua veloz baratinha Chrysler. Mas foi perseguido e interceptado por uma viatura policial. Cercado pelos soldados, não teve outro remédio a não ser se render.

Foi transportado para a prisão local. Questionado desde o caminho sobre seu propósito, deu uma de joão sem braço, fingindo ser um mero negociante caipira. A polícia descobriu quem ele era pela placa de seu veículo. Viram que Joaquim havia sido preso recentemente em Belo Horizonte e não tinha permissão para sair de Minas Gerais. Sob tortura, foi submetido a pesado interrogatório. Perguntaram-lhe de tudo, desde suas opiniões políticas, seus contatos e sua atividade em São Paulo. Negava as acusações e dizia não saber de "prano nenhum", reforçando sua linguagem de vaqueiro iletrado. Chegaram ao ponto de vendar-lhe os olhos, ameaçando executá-lo no pátio da delegacia. Um companheiro de Rolla, preso em outra fronteira ao levar documentos para o Rio de Janeiro, não teve a destreza de Joaquim para esconder os papéis adequadamente, foi descoberto e fuzilado.

Mário Brant, escondido junto dos outros líderes perremistas em Guaxupé, soube da prisão de Joaquim na cidade e avisou seus companheiros da capital. Logo Mário Rolla soube do sucedido e dirigiu-se ao sul de Minas, onde encontrou seu xará de sobrenome Brant para saber do quadro político e visitar o irmão preso.

Na delegacia municipal da cidade, os soldados encararam-no com desdém, mas mesmo assim, permitiram uma visita de trinta minutos. Ficou abalado ao encontrar o irmão machucado e abatido. Joaquim começou por tranquilizá-lo quanto a sua situação, mas logo, verificando que o guarda se afastava, impôs à conversa um tom de cochicho. E assim, Mário inteirou-se da localização e do destinatário dos documentos escondidos no pneu da baratinha. Coube a ele terminar a missão inacabada pelo irmão.

Depois de quase um dia inteiro de viagem, chegou a Viçosa, que estava em clima de guerra civil. Notou pelas ruas o destacamento policial ampliado, com seu contingente de apoio ao Governo Provisório de cerca de 120 homens. Mas o intuito de Mário era localizar as forças de resistência, que ali estavam muito bem organizadas. Sobre este dia, discorreu em seu diário:

> Afim de entender-me com Dr. Bernardes em nome dos senhores Djalma Pinheiro Chagas e Mário Brant, sobre o atual momento nacional, parti dia 14 do corrente para Viçosa, levando a correspondência desses dois ilustres políticos para o chefe do PRM. Fiz uma viagem rápida e estafante mas, apesar do receio em que me achava de ser detido pelas autoridades policiais suspeitando de mim, nada me aconteceu.

Mário falou nominalmente com Bernardes, que até então só conhecia por protocolos. Ao prestar atenção nos rodapés puídos na antiga casa do ex-presidente, teve uma impressão de ele ser um homem simples. Após uma longa conversa, levou do chefe da Tarasca a imagem de um homem de valores e princípios, referindo-se a ele como um ídolo político.

No final de setembro, Joaquim foi transferido para o Rio de Janeiro, assim como todos os conspiradores constitucionalistas.

A prisão do Méier foi transformada em presídio em caráter de emergência para receber gente do Brasil inteiro. Eram "paulistas, gaúchos, cariocas, cearenses, paraenses, maranhenses, baianos, pernambucanos, paraibanos e mineiros"[42] interrogados e vigiados constantemente.

Nunca ficou sozinho na cela, e se já tinha problemas para dormir, com a tensão das notícias vindas de São Paulo sobre os acontecimentos, seu problema de insônia agravou-se. Não dava para prever quando a insurreição paulista contra o governo de Getúlio Vargas iria ser neutralizada, ou mesmo se seria vitoriosa, mas caso o seu lado demorasse a perder a batalha, ele, como todos os outros na mesma situação, seria exilado. Numa madrugada dessas, sem pregar os olhos, ouviu uma voz do corredor lhe perguntando: "Quer uma loura infernal?"

Virou a cabeça e encarou o carcereiro da noite, que, ao contrário dos outros, era mais amigável com os presos. Segurava nas mãos um maço de cigarros Yolanda, que tinha no rótulo a imagem de uma loura fazendo biquinho. Joaquim aceitou a oferta. Era a primeira vez que fumava um cigarro produzido industrialmente. Lembrou-se das noites em suas viagens pelo sertão, quando no jogo de truco, ocasionalmente tragava um fumo de rolo fornecido por algum tropeiro. Saboreando o tabaco de cidade grande, enfim questionou ao carcereiro: "E um baralho, você me arruma?"

24-636

Quando morou em Belo Horizonte, Joaquim Rolla era um dos poucos a possuir uma baratinha Chrysler.

As madrugadas no presídio do Méier passaram a ser os momentos de maior descontração para Joaquim. A partir daí, ensinou ao carcereiro e a alguns amigos presos o truco, que se tornou o jogo favorito dos detentos. Como o dinheiro não circulava dentro das celas, o cigarro picado era a moeda nos jogos a valer. Assim, foi nesta prisão que ele teve a sua primeira casa de jogo.

Mas a quebra de rotina mais significativa para Joaquim era a visita semanal de Zorayda, nessa altura com uma protuberante barriga de seis meses. Na primeira visita, ela levou um pijama de seda como presente para que ele ficasse mais confortável e não voltasse a contrair uma pneumonia, como na prisão em Belo Horizonte, no ano anterior. Começou também a levar-lhe cigarros para abastecer seu novo vício e apostar.

Poucos dias depois de estar encarcerado no Rio, recebeu um novo companheiro de cela. Era um paraibano, que também fora preso em Minas Gerais. Seu nome, Francisco de Assis Chateaubriand, mais conhecido como Chatô. Ex-adversário de Bernardes, Chatô viajava de trem levando um carregamento de munição para o político de Viçosa quando foi preso. Ao entrar na cela, deparou-se com um preso de pijama de seda e, rindo muito, quis saber o motivo. Joaquim havia reconhecido quem ele era de imediato, o *Folha da Noite Mineira*, havia feito duras críticas às opiniões de Chatô em 1929. Mesmo correspondendo ao estereótipo de mineiro desconfiado, Joaquim recebeu-o de bom grado. Agora que estavam do mesmo lado, simpatizou com o estilo descontraído e o tom bem-humorado de Chatô.

Começaram logo a conversar sobre o cenário político, cada um explicando como chegara até ali. No percurso do diálogo, discorriam sobre suas motivações para lutarem pela causa constitucionalista, sendo que ambos haviam apoiado Getúlio Vargas em 1930. Chateaubriand, mesmo sem saber quem era Joaquim, gostou do jeito e da fala caipira dele. Confessou que ao entrar na cela, pensara que ele fosse um daqueles dândis quatrocentões de papo mole. E Joaquim decidiu abrir o jogo. Revelou que, assim como Chatô, tinha sido dono de jornal, mas o seu havia sido empastelado em Belo Horizonte dois anos antes.

De raciocínio ágil, Chatô imediatamente se tocou com quem estava dividindo a cela e soltou uma estrondosa gargalhada. Ainda que tivessem trocado farpas publicamente por meio de seus periódicos, viram como é uma bobagem essa coisa de brigar por causa de política, chegando à conclusão de que poderiam tornar-se amigos ou até mesmo sócios.

A Revolução Constitucionalista terminou no dia 2 de outubro de 1932, quando o general Góes Monteiro impôs a assinatura de um armistício ao chefe do movimento rebelde, Bertoldo Klinger. A conflagração paulista deu origem à eleição de 1933, na qual se elegeram os deputados que iriam criar a Constituinte de 1934. Joaquim foi libertado cerca de duas semanas depois.

A elite política e militar derrotada na Revolução de 1932 foi exilada no mesmo ano. Enquanto Artur Bernardes, sua família e seguidores mais próximos foram extraditados para Portugal, seu genro Cristiano de Freitas Castro, Joaquim Rolla, Assis Chateaubriand e os demais companheiros foram soltos.

Livre do cárcere e do partidarismo político, Joaquim decidiu não retornar mais a Belo Horizonte, de onde preferiu autoexilar-se, e deixou por lá a irmã Quinha e os irmãos Mário e João, que ficaram encarregados de prosseguir com os negócios do *Diário de Minas* e do Império das Meias, respectivamente. A vida seguiu no Rio de Janeiro, e Joaquim passou a viver em tempo integral no Copacabana Palace para acompanhar o final da gravidez de Zorayda. No dia 15 de janeiro de 1933, nasceu Howell Rolla, o primeiro filho de quem ele acompanhou o crescimento. Via Howell no berço e imaginava o destino de Rubens, que então estava com 5 anos e ainda não conhecia o próprio pai.

TICKET

{ MAIO E OUTUBRO DE 1938 } *Capítulo 3*

FIM DE CONVERSA NO *RENDEZ-VOUS*

A oferta de Percival Farquhar havia dado um nó nos pensamentos de Rolla. Estranho ter se afastado tanto de sua região e naquela altura, receber uma proposta que poderia mudar o rumo de seus negócios e a estrutura social de sua gente na região do rio Doce. Receoso, ao postergar a proposta do norte-americano, negava partir para o ramo do minério, preferindo apostar no turismo e no jogo.

Seguiram discutindo sobre a regulamentação dos cassinos em março de 1933, quando movimentos reacionários pedindo sua proibição eram corriqueiros. O próprio governo parecia não dar aos empresários a segurança necessária para que pudessem investir no setor.

No ano anterior, abrira uma concessionária de carros alemães, os econômicos *Hanomag*. A sociedade anônima Auto Diesel do Brasil importou em sua primeira leva 26 automóveis do modelo Rekord. Esta fora também a primeira vez que Joaquim emprestou capital a Mário, que acabara vindo para o Rio em 1935, inicialmente para trabalhar no Cassino da Urca. O caçula poderia agora mudar de ramo e participar como sócio consolidado de um negócio em que os irmãos acumulavam a maioria das ações. Os outros sócios eram Virgílio de Melo Franco, Artur Bernardes Filho, Evaristo de Freitas Castro e Kurt Von Sivers, empresário alemão frequentador da Urca e responsável pelo contato com os fabricantes.

Por essa altura, Joaquim consolidara duas inclinações de sua juventude, ao lembrar-se dos alemães que lhe compravam gasosa e dos tempos de tropeiro em São Domingos do Prata. Mas a memória do jogo em sua terra lhe trazia recordações amargas, e Joaquim, a partir da passagem para o outro lado da banca, resolvera nunca mais apostar no azar.

Assim, dia sim, dia não, passava as noites sentado em sua mesa cativa no Cassino da Urca, recebendo figuras públicas. E quando o show de encerramento já ia terminando, eis que se senta à mesa o sócio de Joaquim no Cassino Icaraí, um gaúcho experiente no ramo da tavolagem, Luiz Alves Castro. Apelidado capitão Lulu, também era sócio minoritário da concorrência no Cassino Copacabana[1], tendo juntado forças a Rolla desde 1936.

A reforma do *grill-room* da Urca e sua festa de inauguração maravilharam a todos pelo seu esplendor e ostentação. Joaquim, depois de meses sob tensão para que aquela noite fosse um sucesso, sentiu-se mais otimista. Tentou explicar aos amigos Lulu e Chateaubriand que um hotel na cidade do Rio de Janeiro só traria benefícios à sua rede de cassinos. Chatô, entusiasmado com outro assunto, só pensava em enviar bilhetes através do Valete 11[2] a uma das coristas da casa. Joaquim, brincando, insistiu com ele para largar o *arcovitêro* de lado e prestar atenção na conversa. Acabara de ter a ideia mais ousada de sua vida: "Chatô, escuta exatamente o que eu vou te falar. Eu vou fazer o maior e mais bonito hotel do mundo aqui no Rio de Janeiro."

Pego de surpresa, Chateaubriand mandou uma gargalhada marota como se indicasse que aquilo era bom negócio e emendou a ele que poderia contar com seu apoio na empreitada.

Mas era uma longa história. Joaquim explicou ao velho amigo que o Cassino da Urca vinha sofrendo uma pesada concorrência do Copacabana. Mas, seu principal rival era mesmo o Cassino Atlântico, a esta altura quase propriedade do paulista Alberto Quatrini Bianchi, nascido em Santana de Maria, vilarejo localizado próximo a Rio Claro. Também foi apadrinhado na sua adolescência por um grande chefe político local, o coronel Martelli, homem de posses e amigo do pai de Alberto, Domingos Bianchi.

Vendo no pequeno Bianchi certo tino para vencer na vida, o coronel Martelli acabou chamando-o para ir trabalhar como fiscal em seu cassino. Bianchi tomou gosto pelo negócio e poucos anos depois arrendava o seu primeiro imóvel e o transformava no balneário de maior sucesso da elite paulistana: o Grande Hotel e Cassino La Plage, no Guarujá, que havia sido construído por Percival Farquhar no início do século XX.

Não demorou para Bianchi estender seus tentáculos a terras cariocas, por meio do arrendamento de imóveis luxuosos. Nunca foi dono de nenhum imóvel onde administrasse negócios de jogo. Agora, sua principal aposta no pano verde era sobre a mesa do Cassino Atlântico, ainda controlado pelo grupo de acionistas liderados por Octávio de Almeida Gama, o proprietário do imóvel. Tanto o Atlântico quanto o Copacabana possuíam a grande vantagem de ter um hotel em conjunto. Não era o caso da Urca. O Icaraí já não comportava mais clientes. Além disso, e por estar distante, não competia diretamente com os grandes hotéis do Rio. Na principal cidade turística do Brasil, isto significava que os Cassinos Atlântico e Copacabana, com suas centenas de quartos, podiam oferecer estadia aos turistas que chegavam de qualquer lugar do mundo.

Porém, o que parecia uma desvantagem para o Cassino da Urca acabou sendo uma diferença para a conquista gradativa de seu nicho social, que, desde inaugurado, passara por uma grande transformação. No começo, a grã-finagem local e os turistas preferiam usufruir as salas de jogo nos hotéis onde se hospedavam e acabavam por não conhecer os outros cassinos. Assim, por meio de shows nos quais o gosto da populaçãoo reinava,[3] os cariocas da gema foram o primeiro público na Urca. Com seu espaço inicialmente tosco e mal planejado, os serviços do Cassino da Urca tornaram-se mais sofisticados com o passar dos anos. Este fato acarretou um enobrecimento do espaço em seu entorno, e tanto o público quanto os próprios imóveis ganharam uma qualidade cada vez mais aristocrática.

Joaquim lembra ao sócio, capitão Lulu, como o trabalho da ascensão na Urca fora feito com parcimônia e como a ampliação do hotel Balneário Cassino Icaraí ia dando certo. Estavam construindo um amplo prédio com novas instalações para substituir o velho edifício estilo *art déco*, que começou a funcionar como cassino em 1932. Em pouco mais de um ano seria inaugurado o novo hotel Balneário Cassino Icaraí, um prodigioso e moderno espaço de luxo na capital do estado do Rio de Janeiro.[4]

A fantástica festa de reinauguração do *grill-room* do Cassino da Urca ocorreu sem quaisquer incidentes, talvez porque naquela noite Bejo Vargas não tivesse comparecido. O dono do cassino fazia vista grossa para as estripulias do irmão do presidente, mas arrancava seus

153

Enquanto Bianchi tentava incrementar o movimento do Atlântico, as noites do Cassino da Urca fervilhavam.

poucos cabelos de tensão, só de saber da presença do figurão. Pois Bejo considerava-se acima dos demais, atrapalhava o funcionamento da casa com crises de egocentrismo, ameaçando quem o incomodasse com seu revólver e com seus capangas sempre a postos. Mas com a ausência do baderneiro, todos puderam relaxar e se divertir, dançando e jogando despreocupadamente. Apesar do andamento alegre daquela noite memorável, finalizada a apresentação da orquestra do Cotton Club, Rolla e Zorayda não se alongaram e levaram de carona o vizinho deles, Lulu.

Antes de Joaquim despedir-se deixou uma ordem ao gerente para que todos os desejos de Chateaubriand e do Valete 11 fossem expressamente atendidos. Teve dificuldade para descer a escada lateral do *grill-room* devido às várias congratulações pelo sucesso da casa. Quando conseguiu entrar em sua baratinha, o relógio já estava próximo do fechamento oficial da roleta, três da manhã. Podia confiar nos administradores de seu negócio, registrados nos documentos como seus sócios minoritários.

Não demorou muito para chegarem em casa. Se a saída da Urca era tumultuada, o caminho até a rua Otto Simon, número 180, em Copacabana, era bem tranquilo. Antes de o casal se deitar, fizeram questão de dar um beijo em Howell, que dormia profundamente. O menino mal via os pais e era criado por uma severa governanta alemã chamada Frida.

A mãe, durante o dia, fazia aulas de equitação, dança e estava sempre pensando em um vestido novo para o próximo grande baile do Cassino da Urca. E Joaquim passava o dia trabalhando para organizar contratos, negócios e propaganda de seu ganha-pão.

PABX, INTEGRALISMO E OUTRAS LIGAÇÕES PERIGOSAS

Na madrugada do dia 14 de outubro de 1938, Mário Rolla foi acordado pelo chofer da família, Cupido, alardeando que seu irmão Joaquim acabara de ser preso. O motorista e velho amigo deles explicou que o motivo da ação policial é que Joaquim estaria envolvido num plano para soltar os integralistas presos. No mesmo instante, Mário perdeu o sono e após se dirigir à polícia sem obter qualquer solução, telefonou para Virgílio de Melo Franco, seu amigo mais influente na esfera política, para ajudar a resolver o imbróglio.

Horas antes, na badalada rotina noturna daquela sexta-feira 14, Joaquim observava o movimento sentado em sua mesa, fumando seus cigarros Yolanda. De lá, recebia boletins relatando as atividades da roleta, e orquestrava planos sobre os próximos artistas a abrilhantar as noites do Cassino da Urca até o fim do ano. Planejava com cuidado formas de dar vida nova ao espetáculo, e assim manter a casa cheia. Naquela noite, na companhia de seus *consiglieri* e de eventuais autoridades, comentava sobre o rápido andamento das obras do Cassino Icaraí e sua satisfação em ter contratado para o projeto o arquiteto italiano Luiz Fossati.

Tinha terminado de assistir ao animado show de uma trupe percussiva peruana, os Marimbas de Cuzcatlan, que tocaram a ária Carmen em ritmo de rumba. O dono da casa, longe de ser um especialista em ópera, intuía a capacidade de um artista surpreender e distraiu-se deveras, como raramente acontecia.

No final do espetáculo, entra no *grill-room* Filinto Müller, o chefe da Polícia do Distrito Federal, habituado a dar diligências repentinas nos cassinos da capital, sempre à procura de contravenções. Como seguia as regras à risca, Joaquim não se preocupou com a batida rotineira. Porém, ao encerrar o expediente, notou que havia uma aspereza incomum no olhar de Müller e que um exagerado corpo policial o acompanhava. Filinto caminhou em sua direção e foi logo lançando uma acusação absurda. Por suas relações comerciais e de amizade com pessoas ligadas à AIB,[5] organização que mal conhecia, Joaquim recebeu mais uma voz de prisão na vida. Mas teve a impressão que aquilo não poderia estar acontecendo, afinal, desde que se tornara sócio do cassino, desligara-se de conspirações políticas. Não havia explicação convincente para o fato. No entanto, Filinto insinuou que Joaquim e alguns amigos estavam sendo investigados por colaborarem com um grupo que meses antes arquitetara um golpe mortal contra o governo Vargas. E alguns integrantes desse grupo fugiram da cadeia por aqueles dias.

Junto com Joaquim, a polícia prendeu Manoel Vasconcelos Magalhães, um olheiro do cassino até então considerado por ele um funcionário exemplar. E, naquela mesma noite, foi recapturado nas proximidades do cassino, na mansão do casal Lia Torá e Júlio de Moraes, o médico Belmiro Valverde, um dos mentores do Levante Integralista, ocorrido cinco meses antes, que fugira da cadeia cerca de três semanas antes. O próprio Moraes, marido de Lia, era chefe da polícia secreta integralista e dono de uma alfaiataria militar. Participara do Levante e se encontrava preso naquela época. Lia Torá, ex-atriz, havia ganhado em 1927 um concurso da Fox Filmes junto do jornalista-quase-ator, Olímpio Guilherme, que trabalhava agora com Joaquim na recém-fundada ADA.[6] O dono do Cassino da Urca gostava de escutar os conselhos de Guilherme, por ser ele também um ás nos assuntos econômicos. Ficaram bons amigos e juntos frequentavam a casa de Torá, o que colocou Joaquim sob a mira da polícia do Distrito Federal, que naquela noite não titubeou em criar, no bairro da Urca, uma megaoperação com ar teatral para prender Belmiro Valverde e os acusados de o acobertarem.

No intuito de descobrir quem fornecera dinheiro para pagar pela fuga de Valverde, o truculento Müller ordenou não só a prisão de quem o abrigou, mas também de quem teria bala na agulha para o suborno. Joaquim Rolla se via injustiçado e matutava o real motivo de sua prisão, apesar de ter compreendido a mirabolante imaginação do chefe de polícia com quem tinha uma relação amistosa. Imaginou que este fato poderia ter se propagado por meio de intrigas interesseiras por causa de sua concessão federal para explorar o jogo. E justo agora que iria ter seu primeiro hotel em Niterói e que sua aposta na Urca estabilizava-se na dianteira como maior cassino e *music-hall* do Rio de Janeiro. Estava tudo muito bom para ser verdade.

Ao menos o seu interrogatório foi bem suave, pois ele não tinha nada a dizer sobre o integralismo, explicando que sua relação com pessoas que faziam parte daquela facção ultranacionalista sempre foi cordial, mas, desde 1932, havia resolvido não se envolver com política. E não sabia que seu funcionário ajudava Lia Torá a acobertar o fugido médico Valverde na casa dela.

Como figura proeminente do meio empresarial no entretenimento, e devido às relações cordiais que já mantinha com a polícia, foi concedido a Rolla o direito de ficar numa sua cela razoavelmente confortável. Filinto deixava que lhe levassem a refeição feita em casa e cigarros, e o visitava com frequência para conversarem. Começaram a discorrer sobre a conjuntura política dos acontecimentos que acabou envolvendo Rolla em algo que ameaçava o poder vigente. Como um proprietário de um negócio tão lucrativo sob a chancela do Governo Federal iria estar metido nisto?

LONGE DE SER UM PRESO POR TEMPO INTEGRAL

Quando Mário ficou sabendo da prisão de Joaquim, na manhã seguinte, teve dificuldades em contatar Bejo Vargas ou alguma autoridade do governo estado-novista. Virgílio de Melo Franco, que era muito ligado ao ministro das relações exteriores, o gaúcho Oswaldo Aranha, depois de ter recebido o telefonema de Mário, conseguiu agilizar algo.

Só após ter passado a primeira noite na Casa de Detenção, Joaquim recebeu a primeira visita, com o aval do ministro da justiça.

Quem teve autorização para visitar Joaquim na Casa de Detenção foi justamente seu amigo, conselheiro e advogado, Virgílio. Notando que não havia vigília próxima, de pronto o preso explicava a Melo Franco que estava ali injustamente. E sem ser anunciado, chega Filinto, deixando o advogado e o preso tranquilos por ter escutado o conteúdo da conversa.

O advogado e o preso abriram a conversa com o chefe de polícia sem tensão, pois não havia culpados ali dentro. Virgílio sabia da gravidade das acusações contra Rolla e, também, que ele nada tinha a ver com o fato. Mas explicou a ele que, por ser dono de um cassino frequentado por políticos, estava visado até mesmo pelos seus antigos companheiros de PRM, que odiavam mortalmente o Estado Novo e tudo que o rodeasse. Virgílio já havia contatado Oswaldo Aranha para facilitar a soltura do amigo, explicando-lhe que tudo não passara de um mal-entendido. Pediu a Joaquim que não saísse distribuindo emprego para qualquer um que lhe pedisse, pois, sem acesso ao currículo verdadeiro de cada pessoa, era muito fácil acontecer algo inconveniente. O próprio Filinto, que ordenava as investigações sobre a recaptura de Belmiro Valverde, disse ter estranhado quando recebeu a ordem superior para prender o dono do Cassino da Urca.

Sobre este fato, o caçula Mário Rolla conta:

> [Joaquim] é também um pouco culpado porque deixou criar essa onda, dando importância a elementos desqualificados. É um caso muito sério para todos nós. O meu irmão tem uma vida comercial muito complexa. Faz muito movimento e está com vários e grandes compromissos a saldar. Por isso o nosso risco é enorme, de uma hora para a outra se desaba o edifício de seu negócio. Eu sempre fui o seu satélite, uma ligação econômica, financeira e afetiva muito intensa. O meu irmão sempre tem vivido nesta vida irregular de negócios, sem estabilidade financeira. É um espírito irrequieto e dinâmico. Um torturado. Poderia estar muito rico, com a situação econômica consolidada. Sempre tem sido assim, complicado nos negócios, instável, devendo. É uma alma de artista. Um artista do comércio. Temo que há de continuar desta maneira até ao fim.

A previsão de Mário não foi de todo falha. E foram precisamente o ambiente dos negócios e os compromissos de Joaquim que lhe trouxeram também a suspeita de que pudesse estar envolvido naquelas atividades políticas subversivas. Afinal, ele era um homem de conexões do mais alto nível, tanto nos meandros do poder ditatorial do governo Vargas, quanto nos meios onde circulavam figuras públicas que se opunham ao Estado Novo. Longe dos tempos em que chegara a levar documentos confidenciais escondidos na roda de seu carro, não havia se envolvido em política de verdade. Mas a natureza dos negócios criou relações perigosas.

Joaquim pensou nas peripécias dos últimos seis anos e como havia se tornado uma espécie de rei da noite carioca.

O irmão de Getúlio, Benjamin Vargas. Uma personalidade polêmica entre os frequentadores do Cassino da Urca.

{ 1933-1938 } Capítulo 4

CARTAS NO RIO

A opção de Joaquim de permanecer no Rio de Janeiro e deixar seus negócios em Belo Horizonte ocorrera no princípio de 1933, logo após o nascimento de Howell. Estabelecera-se definitivamente com sua nova família no hotel Copacabana Palace, onde Zorayda já residia há alguns anos. Finalmente recebera o montante das construções da Estrada de Ferro Vitória-Minas (1927-1929) e de um trecho que lhe dera tremenda dor de cabeça para concluir, a Estrada de Ferro Santa Matilde (1930-1932). Agora possuía capital excedente para poder investir em algo lucrativo e a intenção de encontrar um negócio quente. Logo, tinha motivos para arriscar.

Começou comprando alguns imóveis na zona sul e passou a acompanhar outros mineiros que estavam estabelecidos no Rio há mais tempo. A maior parte deste círculo de amizades já se conhecia por relações políticas e confraternizava em locais comuns, sempre a par das oportunidades de negócios que surgissem. Virgílio de Melo Franco e Evaristo de Freitas Castro eram as companhias constantes que recebiam Rolla no Rio de Janeiro desde sempre, e agora passavam a se encontrar diariamente.

Depois de um hiato de dois anos investindo em movimentos politiqueiros que não deram lá muitos frutos, Joaquim e Evaristo estavam preocupados em tornarem-se bem-sucedidos financeiramente. Virgílio, por ter sido um dos líderes da Revolução de 1930 e não ter participado do levante paulista no ano anterior, passava por um momento de indecisão, pois poderia ter seu maior sonho político realizado. Em maio, fora eleito deputado federal para a elaboração da Constituinte, mas almejava e sabia que com a saída de Olegário Maciel do poder, tinha grandes chances de ocupar o cargo de interventor em Minas Gerais.

Os três amigos trafegavam pelo *high society* carioca noite e dia. Da Cinelândia ao Jockey Club, dos bares aos bailes, estavam sempre juntos. As constantes noites de festa nesse período costumavam começar com Freitas Castro e Melo Franco batendo à porta de Rolla, convidando-o a descer as escadas, pois um dos locais de convivência do trio era em sua própria casa, nos salões do Copacabana Palace. Zorayda até gostava que o marido saísse para se divertir, pois assim teria mais tempo para descansar de seus cuidados ao pequeno Howell.

Confabulando e falando sobre negócios e política, o trio adentrava no Cassino do Copa, por entre a fumaça permanente que assolava o lugar. Dirigiam-se ao bar ou a um canto onde costumavam sentar-se, procurando mais companheiros para cair na conversa ou compor um negócio lucrativo. Quando terminavam as noites por ali, iam para a mesa de pôquer, onde, geralmente, todos apostavam baixo. Vez por outra, alguém se excedia e jogava alto, coisa que Rolla não se permitia, pois participava das partidas por pura diversão.

No ano de 1933, o Carnaval carioca entrou para a história como o primeiro em que as escolas de samba receberam uma pequena verba de auxilio do poder público, como já acontecia com os ranchos e outras expressões carnavalescas. A folia desse ano foi organizada pelo jornal *O Globo* e a prefeitura incluiu pela primeira vez no seu programa oficial um desfile de escolas de samba. Desta forma, anunciava-se uma nova política cultural em que o período carnavalesco se tornava a imagem do Brasil no estrangeiro, servindo assim de importante incentivo ao turismo. Até ali, vendia-se a imagem da cidade como um local sério e ordenado, coisa que nunca foi. Daí, o prefeito Pedro Ernesto oficializou o desfile das escolas de samba, chegando mesmo mais tarde a se empenhar no reconhecimento delas como estandartes da cultura nacional.

A partir daqui, o Carnaval reforçou os laços históricos que o ligavam ao samba, que foi se tornando o gênero musical brasileiro por excelência. E, para completar o pacote, o jornal *A Noite* criou a figura do Rei Momo, para representar o espírito carnavalesco.

Com Zorayda convivendo nos ciclos sociais e Frida cuidando de Howell, Joaquim ficou livre para frequentar com seus amigos os bailes de Carnaval do Copacabana Palace, do Fluminense Football Club, do Jockey Club e do antigo hotel Balneário da Urca, que se tornou ponto de encontro da turma. Essas andanças foram proveitosas para os negócios lucrativos nos quais os amigos ambicionavam se envolver. Os locais citados eram cenários onde a polícia fazia vista grossa ao *underground* financeiro da batota, ainda na ilegalidade.

Desde que Washington Luís proibiu o jogo no território brasileiro em setembro de 1928,[1] diversos cassinos continuaram funcionando em São Paulo e Minas Gerais. Os paulistanos frequentavam o Cassino Antarctica, que fazia diversos shows propagandeados até mesmo na imprensa local. Estâncias e praias paulistas também tinham seus locais para atrair turistas, como Águas de Lindoia e Guarujá. Em Minas Gerais, o próprio governo arrendava o Cassino Atlântico, no Grande Hotel de Poços de Caldas, permitindo nele um constante fluxo de jogatina.

Já no Rio de Janeiro, o Jockey Club e o Copacabana tinham suas salas de jogo frequentadas por grandes negociantes, ministros, generais e caciques provincianos em viagem à capital do Brasil. Na Urca, iam os clientes das classes sociais menos abastadas que saíam do trabalho da Cinelândia, do Flamengo, de Botafogo e a malandragem da Lapa. A legalização, que ocorreria no ano seguinte, propiciou a criação de um circuito nacional de jogatina. Os cassinos cariocas tornaram-se então o padrão nacional, referências para o entretenimento e turismo, que mudariam o estigma do pano verde junto da elite conservadora com a ajuda de uma forte campanha midiática.

Através de um contato feito no Jockey Club, Virgílio de Melo Franco estava em vias de adquirir do conde Modesto Leal um verdadeiro latifúndio nos arredores da Gávea, que pretendia urbanizar para especular alto. Quanto ao hotel Balneário da Urca, logo se tornou o epicentro para os encontros da turma de mineiros, pois Evaristo adquirira de Octávio de Almeida Gama[2] a concessão da área que funcionava como cassino. E Joaquim Rolla, junto a outros amigos mineiros, associou-se ao amazonense Júlio Barata, num jornal chamado *A Esquerda*, na qual o editorial não assumia as posições de seus proprietários contra o governo, motivo pelo qual, em pouco tempo, o folhetim passaria a se chamar *A Batalha*.

A legalização do jogo no Brasil é um processo peculiar. Mesmo depois da Revolução de 1930, quando o Governo Federal passou a reservar-se o direito de decidir sobre a autonomia local de cada estado, ainda havia resquício de decisões tomadas localmente, à revelia. Sob os efeitos da crise espalhada pela economia mundial desde o *crash* de 1929, a legalização de cassinos serviria para investir no turismo nacional, até então pouco desenvolvido. Em fevereiro de 1933, Valdomiro Lima, recém-empossado como interventor militar no estado de São Paulo, tomou uma medida para legalizar o jogo em alguns pontos do estado, nas principais estâncias de banho e praias. Gaúcho e tio da primeira-dama Darcy Vargas, na década anterior, o general Lima passou dois anos encarcerado por ter sido simpático à causa tenentista, mas, em 1930, liderou um batalhão a favor da Revolução. Para tornar o jogo legalmente aceito, o interventor amparou-se no decreto nº 5797[3] de janeiro do mesmo ano, estipulando uma forma para atenuar a ilegalidade do jogo e prover financiamento para causas beneficentes através do Serviço de Assistência Social. Ou seja, o imposto pago pelo jogo nem mesmo passaria às mãos do governo, iria direto para causas beneficentes administradas pela sociedade civil.

Logo depois de São Paulo, era a vez do Rio de Janeiro. No mês seguinte, o jogo foi legalizado no Distrito Federal para atender ao costume que estava em voga em determinados pontos da cidade desde o princípio da década.[4] A nova lei logo se alastrou pelo Brasil, consolidando o interesse econômico dos proprietários de cassinos que já estavam em atividade e de outros pretendentes a entrar no ramo. O intuito de aumentar a circulação de capital e aquecer o mercado das principais cidades litorâneas e estâncias termais do Brasil deu certo. Em menos de dois anos, a Baía de Guanabara e seus atrativos naturais possibilitaram a rápida subida deste termômetro financeiro. Assim, os cassinos de Copacabana e Urca serviram de exemplo para os templos da batota tupiniquins que foram criados posteriormente, como o Cassino Atlântico, que surgiria em 1935.

Assim, Evaristo se posicionou à frente dos outros sócios e pôde comprar 40% do negócio, valor que correspondia à maioria das ações do cassino agora legalizado. Mesmo sem vontade alguma de tentar a sorte, lembrando de quando perdeu sua tropa e prometeu a seu pai nunca mais jogar, Joaquim chegou a partilhar a mesa do carteado com seus amigos ainda antes da legalização do jogo. Até então, era um hobby inofensivo e o valor das apostas era pequeno.

Um dia, já no meio do ano, com o jogo legalizado e sob um clima descontraído, chega à mesa do Jockey Club o ministro do trabalho Joaquim Pedro Salgado Filho. Ele procurava alguém para completar a mesa num desafio com Virgílio e Evaristo. Como estava acompanhando os amigos mineiros e não quis ser descortês com a proeminente figura gaúcha, Joaquim cedeu e aceitou a proposta.

Com o andar da noite, os jogadores foram se entusiasmando. As garrafas esvaziavam-se e as apostas aumentavam. Joaquim, dos presentes, o que tinha menos familiaridade com o pôquer, permaneceu abstêmio e começou a desestabilizar seus oponentes. Salgado Filho, empolgado e vendo-se já vitorioso com o bom jogo que tinha nas mãos, subiu a parada, limpando Virgílio. Neste momento, o jogo já tinha tomado proporções financeiras bem mais altas do que de costume. O jogo virou e o ministro também saiu logo em seguida, eliminado por Evaristo. Este, ficando apenas com Joaquim na mesa, logo o provocou: "Cuidado que isso aqui não é truco de tropeiro."

Lembrando dessa época em que perdera tudo, quando o próprio Evaristo havia sido seu sócio num negócio de gado de corte, Joaquim preferiu ficar olhando e sorrir perante a provocação. Demorou ainda um par de horas para que Joaquim pudesse pegar de Evaristo seu jogo apinhado de fichas que valiam cerca de 4 mil contos de réis. Rolla acabou limpando o jogo do velho amigo e recostando-se na cadeira ironizou: "O jogo demorou, só que tava mais fácil que jogar burro.[5] Difícil é perder tudo e continuar a vida como se isso não fosse nada. E ainda por cima se achando um homem sério."

Perante as gargalhadas do grupo que observara a jogatina, Evaristo, resignado, pensou numa solução para pagar a dívida. Consternado, ofereceu a Joaquim uma cota na sua empresa, o Cassino Balneário da Urca. Joaquim não queria aceitar, insistindo que lhe pagasse de outra forma, como pudesse e sem pressa. Mas o amigo derrotado explicou que a parcela equivalia a 10% do que ele possuía na sociedade. Ficou decidido que Evaristo iria primeiro consultar se algum de seus sócios teria vontade de adquirir as ações.[6] Caso eles não se interessassem, ele estaria autorizado a ceder os 4% ao velho amigo. Não estava lhe dando tudo, e se Joaquim era um homem de sorte grande, este seria um negócio ainda melhor.

Indiferente, Joaquim não percebeu que aquele era o negócio que iria mudar sua vida. Só pensou numa aplicação certa, pois todo final de ano, com os dividendos que ele recebesse do jogo, já deveria ter uma situação financeira ainda melhor.

AÇÕES DA SORTE

O Cassino da Urca abriu suas portas oficialmente em março de 1933, no mesmo mês em que o jogo foi legalizado. Suas dependências, originalmente pintadas em tons de branco e pastel, pareciam mais adequadas a um hospital ou uma estância balneária do que a uma casa de apostas com funcionamento noturno, como ocorrera no período em que o jogo ainda estava ilegal.

Inicialmente funcionava ali apenas um hotel, que fora edificado nos anos 1920, e que fazia parte dos equipamentos hidrominerais do então jovem bairro recém-aterrado.[7] O antigo hotel Balneário da Urca, concebido pelos arquitetos Archimedes Memória e Francisco Couchet em estilo eclético, fora feito para atender à recente cultura praieira, então um atrativo para a alta sociedade recém-instalada no bairro, além de turistas e até mesmo cariocas que vinham de outras regiões. Ali, o banhista possuía instalações para se trocar, chuveiros, salões de baile, quadras de tênis no terraço, bar e restaurante.

Em junho de 1933, numa reunião da sociedade do Cassino da Urca, Evaristo ofereceu aos outros sócios 10% de suas ações. Inicialmente, Evaristo pensava que aquela não seria a melhor hora para a entrada de Joaquim como sócio, mas como lhe devia e não tinha capital suficiente para quitar a dívida de jogo, cogitou a entrada de Rolla na sociedade. Os outros sócios não se dispuseram a adquiri-las e cederam a Joaquim Rolla o direito de compra. Na ata oficial datada de

7 de julho, ficou então firmada uma nova cláusula de contrato daquela sociedade, estipulando os salários de sua diretoria, suas responsabilidades e honorários.

Numa noite de sexta-feira no final do mesmo mês, Rolla, que não se empolgara muito com a ideia de ser sócio numa casa de jogos, foi inspecionar o Cassino da Urca com olhos de empresário. Desde a primeira vez que pisara na Urca, agradara-lhe a visão do edifício imponente, construído numa posição geográfica fenomenal entre o Pão de Açúcar e o morro Cara de Cão, que estavam ligados desde 1912 por uma linha de teleférico. Atravessado no meio da praia pela rua João Luís Alves, o prédio era branco, modulado em linhas simples à moda dos hotéis balneários tão em voga na época.

O espaço de veraneio tinha dado lugar a um ambiente de jogo e encontros fortuitos, que, por ter se desenvolvido na ilegalidade, remetia aos bares *speakeasy* norte-americanos, onde a proibição ao consumo de bebidas alcoólicas era alegremente infringida. Mas a antiga função de termas com a sua arquitetura interior asséptica não se adequava ao estilo decorativo das atividades noturnas praticadas no edifício. Joaquim achou a decoração tosca, a iluminação rudimentar, e de imediato lembrou-se dos bordéis mal-ajambrados que conhecera pelos rincões de Minas Gerais 15 anos atrás.

Freitas Castro foi explicando a Rolla as minúcias do funcionamento da casa. Entraram primeiro no salão de jogos para ver a atividade da roleta e do carteado. Notou que o público presente não variava dos dias em que o jogo era ilegal, sempre enchendo aquele pequeno espaço. Este se desenrolava na parte do prédio que ficava mais próxima da areia. O salão em forma circular entrava pela praia, e comportava estritamente a pequena banca do local. Lá existiam duas roletas de Pascal[8] controladas por crupiês com ar de sabichões. No carteado, havia uma pequena mesa para cada jogo: campista, bacará, trinta e quarenta, *petits-chevaux*, distribuídos e organizados por rapazotes imberbes recrutados nas famílias dos sócios da casa, fato que o próprio Evaristo não via com bons olhos.

A planta interior do edifício era elaborada, com a rua dividindo o prédio em dois. Para conhecer o *grill-room*, do outro lado da rua, tiveram de atravessá-la, mas o acesso podia ser feito também pelo piso elevado. Na volta, fizeram o caminho inverso, a partir do *grill-room*, subindo até o terraço, onde se podia apreciar uma vista fabulosa. Olhando para baixo, podiam ver a varanda do salão de jogos no andar inferior com seu formato circular adentrando pela praia e iluminando a água da pequena enseada. Voltaram às salas de jogo por uma escadaria elegante.

No *grill-room*, os dois amigos apreciaram os shows de picadeiro que estavam sendo apresentados exclusivamente por artistas circenses, como trapezistas, palhaços e uma cantora de tango mambembe. Todas aquelas apresentações haviam sido escolhidas pelos sócios do estabelecimento em passeios dispersos pelo bairro da Lapa,[10] no centro da cidade. A casa até que atraía publico e o entretenimento tinha certa qualidade, mas Rolla logo se imaginou como proprietário, contratando gente capacitada para fazer o crescimento gradativo do local.

Aquele espaço podia ser inteiramente remodelado e adaptado para tornar-se uma autêntica casa de espetáculos e jogos, que poderia fazer surgir na Urca o mais sensacional cassino da cidade. Voltaram-lhe as amargas lembranças do tempo em que jogava pelo Mato Dentro, um sentimento que se desvaneceu pela certeza de um bom negócio no Rio de Janeiro, onde queria viver. Pensou que aquela oportunidade não lhe surgira do nada e, voltando-se para Evaristo, acabou aceitando investir no negócio do cassino, que pertencia a diversos sócios minoritários. Rememorou com ele o negócio que tiveram de vender gado de corte a prazo entre São Domingos do Prata e Ponte Nova: "Acho que é mais fácil trazer um rebanho de gente pra dentro desse lugar do que matar boi na mão."

Os dois sócios caíram na gargalhada e Evaristo concordou. Joaquim de pronto já fazia planos para que pudesse, a longo prazo, se tornar sócio majoritário no negócio. E Evaristo poderia diversificar seus investimentos.

INAUGURAÇÃO OFICIAL

Ao tornar-se sócio do Cassino da Urca, Rolla gradativamente foi ganhando a simpatia dos funcionários e de alguns sócios, que foi conhecendo aos poucos. Insinuou-se pelos meandros da administração inicialmente como olheiro, observando e agilizando melhorias no funcionamento da casa. Todos lhe pediam opinião e alguns funcionários já o viam como potencial proprietário do recinto. Assim, foi tomando gosto pelo negócio e informalmente comprando mais ações de Evaristo, que concretizou a concessão a Joaquim Rolla em março de 1934, um ano depois de o jogo ser legalizado.

Rolla passava seu tempo na Urca. Até mesmo durante o dia, gostava de ir até lá e nadar naquela prainha. Começou a tornar-se um assíduo banhista. Ali encontrou um ambiente propício para poder praticar e instituir o jogo de peteca, de que era adepto desde o tiro de guerra, em Belo Horizonte. Para poder conquistar mais adeptos e bons parceiros em sua peleja, fazia pequenos campeonatos em que o vencedor ganhava algumas fichas do cassino, patrocinadas por ele. Ao final da tarde encontrava seus novos amigos, que também passaram a praticar o esporte, e os empregados da casa que moravam ali pelo bairro.

Brincava com os conhecidos apaixonados por futebol sobre os resultados de domingo, principalmente quando o Fluminense saía vitorioso. Era seu time de preferência desde a época em que fundara o *Folha da Noite Mineira,* quando assistira ao Fluminense golear o Carlos Prates por sete a zero num amistoso. Além do mais, na noite em que ganhara sua pequena porcentagem do Cassino da Urca no carteado, travou amizade com o presidente do clube, Salgado Filho, que era também ministro do trabalho, e passara a trazer à Urca uma comitiva mista entre esportistas e políticos. Assim, Rolla foi ganhando reputação de excelente anfitrião e seu nome começou a ficar cada vez mais associado ao *show business.*

Os regulamentos que legalizaram o jogo no Distrito Federal fixavam padrões mínimos para o funcionamento dos cassinos autorizados a oferecer ao público os prazeres da roleta e dos jogos de baralho a valer. Mas as sociedades beneficentes, com o aval do Estado, também lucravam com o negócio, arrecadando três quartos do valor da entrada, além de 10% sobre todos os valores apostados.

Num prazo de seis meses, os sócios do Cassino da Urca concretizaram as alterações estruturais exigidas no antigo hotel balneário. Joaquim foi o responsável por orientar as reformas necessárias para que a Urca cumprisse as normas para aperfeiçoar o uso do edifício. Coordenou as obras que obrigavam a separação entre os espaços de jogo e de venda das fichas. Concebeu ainda a adaptação das mesas, onde foram colocados painéis para expor o montante de cada aposta em jogo, com seus valores mínimos e máximos fixados pela lei. E dedicou-se também a desenvolver a infraestrutura necessária para incrementar o mercado turístico, outra exigência da regulamentação do jogo que visava o desenvolvimento deste importante setor econômico a partir do governo Vargas, investimento até então inédito no Brasil.

Interessado em conhecer os melhores chamarizes para levar uma nova audiência ao Cassino da Urca, Joaquim Rolla foi assistir aos melhores espetáculos, shows e teatros em cartaz no Rio de Janeiro. Junto de seu amigo mineiro Caio Brant, viu um majestoso baile de Carnaval chamado Madame Satã no Alhambra, uma variada casa de shows que tinha teatro, cinema, circo e rinque de patinação.[10]

O proprietário e idealizador do Alhambra, Francisco Serrador, era uma referência para o *show business* carioca daquela época. Nascido na Espanha, ele veio bem novo para o Brasil e, no início do século, estabeleceu uma rede de cinemas no Rio de Janeiro que era um verdadeiro império. No centro da capital, estabeleceu ao redor do palácio Monroe a região até hoje conhecida como Cinelândia.

O responsável pela direção de arte e pela decoração do Alhambra, além de encenar os espetáculos, tinha sido o cineasta Luiz de Barros. Ao final do espetáculo, Joaquim e Caio foram conversar com Barros, reconhecendo nele o braço forte necessário para transformar a Urca numa casa de shows com qualidade para o mercado turístico, conforme previsto na lei de regulamentação do jogo.

O cineasta foi contratado para ser diretor artístico do Cassino da Urca, onde recebeu relativa carta branca. Sua primeira ideia foi renovar o *grill-room*. As mudanças realizadas em 1933 já possibilitavam que o cassino fosse inaugurado em grande estilo, com espaço para três orquestras, uma de música erudita, outra de jazz e uma terceira que tocaria exclusivamente tangos argentinos, em voga na época.

Com os bons contatos que tinha, Barros conseguiu ainda trazer as primeiras atrações estrangeiras para a Urca diretamente dos estúdios da Columbia Pictures, nos Estados Unidos. Organizou numerosos bailes elegantes, passando a atrair ao cassino outros nichos da elite carioca, que ainda olhava o lugar com certo desprezo. Assim, paulatinamente, foi atraindo um público mais diversificado, onde agora os cavalheiros podiam levar as damas da sociedade sem que estas se sentissem intimidadas.

A noite de inauguração foi marcada, com grande expectativa da alta sociedade, para 12 de setembro de 1933. Foi um evento glamoroso ao qual compareceu a nata empresarial e política carioca. A novidade estética foi no piso, que passou a utilizar tapetes de cor carmesim, conferindo ao ambiente um aspecto como o da corte de Versalhes. A Urca ainda carregava uma aura de ilegalidade, mas agora era chique e apropriada para os tipos sociais considerados respeitáveis. Estas adaptações realizadas retiraram do local o que restava do seu caráter de estância balneária, acentuando o estilo boêmio de cassino.

Entre as medidas que visavam estimular a função turística do jogo, estreava nessa noite a linha de ônibus Urca-Cinelândia, que transportaria os convidados para o Cassino da Urca até meia-noite. Durante o dia, o bairro afastado também tinha movimento e recebia gente de todo canto, numa feira que acontecia no largo do Leitão, em frente à praia do Cassino. Mas, pela madrugada, os taxistas de Botafogo se sentiram prejudicados com a quebra do combinado, pois a linha funcionou até bem depois da meia-noite. Organizaram um protesto na porta do cassino, gerando um conflito que terminou com a hospitalização do chofer José Maria Morgado, baleado pela polícia, e com a prisão de cerca de 40 taxistas. O conflito se prolongaria, chegando a haver greve pacífica dos choferes de praça poucos dias depois, mas a linha de ônibus seguiu levando público à Urca.

Mesmo com o protesto dos taxistas tentando boicotar as idas e vindas das celebridades e autoridades que afluíram à inauguração do Cassino da Urca, quem esteve por lá não ouviu nem gritos nem tiros. Os sons de distúrbios eram inaudíveis dentro da sala de jogo e especialmente na sala de espetáculos, onde os aplausos ruidosos anunciavam uma época memorável.

Visto de cima, o Cassino da Urca. O prédio domina a enseada da praia, onde Joaquim Rolla costumava jogar peteca.

POR BAIXO DOS "PRANOS"

Paralelamente à legalização do jogo, desenvolveu-se um mercado negro à volta do negócio que logo começou a afetar o Cassino da Urca. O primeiro caso deu-se logo às vésperas do Ano-Novo. Joaquim, que participava diariamente do fechamento do caixa, constatou que havia um número elevado das fichas de maior valor. Instruiu aos olheiros para ficarem atentos em clientes que estivessem jogando compulsivamente.

Mas foi Evaristo que detectou um homem apostando nervosamente numa das roletas. Com calma, aproximou-se e segurando-lhe firmemente no braço, pediu que o acompanhasse. O suspeito foi levado discretamente para o escritório da diretoria, através das escadas que conduziam ao terraço sob o olhar atento de dois leões de chácara.

Já na intimidade dos bastidores do *grill-room*, o homem foi interrogado pela própria polícia. Identificado como Pedro Loureiro, alegou ser um simples barbeiro que comprara as fichas. Mas só debaixo de forte pressão e alguns sopapos, confessou que a compra fora feita não na banca da Urca, mas na mão de dois estrangeiros que o esperavam do lado de fora. Em poucos instantes, a polícia capturou o italiano Vitor Sanoleta e o espanhol Antonio Andreu. Juntamente com o barbeiro foram conduzidos à sua casa no Catete, onde a polícia encontrou fichas falsas, idênticas às do Cassino da Urca, nos valores de 20, 50, 100 e 500 mil-réis, assim como equipamento de falsificação. A investigação da pequena quadrilha levou à rua de São Bento, local da fábrica onde se produziam as fichas.

O sucesso de Joaquim enquanto realizador das reformas e administrador no Cassino da Urca fez com que ganhasse a admiração de muitos. Mas criou-lhe também adversários e inimigos. Os próprios acionistas da Urca chegaram a conspirar, juntamente com alguns crupiês, para retomar o cassino. Dizia-se ainda estarem envolvidos na falsificação das fichas. Imediatamente a seguir à detenção dos falsificadores, e já suspeitando da trama que lhe preparavam os sócios, Joaquim, sentindo-se isolado, demitiu todos os empregados e funcionários envolvidos no trato com o dinheiro, colocando em seu lugar uma equipe de sua confiança. Evaristo de Freitas Castro ajudou Rolla a formar uma nova equipe no Cassino da Urca.

Em março de 1934, faltava ainda adquirir mais de 50% das ações para que Rolla se tornasse o principal acionista da sociedade que administrava o Cassino da Urca. Porém, os sócios envolvidos na conspiração ocorrida no início do ano se negaram a lhe vender suas ações. Rolla elaborou um blefe para pressioná-los. Adquiriu na totalidade a empresa que era proprietária do imóvel do cassino e de diversos terrenos no bairro da Urca, a Companhia Construtora e Imobiliária do Rio de Janeiro. Quando o contrato de arrendamento do imóvel do Cassino da Urca expirou em outubro, Rolla ameaçou não renovar o contrato, e os outros sócios acabaram cedendo a venda de suas ações.

Ainda em março, Joaquim tornara-se sócio camuflado do *A Batalha,*[10] um jornal de oposição dirigido por Júlio Barata no Rio de Janeiro. Na mesma semana em que o cassino fora inaugurado no ano anterior, ocorreu em Belo Horizonte a morte de Olegário Maciel. Através de um maquiavélico conchavo de Getúlio Vargas para neutralizar as maiores forças políticas daquele estado, quem assumiu o lugar de Maciel foi a apagada figura de Benedito Valadares.[11] Os velhos perremistas de Belo Horizonte tiveram uma grande decepção.

Durante uma visita ao Rio, o jornalista Paulo Pinheiro Chagas fez a Rolla uma proposta para aproveitar a maquinaria semissucateada que sobrara do *Folha da Noite Mineira*. Solidário, aceitou ajudar a causa do jornal, que também defendia Artur Bernardes, naquele momento ainda no exílio. Por ser proprietário de uma concessão federal de jogo, Joaquim teria que manter uma relação cordial com o governo vigente. Desta forma, aceitou ser sócio, desde que estivesse "por debaixo dos pranos", ou seja, seu nome fosse omitido da diretoria do periódico. A grande vantagem em estar naquela sociedade agora já não era fazer politicagem, e como ele era dono de um negócio de entretenimento, a contrapartida do folhetim seria propagandear o Cassino da Urca.

Os tempos de viver à margem na política mineira agora haviam passado para Joaquim Rolla que recebeu diversos relatos sobre as dificuldades de seus amigos, os partidários de Virgílio em Belo Horizonte. Quem o mantinha a par das novidades politiqueiras das alterosas era seu irmão Mário, ainda estabelecido por lá como jornalista no periódico *Diário de Minas*. Os acontecimentos políticos que geravam instabilidade na vida dos companheiros na capital mineira fizeram-no pensar: depois da tentativa de alguns sócios e funcionários virarem a mesa contra ele, precisava de homens de confiança para auxiliá-lo na administração de um negócio melindroso. Sentia-se solitário entre gente em quem não confiava e lembrou-se com saudade dos velhos tempos das tropas pelo interior de Minas, quando se fizera acompanhar de fiéis escudeiros e camaradas.

Era o momento certo para ele buscar apoio na Minas natal.

MINEIRADA EM TROPA

Para consolidar a reestruturação do Cassino Balneário da Urca S.A., Joaquim encomendou de seus contatos mineiros uma tropa de assessores diretos, liderados pelo seu braço direito Mário Rolla. Junto de seu irmão, quem também ficou responsável pela tarefa de alistar fileiras para o Cassino da Urca a partir de Belo Horizonte foi o marido de sua tia Filinha, Ismael Gomes Braga, contratado para gerenciar o financeiro da casa.

Ismael era uma pessoa muito respeitada pela família Rolla. Além de contador, era também conselheiro pessoal de Joaquim. Natural de Ubá, foi um proeminente nome do espiritismo no Brasil e falava nove línguas, além de ter sido um grande incentivador do esperanto no país. Vivia numa casa de dois andares muito escura e impregnada pelo cheiro de mofo, localizada na praia Vermelha, bem ali na Urca. Sua esposa Filinha, que era coxa e andava de bengala, era uma exímia costureira da alta sociedade carioca. Entre os mais belos vestidos que se viam rodopiar pela pista do *grill-room* do cassino estavam suas criações. Ela acordava cedo, e um de seus hábitos matinais, depois de ler os jornais, era telefonar a Joaquim (impaciente com leitura) para lhe passar um resumo sobre as principais notícias do dia, principalmente o que se falava sobre a Urca.

Foi o casal Ismael e Filinha que inicialmente hospedou Mário Rolla em sua chegada ao Rio de Janeiro. Depois de abandonar o seu trabalho no *Diário de Minas*, Mário aceitou a proposta do irmão, que lhe cedeu ações em troca de exercer funções ora de relações-públicas, ora de olheiro, para manter sob controle o que se passava no estabelecimento.

Além dessas tarefas profissionais, inicialmente Mário e Ismael foram responsáveis por contratar pessoas de confiança para ocupar diversos cargos nas salas de jogo e serviços gerais. Os trabalhos da casa com algum envolvimento financeiro exigiam que se desse preferência a pessoas de confiança. O dinheiro vivo, até chegar ao cofre, situado no escritório de Joaquim, passava pelas mãos de um número limitado de pessoas, basicamente quem trabalhava no balcão das fichas e o contador. Daí, diversos mineiros foram recrutados para serem caixas, cigarreiras, barmen, garçons, seguranças e principalmente os crupiês e seus assistentes.

Todos os funcionários eram instruídos por Joaquim a incentivar os clientes a jogar.

Os seguranças, naquela época denominados leões de chácara, passeavam pelas salas, empertigados e atentos à menor movimentação estranha. A qualquer suspeita, os olheiros avisavam-nos com sinais, e eles, discretamente, procediam à remoção de indivíduos suspeitos. Conduziam-nos ao escritório, onde eram interrogados longe do público.

Mário Rolla descreveu a rotina noturna do trabalho na Urca em seu diário. Não era um trabalho penoso, mas requeria cuidados que muito o preocupavam devido ao cargo de destaque que conseguira naquele espaço sofisticado. Mário era um amante da natureza e das questões políticas, além de possuir inclinações filosóficas, motivo pelo qual Joaquim, fazendo pilhéria, o chamava de Poeta. Seu trabalho entre a batota o envolveu numa atmosfera repleta de intrigas entre os funcionários, fato que não lhe era pessoalmente agradável. Apesar de achar o ambiente interessante, chegou a qualificá-lo "frívolo e artificial de vaidade e vícios". Pois "todos falam e comentam na ânsia de subir..."

Um personagem destacado por Mário para ilustrar esta situação de desconforto era a figura do capitão Ladany, que, sendo apenas um auxiliar da administração, tinha atitudes de gerente-geral. A minúcia do capitão em ser vigilante por toda a parte instaurava "uma fermentação de intrigas e boatos". Ainda assim, por ser fiel e com um caráter de aço, representou por algum tempo o centro do cassino. Ao mesmo tempo em que reclamava dele, Mário admitia gostar da companhia do capitão. E, claro que o Poeta também se divertia no trabalho, criando laços de amizade, socializando com a intelectualidade carioca.

Dos amigos de Mário dentro do cassino com funções parecidas com a dele, de quem ele mais gostava era Caio Brant, seu velho companheiro desde o princípio da década. Em seu diário, o descrevia como "um intelectual, blaguer e uma bela estampa de homem". Logo que chegaram Mário e os novos colaboradores, eles receberam de Joaquim, cada um, dez ações da sociedade. Era um excelente pagamento pelo exercício de suas funções e lealdade ao chefe. À medida que os anos foram passando, enquanto o corpo de funcionários ia se alterando, a maioria dos membros da sociedade Cassino Balneário da Urca também mudou.

Independentemente se estavam exercendo alguma função lá dentro ou não, Abgar Renault e Mário Dias foram mais dois dos mineiros que afluíram ao Rio de Janeiro para trabalhar e servir como sócios minoritários da empresa. Abgar era um educador e literato que traduziu e escreveu diversos textos, além de ser poeta bissexto. Quanto a Mário Dias, havia sido jornalista no *Folha da Noite Mineira* e era, como os outros amigos, um partidário de Artur Bernardes desiludido com o rumo que a política tomava.

Com um grupo assim, composto de intelectuais e fiéis escudeiros, Joaquim podia finalmente contar com homens da sua confiança, interessados no bom funcionamento da casa, onde também usufruíam de um excelente rendimento. E as conversas no final do expediente, à volta da mesa, contando os lucros da jogatina, acabavam com frequência em acesas discussões políticas, nos quais era sempre Ismael Braga, pacifista e sensato, quem acalmava os ânimos dos mais jovens.

No trabalho, era com o tio e amigo Ismael que Mário mais se identificava; apesar das muitas discussões entre eles, partilhavam sentimentos comuns pela humanidade e doutrina. Admirava a ideologia socialista do tio, considerando que ele era um homem intelectualmente avançado. Ismael teve uma enorme importância na formação do sobrinho, e foi por sua influência que Mário decidiu estudar inglês e francês, pois o tio, que falava nove línguas, lhe fez ver que este aprendizado seria muito útil em termos profissionais. Criticava Getúlio Vargas pela exagerada atenção que dava ao "perigo" comunista, mas partilhava com o tio a concepção de que a revolução não se faz com violência. Talvez por isso nem tenha dado grande importância à Intentona Comunista,[12] que em novembro de 1935 levou resistentes armados, fugidos do quartel-general da praia Vermelha, a se refugiarem no Cassino da Urca. Já Joaquim achava engraçado que, mesmo querendo se distanciar das disputas políticas, toda sorte de insurreições a Vargas vinha de encontro a ele.

O JOGO DEVE CONTINUAR

No extremo do verão carioca, uma casa noturna impor regras de indumentária para pretender sofisticar o ambiente era complicado. Exigir dos clientes traje a rigor, como soturnos *smokings* ou ostensivos casacos, poderia ser um fator para espantar os frequentadores. Como pretendia melhorar a audiência do seu cassino, Joaquim Rolla encontrou um modo para suavizar o calor que fazia no *grill-room* e no salão de jogos que, por estarem sempre apinhados de gente, ficavam ainda mais quentes que a temperatura externa. E para convencer os aristocratas a comparecerem no Cassino da Urca em janeiro de 1935, mandou estampar num dos maiores jornais em circulação na cidade o seu novo chamariz:[13]

> No Cassino da Urca os termômetros acusam uma temperatura 4 graus abaixo do que pode medir no exterior dos salões. Isto é, ao ar livre na praia. Esta temperatura surpreendente se dá devido às suas grandes instalações Carrier de purificação e refrigeração do ar. O ar depois de filtrado e refrigerado é distribuído suavemente nos salões do *grill-room*, por numerosas bocas disfarçadas nas decorações do teto, sendo aspirado no chão por outras saídas semelhantes.

Esta medida publicitária da Urca serviu como o último suspiro de um reino solitário na cidade, com a rala concorrência que havia na praça até então, apenas com o Cassino Copacabana. Pois a partir do dia 24 de fevereiro de 1935, sábado de Carnaval, com a inauguração do Cassino Atlântico, a Urca ganhou um rival muito mais poderoso na Baía de Guanabara. Neste mesmo Carnaval, o Rio de Janeiro ganhou um novo apelido, através da marcha "Cidade Maravilhosa", de André Filho, que animou a temporada. Quem interpretou a música foi Aurora Miranda, irmã de Carmen, que assim se lançou no encalço da fama por indicação da irmã, que em pouco tempo haveria de ser tornar a maior voz dos cassinos cariocas.

O recém-inaugurado Cassino Atlântico, seguindo os padrões do estilo *art déco* e de iluminação estonteante, chegou impondo um ar de "civilização em marcha."[14] Com seus crupiês e carteadores de alto gabarito vindos da Europa, também possuía um hotel e localizava-se bem no final da praia de Copacabana, já na divisa com Ipanema.

O fundador e principal acionista do novo cassino, Octávio de Almeida Gama, era o mesmo de quem Joaquim Rolla tinha adquirido a Companhia Construtora e Imobiliária do Rio de Janeiro. Mas ao contrário do Copa, o Atlântico passou a colocar nos jornais uma campanha publicitária massiva. Tanto as colunas sociais quanto as próprias propagandas da imprensa passaram a referir-se ao Atlântico como sinônimo de gente elegante: "A Maravilha do Posto 6." Os anúncios na *Fon Fon*, uma importante revista brasileira daqueles tempos, são exemplo de como a briga publicitária dos cassinos ocorreu com a abertura do Atlântico. Até então, só se viam raras chamadas dos shows mornos na Urca ou Copacabana publicados exclusivamente nos jornais. Mas dali até a proibição do jogo, cerca de dez anos depois, a disputa entre as três casas de jogo na capital tomou conta da mídia carioca, tanto impressa quanto pelas ondas do rádio.

Tinha chegado a hora de Joaquim Rolla, com seu negócio razoavelmente estruturado e já servido com um leque de atrações medianas, bolar uma estratégia publicitária para fazer frente a seu novo rival. Com a vinda de Mário Rolla, Mário Dias e Abgar Renault ao Rio de Janeiro, após uma passagem pelo jornal *Diário de Minas*, agora tinha à mão diversos colaboradores para trabalhar na divulgação mais eficaz dos seus eventos na Urca. Sistematizaram um formato para redação e diagramação de anúncios mais potentes, inserindo-os nas principais publicações cariocas, mineiras e paulistas.

Depois de ter trabalhado um ano na Urca, o cineasta Luiz de Barros foi contratado pelo Cassino Atlântico para decorar o ambiente e organizar seus espetáculos. Com o *know-how* que trazia do cassino de Rolla, logo identificou uma enorme quantidade de erros no funcionamento da casa. Por exemplo, a ausência de uma área separada para venda de fichas e a construção de um quarto de manutenção no lugar onde seria lógico colocar os camarins dos artistas. Não foi apenas uma remodelação adequada à função do Atlântico que Barros concebeu, pois também se desdobrou para encontrar artistas de qualidade para atuarem no *grill-room*. Se o Atlântico inaugurou suas instalações e obteve sucesso nesta tarefa, isto foi graças ao gosto do cineasta e também do decorador que ele contratou, o artista plástico Gilberto Trompowsky. Assim, o nome de Luiz de Barros passou a aparecer nas propagandas como diretor da casa.

Perante o Atlântico, com suas nababescas instalações, publicidade agressiva e prometendo shows com estrelas internacionais de renome, o Cassino da Urca logo de cara sofreu uma baixa de público e reconhecimento. Daí, Joaquim Rolla teve que se virar e, se já tinha angariado um bom lucro, agora era hora de enfiar a mão no bolso e investir para não morrer na praia. E assim, criou uma promoção que não estava estampada nos jornais, mas que o boca a boca deu conta de espalhar rapidamente por todo o Rio de Janeiro. Para um cliente que fosse jogar ao menos uma ficha de 25 mil-réis na Urca, o cassino pagava a locomoção de táxi até lá. Esta ficha de entrada também incluía uma ceia individual e dava acesso ao *grill-room*, com direito a assistir aos shows da noite. Resolvia-se, desta forma, o impasse com os choferes de táxi desde a inauguração da Urca relativo à linha de ônibus que circulava no bairro pela madrugada.

Como se não bastasse o susto que o Atlântico provocou nos concorrentes, ainda em junho de 1935 o novo cassino passou a ter um veículo de mídia funcionando dentro de suas amplas instalações.[15] Era a P.R.H.S., cujo slogan era: rádio Ipanema – a Rádio voz de Copacabana."[16] A inauguração da estação foi no próprio *grill-room* do Atlântico, onde aconteceu um chá para apresentação dos artistas de seu estúdio.

No quesito transmissão em *broadcasting*, demorou um ano até que surgisse uma resposta do Cassino da Urca para difundir seus shows. Inicialmente, Joaquim buscou colaboração com a rádio Record. A emissora passou a transmitir o primeiro espetáculo da noite, às onze horas. Mas em menos de três meses, Assis Chateaubriand intercedeu e fez um contrato com Rolla, entrando no jogo com a Tupi. Rolla e Chatô decidiram investir mais pesadamente numa nova tática para trazer artistas estrangeiros de passagem pelo Rio. Logo, toda estrela internacional de peso que passava em um transatlântico com destino a Buenos Aires era abordada a fazer um contrato duplo: para cantar nas tardes da rádio Tupi e nas noites do Cassino da Urca.

Enquanto o leque para a escolha de estrelas estrangeiras aumentava, o Brasil vivia tempos em que uma ideologia extremista católica e nacionalista arrebanhava centenas de milhares de fiéis, a Ação Integralista Brasileira. Liderados pelo paulista Plínio Salgado, os integralistas tinham como um de seus lemas a moral e os bons costumes. Trocando em miúdos, eram contra hábitos que supostamente levam as pessoas ao vício. Os extremistas religiosos nunca foram de tolerar o jogo e o ambiente noturno das casas de batota. Porém, os próprios cassinos sempre alimentaram financeiramente as causas beneficentes de cunho religioso. Como certa vez, no *grill-room* do Atlântico, quando foi feito um chá para a pequena Obra de Nossa Senhora Auxiliadora. Compareceu ao evento o "supremo chique da aristocracia da capital, com as presenças de Alzira Vargas e dezenas de outras damas do mais alto gabarito."[17]

Rolla não se dava por vencido. A cada passo do Atlântico, ele respondia com alguma inovação, preocupando-se ainda em profissionalizar seu negócio para comunicar a imagem de uma casa de jogo, sim, mas animada e glamorosa. Transmitia a seus funcionários e prestadores de serviços o maior respeito, pois pagava religiosamente nos dias 1 e 15 do mês, contabilizando todos os detalhes com um preciosismo nunca visto antes no entretenimento nacional. A sua reputação de empresário sério espalhou-se e o seu nome começou a ser cada vez mais associado à Urca. Mesmo sendo avesso às colunas sociais.

E como o cassino não vivia só do jogo, Rolla logo aprendeu com a sacudida que a inauguração do Atlântico causou, e foi fazendo pequenas melhorias na Urca. Sua casa tornou-se um local cada vez mais elegante, querendo chamar público pela qualidade de seus serviços e espetáculos.

O vai e vem de gente competente servindo a audiência entre Atlântico e Urca tornou-se uma constante, uma espécie de espionagem industrial pesada, com contratos sendo feitos na calada da noite para uma casa tentar vencer a outra. Aliciavam desde grandes estrelas nacionais e estrangeiras à melhor mão de obra para tornar-se cada vez melhor, uma queda de braço na qual quem vencia era o público, que recebia como benefício um tratamento de primeira, e uma enorme variedade de espetáculos e eventos. Do *vaudeville*[18] ao erudito, do circense aos grandes nomes, era tudo bancado pelo azar de quem perdia.

Com foco na ligação entre o mundo do espetáculo e do jogo, uma lei regulamentando a atividade dos cassinos entrou em vigor neste mesmo ano, exigindo um equilíbrio entre o número de artistas nacionais e estrangeiros nesses estabelecimentos. E muitas vezes a solução das casas de espetáculo era apresentar artistas brasileiros com nomes artísticos estrangeiros. Inicialmente, este subterfúgio era para cobrir alguma derrota da concorrência. Por exemplo, se uma grande dançarina de flamenco com fama internacional se apresentasse no Atlântico, logo a Urca respondia com um número do mesmo ritmo musical interpretado por uma brasileira com castanholas. E se uma famigerada banda de jazz vinha tocar na Urca, logo o Atlântico estava com um show daquele padrão durante a mesma temporada.

Após inúmeras peripécias e discussões, devido ao que consideravam falta de gosto na decoração e nos shows de Réveillon no Cassino Atlântico, Luiz de Barros e Gilberto Trompowski demitiram-se do lugar. Rolla ficou sabendo do fato e rapidamente laçou a dupla para recriar sua menina dos olhos, reinaugurada logo após o Carnaval de 1936.

Na Urca, Barros, inspirado pelas maiores casas de show que conhecera num *grand tour* pela Europa no princípio do século, concebeu um sistema de palcos inédito. Remodelou o espaço interno do *grill-room*, colando dois palcos um no outro, mas com mobilidade para que fossem utilizados independentemente. O que garantiu o sucesso para o funcionamento simultâneo destes palcos foi que um deles possuía um elevador que transportava os artistas a um alçapão num andar inferior; e o outro tinha mobilidade para avançar ou recuar sobre uma pequena parte da pista de dança. Logo, havia espaço em dois andares separados para produção e camarins. Agora os *habitués* e apreciadores do entretenimento boêmio poderiam ver os dois atos de shows num só movimento. Este palco marcou época na história do *show business*, inserindo o Rio de Janeiro no cenário internacional do turismo de luxo.

A estreia dos dois palcos no *grill-room* trouxe à Urca o glamour francês com a apresentação da famosa trupe do Bal Tabarin[19] e suas *French Can-Cans*. Jantando em sua mesa cativa, o diplomata Gilberto Amado comentou nessa noite sobre o "eterno prestígio da *chanson française*".

Ao mesmo tempo, o Cassino Copacabana, enfrentando a concorrência vizinha do Atlântico, inaugurou um novo restaurante, também refrigerado, onde se apresentavam shows da contorcionista Lucille Page, Maurice e Córdoba, Buster Wester e as Danny Dare Debutantes com a orquestra de Max Berger, além de saraus de poesia. O espaço, decorado por Henrique Liberal, em combinação com a Maison Jansen de Paris, foi mais um incentivo para que Joaquim passasse a apostar mais do que no jogo. O lucro do negócio estava também no *show business*.

O trabalho para a contratação das verdadeiras estrelas internacionais exigia uma pesquisa árdua. Tanto o Atlântico como a Urca possuíam agentes com quem estavam acostumados a contratar seus shows, mas a equipe de cada cassino fazia um ostensivo monitoramento nos jornais argentinos, franceses e americanos para saber se alguém de renome estaria para passar no porto do Rio de Janeiro.

E se contratar era uma arte, divulgar também era.

ADA: UM *BREAK* PARA A PROPAGANDA

O *star system* adotado pelos cassinos na década de 1930 constitui a gênese do *show business* brasileiro. E o maior deles, o Cassino da Urca, ficou na memória de quem escutava rádio, lia jornal ou era fã de alguma estrela daquela época.

O jogo nunca foi e nunca pôde ser mote para chamar público aos templos de sorte ou azar, pois era considerado imoral estimular publicamente alguém a se dirigir a um cassino com o único intuito de apostar. Logo, as casas de jogo do Rio de Janeiro propagandeavam os shows das estrelas que iriam se apresentar em seus *grill-rooms* por meio de anúncios estratégicos.

Até o período da República Velha, os artistas brasileiros de rádio, teatro ou cinema, mesmo famosos, tinham uma situação financeira apertada em desproporção a seu reconhecimento. No governo Getúlio Vargas instituíram-se leis que profissionalizavam a radiodifusão, estimulavam a produção cinematográfica local e incentivavam os artistas nacionais. Os cassinos foram, ao lado do rádio, uma importante ferramenta para celebrar o talento *made in Brazil*, através da divulgação de peças publicitárias de destaque na mídia.

A propaganda das estrelas, dos shows, e da programação dos cassinos com suas temporadas, ao lado das de cinema, foi um instrumento de grande utilidade no *modus operandi* de grandes jornais, revistas e rádios. As celebridades brasileiras se estabeleceram como grandes expressões artísticas do país no cenário pré-Segunda Guerra Mundial, graças a seu cartaz diário nos meios de comunicação bancado pelas casas de jogo – que, de acordo com a lei, também deveria apresentar nomes nacionais.

A orquestra do Cotton Club ou a cantora Lucienne Boyer continuavam a fazer sucesso aqui, mas agora com uma competição nacional à altura. Como artistas fixos, começaram a botar pé nos palcos dos cassinos brasileiros nomes do gabarito de Grande Otelo e Carmen Miranda, que seria notada e exportada para a Broadway neste contexto.

Foi neste período que germinou a mídia publicitária no Brasil, quando o poder de fogo da mensagem começou a ser medido através de pesquisas quantitativas. Inicialmente eram os governos que tinham capital de sobra para investir nesta ferramenta. Fundada no final da década de 1930 por Joaquim Rolla, a ADA (Agência Difusora de Anúncios) foi a primeira agência de propaganda brasileira com esse poder. Criada com o intuito de produzir conteúdo publicitário exclusivo de suas próprias empresas de jogo e espetáculos, a ADA não media esforços para contratar os melhores profissionais do mercado. A agência era responsável por elaborar matérias e entregar pautas enxutas aos grandes jornais do Rio de Janeiro. Muitas vezes, poupavam serviço destes veículos, pois faziam entrevistas e matérias com estrelas internacionais e entregavam-nas traduzidas para que a imprensa pudesse utilizá-las como bem lhe conviesse. E quando eram publicadas, ficavam diagramadas nos jornais como se fossem reportagens, não sendo nem ao menos citadas como informe publicitário. Ou seja, apareciam como se fossem conteúdo produzido pelo próprio jornal, já que, naquele tempo, a maioria dos artigos não era assinada pelo redator do texto.

No Brasil da primeira metade do século XX, o rádio possuía um enorme poder de fogo que a televisão demorou a conquistar. A propaganda do cassino, o crescendo de vogais arrastado *A, E, I, O, Urca*, criado por César Ladeira,[20] era uma vinheta reprisada várias vezes ao dia, com destaque nos horários de almoço e jantar dos principais *broadcastings*. A casa foi patrocinadora exclusiva da Copa do Mundo de 1938, a primeira transmitida ao vivo no Brasil.

Joaquim confiou a direção da agência ao seu irmão Mário, seu braço direito. Com gosto e temperamento bem díspares do seu, o caçula Mário, apesar de nunca ter criado versos, era tachado por Joaquim de Poeta pelo fato de ser um literato. Mário foi responsável por trazer à ADA os maiores talentos da comunicação, como os jornalistas Celso Kelly, Franklin Martins e Guilherme Figueiredo, ou o artista plástico Santa Rosa. Formou assim uma equipe capaz de realizar toda a produção cultural do Cassino da Urca e dos cassinos que Rolla adquiriria num futuro próximo.

A LAPA NA URCA

Com a propaganda do jogo correndo à boca pequena, todos os frequentadores da Lapa ou eram ou queriam tornar-se *habitués* no badalado Cassino da Urca. Apesar da relativa distância, havia a opção de pegar o ônibus da Cinelândia até lá.

Uma das figuras mais famigeradas da Lapa, que também trafegava pela Urca, era o marginal João Francisco dos Santos, que alguns anos depois ficaria conhecido como Madame Satã. Pobre, negro e homossexual, Santos era deslumbrado com os shows que aconteciam no Cassino da Urca. Figura controversa e com um senso de justiça fora do padrão, não respeitava autoridades policiais. Capoeirista nato, certa vez foi barrado na porta do Cassino da Urca, e não deixou por isso mesmo. Travou uma luta homérica com os leões de chácara do local, que evitavam a presença de negros e malandros.[21]

Talvez o fascínio dos artistas, criaturas da noite e jovens que tinham o desejo de frequentar os salões da Urca garbosamente trajados estivesse ligado ao fato da intensa propaganda local. Pois, se tudo aparecia nos jornais diariamente, havia também uma grande quantidade de cartazes colados pela cidade. O Cassino da Urca chegou a tomar multa pelo excesso de propaganda colada pelos muros do Rio de Janeiro.

Mas havia também os artistas boêmios que visitavam o Cassino da Urca para jogar. Como numa oportunidade em que os compositores João de Barro, Lamartine Babo e Alberto Ribeiro passaram a noite apostando nas roletas do cassino de Rolla.[22]

O trio, depois de perder tudo que tinha no bolso, voltou de ônibus para o centro da cidade. O motorista teve que ceder o valor da passagem aos azarados da madrugada. Para mudar o clima financeiro, que estava péssimo, resolveram compor uma marchinha bem fanfarrona no banco de trás. Antes de chegar à estação Central do Brasil, até o motorista resolveu cantarolar com os autores a marchinha sem tristeza:[23]

> Nós somos as cantoras do rádio
> Levamos a vida a cantar
> De noite embalamos teu sono
> De manhã nós vamos te acordar
> (...)
> Canto pelos espaços afora
> Vou semeando cantigas
> Dando alegria a quem chora
>
> Canto pois sei
> Que a minha canção
> Faz estancar a tristeza que mora
> No teu coração

O QUE SE LEVA NA BARCA?

No florescer da cultura *café society* carioca, que gostava tanto de jazz quanto de Carmen Miranda, a briga pela audiência nos cassinos levou Rolla a amadurecer sua visão para administrar o jogo e o turismo. Como vimos, deixou de lado as conspirações políticas para tornar-se um astuto concorrente num negócio promissor. Aprendeu rápido que, se queria ganhar nome no mundo do *show business*, precisava variar suas estratégias de comunicação.

Mas claro que os políticos não saíam de seu círculo e, além de frequentarem os salões dos *grill-rooms* da cidade, agora também os utilizavam como base para socialização. Como na noite de Carnaval de 1936, quando Flores da Cunha, em vias de tornar-se governador do Rio Grande do Sul, fez um conchavo na mesa de Rolla. Outrora rompido com João Neves da Fontoura, abraçou seu ex-desafeto no Cassino da Urca, junto de Lindolfo Collor, gesto devidamente estampado na imprensa.[24]

Jornalistas de todo canto especializados em sociedade já conheciam o Cassino da Urca, ao menos de ouvir falar. A cronista social Anny veio de São Paulo para o Rio de Janeiro analisar a badalação e, durante um jantar na Urca,[25] chegou a se referir ao sistema mágico dos palcos, mas se incomodou com a variedade dos trajes dos frequentadores. Relevante notar quando citou algumas moças que "seriam respeitáveis se não estivessem vestidas e pintadas de mil cores", dançando "com insistência" na pista.

Numa dessas noites logo após a reinauguração do Cassino da Urca, Rolla notou que havia uma confusão numa mesa do *grill-room*, e aproximou-se. Era Bejo Vargas, incitando uma comitiva caudilha barulhenta além da conta a abordar um pequeno grupo com moças de família que não davam a mínima atenção aos gaúchos. Se fosse outro cliente qualquer, Bejo teria sido botado pra fora, mas por ser um figurão do governo e *habitué* da casa, melhor engolir aquele sapo, pois ele ainda poderia ajudar Joaquim em melindres burocráticos.

Sentado naquela mesa de balbúrdia, porém mais calado e pensativo, estava um conhecido de Rolla, Luiz Alves Castro. Além de ser mais velho e comedido, Joaquim sabia que o apelidado capitão Lulu fora dono do Cassino Clube dos Caçadores, onde a elite praticava o jogo na Porto Alegre dos anos 1920. Assim como os proprietários dos grandes *night clubs*, Lulu tinha ótimas relações com os poderosos. Entre as ilustres figuras que o rodeavam estavam Flores da Cunha e aquele com quem veio para o Rio em 1930, o futuro ditador Getúlio Vargas. Aí, à semelhança de Rolla, começou a frequentar o Jockey Club e as mesas da sorte na capital, onde se conheceram.

Desde 1932, Lulu gerenciava o negócio do jogo numa zona nobre de Niterói. Era o Cassino Icaraí, situado no bairro de mesmo nome, num belo e pequeno palacete construído em 1916 em estilo *art déco*, projeto do arquiteto Eugene Urban. Ocupava uma pequena área dentro de um vasto terreno, ao lado da praia. À semelhança da Urca, originalmente também fora utilizado como hotel balneário e, com a inauguração do Atlântico, as instalações para os hóspedes ficaram às moscas.

Lulu confidenciou a Rolla sobre sua difícil situação financeira em quitar a compra do prédio e do lote onde estava seu negócio. O grande problema era o hotel, que se tivesse o movimento de outrora, daria lucro suficiente para sair da dívida e ainda ampliar o negócio.

Joaquim escutou o amigo atentamente e mil ideias se formavam na sua cabeça. Por fim confessou a Lulu o que cogitava, pois levava o negócio do jogo e do espetáculo a sério: "Imagina um cliente atravessar a noite vendo shows e jogando em dois cassinos?"

Se a sorte não estivesse boa na Urca, era só ter uma barca esperando na praia pra levar o pessoal do outro lado. O sujeito pega um ar sob a linda vista e cai na elegante sala de jogos de Lulu. Seria mais um excelente atrativo para ambos, pois assim, o pessoal de Niterói também podia vir para o Rio. E se os hotéis da capital estivessem cheios, haveria uma estadia do lado oposto da praia.

Ninguém ainda havia pensado em ligar duas salas de jogo/casas de show por uma baía tão encantadora quanto a Guanabara. E obviamente, se os artistas cantavam na rádio de Chateaubriand durante o dia, poderiam fazer um show na Urca às onze e em Icaraí às duas da manhã. Agora, com Lulu na jogada, o contrato poderia ser triplo.

No final do ano, Rolla e o capitão fundaram a Companhia Fluminense de Diversões S.A.[26] E toda a conversa pensada sobre a mesa na Urca concretizou-se em poucos meses. Juntando forças, os dois agora tinham também mais capacidade de focar melhor, pois Icaraí e Urca ganharam terreno da concorrência. Isso porque começaram a investir capital e a aplicar as estratégias de publicidade da recém-fundada ADA. Para Lulu, logo de cara o negócio foi vantajoso, com os novos shows do Icaraí anunciados no palco da Urca e aumentando seu movimento rapidamente.

A partir de 1936, já atuavam no Icaraí as estrelas que se apresentavam na Urca. Niterói viu reproduzir-se aí o sucesso da Boite África, um show que reunia artistas nacionais, como Zezinho e seus excêntricos solos ou o Bando da Lua com suas canções alegres, e estrangeiros, como o sapateador Slim, a orquestra de Isidoro Benitez, ou os cômicos Late Brothers, vindos diretamente do Paradise Club, um *speakeasy* tão famoso quanto o Cotton Club de Nova York.

Uma produção de espetáculos com essa dimensão era também uma resposta ao Atlântico. A concorrência tinha em cartaz no mesmo período a famosa vedete de cinema mexicana Lupe Velez. A exploração de sua imagem pelo marketing hollywoodiano serviu de modelo à construção do estereótipo das divas latinas, e as atrizes oriundas do sul da fronteira eram frequentemente apresentadas como boas moças católicas, ainda que alegres, vestidas de mil cores e com apelidos fogosos como o que tornou Lupe famosa: *Mexican Spitfire*.

Joaquim bem tentou trazê-la para a Urca, mas em plena guerra de cassinos, o contrato da mexicana já havia sido fechado pelo seu agente com exclusividade para o Atlântico. Não passaria muito tempo para que aprendesse a fazer o mesmo, e quando contratou aquela que viria a ficar famosa em Hollywood como a *Brazilian Bombshell,* soube segurar Carmen Miranda para exuberantes números diários, tanto na Urca, quanto no Icaraí.

Com os negócios indo de vento em popa, Joaquim Rolla acordou animado com a ideia de ampliá-los investindo pesado em entretenimento. Enquanto tomava café com a esposa Zorayda, ela brincou dizendo que ele passou a noite falando em construir castelos. Ele não sabia se estava dormindo ou acordado, mas havia concluído que, assim como Icaraí, seu cassino agora teria que possuir um hotel. Como ocorria diariamente, recebeu da tia Filinha as notícias mais importantes dos principais vespertinos cariocas e preparou-se para sua labuta.

Enquanto organizava mentalmente suas ideias, o motorista Cupido o levava rumo ao escritório. As reuniões aconteciam no prédio do *grill-room* da Urca, numa pequena e discreta porta externa. O lado direito da construção recebia de forma reservada os acionistas, que eram o próprio corpo de trabalhadores da noite no cassino, além do seu mais novo sócio, o capitão Lulu. Durante a reunião, recebeu seu barbeiro, que vinha religiosamente toda sexta-feira, para a tarefa de deixar sua face lisa como sua cabeça calva.

Impecavelmente bem apresentado depois de barbeado, Joaquim continuou a reunião. Tinha uma nova ideia a apresentar e naturalmente já pensava nela aprovada, objetiva e simples. A intenção nem era deixar no chinelo o Copacabana e o Atlântico, mas sabia que, se desse sorte, como acontecia frequentemente em sua vida, poderia suplantá-los facilmente. Queria, portanto, direcionar o capital para construir um hotel sobre a área do *grill-room* da Urca.

O capitão Lulu havia trazido para a reunião, a pedido de Joaquim, o arquiteto italiano Luiz Fossati, que conhecera em Icaraí, onde ele projetava um trampolim diante da praia do hotel balneário. A obra estaria completa um ano depois e era um projeto ousado, pois o trampolim de três pavimentos e cerca de vinte metros de altura ficava em alto-mar.

O intuito de trazer Fossati a esta reunião era que ele fizesse um arrojado projeto de ampliação do Cassino da Urca. Rolla tinha capacidade para fazer uso político de suas fortes relações com o governo para agilizar a concretização deste plano. Porém, antes disto, foi alertado pelos outros sócios que a condição do solo da Urca era demasiadamente arenosa e suas ambições para expandir o setor hoteleiro ali não alcançariam mais do que alguns poucos andares. Rolla ainda possuía diversos lotes no bairro da Urca, e considerava a pequena região peninsular aterrada seu domínio. Mário Rolla e os outros sócios lembraram que o prédio havia acabado de sofrer uma pequena ampliação, que mal tinha sofrido um acabamento de luxo à altura, e a ideia foi descartada com velocidade relâmpago.

O capitão então deu a ideia de utilizar seu grande lote atrás de seu pequeno palacete em Icaraí. Lá havia espaço suficiente para construir um prédio de quantos andares quisessem para complementar o jogo com a atividade hoteleira. Os olhos de Joaquim brilharam e ficou decidido que iriam estudar esta possibilidade.

Presença constante nos palcos dos cassinos de Rolla, Carmen Miranda foi a maior estrela brasileira de seu tempo.

Na mesma semana, foi levantada a capacidade geológica do terreno e, como o parecer foi favorável, em pouco tempo a planta do projeto, feita por Luiz Fossati, já estava pronta. Através dos contatos no governo, Joaquim logo tinha à mão todas as autorizações necessárias para fazer o novo e grande hotel Balneário Cassino Icaraí, que seria bem mais do que isto, pois contaria com teatro, cinema, salão de baile e uma estrutura de serviços digna dos maiores hotéis em atividade no mundo.

Nesta época, hotéis oferecendo esta larga variedade de serviços eram sinônimos de Eugene Eppley.[27] No Brasil, era uma forma inédita de explorar o turismo. Assim, atualizava-se o negócio hoteleiro no país, trazendo uma modernidade glamorosa que em menos de dez anos seria transportada de Icaraí para Petrópolis e Araxá.

Enquanto se erguia o novo hotel Balneário Cassino Icaraí, atrás do velho palacete *art déco* ainda em funcionamento, o negócio do jogo foi tomando corpo. Entre 1937 e 1938, o capitão Lulu pôde abrir outro cassino, o Tênis Clube de Petrópolis, também em sociedade com Rolla.

E se contratar grandes estrelas era a tônica para atrair público, Rolla logo contratou a maior. Sob o conselho do cineasta Luiz de Barros, fechou para ter exclusividade com Carmen Miranda na Baía de Guanabara, pagando-lhe um valor de 30 contos mensais, teto nunca imaginado a um artista nacional. Inicialmente foi relutante, mas numa conversa com a própria, convenceu-se do intento, quando a Pequena Notável, atrevida, lhe provocou: "Dinheiro de jogo é achado na rua. Eu vou cantar aqui duas vezes por noite e não vou repetir nem um vestido durante um mês. As mulheres virão me ver, por causa dos vestidos, e trarão os homens, que virão jogar."[28]

Com o negócio alavancado incitando ainda mais a concorrência, Rolla agora podia mandar contratar estrelas de Hollywood para tocar no Cassino da Urca, mesmo que não estivessem necessariamente indo para Buenos Aires. Como aconteceu para o Carnaval de 1938, com o trio de sapateado Tip, Tap & Toe. Antes de serem anunciados na imprensa, a ADA fez uma estratégia nos jornais para criar um frisson. Primeiro infiltraram a notícia de que o imperador da Etiópia, Hailé Selassié, foi visto em Nova York, embarcando no transatlântico Southern Cross, com destino ao Rio de Janeiro. E no dia seguinte, a notícia era desmentida, pois a pessoa que mandara o telegrama (identificada como S. X. W.), o confundiu com o bailarino Tap, do trio Tip, Tap & Toe.[29]

O Carnaval de 1938 foi memorável até mesmo para os turistas internacionais que vieram passar os dias de folia na cidade a bordo do maior transatlântico em atividade no mundo, o Normandie, que no ano seguinte iria retornar na mesma temporada. No palco da Urca, além de Carmen Miranda, que fechava a noite, e o trio de sapateado americano, havia um leque nacional estrelado. Eram eles, a dupla sertaneja cômica Alvarenga e Ranchinho, os cantores Lurdinha Bittencourt, Dircinha Batista e Francisco Alves. Outro grande destaque foi a estreia de Grande Otelo na Urca, fazendo escada para a cantora e atriz de teatro de revistas Déo Maia. No final do ano anterior, Joaquim Rolla assistira a um show da dupla numa noite em que fora ao Cassino Atlântico, e dera um jeito de arrebatá-la da concorrência.

O Cassino da Urca atingira o seu auge e Joaquim Rolla conseguira a concretização de um sonho que o acompanhara desde que viera para o Rio de Janeiro. Havia transformado seu estabelecimento numa casa de luxo, embrião do espetáculo nacional e mundialmente conhecida. O Carnaval de 1938 fechou com chave de ouro outra época na vida do cassino. Dentro de poucos mes es Rolla presentearia o público da Urca com mais uma grandiosa reinauguração. Só não contava que ainda naquele ano, iria ser preso por estar teoricamente envolvido numa conspiração política da qual ele mesmo nada sabia.

Foram quatro noites no xadrez até que Joaquim provasse não ter nada a ver com o integralismo ou com os integralistas. Sentado na cela da casa de detenção, Joaquim Rolla concluiu para Filinto Müller a sua história desde que chegou ao Rio. Satisfeito por escutar uma história de luta e criatividade, o chefe de Polícia do Distrito Federal, a partir dali, passou a gostar de Joaquim e a admirá-lo.

De alguma forma, Rolla sabia ter terminado, naquele momento, um ciclo da sua vida e, ao abandonar a prisão, sentiu-se fortalecido para querer ir mais longe nos negócios. O mundo encontrava-se à beira de uma grande guerra, mas para ele a luta era outra.

A grandiosa decoração do Cassino da Urca, elaborada pelo seu diretor musical Luiz Peixoto, era ainda mais enriquecida com painéis e pinturas de grandes artistas – como nesta imagem, criação do colunista social e pintor Gilberto Trompowsky.

{ 1938-1940 } Capítulo 5

LIVRE PARA ESCOLHER

Todo o mal-entendido se resolveu, e Rolla pôde voltar à sua bela casa assobradada à rua Otto Simon. Ficava num ponto nobre, mas que ainda possuía nacos do areal existente ali até vinte anos atrás. O bairro de Copacabana florescia lentamente ao redor de seu hotel e cassino homônimo. O quarteirão onde Joaquim morava, ali bem perto, contava até com os serviços de um vigia noturno, por ainda estar muito isolado.

Cupido e Mário trouxeram-no de volta ao lar. Zorayda aguardava ansiosa sua chegada, e tinha justificado ao filho Howell, então com 5 anos, que o pai havia viajado a outro país. A vida familiar de Joaquim fluía harmonicamente, mesmo chegando em casa todos os dias pela madrugada. Dormia pouquíssimo, mas sonhava acordado, fazendo "pranos" para o futuro.

No dia seguinte à sua libertação, Joaquim providenciou o prolongamento da temporada da estrela francesa Lucienne Boyer, que atuava na Urca desde julho. Rapidamente, os jornais anunciaram a *rentrée* da cantora de músicas melosas, alçada ao sucesso internacional desde que fizera uma turnê americana na Broadway a convite de Lee Shubert.

Voltando à rotina do cassino, quem se sentou à mesa de Joaquim Rolla foi seu amigo Roberto Marinho. Ele herdara do pai, os jornais

A Noite e *O Globo*, e estava recém-instalado em sua confortável casa na Urca. Apreciava o movimento festivo que o cassino trazia ao bairro e era um galante admirador das vedetes e bailarinas que trabalhavam por lá. Soubera da prisão arbitrária de Joaquim e foi se informar dos detalhes. Desabafando, Joaquim contou a Marinho que fora envolvido numa conspiração entre os integralistas só por frequentar a casa de Lia Torá.

E quanto aos fatos mal explicados em tempo de ditadura, se ele escapou ileso, melhor seria não questionar demais. Como um homem de negócios do porte dele, pensava mesmo era no momento de competição entre as casas de jogo, que dera vida a seu cassino. Tinha que dar um jeito de se expandir no Rio de Janeiro. Ao que Marinho respondeu: "Se está difícil construir, porque não compra pronto?"

A solução, tão simples e óbvia, já havia passado pela sua mente. O único hotel pronto que lhe interessava no Rio de Janeiro era o Copacabana Palace, mas achava complicado os Guinle fazerem negócio, o hotel era o cartão-postal da família. Então, pensou em variar os investimentos e aproveitou a presença de Marinho para lhe propor uma sociedade nas suas instalações jornalísticas em Belo Horizonte. Depois que o jornal *O Debate* fechou, Rolla dera um tiro no pé, arrendando suas oficinas na capital mineira para a Igreja Católica imprimir o jornal *O Diário*. Seus imóveis e instalações gráficas estavam alugados para a Igreja a preço de banana, para ajudar um parente ligado ao meio eclesiástico. Porém, por meio de seu irmão Mário, soube da linha editorial de *O Diário*, que publicava artigos e reportagens em choque com a tavolagem. Ou seja, se tornou patrocinador de uma campanha contra seu próprio ganha-pão. Para interromper o bombardeamento dos cassinos, ofereceu a Marinho uma estrutura em Belo Horizonte. Assim, em poucas semanas, os jornais *A Noite* e *O Globo* ganharam uma sucursal na capital mineira.

Lembrando-se da dica do novo sócio sobre a compra do Copacabana, Rolla pediu ao capitão Lulu para que o acompanhasse numa reunião, na qual pretendia oferecer uma proposta a Octávio Guinle. Foi uma reunião fria, e, apesar de ter sido muito bem tratado, Rolla notou que Guinle não estava muito disposto à conversa, parecendo que já imaginava o que ia escutar. Mesmo assim, Joaquim disse com todas as palavras que estava ali para arrematar o hotel Copacabana Palace e, se antes a sua proposta já representava uma ameaça, a forma direta como explanou o negócio enfureceu o proprietário da concorrência, que ficou de cara amarrada. Obviamente, o dono do Cassino da Urca não conseguiu concretizar a compra do imóvel, mas como sempre, em pouco tempo plantou uma nova ideia na cabeça.

Apesar da sofisticação crescente dos seus cassinos, o Rio de Janeiro, considerado um dos lugares mais bonitos do mundo, possuía uma estrutura hoteleira tímida em 1939. Sua vontade agora era construir o maior e mais chique hotel da cidade. Soube de um grande lote à venda na praia Vermelha, numa área com quase o dobro do Copacabana Palace. A construção do hotel Cassino Balneário Icaraí, já em vias de finalização, empolgara-o deveras e já fazia a sua lancha Cynea levar gente e artistas num passeio entre as suas salas de jogo espalhadas ao redor da Baía de Guanabara.

A compra do vasto terreno na praia Vermelha, que seria pago à vista, estava para se concretizar quando Rolla recebeu uma visita de Filinto Müller no seu escritório durante o dia. Queria um momento para falar reservadamente com ele. Depois de despachar seu trabalho com a secretária, Joaquim convidou Filinto a entrar na sala. O chefe de Polícia do Distrito Federal vinha lhe contar sobre um plano sorrateiro que estava se desenrolando contra o negócio da praia Vermelha. Ficara sabendo, por fontes poderosas, de um lobby armado pela família Guinle e militares de alta patente contra o projeto de construção do maior hotel na cidade, que seria na praia Vermelha. Pois caso o propósito de Rolla vingasse, os Guinle perderiam o posto como soberanos do turismo carioca e os militares ficariam órfãos de sua praia privativa. No fim das contas, Joaquim não chegou nem mesmo a comprar a área para construir o seu colosso e, depois deste fato, ele e Filinto passaram a ter uma relação mais cordial.

Joaquim resolveu então virar as suas atenções para seu negócio. Com uma competição sadia entrando na praça, o empresário intensificou os contratos artísticos que animavam a sua casa de jogo, dando início a uma campanha de divulgação sem precedentes, profissionalizada por meio da ADA.

Alberto Bianchi deu um grande impulso à trajetória do Cassino Atlântico.

O DUELO: DO RIO À BROADWAY, DE PARIS À GUANABARA

No final de 1938, quem assumia a direção do Cassino Atlântico era Alberto Quatrini Bianchi, o empresário ítalo-paulista que vinha aumentando sua rede com diversas casas de jogo pelo país. Agora tinha a autonomia no grupo acionário anteriormente ocupado por Octávio de Almeida Gama e, logo que tomou o controle da casa, mandou estampar no jornal uma notícia com sua foto para anunciar a banca na cidade.[1]

E a primeira promoção pensada por Bianchi para divulgar sua casa de jogos foi um concurso de cartazes para o Carnaval, em parceria com o jornal *A Noite*. Durante um jantar de gala para os jornalistas, com show de Dircinha Batista sob a regência do maestro Benedito Lacerda, foi anunciado o grande vencedor do concurso, o modernista Ary Fagundes, que se tornaria referência das artes gráficas nacionais ao longo dos anos. O segundo lugar foi para o futuro arquiteto e grande nome da decoração, Júlio Senna. E o terceiro para um jovem e potencial nome das artes plásticas e publicidade, Orlando Matos. Assim, Bianchi encarou de frente a concorrência, levando a sério uma megacampanha de divulgação que pretendia levantar bem alto o nome do Cassino Atlântico.

Nesses mesmos dias de sangue novo na concorrência, durante o Carnaval, Joaquim teve uma surpresa que representaria uma enorme perda, mas ao mesmo tempo uma grande conquista. Com o regresso do Normandie ao Rio de Janeiro, a Urca recebeu os passageiros do transatlântico para um jantar de gala. Os shows naquela noite seriam das Irmãs Pagãs, do Bando da Lua e da grande atração da casa, Carmen Miranda. No encerramento do show, ao cantar "Na baixa do sapateiro", de Ary Barroso, Carmen foi aplaudidíssima pela plateia, que a adorava. Entre a audiência internacional, deslumbrados, estavam o grande empresário do teatro na Broadway, Lee Shubert, acompanhado da campeã olímpica e atriz de Hollywood Sonja Henie. A dupla vinha recomendada pelo ator norte-americano Tyrone Power, que três meses antes assistira a um espetáculo de Carmen na Urca.

Quem mais se empolgou com o show foi a patinadora Henie, que, no meio de um número, afirmava a Shubert que se ele não contratasse Carmen, quem assinaria o passaporte da brasileira seria ela mesma. Ao final do show, Shubert também se empolgou com a Pequena Notável e pediu que a chamassem à sua mesa para se conhecerem. Em poucos minutos de conversa, propôs a Carmen brilhar em seus palcos na Broadway. Juntamente com seu irmão, Lee Shubert possuía a maior rede de teatros suntuosos dos Estados Unidos. Carmen já sabia disto, mas explicou a Shubert que estava muito feliz ali, trabalhando e morando perto de sua família. Ganhava o maior salário de uma cantora brasileira naquele momento e tinha um contrato de exclusividade com Rolla por mais um ano. Shubert insistiu e pediu a ela que fosse jantar no Normandie para que pudessem conversar melhor.

Carmen e Rolla tinham uma excelente relação de amizade e até jogavam peteca juntos. Como eram confidentes sobre suas intimidades, Carmen foi conversar com Joaquim sobre sua delicada situação. O salário que ela iria ter nos teatros de Shubert nem era maior do que seus vencimentos no Cassino da Urca e rádio Tupi somados. Mas lá, ela estaria a um passo de Hollywood, e como confiava em seu talento, aquela oportunidade lhe despertara um desejo de mais sucesso, que lhe dava certo frio na barriga. Não falava inglês, e sabia que não seria fácil ficar longe de casa e do afeto da família e de amigos, como Rolla.

O dono do Cassino da Urca tinha o maior apreço por Carmen, e, apesar de saber que perderia sua grande atração, sentiu um enorme orgulho por sua simpática e sorridente amiga. Desejando-lhe muitas felicidades, comunicou-lhe de imediato que a liberava do contrato com a Urca, para que pudesse partir em busca de seu sonho.

Apesar dos demorados trâmites legais para o contrato no hemisfério norte, no dia 4 de maio Carmen Miranda partiria rumo a Nova York e ao estrelato mundial. Seu último show no Brasil foi na véspera, no palco do Cassino da Urca. Uma noite comovente de despedida aos seus chorosos e numerosos fãs, que parou até mesmo as roletas na hora do show. Até Joaquim Rolla subiu ao palco pela primeira vez na vida, para prestar homenagem e desejar felicidades a sua estrela e comitiva:

"Carmen e o Bando da Lua estão partindo para a Broadway, direto do Cassino da Urca!"

Enquanto a maior estrela brasileira fazia contatos para esticar suas pernas para a Broadway e se aventurar por Hollywood para também vender seus tamancos e balangandãs na terra do Tio Sam, Joaquim Rolla mandou contratar a Vênus de Ébano, Josephine Baker. Nascida nos Estados Unidos e de etnia indígena e africana, Baker vinha de uma família de artistas boêmios. Ficou famosa quando foi substituir outra dançarina numa peça chamada *Revue Negre*, no ano de 1925, em Paris, onde passou a ser considerada uma diva, e por lá se estabeleceu. Rapidamente virou atriz, cantora e diversos produtos de luxo passaram a ser comercializados com seu *trademark*.

Antes mesmo de Carmen Miranda partir rumo a Nova York numa tumultuada despedida, cartazes espalhados pelos muros da cidade e os jornais cariocas já anunciavam a chegada de Josephine Baker. Vinda direto de Montevidéu, Baker aportou no Rio de Janeiro a bordo do Alsina no dia 6 de maio de 1939, para a temporada de um mês no Cassino de Rolla. A Vênus de Ébano estreou na Urca em plena terça-feira, num jantar beneficente, organizado pela primeira-dama Darcy Vargas em auxílio à Sociedade Pestalozzi de Belo Horizonte em Minas Gerais, capitaneado pela educadora Helena Antipoff.[2]

Em seu espetáculo da primeira noite, Baker, a pedido de Rolla, não apresentou números mais sensuais para não chocar a poderosa plateia. Porém, no resto de sua temporada na Urca, quase todas as noites ela vestia sua saia de bananas com seus peitos despidos, o que fazia um público ainda maior afluir ao Cassino da Urca.

Quando a temporada da dançarina-cantora foi estendida, teve tempo de aprender com Elisa Coelho a letra de "O que é que a baiana tem?" E Grande Otelo, que já tinha servido como ótimo par para uma dançarina-cantora no ano anterior, foi chamado para trabalhar com Baker. A estrela teve tempo de incluir mais brasilidade no seu repertório, apresentando hits recentes como "O batuque da senzala", "Boneca de piche" e "Bruxinha de pano". As músicas faziam parte de um número chamado *Casamento de preto*, criado pelo homem de teatro e compositor Luiz Peixoto, que nessa altura já se tornara diretor musical do cassino de Rolla, e insistiu pela vinda definitiva de Otelo para a Urca.

Inicialmente, Josephine Baker veio para o Brasil para se apresentar no Cassino da Urca durante três semanas. Acabou ficando alguns meses.

Diversos artistas dividiram o palco com Baker nos meses que ela fechava as noites no palco do *grill-room*. Um exemplo de destaque: a orquestra de Francisco Canaro, uma banda de tango argentina que já havia se apresentado por todo o mundo. Como estava em voga um intenso interesse do público pela dança, vieram na mesma temporada de Josephine para abrirem o show dela, as chinesas Lay Founs, as americanas The Three Biltmorettes, oriundas das Ziegfeld Follies,[3] e os Wiere Brothers, sapateadores do *vaudeville*.

Após o trabalho, os artistas costumavam esticar suas noites em festas que ocorriam nos apartamentos vizinhos, como certa vez em que Baker terminou acompanhando Oswald de Andrade até o apartamento de Jorge Amado, bem ao lado do cassino. Na obra do escritor baiano *Dona Flor e seus dois maridos*, um dos personagens principais fora funcionário do Cassino da Urca.

Ainda nestes dias, sobre a fachada do Cassino da Urca virada para a praia, foi inaugurado um dos maiores anúncios iluminados do mundo à época, propagandeando com letras garrafais a marca de vinhos gaúchos UNICO. Rolla embolsou 600 contos de réis neste contrato de publicidade, quando deu exclusividade de um ano à vinícola.

Durante os dias de sua temporada no agora reluzente cassino, a diva Baker quis conhecer um culto religioso afro-brasileiro. E como seus intérpretes e cicerones eram os próprios jornalistas da ADA, estes não deixaram o evento passar batido, pois fizeram uma matéria com o espalhafatoso título de "Josephine Baker Dansou na Macumba!", estampado na capa de um grande jornal.[4] Mesmo com os santos não baixando durante a cerimônia, provavelmente devido ao tumulto causado pela presença da estrela, o fato foi motivo para divulgar o Cassino da Urca, ainda que subliminarmente.

Na semana seguinte, ocorreu a inauguração do novo hotel Balneário Cassino Icaraí, que estreou com um show de Baker num jantar de gala, também organizado por Darcy Vargas, para patrocinar a construção de um hospital de oncologia. O novo hotel cassino de Rolla e Lulu era um prédio imponente para se ver desde longe, e o antigo predinho *art déco* do início do século fora finalmente demolido. No topo de uma pequena torre no novo edifício agora com sete andares, havia um relógio. O jogo funcionava num outro prédio pequeno, fronteiriço, de apenas dois pisos, onde era também o *grill* do cassino, com detalhes em *art déco*. A sala de jogos situada nesta pequena construção, avançada ao prédio do hotel, era coroada por uma torre falsa, de utilidade simplesmente decorativa. Ladeado por um jardim à semelhança de uma praça, o novo Icaraí, com seus apartamentos amplos, tinha em seus primeiros pisos teatro, cinema e pista de dança. Abria às três da tarde, oferecendo aos *habitués* que gastassem ao menos uma ficha para apostar o usufruto quase gratuito da infraestrutura, podendo assistir a filmes, admirar os números dos shows e frequentar a pista de dança.

No mês anterior, Darcy Vargas havia feito uma grande reunião no Palácio da Guanabara com a nata da sociedade carioca para ampliar seu projeto beneficente. Estavam presentes, por exemplo, o ministro da propaganda Lourival Fontes, o embaixador norte-americano Jefferson Caffery, e as esposas de Eurico Gaspar Dutra, Carlos Guinle, Gustavo Capanema e Herbert Moses. Como os cassinos estavam dando uma renda cada vez maior à caridade, o plano era aumentar ainda mais a pompa e gala nestes shows para concretizar o sonho da primeira-dama de fundar a Casa das Meninas nos arredores da Baixada Fluminense.

Logo depois que o Icaraí abriu, o capitão Lulu hospedou por lá seu amigo e conterrâneo Carlos Machado, que se convalescia de um grave estado de saúde. De origem aristocrata, o aventureiro gaúcho tinha rodado muito chão na vida, e chegou a exercer diversas profissões: de coronel a gigolô, de jornalista a revolucionário. Foi para o hemisfério norte, onde se tornou bailarino e ficou conhecido em Paris, ali se estabelecendo para fazer par com a estrela Mistinguett, tanto nos palcos quanto na vida real. Nascida Jeanne Bourgeois, a diva era famosa desde o início do século, e ficou célebre pelo seu belo par de pernas. Veio pela primeira vez na inauguração do Copacabana Palace, em 1923, quando foi proibida de exibir sua parte do corpo mais conhecida.

Carlos Machado havia descido à América do Sul em abril de 1939 para acompanhar Mistinguett em sua turnê pelos trópicos, mas uma forte infecção pulmonar o atingira quando estavam em Buenos Aires. Rompeu o contrato com ela e foi fazer um tratamento no Rio de Janeiro. Uma semana depois de aportar na cidade, Machado assustou-se com a notícia de que no dia 11 de julho, Mistinguett atuaria no Cassino da Urca. Mais uma vez, Rolla e sua equipe estavam atentos às estrelas internacionais passando pela Baía de Guanabara, de regresso à Europa e Estados Unidos. Agora em 1939, o pudor dos tempos de

República Velha já tinha dado lugar a costumes mais libertários, apesar do regime ditatorial do Estado Novo, e os brasileiros finalmente puderam ver as ainda belas pernas da vedete francesa nas propagandas e no palco da Urca.

Quando Mistinguett chegou ao Rio, procurou Machado para saber de sua saúde. Insistiu para que ele apresentasse um número no show dela no cassino. Liberado pelo médico, ainda que moderadamente, Machado aceitou. Foi um sucesso a apresentação do número *Cherchez la femme* com o entrosamento da dupla. A estrela francesa, além de se apresentar, se deliciava com a noite carioca, ao frequentar as mesas das mais representativas figuras da sociedade carioca.

Na temporada de um mês que Mistinguett passou no Cassino da Urca, nunca chegou a dividir o palco com sua rival Josephine Baker. As duas revezavam suas noites, em que fechavam o show, evitando maiores conflitos. Com a partida de Mistinguett em meados de agosto, Machado, ainda se recuperando, não pôde voltar para a França. Josephine Baker acabou estendendo-se no Rio de Janeiro por mais quatro meses e voltou para Paris depois de começada a Segunda Guerra Mundial, quando a Alemanha invadiu a Polônia.

Em seu diário, Mário Rolla explicita a situação internacional, já prevendo que esta guerra seria mais terrível que a de 1914. O Poeta gastava páginas discorrendo sobre a situação política, que o preocupava. Tinha engatado um namoro no final do ano anterior com uma intelectual chamada Yolanda, que agora estava grávida daquele que seria seu único filho, Mário Gustavo Rolla.

Mas a guerra, a esta altura, ainda não tivera o impacto negativo no Brasil que marcaria os anos seguintes, quando os Estados Unidos se juntariam aos Aliados. No início, o conflito estava contido nas fronteiras europeias e no oceano Pacífico, logo, o Atlântico ainda permanecia relativamente seguro para os cruzeiros que seguiam a rota costeira do continente americano. Assim, foi possível aos fabulosos sapateadores Nicholas Brothers serem os primeiros a aportar no Rio de Janeiro neste novo cenário político, para se apresentarem em grande estilo no dia 8 de setembro no Cassino da Urca.

Os jovens irmãos Fayard e Harold Nicholas eram uma das mais famosas duplas de sapateadores de Hollywood e dos luxuosos *night clubs* de Nova York. O impressionante número que fariam no filme

OTEL CASINO ICARAÍ
NITERÓI · RIO DE JANEIRO - BRASIL

A fantástica infraestrutura da Cassino Balneário Icaraí acabou levando um grande número de cariocas a atravessarem a baía para se divertir.

Tempestade de ritmos quatro anos depois foi considerado por Fred Astaire a melhor atuação de sapateado já filmada. A vinda deles ao Brasil deu-se quando estavam no auge, e o evento foi amplamente publicado nos jornais, obtendo um enorme sucesso de público.

Os Nicholas Brothers foram o cachê mais alto pago até então e deixaram o Cassino da Urca... lisos! Pois se os artistas fossem ávidos jogadores, que mal havia em tentarem sua sorte onde todos os outros clientes arriscavam?

Segundo Beatriz Costa, atriz portuguesa que trabalhou na Urca por dois anos, os cassinos encorajavam os artistas a participar da jogatina, e muitos estouravam o último tostão na mesma noite em que recebiam o pagamento. Mas não parece que esse incentivo partisse do próprio diretor, pois, de acordo com Herivelto Martins, que trabalhou com ele logo depois, o empresário não aprovava que as estrelas mais cintilantes de seus palcos frequentassem a mesa de jogo. Mas talvez essa fosse apenas a sua postura relativa aos artistas com quem partilhava uma amizade pessoal, como foi o caso de Herivelto.

As celebridades latino-americanas também tinham um grande destaque no rádio brasileiro nesta época, e um dos grandes nomes mexicanos, o cantor Pedro Vargas, que já tinha se apresentado no cassino de Rolla em 1938, veio logo após os americanos para uma temporada de quatro meses. O baixote tenor mexicano ancorou seu iate Reggwell direto na enseada da Urca para dar uma coletiva à imprensa dentro do cassino. Versátil intérprete, Vargas fazia enorme sucesso entre o público romântico interpretando boleros, canções rancheiras e temas líricos.

Quem foi assistir ao show de Pedro Vargas na Urca, levado por Nássara, foi Francisco Alves. Obviamente, passaram pela mesa de Rolla para os cumprimentos. O dono do cassino abordou o cantor para fazer parte do grande time de artistas que cantaria para a *Folia de 1940*, e Chico Alves quis saber dele quanto havia pagado a Pedro Vargas. Sem titubear, Rolla, para ter entre suas estrelas a grande figura do rádio no Brasil, ofereceu o mesmo cachê ao *Cantor das Multidões* e fecharam o contrato ali mesmo.

Logo depois do Réveillon, o Cassino da Urca anunciava os números carnavalescos para a *Folia de 1940*, um grito de Carnaval. E dá-lhe Aurora Miranda, Grande Otelo e a dupla Jararaca e Ratinho,

217

Esquentando a temporada de fim de ano na Urca, os "Irmãos Brothers" – como Joaquim os chamava – dançavam e gostavam de jogar.

que anteriormente haviam se separado e fizeram seu show de reunião em 12 de janeiro, na Urca.

Pedro Vargas, que até então cantava estritamente em espanhol, ensaiou algumas músicas brasileiras para incrementar seu repertório. Para o show estrelado, a ADA criou até burburinho na disputa do público pelos astros. Em entrevista ao jornal *A Noite*, Vargas justificou que iria cantar em português porque a parada iria ser dura, e o próprio repórter da ADA, entendendo o que ele queria dizer, perguntou: "Francisco Alves, não é?"[5]

Em tempos de Guerra Mundial, os Cassinos de Copacabana e Atlântico pareciam estar perdendo a sua batalha para a concorrência. Mas não. Ao menos o proprietário do Atlântico, Alberto Bianchi não se deu por vencido e injetou novo pique a sua casa de jogos quando tratou de mexer seus pauzinhos. Mesmo contratando estritamente artistas internacionais de segundo escalão, Bianchi conseguiu um contato com Darcy Vargas para que ela fizesse uma festa em benefício da Casa do Pequeno Jornaleiro nas suas dependências.

O dono do Atlântico entendeu como o cassino de Rolla tinha crescido vertiginosamente naquele ano de 1939. Mesmo que o lucro de uma noite beneficente no Cassino da Urca fosse totalmente cedido às instituições controladas pela primeira-dama, o negócio era, como se diz hoje, uma jogada de marketing. Isto porque a Urca recebia em suas instalações as mais altas patentes da política nacional como, por exemplo, o presidente, embaixadores, ministros e senadores, para a estreia de uma temporada. As datas subsequentes ficavam, assim, entupidas de gente que queria frequentar os mesmos espetáculos aos quais a nata assistira em primeira mão.

Bianchi tinha um serviço de primeira em seu hotel cassino. O Atlântico, com suas luxuosas instalações e seu pé direito altíssimo, dava uma sensação de pequenez ao mais alto jogador de basquete. Na cozinha, Bianchi renovou o cardápio com culinária francesa e contratou garçons que falavam mais de um idioma para atender à demanda de turistas estrangeiros. E se o único problema para atrair público era que o Atlântico não havia conseguido trazer grandes estrelas, Bianchi logo armou uma estratégia para experimentar novas audiências.

O SAMBA NA ORQUESTRA E JAZZ NO TAMBORIM

As casas de jogo possuíam em seus espetáculos as maiores estrelas e seus shows estavam de acordo com a moda internacional. E agora, com os mares, céus e terras distantes bombardeados pelo tremor do grande conflito, a estratégia seria ousar investir em programas autenticamente brasileiros nos palcos.

Para o Réveillon de 1939, foi anunciado um grande show no cassino de Bianchi. Por meio do boca a boca e das propagandas no rádio, no Rio de Janeiro, todos sabiam que os grandes nomes da música nacional, Silvio Caldas e as Irmãs Pagãs, estavam fazendo temporada no Atlântico. Porém, para este mesmo Réveillon, Bianchi, mesmo sem uma empresa de publicidade, criou ele próprio um diferencial, anunciando na imprensa desconhecidos artistas nacionais. Mas como colocar gente da qual nunca se ouviu falar para chamar público? Através de uma bela montagem na qual o Cassino Atlântico recebia os sambistas da favela.

O cantor Silvio Caldas convidou a Escola de Samba da Mangueira para participar do espetáculo, já prevendo a folia do ano vindouro. O sambista Cartola, representante-mor da Mangueira naquela noite, ainda demoraria algumas décadas para tornar-se nacionalmente célebre. Mas ali já brilhava no palco do Cassino Atlântico. Num exuberante cenário centrado por um enorme relógio de papel, Cartola surgia subitamente rompendo o mostrador e pulando no palco perante estrondosos aplausos, ao mesmo tempo que cantava:[6]

Eu não sei o que fiz
Eu não sei
Por você serei bem capaz
De fazer o que ninguém fez

Depois de Carmen Miranda, a música cadenciada do samba, ritmo periférico, chegara definitivamente aos bairros da elite através de

220

Cartaz publicado no *A Noite*, em 24/12/39. O Réveillon de 1939/40 no Cassino Atlântico inovou levando uma escola de samba para se apresentar na Zona Sul do Rio de Janeiro.

diversos artistas, animando as noites cariocas com um estilo de música autenticamente nacional.

Assim, ainda antes da primeira proibição do jogo, o Cassino Copacabana possuía sua própria orchestra jazz-band pan-americana, que tinha entre seus membros brasileiros e estrangeiros, os russos Simon Bountman e Isaac Kolman. Fugidos da miséria que assolou a Europa após a Primeira Guerra Mundial, chegaram a ser maestros daquela jazz-band e, mais tarde, também da orquestra do Cassino da Urca. Apesar de estrangeiros e sem qualquer ligação com os ritmos africanos, tanto Bountman quanto Kolman contribuíram enormemente para a sonoridade orquestral do samba. O primeiro chegara ao Rio de Janeiro logo em 1923, via Espanha, com a orquestra da companhia de revistas espanhola Velasco, e a ele é atribuído o lançamento do cantor Francisco Alves, que começou no Copacabana como *crooner*. O segundo era saxofonista e compositor, e gravou vários discos nas gravadoras Odeon e Columbia, tendo também atuado no Cassino da Urca a partir de 1937, e depois em outros cassinos de Rolla. Amigo de Lamartine Babo, participou de gravações da marcha "Joujoux e Balangandans" e compôs diversos sambas para a orquestra da Boite Lido.

Entre os norte-americanos que vieram para o Brasil na época estava o cantor Louis Cole, um dos primeiros músicos de jazz a se radicar aqui, e que veio para dirigir a orquestra do Cassino Atlântico. Havia também Big Boy, ou Frankie Goodie, um excelente sax tenor que tocou no Cassino Copacabana durante algum tempo.

No Cassino da Urca havia músicos que são destaque na história do jazz tupiniquim, respectivamente o sax tenor Walter, na orquestra de Gaó, e o guitarrista Laurindo de Almeida, que depois da guerra partiria para os Estados Unidos.

Assim, assistiu-se no país a uma proliferação gradual de músicos brasileiros oriundos de orquestras originalmente eruditas, que a partir dos cassinos cariocas, paulistas e gaúchos, adquiriram uma formação musical mais abrangente, absorvendo estilos modernos diversos vindos tanto do estrangeiro, quanto dos nacionais. O Cassino Antarctica, em São Paulo, tinha uma orquestra de jazz com músicos brasileiros tocando tanto o ritmo proveniente do blues quanto o samba. Porto Alegre foi a primeira capital brasileira a ter contato com o tango, e ainda na década de 1920, o Cassino Clube dos Caçadores do capitão Lulu tinha como seu músico principal o renomado pianista Paulo Coelho, acompanhado por uma banda de jazz. Logo, o papel das casas de jogo na disseminação da cultura do jazz foi tão importante quanto a sua contribuição para a divulgação do samba, e foram inúmeros os grandes maestros nacionais que, treinados em música erudita, tiveram capacidade de orquestrar, ao bom estilo do *music-hall*, os ritmos que tanto a norte quanto a sul agitavam as pistas de dança das classes burguesas.

Um dos melhores exemplos disso, com uma carreira exemplar, foi Odmar do Amaral Gurgel, nascido na cidade de Salto (SP) em 1909. Tinha sido um garoto prodígio que aos 5 anos já sabia escrever e aprendia piano, e aos 11 não só integrava e era regente de uma orquestra de salão, como também já havia composto sua primeira canção. Logo, se mudou para São Paulo para aprimorar sua arte, ingressando no Conservatório Dramático e Musical. Foram anos de valioso aprendizado para Odmar. Enquanto estudava sob a orientação de professores como Mário de Andrade, foi conhecendo também numerosos músicos, como Ernesto Nazareth. Entre essas novas amizades, alguém lhe sugeriu um dia inverter as iniciais OAG de seu nome, que era como assinava suas obras. E assim nasceu Gaó, que aos 18 anos fundou seu primeiro quarteto de jazz e, em seguida, assinou um contrato exclusivo com a Columbia, tornando-se em pouco tempo o diretor musical daquela gravadora. Produziu discos abrangendo estilos tão diversos como o jazz, o fox-trot, o choro e a música clássica. Dirigiu a Orquestra Sinfônica do Teatro Municipal de São Paulo.

Mas foi o rádio que o levou à capital federal. No meio da década de 1930, Gaó mudou-se para o Rio de Janeiro, inicialmente para trabalhar nas rádios Ipanema e Mauá e na rádio Globo carioca. No inicio da década de 1940, ele já era um consagrado maestro e chefe de orquestra no Cassino da Urca. Aí permaneceu até 1945, altura em que partiu para os Estados Unidos, onde continuaria a sua carreira brilhante por mais duas décadas, sendo considerado como o embaixador do samba.

A versatilidade musical de Gaó era propícia à época. Se nos salões elegantes se apreciava o requinte da música erudita, de origem europeia, no cinema, nos teatros e nos cassinos outros estilos musicais iam penetrando, e os números em palco orquestravam cada vez mais a música popular, viesse do estrangeiro ou do morro. O público aplaudia entusiasticamente quando, a meio de uma partitura de sonoridade mais clássica, reconhecia as notas de uma canção mais popular que já caíra no ouvido de todos. O que Gaó fazia divinamente na Urca. Mas não era o único.

Os maestros que atuaram por longas temporadas no cassino de Rolla tinham uma versatilidade espantosa, e de suas orquestras saíram muitos, mas muitos outros músicos, que propagariam as raízes musicais brasileiras pelo mundo. Outro extraordinário maestro foi Vicente Paiva, diretor musical da Urca entre 1934 e 1945. Enquanto o ambiente das salas de jogo foi ganhando uma aura de Riviera Francesa, e passava-se por grupos de pessoas conversando em inglês, alemão e uma variedade de outras línguas, o maestro Vicente Paiva notou que, durante os aniversários comemorados no Cassino da Urca, os clientes americanos tinham o hábito de cantar uma melodia muito macia, fácil de gravar na memória. Era o "Happy Birthday to You". Mas logo Paiva assimilou as notas e fez arranjos para a orquestra da casa executar a música e todos baterem palmas. Estava introduzido no Brasil o uso do "Parabéns a você".

Paiva chegou também a compor inúmeros sambas famosos, como a "Marcha do Cordão da Bola Preta", em parceria com Nelson Barbosa. Mas seu sucesso mais estrondoso foi "Mamãe eu quero", criada com seu companheiro de Cassino da Urca, Jararaca, no final de 1936. A marchinha foi o maior sucesso no Carnaval do ano seguinte, e foi um dos primeiros sambas brasileiros a conquistar fama mundial. Mas Paiva não ficava só nos ritmos brasileiros. A sua orquestra tocava todos os ritmos, e foi sob a sua batuta que os músicos acompanharam as atuações de Josephine Baker na temporada da dançarina norte-americana no Cassino da Urca.

A diversidade de estilos musicais que se apresentavam na Urca era tal, que a partir de 1936, os números apresentados incluíam as duplas caipiras de Jararaca e Ratinho, e de Alvarenga e Ranchinho, que trafegavam entre o estilo de baladas caipiras e de números humorísticos. Em um depoimento à televisão no fim de sua carreira, Alvarenga conta que eles começaram no Cassino da Urca nesse ano, uma altura em que, como vimos, o local começava a se transformar num lugar que a elite começava a achar apropriado frequentar. A dupla caipira confirma que a partir daí, o clima de cabaré na casa rapidamente se elitizou. Assim, ironicamente, à medida que os maestros da Urca orquestravam temas populares, abandonando gradualmente o erudito, o povo que os apreciava foi sumindo da sala de espetáculos, aumentando o público pertencente às elites, que agora aplaudia o samba, o jazz, a música caipira etc. Em cartaz no Cassino da Urca por dez anos, Alvarenga e Ranchinho foram a dupla caipira pioneira a se apresentar no rádio brasileiro, e brilharam em grandes sucessos, como a balada de humor negro "Romance de uma caveira" e a odisseia tragicômica "Drama da Angélica", que fazia enorme sucesso entre o público selecionado.

Um menino-prodígio da música orquestrada brasileira dessa época foi Eleazar de Carvalho, cearense, que aos 8 anos já tocava na Banda do Batalhão Naval. Ainda jovem, compôs duas óperas. Dirigiu sua orquestra no Cassino da Urca entre 1936 e 1945, e formou-se no Instituto Nacional de Música, no Rio de Janeiro. Mas, em 1945, tal como Gaó, partiu para os Estados Unidos. A partir daí, e por mais de duas décadas, construiu uma carreira internacional notável, dirigindo a orquestra de Boston, a Filarmônica de Viena, a Filarmônica de Israel, assim como outras orquestras em países europeus e nos Estados Unidos, onde foi professor da universidade de Yale.

Já Benedito Lacerda, grande amigo e parceiro de Herivelto Martins, nunca saiu do Brasil e dedicou sua carreira ao samba. Natural de Macaé, mudou-se para o Rio de Janeiro ainda criança. Foi criado no bairro do Estácio e, desde novo, era amigo de sambistas como Noel Rosa. Começou autodidata, aprendendo a compor e a tocar flauta com os amigos, e caiu na boêmia carioca dedicando-se definitivamente à música a partir de 1927. No inicio da década de 1930 fundou o conjunto Gente do Morro, combinando ritmos de percussão brasileiros com solos de flauta. Foi o início do Conjunto Regional Benedito Lacerda, que se celebrizou acompanhando nomes como Carmen Miranda, Luiz Barbosa, Mário Reis, Francisco Alves e Silvio Caldas.

Com os cassinos contratando orquestras, Lacerda chegou a trabalhar nos cassinos de Rolla. No início dos anos 1940, já era uma cara familiar na Urca. Nessa altura, formou parceria com Pixinguinha, dedicando-se ao choro, e à composição de sambas de enredo que fizeram sucesso entre as marchas de Carnaval daquela época.

Outro famoso diretor de orquestra foi Romeu Silva, que trabalhou na Urca de 1938 até 1946. Além de regente, era também compositor e um apreciado saxofonista. Ao contrário dos outros maestros que ganhariam fama depois de se lançarem na Urca, Romeu Silva já tinha longa experiência em palcos mundiais. A sua jazz-band sul-americana, que fundara no Rio de Janeiro, em 1923, o levara a diversos países europeus e à América do Norte, quando finalmente foi trabalhar nos cassinos de Rolla.

E foi nas pistas desses mesmos cassinos que se viu também na época uma inovadora evolução no jeito de dançar. Os casais que até então rodopiavam juntinhos pelos salões, descolaram os corpos e soltaram os movimentos ao som do novo e estrondoso sucesso da dança americana, o *Boomps a Daisy*, apresentado pela primeira vez na Urca pelos bailarinos franceses René e Mareya.

Ainda no final de 1939, o ex-dançarino Carlos Machado, recuperado da doença que o atingira na Argentina, e habituado às andanças pelo mundo do espetáculo em Nova York e Paris, propôs de criar com Alberto Cesari e Russo do Pandeiro uma orquestra como as que existiam no exterior, diferente, com dança e animação no palco. Era algo nunca visto, pois até então as orquestras dos cassinos, todas de origem erudita, eram estritamente formais e não buscavam interação com o público. Machado notara isso após seu regresso ao Brasil, e teve a ideia de criar uma orquestra performática, os Brazilian Serenaders, que logo se tornaria sucesso tanto na Urca como em Icaraí e no Tênis Clube de Petrópolis. Para equipar seus músicos e vestuário, Machado conseguiu um pequeno empréstimo com Luiz Alves Castro para formar sua banda, que logo já estava afiada.

Ainda que não soubesse tocar algum instrumento ou ler partitura, Machado esbanjava estilo, pois dançar alegremente e animar o público, sem dúvida ele sabia. E assim, envergando casaca branca e preta, o bailarino-maestro Machado passou a liderar os Brazilian Serenaders, que animavam as noites nos palcos de Rolla, ao som de uma orquestra composta por instrumentos de percussão e um piano branco, onde belíssimas *crooners* se sentavam dengosamente durante as canções românticas como Lourdinha Bittencourt, Marlene e Marion. Era uma sugestão de Rolla ao pseudomaestro, pois, segundo o empresário, se houvesse uma mulher se apresentando no palco, o público ficava mais entretido. Mas na orquestra de Machado diversos cantores também foram lançados, como é o caso de Dick Farney.

O show dos Brazilian Serenaders tinha um tom alegre e bastante colorido, desenrolando-se num repertório que cobria o máximo possível de estilos musicais em voga naquele tempo. Da rumba ao samba, do tango ao bolero, do jazz ao *boogie-woogie*, os Brazilian Serenaders sabiam tocar de tudo, mas o seu grande diferencial estava na interação com o público. Mesmo sem formação erudita, Machado escutava os conselhos de gente como Russo do Pandeiro e, com o passar dos anos, seus músicos iam se alterando, e muitas vezes seus substitutos eram virtuoses de seus instrumentos, que enriqueciam ainda mais o som da orquestra.

O entretenimento do show era fortificado pela variedade do guarda-roupa da orquestra de Machado, pois não se apresentavam com trajes formais. Alteravam o figurino ao longo da apresentação, com roupas brancas, acessórios coloridos ou enormes chapéus mexicanos e de palha. Para isso, investiram pesado nas roupas e acessórios, sendo o *look* dos Brazilian Serenaders uma criação do alfaiate Antônio Santos Dias. Assim, Joaquim Rolla viu concretizado em Carlos Machado o que lhe parecia ser o maestro ideal para a Urca.

Os demais condutores de batuta na Urca quando Machado começou, sendo eles Gaó, Vicente Paiva e Romeu Silva, ficaram incomodados com a nova cor do piano e com o sucesso dos Serenaders. Mas, a pedido de Rolla e com o apoio de Eleazar de Carvalho, o diretor musical da casa, em poucas semanas os outros pianos da Urca foram todos pintados de branco, o que parece ter dado muita sorte.

JOGANDO COM A SERRA

O plano de Joaquim para expandir seus negócios pelo Rio de Janeiro havia falhado. Não tinha conseguido espaço para construir seu ousado projeto na praia Vermelha, e resolveu se aventurar por Petrópolis, que tinha um enorme potencial econômico e se situava ali bem perto. Mesmo com o advento da República, a cidade serrana idealizada pelo imperador Dom Pedro II não perdera sua proximidade com o poder. O presidente

Getúlio Vargas e sua comitiva, seguindo a tradição da aristocracia, passavam o ápice do verão, durante o mês de janeiro, em Petrópolis.

Num artigo escrito alguns anos antes,[7] o jornalista Mario Poppe declarava que os cariocas fidalgos e de boas maneiras tinham trocado o clima ameno e serrano de Petrópolis pelo novo refúgio de veraneio na capital, em Copacabana.[8] Ainda assim, Petrópolis guardava um potencial turístico invejável, com sua estrutura de cidade nos moldes europeus. Lá ainda existiam alguns rincões de terra para serem explorados, e logo no primeiro trimestre de 1939 Rolla começara a arrematar lotes, que foi acumulando ao longo do ano. Os terrenos faziam parte da enorme fazenda Quitandinha, na saída da cidade, e eram propriedade da família Azevedo Sodré.

Rolla era um homem de visão: planejava construir um bairro que era praticamente uma cidade, centrado no glamour de um grande hotel cassino com projeção internacional. Não seria brincadeira, mas não pensava pequeno e agora passara a insistir no sonho de um dia construir um castelo e também um bairro que seria loteado nos mesmos moldes da Urca no princípio do século. Fundou para isso, ainda em 1939, a Companhia de Terrenos Quitandinha.

Por meio dos figurões do Estado Novo que frequentavam seu cassino no Rio, Rolla recebeu a palavra de alguns deles para bancar seu projeto. O Governo Federal só daria o aval para a construção da obra no final de 1940, mas o dono do jogo não tinha tempo a perder, e mesmo com garantias estritamente verbais, já articulava os primeiros movimentos para dar vida a seu castelo e um bairro com o mesmo nome da fazenda naquele canto de terra afastado e pantanoso: Quitandinha.

Quando, em 1940, sentiu firmeza no projeto, Rolla avançou comprando os terrenos que até aí arrendara, juntando-os a outros que por um ano acumulara nas redondezas da Quitandinha – como ele sempre se referia ao local, no feminino. Já possuía cinquenta alqueires de terra na região. Agora era só botar a mão na massa. O governo Vargas havia criado o Crédito Hoteleiro em 1936, para financiar até 70% dos custos das obras relacionadas ao incremento do turismo nacional. Apesar de parecer um bom negócio, Rolla declinou do crédito, pois esse vinha acompanhado de uma fiscalização rigorosa, atrelada a multas pesadas com relação aos prazos. O empresário sabia dos imprevistos envolvidos numa obra tão gigantesca, e sua experiência na construção de estradas o havia deixado calejado aos infortúnios. Caso o governo ficasse a reboque dos seus próprios passos, os obstáculos seriam enormes, e com o quadro beligerante avançando na Europa, seus esforços poderiam minar. Assim, preferiu procurar crédito em diversos bancos, cujos donos eram seus amigos pessoais. Numa dessas jornadas bancárias atrás de crédito acabou consesguindo um fruto ainda maior, quando foi ao banco Moreira Salles e saiu de lá com uma proposta para uma associação no negócio. Rolla educada e habilmente protelou a entrada do novo sócio, mas não fechou as portas, e essa semente seria plantada três anos depois em Poços de Caldas, a Meca do jogo mineiro.

O projeto ganharia ares de cidade praticamente autônoma, e para o sucesso de sua façanha, era necessário drenar a parte plana da região montanhosa, próxima ao bairro Cremerie. Em reuniões com seu conselho de advogados e palpiteiros profissionais de plantão, Rolla deu crédito para as ideias de um jornalista que era um dos principais homens da ADA, Olímpio Guilherme. O jornalista, que agora também fora contratado como diretor da divisão de imprensa do DIP, era especializado em economia norte-americana e pesquisador de investimentos imobiliários. Guilherme propôs a Rolla uma estratégia de construção padronizada entre o prédio principal, o hotel cassino, que ele mesmo faria, e a ocupação imobiliária, que seria feita por quem comprasse os terrenos ao redor.

Diversos arquitetos foram sondados para fazer o megaprojeto, até mesmo Oscar Niemeyer, um jovem que havia sido assistente de Le Corbusier e se destacava como uma promissora figura do estilo moderno. Mas as linhas retas ainda não seduziam o tropeiro, que acabou chamando Luiz Fossati, cujo estilo condizia mais com os ares clássicos de Petrópolis e com quem já estava acostumado a lidar. E Fossati, incumbido de fazer o plano arquitetônico do coração desta construção faraônica, decidiu pelo estilo normando para abrigar um hotel cassino sem precedentes na América do Sul.

Com a expansão de Rolla para Petrópolis, a concorrência dos cassinos no Rio foi transportada para a serra. Previsivelmente, uma transação tão grande não passaria despercebida por muito tempo e logo correu na boca miúda da sociedade carioca. Assim que Rolla colocou na mesa de Azevedo Sodré a proposta para adquirir a fazenda Quitandinha, Bianchi, dono do Cassino Atlântico e maior adversário de Rolla no Rio, ficou sabendo em detalhes do audacioso plano do mineiro. Bianchi, que como Rolla também não cochilava em serviço, foi rápido e eficiente no contra-ataque. Seguindo sua metódica maneira de empreender, o paulista entrou em contato com Vittório Falconi, proprietário do Cassino Palace Hotel, e conseguiu seu arrendamento às vésperas do Réveillon de 1939/40, ficando momentaneamente na liderança da corrida do pano verde petropolitano.

Como o jogo não podia parar, Rolla havia formado mais uma sociedade com Luiz Alves Castro para administrar o Tênis Clube de Petrópolis. Já respondiam à concorrência com eficácia, adotando um estilo padrão para atender à clientela, logo identificado com a Urca. Como sempre, começou por reformar o *grill-room*, trazendo para Petrópolis o elenco que se apresentava no Rio e em Niterói. E, para fazer frente à concorrência de Bianchi, abriu a temporada de verão de 1939/40 no Tênis Clube com os Brazilian Serenaders, de Carlos Machado, que fizeram um estrondoso sucesso.

Já com o plano da Quitandinha bem estruturado na sua cabeça, começou a incorporar nos uniformes dos funcionários do Tênis Clube o "Q" de Quitandinha, que viria a ser o símbolo do seu sucesso em Petrópolis. Seria a grande marca do empresário mineiro, que depois de vingar na capital federal, começava a se expandir pela serra, que abrigava a elite. Finalmente, com a concretização da compra da fazenda Quitandinha, realizou várias melhorias nos terrenos, abrindo um restaurante e aproveitando um lago que ali existia. Rapidamente o local foi transformado num parque balneário (o Balneário Parque Quitandinha) aberto ao público para a prática de equitação, natação e esportes náuticos.

Por mais que Rolla estivesse bem firme em seu propósito, com um plano financeiro e empresarial bem delineado, para muita gente de confiança ao seu redor o projeto Quitandinha parecia uma obra megalomaníaca e inatingível. Seu irmão Mário Rolla estava deveras preocupado e imaginava que a empreitada do irmão em Petrópolis poderia acabar como aquela noite em que Joaquim perdera tudo para o tropeiro Toninho Romeira durante um jogo de truco, só que numa escala muito maior.

Mário via as coisas sob uma dimensão global. Interessava-se por ler e se informar para além dos negócios de turismo e do espetáculo.

Observava o mundo em turbulência e sentia na pele os prejuízos econômicos da guerra, que no Brasil afetava até mesmo negócios e setores não essenciais ao conflito. Uma empresa que abrira com a ajuda financeira do irmão, a Auto Diesel do Brasil S.A., importava, desde 1938, carros alemães da marca *Hanomag*. Com o início do conflito na Europa, o negócio declinou rapidamente, vindo a falir em abril de 1940. Mário, que administrava o negócio sem muita experiência na área comercial, sentiu uma responsabilidade enorme pelo prejuízo do irmão. E temendo que o projeto Quitandinha se transformasse num gigantesco fracasso, queria convencer Joaquim a investir em negócios paralelos que contribuíssem para o esforço bélico.

Mário apressou-se em marcar um almoço no seu apartamento com o irmão Joaquim e Virgílio de Melo Franco, amigo dos Rolla e sócio majoritário de uma corretora que assegurava o funcionamento dos cassinos, junto do ex-interventor da Bahia, Juracy Magalhães. Sabendo do respeito que Melo Franco impunha a Joaquim, Mário deixou a conversa correr e o assunto surgir por acaso, para não irritar o irmão. A conversa fluiu, caindo inevitavelmente no tema da guerra, com todos à mesa defendendo a posição aliada. Finalmente, Virgílio perguntou a Joaquim pelas obras em Petrópolis, alertando-o para as dificuldades que a guerra traria e para o perigo de o jogo vir a ser proibido, o que poderia significar uma obra embargada e um enorme prejuízo para Rolla.

Entendendo a preocupação do amigo, Rolla explicou o seu plano com detalhes. Reforçou a intenção de fazer do seu projeto uma cidade turística autossuficiente, contando que tinha até adquirido em Araras, nas redondezas de Petrópolis, outra fazenda, de seis milhões de metros quadrados, para abastecer a sua rede de cassinos do Rio de Janeiro com os itens necessários para os restaurantes. Passara a criar gado, caprinos e aves, além de plantar hortaliças, frutas e vegetais. Tinha instituído por lá também fabricação de queijo e produção de leite, e pretendia transformar o lugar num local de caça para estrangeiros, onde os animais abatidos no hobby seriam servidos depois nos seus restaurantes.

Mário aproveitou para dar a ideia de que, já que o irmão havia obtido uma fazenda enorme que produziria alimento suficiente para uma cidade, seria provavelmente muito melhor investimento diversificar o campo de negócios e abrir uma fábrica de construção de tratores, por exemplo. Era um projeto que poderia ser muito mais útil que o turismo, caso a situação mundial trouxesse os piores ventos para o sul. Mas Joaquim riu, chamando a ideia do irmão de coisinha e não se deixando impressionar pelo pessimismo dos companheiros.

Ao contrário de Virgílio e Mário, Joaquim via vantagens no conflito e considerava os medos que assolavam o irmão muito exagerados. A fazenda de Araras fazia parte da sua precaução para que o negócio fosse viabilizado com o mínimo de dependência de serviços externos. A guerra não o afetaria e a fazenda serviria de abastecimento exclusivo para os negócios ligados ao turismo, bancados pelo dinheiro de uma elite ainda mais enriquecida pelo que ele acreditava ser o progresso que a guerra poderia trazer ao Brasil. Confidenciou ao irmão e ao amigo que, ao contrário dos homens que governavam o mundo, ele não estava nem velho, nem cansado. Tinha energia de sobra para tocar o projeto Quitandinha para a frente e continuar administrando o sucesso em que tinha transformado a Urca e o Icaraí. E assim aquietou os medos do irmão, terminando o almoço e continuando os afazeres do dia.

IDAS E VINDAS, OS CAFAJESTES E O VOO

Enquanto a Companhia de Terrenos Quitandinha pedia licença para iniciar a movimentação de terras na antiga fazenda de Petrópolis, no Rio de Janeiro a briga entre Urca e Atlântico acentuava-se com a chegada do Carnaval. Vendo que Bianchi trouxera os artistas do morro para Copacabana durante o Réveillon, Rolla logo planejou um Carnaval na mesma onda, trazendo para a Urca os cantores nacionais que celebravam o samba. Entre esses artistas contratados, cheios de sambas e marchas em seus repertórios, encontravam-se nomes como Araci de Almeida, Dircinha Batista, Aurora Miranda, Almirante, Francisco

Alves, Orlando Silva, Carlos Galhardo, Odete Amaral e Silvio Caldas. Este último, há menos de um mês atuava na concorrência.

O Carnaval da Urca foi o nome adotado para a transmissão ao vivo do *grill-room* da Urca para as maiores emissoras do país, como a Sociedade Rádio Nacional, a rádio Mayrink Veiga, a rádio Tupi e o rádio Clube. Do final de janeiro até o período momesco, a cada noite uma estação diferente transmitia um show de trinta minutos diretamente do cassino. Era uma estratégia para atrair público, e uma forma de Joaquim fazer média com as grandes emissoras, sem privilegiar nenhuma em particular.

Para isso utilizou os serviços da ADA administrada por seu irmão Mário. Nessa altura, o departamento já tinha provado sua utilidade na concepção e divulgação de propagandas que iam além da simples publicidade, e passavam pela redação de artigos, como foi mencionado anteriormente. Indicado por Olímpio Guilherme, Mário tinha contratado recentemente Carlos Lacerda, jovem jornalista oriundo de uma família de esquerda, que nos últimos tempos havia se envolvido em conflitos políticos e procurava se restabelecer. O pessoal da ADA fazia tanto sucesso ao elaborar os informes publicitários para o jogo que até passaram a ser convidados por outras empresas para divulgar outros negócios. Foi o caso do laboratório Raul Leite, que contratou Mário Rolla para criar uma campanha de seus produtos.

O mês de julho do ano de 1940 foi de bastante trabalho para a ADA. Regressava dos Estados Unidos, para uma temporada de descanso, aquela que fora a estrela da Urca: Carmen Miranda. A máquina de propaganda de Rolla não tinha mãos a medir, e foi com bastante alarido que produziu conteúdo anunciando em todos os jornais a chegada da estrela. Apesar de não vir com espetáculos programados, assim que chegou, Carmen recebeu a visita de Joaquim Rolla. Além da visita social a sua amiga, o dono do Cassino da Urca vinha incumbido de uma missão pela primeira-dama Darcy Vargas, e convidou Carmen para atuar num show beneficente na Urca. A esposa do presidente estava empolgadíssima em levantar fundos para a associação que havia criado no ano anterior, com o qual pretendia construir a Cidade das Meninas, uma obra de abrigo para garotas de rua. Por amizade a Joaquim e sem graça de recusar um convite por meio do qual se apresentaria para os mais altos dignitários do Estado, Carmen aceitou.

Mas o regresso de Carmen à Urca não entraria para a história como um dos momentos de glória, tanto de Carmen quanto do cassino de Rolla. Dirigida pela orquestra de Carlos Machado, aceitou do maestro a sugestão de iniciar o show com seu último sucesso nos Estados Unidos, a canção "South American Way", que nem havia sido lançada ainda. Machado era um entusiasta de diversos estilos musicais, nacionais e estrangeiros, não tendo sequer cogitado que isso poderia ser um problema num show que reapresentava Carmen ao seu querido e saudoso público brasileiro. Mas como Machado viria a observar em sua biografia, Carmen não estava cantando para o povo, ela estava se apresentando diante do Estado Novo. E com as simpatias da maioria pendendo para o lado nazifascista europeu, a americanização da brasileira não agradou aos presentes.

Não foi vaiada. Mas o silêncio de gelo que se fez sentir no *grill-room* naquela noite, logo após o término da primeira canção, afetou o resto da sua atuação, que durou apenas mais três músicas. Nem na apresentação final, quando cantou "O que é que a baiana tem?", a sala se animou, e Carmen acabou saindo do palco aos prantos. Foi um choque para a estrela brasileira, que não havia se tocado do significado de tanta bandeira nacional espalhada pelo salão.

Mas o prenúncio daquele fracasso talvez já se notasse no seu nervosismo antes do espetáculo, quando minutos antes de entrar, sem querer, apertou e cravou as unhas nos braços de Emilinha Borba, na altura ainda uma jovem *crooner* na orquestra de Carlos Machado e futura grande estrela do rádio brasileiro. Uma das características da Urca, e dos outros cassinos que fizeram história no Brasil nas décadas de 1930 e 1940, foi precisamente a capacidade que tiveram de lançar nomes que viriam a ser célebres no futuro, ainda que tivessem timidamente começado por lá. Emilinha Borba iniciou-se muito jovem na Urca, precisamente um ano antes do regresso de Carmen, e coincidentemente recomendada pela Pequena Notável. Estava prestes a completar 18 anos, mas oficialmente era mais velha, um esquema arrumado pelos empresários do *show business* para evitar conflitos com a lei ao contratar menores para trabalhar numa casa noturna.

Na manhã seguinte ao tropeço sofrido por Carmen, uma equipe do Cassino da Urca, liderada por Joaquim Rolla, foi visitá-la. Acompanhavam-no, seu diretor musical Vicente Paiva, seu diretor teatral

Luiz Peixoto e o maestro Carlos Machado. Obviamente, lamentaram o sucedido e confortaram-na com a notícia de que ADA tinha enviado um comunicado à imprensa informando que o estado de saúde da cantora se encontrava bastante debilitado, o que havia contribuído para o pouco sucesso do show.

Quando Carmen já estava mais conformada e até fazendo piada ao relembrar os velhos tempos, Joaquim avançou com uma proposta interessante. Já que o Bando da Lua, que também tinha vindo dos Estados Unidos, voltaria a fazer uma temporada na Urca, porque não oferecer a Carmen uma possibilidade de cantar para seu público antigo novamente? Ali mesmo Rolla ponderou que Paiva e Peixoto poderiam compor sambas exclusivos para a volta de Carmen, mas ela também poderia encomendar músicas de quem bem entendesse.

Durante a nova temporada de Carmen Miranda na Urca, chegou ao Rio outra estrela famosa da Broadway e também futura estrela de Hollywood, a atriz e soprano húngara Martha Eggerth. Casada com o tenor polonês Jan Kiepura, a cantora tinha um gênio difícil e, apesar de ter firmado contrato com a Urca junto de seu marido, no primeiro ensaio recusou ser acompanhada pela orquestra de Carlos Machado. Enquanto esperava a situação da estrela internacional se resolver, a ADA anunciou que Eggerth estaria adoentada e o espetáculo foi postergado por três dias. Mas era apenas uma desculpa até que Rolla fizesse chegar de Buenos Aires uma orquestra de vinte músicos, sob a batuta do maestro Alejandro de Mihaly. Ainda assim, quando Eggerth aceitou apresentar-se para mais um jantar beneficente organizado pela primeira-dama Darcy Vargas, quase houve um grande fiasco. Pois a soprano, ao ver na primeira fila um homem fumando charuto, recusou-se a continuar o espetáculo. Gerou-se a confusão e, entre críticas ora ao fumante, ora à cantora, esta acabou abandonando o show aos prantos. Enfim, o próprio dono da Urca conseguiu convencer o apreciador de cubanos a se retirar daquele ambiente, e Eggerth pôde regressar e terminar seu número.

Durante a curta temporada em que Carmen Miranda se apresentou nos palcos brasileiros pela última vez, a Pequena Notável voltou a brilhar no Cassino da Urca até troçando do episódio ocorrido na sua chegada, com um samba que marcou sua carreira: "Disseram que eu voltei americanizada." Mas logo ela estava de volta à Broadway, pressionada por Shubert, que já tinha agendado vários espetáculos para ela na terra do Tio Sam. De 1940 a 1955, quando retornaria ao Brasil apenas como visitante, Carmen fez mais de dez filmes em Hollywood e se tornou popularíssima em todo o mundo.

Com o Brasil inserindo-se cada vez mais no cenário internacional, ainda sem se decidir entre os Aliados e o Eixo, as opiniões se exaltavam com o cenário da guerra como pano de fundo. Não foram poucas as vezes que discussões políticas mais acaloradas acabavam com a presença dos leões de chácara tentando evitar maiores fatalidades. Como a noite de regresso de Carmen tinha provado, o nazismo ganhara adeptos no Brasil. E entre os estrangeiros que chegavam ao Rio, não faltavam cidadãos da Alemanha simpatizantes da causa ou mesmo membros do partido de Hitler. Um notório nazista que chegou à capital brasileira nesse ano foi o barão Von Stucker, um austríaco que depois da guerra seria um grande empresário da noite. Frequentador do Copacabana Palace, Von Stucker foi trazido ao Rio pela família Guinle.

Entre outros europeus que vinham fugidos do conflito, estava o fotografo francês Jean Manzon, que veio para o Rio ainda em 1940. Em Paris, trabalhara nas revistas *Paris Match*, *Vu* e *Paris Soir* e ganhara fama no mundo do fotojornalismo. Contratado em 1939 para trabalhar como cinegrafista na Inglaterra, a serviço da marinha francesa, Manzon não conseguiu voltar a Paris após a ocupação alemã. Foi o cineasta brasileiro Alberto Cavalcanti que sugeriu a Manzon refugiar-se no Brasil. Quando chegou, foi logo contratado como diretor de fotografia do DIP, e passou a trafegar pelo Cassino da Urca, onde foi introduzido por um velho frequentador chamado Bejo Vargas.

Numa noitada pela Urca, Manzon também conheceu o seu futuro parceiro e cineasta Carlos Niemeyer, que alguns anos depois seria seu sócio em negócios de cinema. Naquela época, Niemeyer ainda era bem jovem e vivia rodeado de seus contemporâneos, a nata *bon vivant* do Rio de Janeiro. Alguns deles, futuros nomes de destaque em diversas esferas: Sérgio Porto, Ibrahim Sued, Jorginho Guinle, Baby Pignatari, Vadinho Dolabella, Mario Saladini, Mariozinho de Oliveira, o príncipe Dom João de Orleans e Bragança, e o jogador de futebol Heleno de Freitas, junto com alguns outros, formavam o Clube dos Cafajestes.

Dessa turma, quem se tornaria nacionalmente reconhecido na década seguinte, como Stanislaw Ponte Preta, era Sérgio Porto.

Grande amante da música e do entretenimento, Porto utilizava sua alcunha burlesca para fazer alguns dos mais cômicos livros da literatura nacional, como o *Febeapá – Festival de besteira que assola o país*, ainda atual.

Outro membro do Clube dos Cafajestes que se tornaria conhecido a partir dos anos 1950 seria Ibrahim Sued, que começou nesta época sua carreira na imprensa como fotógrafo. Pelo *grill-room* da Urca, Sued travaria amizade com o músico solista Edu da Gaita, que quando o via na plateia, tocava "A dança do ritual do fogo" em sua homenagem. Cerca de uma década mais tarde, o grande nome do colunismo social do Brasil era Sued. Mas o Cafajeste de maior destaque nos tempos dos cassinos era o craque do Botafogo, Heleno de Freitas. Heleno desfilava pelo Cassino da Urca saudando todos com um sorriso. Respeitado *habitué*, jogava alto, mantendo sempre uma relação cordial com Rolla, que em 1940 pedia a Heleno que não goleasse seu Fluminense, o campeão carioca naquele ano.

O pedido para o craque pegar leve era reiterado por outro apostador e velho amigo de Rolla, o próprio presidente do Fluminense e ministro da aeronáutica, Salgado Filho. O ministério acabara de ser criado, pois o Brasil de Vargas queria proteger o país pelo ar, passando a investir naquele que era considerado o transporte do futuro. Até então os interesses aeronáuticos no Brasil encontravam-se em mãos privadas europeias e norte-americanas, algo que vinha preocupando o Estado Novo. Para se ter uma noção de como a aviação engatinhou sem pressa no Brasil, o Rio de Janeiro só ganhou o seu aeroporto em 1935, com a inauguração do Santos Dumont.

A partir de uma conversa entre Assis Chateaubriand e Salgado Filho surgiu então a CNA (Campanha Nacional de Aviação). Pretendia-se procurar investimento privado e doações de aviões em todo o país para patrocinar um programa de aviação nacional monitorado pelo governo. O intuito era promover o interesse pelas aeronaves e o treinamento de pilotos que patrulhassem as fronteiras.

Chateaubriand, adepto de diversas campanhas com causas que considerava de bem comum, era o grande incentivador. Começou criando um lobby junto de empresários brasileiros, incentivando a construção de aeroclubes e angariando sócios para a empreitada, através dos seus Diários Associados. E Joaquim Rolla, não querendo ficar de fora, ajudou a campanha com a doação de um avião, batizado com o nome de Bento Gonçalves, revolucionário do século XIX. O aeroplano era destinado ao aeroclube de Belo Horizonte e foi descortinado com toda a pompa numa cerimônia em que o ministro Salgado Filho se fez acompanhar por Mário Rolla, representando seu irmão e o Cassino da Urca.

{1941 – 1944} Capítulo 6

ESTADO DE REVISTA

Após o Estado Novo, o governo passou a preocupar-se mais com as questões artísticas e intelectuais. Um exemplo disto pode ser dado através do ministro da cultura e educação, Gustavo Capanema, que tinha como seu assessor o escritor Carlos Drummond de Andrade e também recorria a modernistas como Mário de Andrade, Candido Portinari e até mesmo Heitor Villa-Lobos para questões ligadas à literatura, às artes plásticas ou à música. E à semelhança do governo mexicano, que bancava arte pública direcionada para as massas, ou da administração Roosevelt, com os seus programas de incentivo às artes voltados para a reconstrução e o papel do trabalhador na sociedade, no contexto da Grande Depressão, o Estado Novo também passou a promover manifestações artísticas de origem popular que agradavam a uma parcela da elite intelectual.

No mundo do espetáculo, e ao longo da década de 1930, os cassinos do Rio souberam responder a essa tendência. Se por um lado faziam esforço para trazer estrelas do estrangeiro (muitas representativas da cultura negra norte-americana), pouco a pouco foram incorporando as raízes afro-brasileiras nos seus palcos. Como vimos, foi bem no final dessa década que o samba passou a descer o morro para se apresentar perante a elite nos luxuosos cassinos da zona sul carioca.

Mas se os cassinos enchiam seus palcos de belos cantores, dançarinos e acrobatas negros ou mulatos, não se viam os dignos representantes da cultura brasileira sentados nas elegantes mesas dos salões. Até mesmo Grande Otelo relatou que, certa vez, quis entrar com um amigo no Cassino da Urca, mas o outro, por não ser artista, teve que entrar pelos fundos. Otelo, que obviamente tinha carta branca, conta ainda o susto que levou junto com seu amigo, quando ao passarem pelo salão de jogos escutaram o crupiê gritar: "Preto, dois!"

E por mais belas que fossem as dançarinas de pele ébano que circulavam pelo palco, havia quem reclamasse, como foi o caso de um "cavalheiro", militar de alta patente, que se deu ao trabalho de escrever uma carta ao ministro Capanema, queixando-se de uma bailarina mulata de peitos descobertos circulando no palco da Urca como representante da mulher brasileira. Para quem resistia à miscigenação, as casas de jogo eram antros mal frequentados por gente que era socialmente inaceitável por causa de seu tom de pele, a não ser que fosse em cima de um palco, e, ainda assim, dentro de alguns limites.

Mas, para a maioria dos frequentadores dos cassinos, a inclusão de espetáculos com elementos representando esta nova onda da cultura popular foi aceita com satisfação. A prova é que esse tipo de show prosperou ao longo da década, chegando nos anos 1940 com grande força, remexendo com as tradições, com o jeito de dançar, com as músicas que se entoavam entre amigos e até mesmo com muitos dos preconceitos que desde o período colonial remetiam o negro e o índio para um plano invisível. Os cassinos foram de extrema importância para o desenvolvimento da cultura brasileira. Desenvolvidos ao longo da década de 1920 e 1930, seus espetáculos inovadores pegavam muito do circo e do *music-hall*, pois se compunham de vários esquetes aleatórios que, apresentados sequencialmente, acabavam formando uma história só. O *music-hall* foi, assim, gradualmente substituído pelo teatro musicado, em que figuravam atores, cômicos, dançarinos acrobatas e cantores. Muitos sucessos do samba chegaram a ser lançados em teatro de revista, após serem apresentados nos cassinos e outras salas de espetáculos.

Os cassinos cariocas estavam sempre atentos a novas tendências no mundo do *show business*. Inspirado pela onda que nos anos anteriores dera novo fôlego ao teatro musicado, o Cassino da Urca foi pioneiro. Logo em fevereiro de 1940, estreou aquela que chamou de a primeira grande revista brasileira, em que anunciava a substituição do gênero de *music-hall* pelo de teatro de revista no Cassino da Urca. O espetáculo, dirigido por Luiz Peixoto, tinha cenários de Santa Rosa e música dos Anjos do Inferno. Contava com a participação de grandes nomes do teatro e da música brasileira: Mesquitinha, Manoel Pêra, Candido Botelho, Aurora Miranda e Grande Otelo, acompanhados pelos dançarinos e pelas orquestras da Urca.

E, ao longo do tempo, as campanhas para ajudar as causas da primeira-dama Darcy Vargas serviam de mote para as mais variadas produções de espetáculos, em que até mesmo a alta sociedade, além de comparecer, chegou a atuar sobre o palco. Foi o caso da mais famosa peça do teatro de revista de 1941, *Joujoux e Balangandans*. Neste espetáculo, à frente de um elenco amador, composto essencialmente pelos herdeiros do poder, estavam os grandes encenadores e criadores da Urca.

Joujoux já tinha sido apresentada no Teatro Municipal dois anos antes, mas não muito longa, com poucos números, que chegaram a ser encenados até numa tímida produção cinematográfica de mesmo nome. O próprio príncipe Dom João de Orleans e Bragança havia sido figurante na primeira montagem. Em ambas as versões, encenadas no mês de julho, a peça comemorava a criação do Estado Novo, mas era divulgada como um meio para obter renda para a Casa das Meninas. Em 1941, o espetáculo foi ampliado pelo diretor do show, Luiz Peixoto.

A grande noite de reestreia de *Joujoux* não se deu em nenhum cassino. Foi apresentada no Teatro Municipal do Rio de Janeiro totalmente bancada por Joaquim Rolla, que, nas duas ocasiões, emprestou a nata de seu *staff* para agradar à nobre audiência, ou seja, o corpo de baile do Estado Novo, com Getúlio Vargas e seu séquito completo.

Além do diretor teatral da Urca, participaram da elaboração do espetáculo, nos cenários, os artistas Santa Rosa, Gilberto Trompowski, Souza Mendes, Fernando Valentim, Júlio Senna e o próprio Luiz Peixoto. As coreografias eram criadas por nomes de respeito no meio, como as professoras russas Klara Korte e Maria Olenewa (que chegara ao Brasil durante uma turnê do balé de Anna Pavlova), a indonésia Nini Theilade, e o homem responsável pelos números de dança nos filmes da Atlântida, Yuco Lindberg. Na parte musical, sob a batuta da orquestra de Gaó, vieram compor canções originais Nássara, Lamartine Babo e Ary Barroso. Este último havia criado uma música chamada "Aquarela do Brasil", que fora apresentada pela primeira vez ao público dois anos antes naquela mesma peça, mas que passara em brancas nuvens. Com *Joujoux* transformada em superprodução, e agora exibida com elenco misto profissional/amador no Cassino da Urca, "Aquarela do Brasil" foi lançada ao estrelato internacional em poucos meses.

A edição de *O Cruzeiro* posterior à encenação de *Joujoux e Balangandans* teve um encarte especial para mostrar a ostentação do número. Era uma enorme peça publicitária bolada pela ADA, que produziu dezenas de páginas (algumas coloridas) mostrando os atores e os figurinos da peça, como: *Botafora*, *Nova York*, *Night Club*, *Ilha Fiscal*, *Jardim Encantado*, *Índios*, *Portugueses*, *Negros*, *Brasileiros*, *México*, *Cuba*, *Argentina*, *Maxixe*, *Samba* e *Rumba*, entre outros números. E Rolla pôde ver o seu próprio cassino encenado dentro do Municipal, com direito à apresentação do Brazilian Serenaders em um palco movimentado.

É curiosa a história sobre os presentes que dona Darcy Vargas distribuiu aos compositores Lamartine Babo e Ary Barroso nesta apresentação. O primeiro que ela encontrou foi Barroso, que pôde escolher entre um relógio e uma caneta. Como o marcador de horas era mais útil, o compositor o preferiu. Os frequentadores dos botecos da Lapa e adjacências souberam do ocorrido e, quando viam Lamartine, que não tinha gostado da caneta, troçavam dele, perguntando-lhe as horas, ao que Lalá respondia: "Ah, pergunta pro Ary!"

Mas o povo carioca não tinha cacife para assistir a qualquer espetáculo assistencial da primeira-dama. E muito menos ficou satisfeita de saber que isto acontecia. Como o Rio de Janeiro, até a década de 1960, sofria um problema crônico de falta d'água, numa madrugada um corajoso herói anônimo se dirigiu soturnamente às paredes do palácio do Catete e pichou:

BASTA DE BALANGANDANS,
O QUE NÓS QUEREMOS É ÁGUA!

Este ato ousado, bem no auge da ditadura que censurava a mínima crítica às suas políticas nos jornais, levava os curiosos a passar em frente ao muro do palácio, na rua Silveira Martins, para ver a marca da façanha. Até a guarda presidencial foi presa por omissão.

Sob o ponto de vista do povo, era considerado um excesso desnecessário que as elites se entretessem tão ostensivamente, pois já se sentia no cotidiano os efeitos do conflito armado na Europa. Ao contrário do que ocorrera na Primeira Guerra Mundial, quando o Brasil exportou diversos alimentos aos Aliados, agora a situação era de escassez. A população estava passando pelo racionamento de diversos itens básicos como frutas, trigo, leite e carne.

O TAJ MAHAL TUPINIQUIM

Enquanto isso, se realizava em Petrópolis um gordo churrasco à moda gaúcha para celebrar a inauguração da pedra fundamental do Quitandinha. Agora com toda a documentação oficial necessária em dia para a construção do seu hotel cassino, Joaquim Rolla chamou ilustres convidados para o evento, que aconteceu debaixo de chuva. Entre os presentes encontravam-se a própria filha do presidente, Alzira Vargas, acompanhada de seu marido, o interventor do Rio de Janeiro, Ernani do Amaral Peixoto, que endossara o projeto do empresário mineiro.

Coincidia o período em que o petróleo virou artigo de luxo, pois o Brasil era dependente do estrangeiro neste sentido. Tanto as ambulâncias quanto os choferes de praça tinham direito a uma pequena cota de combustível semanal. A solução tupiniquim foi fazer uma adaptação nos automóveis, colocando-lhes uma enorme gambiarra dependurada, para eles serem movidos a gasogênio, ou seja, o combustível passou a ser a lenha.

Foi num dia sem festa, mas com muita movimentação de caminhões, homens e carroças para a construção do Quitandinha, que Joaquim, sempre acompanhando a obra *in loco,* recebeu uma ilustre

Getúlio Vargas e sua esposa, Darcy, a primeira-dama pioneira em realizar trabalhos sociais.

visita vinda de São Domingos do Prata. Era o coronel Chico Rolla, levado em passeio pelo filho Pedro. Parentes e amigos que Joaquim, desde que se convertera em carioca e dono de cassinos, nunca mais tinha visto. Foi uma alegria enorme e uma vontade muito grande de conversar, levada adiante até altas horas da noite no pequeno restaurante defronte ao lago, entre o pessoal da roça e o graúdo empreendedor, então com pouco mais de 40 anos.

E durante os dois anos e meio que se seguiram, para Joaquim Rolla poder finalizar o Quitandinha, milhares de viagens de caminhões eram feitas ininterruptamente, a diesel ou gasogênio, para abastecer a construção do hotel cassino. As classes sociais menos favorecidas não viam o negócio com bons olhos, exceto os milhares de funcionários contratados pela construção civil. Mas a mídia omitia publicar críticas à situação. Não apenas pela censura do governo Vargas, mas também por questões práticas como a cota de papel jornal, que, por ser importado, era racionado e distribuído pelas publicações nacionais de acordo com critérios estipulados pelo governo.

O mestre de obras Domingos Silvério era o intermediário entre Rolla, os engenheiros e a infinidade de braços empenhados na tarefa. Joaquim Holla havia trabalhado com ele no princípio da década, em Queluz, e como era bom de serviço, Rolla o encontrara por meio de diversos anúncios de jornal veiculados no interior de São Paulo.

Até areia de Copacabana foi levada para o lago fronteiriço ao Quitandinha, que Rolla ordenou ter o formato do mapa do Brasil. Conta-se à boca pequena que enquanto as escavadeiras iam afundando o terreno, o dono do negócio foi vistoriar a obra e não gostou do formato, começando a encrespar com o pessoal. Silvério tentou argumentar com o chefe, que logo mandou afunilar mais a represa, "senão ia ficar muito feio". Mas como a obra não parava, o castelo de Rolla erguia-se um pouco todos os dias. Vendo sua obra crescer, o dono não tinha muito do que reclamar.

O arquiteto Luiz Fossati foi morar em Petrópolis para fiscalizar a obra, e inicialmente orçou a hercúlea tarefa em 45 mil contos de réis. Gente afluía de todo canto em busca de emprego. Aquele foi o momento em que a Cidade Imperial recebeu seu maior fluxo de imigrantes, que vieram de todo canto do Brasil e até mesmo do Paraguai. A maioria vinha de Minas Gerais, onde Rolla e Domingos

Silvério tinham bons contatos para encontrar gente capacitada para cada etapa.

Pronta a fundação de cimento, logo se ergueu um monstro de fachada em estilo normando-germânico, que aguçou a curiosidade do público. As peregrinações turísticas a Petrópolis para ver o Quitandinha começaram aí, no início da construção. E não era para menos, pois o gigantesco edifício crescia em moldes que remetiam à arquitetura dos imigrantes alemães que já viviam em Petrópolis desde o século anterior. Era um estilo que seduzia Rolla desde que vira uma casa ser construída atrás do Cassino da Urca quando este ainda mal começara.

Mas, como os Estados Unidos eram a grande bola da vez a determinar seus padrões estéticos, Rolla mais uma vez escutou os conselhos do anglófilo Olímpio Guilherme e enviou a Nova York uma amiga deste, a pianista Elena Cavalcanti, para contratar a decoradora de maior renome da América do Norte, Dorothy Draper. As plantas do projeto, que a pianista levava na mala para mostrar à decoradora, causaram um alvoroço no escritório. Nos olhos de Draper brilhavam cifrões à medida que mostrava, entusiasmada, aos seus desenhistas e engenheiros o projeto daquele monstro arquitetônico desenhado por Luiz Fossati e mais 52 arquitetos-assistentes. Apontava no papel cada minúcia faraônica do espaço, imaginando logo como iria preencher com toda a sofisticação os seis andares onde, sem contar com o subsolo, se planejava construir quinhentos quartos de hóspedes; um *grill-room* com um palco maior que o do Teatro Municipal, além de dois enormes palcos laterais, todos rotativos para alternar orquestras diferentes; e, como não podia deixar de ser num mausoléu do jogo, um salão de jogos com uma gigantesca abóbada, que era mais larga do que a Basílica de São Pedro no Vaticano. As plantas incluíam, ainda, três mil hectares de jardins planejados que encantaram Dorothy, e logo a inspiraram com fantasias de motivos florais e tropicais.

No aspecto financeiro, os custos da obra ficariam em cerca de 10 milhões de dólares na época, com um cachê de 30 mil dólares para Draper. O capital a animou com o projeto à primeira vista, pois passava por um período escasso de trabalho. De linhagem aristocrática, descendente de um dos pais fundadores,[1] Draper foi a primeira mulher a ascender no ramo da decoração de interiores. Ela ficou famosa com a publicação de um *best-seller* muito popular entre as madames, chamado *Decorar é divertido! Como ser seu próprio decorador*,[2] prefaciado por sua amiga, a primeira-dama Eleanor Roosevelt. Influenciada por um estilo classicista e vitoriano, Draper estava na contramão das tendências simples e minimalistas que a arquitetura modernista propunha. Com ideias próprias acerca do significado de glamour, o estilo dela se impunha através de complexos padrões florais e relevos detalhados em excesso.

Com a boa relação do governo americano e brasileiro, tudo foi facilitado para o transporte dos projetistas naqueles tempos de conflito. Em dezembro de 1941, após o ataque japonês a Pearl Harbor, os Estados Unidos declararam guerra ao Eixo. Mais do que nunca, o gigante do norte precisava conquistar o apoio brasileiro, e assim reforçou sua Política de Boa Vizinhança.

Mas as benesses que o projeto Quitandinha recebia neste contexto limitavam-se a agilizar a papelada, não podendo facilitar o percurso da viagem, que por si só em tempos normais já era repleto de baldeações. Agora, numa situação de conflito em que o transporte tinha de ser limitado a civis, para acomodar tropas e materiais de guerra, o trajeto através dos hemisférios fazia-se com uma lentidão insuportável.

O assistente de Draper, o engenheiro Ted Muller, sofreu na pele as dificuldades que a viagem acarretava. Enviado por ela para conduzir os trâmites iniciais do negócio e preparar a vinda da sua excêntrica patroa, Muller veio ao Brasil mais de uma vez, a primeira em maio de 1942, para fechar o contrato com Rolla. Desesperado, rapidamente constatou que a obra, ao contrário do que o seu empreendedor pensava, dificilmente ficaria pronta no Natal daquele ano. Como o espaço do futuro hotel cassino era megalômano e o país passava por muitas dificuldades no setor do transporte para abastecer as grandes cidades, Muller previu de imediato que haveria grandes atrasos no carregamento de materiais destinados ao megainvestimento em Petrópolis. Comunicou suas preocupações ao escritório em Nova York e apressou-se na tentativa de regressar. Mas, com a situação de guerra se agravando, e a enorme movimentação de tropas norte-americanas que o conflito acarretou, Muller acabou sendo obrigado a permanecer no Rio de Janeiro durante várias semanas por falta de vagas no transporte transcontinental, fosse por terra, ar ou água.

Indiferente aos avisos de Muller de que Draper estaria entrando numa fria ao aceitar o projeto do Quitandinha, a decoradora chegou ao Brasil em julho de 1942. Vinha com a cabeça cheia de fantasias tropicais, "uma galáxia de verdes", vegetações luxuriantes, animais de mil cores povoando selvas e já se imaginava levando o esplendor de Monte Carlo para o cenário exótico da América do Sul. Habituada a criar luxuosos hotéis em estâncias frequentadas pela elite mundial, Dorothy Draper não podia antecipar os percalços que o projeto de Rolla lhe traria nos dois anos seguintes. A americana deu entrevistas à imprensa brasileira, onde relatou estar empolgada com seu contato com a arquitetura barroca mineira, totalmente de acordo com o padrão que aplicou ao Quitandinha.

A ADA soube implantar em toda a imprensa um frisson sobre a estada da decoradora americana no Brasil e o trabalho colossal que ela e seu pessoal do escritório estavam fazendo para decorar o hotel serrano. Através das estratégias publicitárias implantadas por um sagaz funcionário chamado Carlos Lacerda, a ADA estava se organizando para infiltrar com propaganda de modo ainda mais sucinto tanto no rádio quanto na mídia impressa. Lacerda, que por seu talento em lidar com as palavras, era apontado pelos colegas de trabalho como um futuro líder político, dizia que isso ele nunca seria, pois gostava mesmo era de provocar reações nas pessoas com suas ideias e tacar fogo no circo. Assim, nas horas vagas, o jovem Lacerda tinha seu próprio negócio, implantando a venda de suas ideias em relações-públicas a diversas empresas de outros setores, tudo através da logística de mídia aprendida na ADA. Organizou e dinamizou o processo de um pequeno e tímido negócio, e quando não dava conta do serviço, arrumava pequenos bicos para seus companheiros de ADA.

O próprio Mário Rolla passou a escutar mais as ideias de Lacerda, que buscava aperfeiçoar o discurso das mensagens dos cassinos ao público de modo ainda mais subliminar do que já era. Como não era permitido fazer propaganda do jogo, os shows eram cada vez mais chamativos. Já Joaquim Rolla, ao escutar um anúncio no rádio, não gostou nada do modo rebuscado da nova campanha. Logo pediu uma reunião com o irmão, que levou Lacerda junto. Os representantes da ADA explicavam o motivo da peça, que era sutil. Joaquim não conseguiu compreender como poderia gastar tanto para se fazer uma campanha ainda mais indireta do que já era. E questionou seus publicitários sobre como eles conseguiam desperdiçar tanto dinheiro sem convencer o público a conhecer seus cassinos. Os membros da ADA não gostaram do que ouviram, e tentaram inutilmente convencer o chefe. A conversa acabou num certo clima de animosidade e, na semana seguinte, Lacerda pediu demissão da ADA através de uma carta, e recebeu de Rolla uma resposta elogiando-o pelo tempo que trabalharam juntos.

As visitas de Dorothy Draper à serra Fluminense para inspecionar a construção do Quitandinha continuavam, e em conversas com Rolla, trafegando pelos seus cassinos, ela se demonstrava cada vez mais entusiasmada em trabalhar no projeto. Adorou a sugestão dele de utilizar mármore extensivamente, como nos tempos da Roma antiga. Caminhando pelos subterrâneos da construção, ela visualizou um rinque de patinação, onde a decoração incluiria imitação de estalactites. Ideia que ele aproveitaria ao longo dos anos.

Considerada uma pessoa frívola e desligada de política, Draper sentiu os efeitos da Segunda Guerra Mundial de perto pela primeira vez quando estava no Brasil. Da janela do hotel Glória, onde estava hospedada, ela viu uma marcha pacífica de gente cantando. Eram dezenas de jovens carregando a bandeira nacional, que protestavam pelo torpedeamento de quatro navios brasileiros por submarinos alemães. O povo já exigia que o governo, que postergou sua decisão enquanto pôde, tomasse um lado no conflito.

Na sequência, pouco antes de partir, Draper ainda pôde presenciar o maior temor financeiro que o projeto de Rolla poderia sofrer àquela altura, quando no dia 15 de dezembro de 1942, Getúlio Vargas assinou a lei de nº 5089, proibindo o jogo no Brasil. O motivo de tal ato, era a pressão feita pela predominância católica conservadora na política brasileira. Mas o Estado Novo precisava financiar os projetos beneficentes capitaneados pela primeira-dama, como a Cidade das Meninas, que ainda estava em construção. Assim, menos de um mês depois, no dia 14 de janeiro de 1943, o próprio presidente anulou a proibição através da lei nº 5192, e as obras em Petrópolis puderam continuar.

Na realidade, nunca sequer se deu o cancelamento da construção do Quitandinha, durante aquele breve período de indecisão no mundo da batota. Os empresários que haviam lucrado grandes fortunas no ramo, já haviam diversificado seus investimentos em outros setores, apostando também em negócios seguros. Alberto Quatrini Bianchi, por exemplo, além de dono dos cassinos Atlântico, Guarujá, Poços de Caldas e outros mais, investira pesado, ainda em 1941, na exploração de ouro, pirita e outros minerais nobres próximo à cidade de Ouro Preto, na vila e mineração Bico de Pedra, pertencente ao distrito de Rodrigo Silva. O nome da localidade foi dado por causa de uma pedra gigante existente no local, uma imitação natural de um falcão empinado. Mas a história da Mineração Bico de Pedra é um tanto quanto nebulosa, pois se falava na época que o suposto ouro encontrado por lá era, na verdade, a lavagem de dinheiro do jogo ilegal que corria nos cassinos de Bianchi.

Já Rolla, tanto quanto se sabe, investia paralelamente em negócios que, apesar de complementares ao jogo, não levantavam qualquer tipo de suspeita. Tal como comprara a fazenda em Araras para servir de suporte à área de restauração dos seus hotéis cassinos e uma pedreira, para fornecer brita para a edificação do Quitandinha, quando algum produto essencial como o cimento faltava na obra, Rolla acabava adquirindo uma empresa do ramo para que esta abastecesse sua demanda. O empresário exigia que toda a matéria-prima fosse nacional, transformada no Brasil e fabricada por brasileiros. E depois, quando já não precisava do negócio paralelo, ainda conseguia vender a empresa a um preço acima do seu valor no mercado.

Assim, no canteiro de obras do Quitandinha, nem durante a breve proibição do jogo houve descanso. Visto do ar na época, o local parecia um formigueiro de gente em idas e vindas constantes. Juntamente com o edifício, foram se erguendo também grandes barracões em madeira, que serviam de moradia aos trabalhadores vindos de todo o país à procura de emprego. Muitos aí pereceram em acidentes que ocorriam com mais frequência do que seria normal numa obra de menor porte. Construía-se tanto quanto se escavava, para alicerçar o edifício e enterrar as dezenas de gigantescas manilhas onde cabiam três homens de pé, e que serviriam para apoiar a infraestrutura tanto do hotel cassino quanto de Petrópolis. Até então, o saneamento básico da cidade era extremamente precário. Ao investir na sua modernização, Rolla teve ainda de construir estações de tratamento de água e uma barragem de 15 km de extensão. Foi um investimento pesado e, por essa razão, o empresário ganhou da prefeitura local uma concessão para exploração dos serviços de água e esgoto durante as três décadas seguintes.

Diversas empresas foram contratadas para a construção, fornecimento de materiais e serviços de revestimento e pintura. O Quitandinha usufruiu também de um período em que o Brasil se destacava mundialmente pela sua arquitetura em concreto armado. O progresso que se verificava à época em termos de construções nesse material valeu ao país vários prêmios internacionais, entre os quais a abóbada da sala de jogo do Quitandinha, que, com mais de 45 m de diâmetro, deixava todos de queixo caído, era quatro metros maior que a catedral de São Pedro, no Vaticano. Quando as vigas de madeira de sua construção foram retiradas, houve uma grande festa entre os trabalhadores pela quebra do recorde mundial.

Em novembro de 1942, o Governo do Brasil, no intento de modernizar sua economia, oficializa o cruzeiro e extingue os mil-réis, usados desde os tempos coloniais. Foi a primeira vez que o país teve centavos em seu dinheiro, mas, como era tempo de crise, as notas de mil-réis eram carimbadas com o valor de um cruzeiro e colocadas para circular novamente.

Desde que acelerou a construção do Quitandinha, além de pegar empréstimo com dezenas de bancos (tendo seus terrenos como garantia), pouco antes de o governo lançar o plano econômico no qual a moeda mudou de nome, Rolla conseguiu uma autorização do governo para fundar sua própria instituição financeira. Por meio da boa vontade de diversos amigos que acreditaram em seu grande negócio em Petrópolis, Rolla conseguiu vários sócios para serem avalistas de seu Banco Mercantil do Brasil, que sustentou a construção do Quitandinha: Benjamin Vargas, os irmãos Luciano, José e Amynthas Jacques de Moraes e José de Magalhães Pinto, entre muitos outros. Magalhães Pinto, o único não citado na história até aqui, estava prestes a fundar o seu próprio negócio financeiro em Belo Horizonte, o Banco Nacional, e seria um destacado político conservador em seu estado.

O Quitandinha de Rolla estava cada vez mais perto da realidade, mas passariam ainda três anos até que o empresário conseguisse inaugurar, ainda que parcialmente, o castelo de seus sonhos.

DA EUROPA, EXÍLIO, *GLAMOUR* E QUALIFICAÇÃO

Durante a epopeia para construir o Quitandinha em Petrópolis, o arquiteto Luiz Fossati ainda foi contratado por Joaquim Rolla para projetar a sua própria casa naquela cidade. Era uma mansão do mesmo estilo arquitetônico do hotel cassino, rodeada de um magnífico lote ajardinado que beirava outras três casas no bairro Paraisópolis. Entre os habitantes destas, logo Rolla ganhou um vizinho ilustre. Era o escritor austríaco Stefan Zweig, autor de *Brasil, país do futuro*, um elogio à nação brasileira que o tornara famoso aqui. Zweig era judeu e, junto com sua segunda e jovem mulher, Charlotte, elegera o Brasil para se refugiar da guerra na Europa.

Talvez Rolla nunca tenha lido a obra de Zweig, mas decerto o conheceu enquanto frequentador assíduo do Tênis Clube em Petrópolis e do Cassino da Urca, quando ele ia ao Rio. Além disso, seu irmão Mário era um admirador do estilo "suave, doce, transparente" do austríaco, e lera vários de seus livros. Assim, Mário comunicou ao irmão o seu entusiasmo ao saber da chegada do escritor. Alguns meses mais tarde, o caçula registraria ainda a sua perplexidade ao tomar conhecimento do suicídio de Zweig e de sua esposa, bem ao lado da casa do irmão: "Quem poderia esperar que um homem rico, famoso, adorado fosse tão tragicamente pôr fim à sua vida?" Ninguém teria entendido então até que ponto o escritor judeu abraçara a causa e sofrimento do seu povo perante o nazifascismo que assolava a Europa. Zweig admirava o Brasil e, na sua escolha pelo exílio tupiniquim, trazia o intuito de sensibilizar Getúlio Vargas sobre a situação do povo judeu. Ao perceber que dificilmente atingiria seu objetivo, foi como se a última gota da sua razão de viver tivesse vazado, optando pela morte e deixando seus admiradores fortemente abalados.

Desde o final da década de 1930, a situação dos judeus na Europa começou a trazer para o cenário artístico brasileiro uma avalanche de talentos fugidos do Holocausto. O Brasil, apesar de possuir em seu governo diversos simpatizantes nazistas, possuía também fortes críticos às políticas do Terceiro Reich, entre os quais indivíduos com posição e autoridade na sociedade. Um exemplo foi Luiz Martins de Souza Dantas, que exerceu o cargo de embaixador na França, no período de 1922 até 1943. Após a ocupação de Paris pelos alemães, em 1940, Souza Dantas fora transferido para Vichy, de onde os invasores passaram a administrar o território ocupado. Católico convicto, não via na política externa de Getúlio Vargas o sentido cristão que a consciência lhe ditava, tomando uma posição de desafio em relação à ocupação alemã na França, e ajudando centenas de judeus e outros tantos perseguidos pelos nazistas a obterem a documentação necessária para o exílio no Brasil.

Entre os mais notórios judeus que receberam a ajuda de Souza Dantas estavam Zbigniew Ziembinski e Oscar Ornstein, que aportaram direto do velho continente para trabalhar no Cassino da Urca, logo após a ocupação nazista. O primeiro, inicialmente iluminador de espetáculos, com sua experiência em atuação passou a dirigir o ensaio dos números teatrais da Urca, sendo posteriormente convidado para ser diretor de cena da peça *Vestido de Noiva*, escrita por Nelson Rodrigues e considerada um marco na história do teatro moderno brasileiro. O segundo começou trabalhando como fotógrafo, instalando-se num estúdio improvisado num pequeno espaço que lhe foi cedido na Urca. Com o tempo, ganhou a confiança de Rolla, e quando já falava bem português, virou seu tradutor oficial. Ornstein trabalhou para a Urca por bastante tempo, radicando-se no Brasil e aqui casando com uma solista do balé do húngaro Maurício Lanthos, um excelente saxofonista, que se apresentara no Icaraí em outubro de 1939, num memorável espetáculo com suas lindíssimas e disciplinadas bailarinas.

Mas nem só artistas e individualidades ligadas ao mundo do espetáculo vieram enriquecer o ambiente dos cassinos. Judeus ou não, a guerra trouxe muita gente que permanece anônima na história, e os serviços oferecidos pelos cassinos de Rolla acabaram usufruindo de mão de obra especializada estrangeira, como chefs de cozinha e outros funcionários essenciais ao negócio do jogo e do turismo. E entre os estrangeiros havia, ainda, burgueses endinheirados que fugiam do conflito, inclusive judeus ricos em busca de refúgio para si e suas fortunas. Uns vinham de passagem, outros acabaram se radicando no Brasil.

Curiosamente, a guerra e a perseguição aos judeus, acabaram até prejudicando os negócios ilícitos, como o tráfico sexual de mulheres judias do leste europeu, praticados por uma quadrilha internacional de escravas brancas, a Migdal, desde o século XIX. As mulheres eram vendidas para os quatro cantos do mundo, principalmente para a América do Sul. Eram na maioria judias carentes (no Brasil, pejorativamente chamadas de polacas) que haviam sido retiradas de suas famílias com pretensas promessas de casamento. Mas, quando chegavam a seu destino, eram cruelmente atiradas no submundo da prostituição, trabalhando pelos bordéis e outras casas noturnas, o que incluía também os cassinos do Rio, onde tal atividade era velada.

Se os judeus que procuravam refúgio no Brasil esperavam encontrar aqui um lugar seguro e livre de discriminaçõe, muito se enganaram. Além do racismo que a teoria da miscigenação não apagara, a ideologia nazista ganhara raízes até no Brasil, que se afirmava orgulhosamente ao mundo como uma sociedade racialmente misturada.

A rádio Ipanema, que funcionava dentro do Cassino Atlântico desde a inauguração da casa, foi comprada secretamente por nazistas em agosto de 1941. A embaixada alemã, já temente que o Brasil fosse se tornar inimigo do Eixo no conflito, queria ter o controle da rádio Ipanema, que considerava estratégica. A ideia da compra foi de um adido comercial da Alemanha, Hans Hennig Von Cossel, que deu a Wilhelm Koenig a tarefa de realizar a transação. Koenig era supostamente diretor das estradas de ferro alemãs na fachada, um órgão de turismo, mas segundo telegramas trocados naquela época, tratava-se, na verdade, de um centro de espionagem. A aquisição fez-se por meio de dois testas de ferro brasileiros, o engenheiro Paulo Eugênio Figueira de Melo e o médico Thiers de Andrade Ribeiro.

Aparentemente, o dono do Cassino Atlântico, Alberto Bianchi, não teve nada a ver com a operação da rádio Ipanema, e tanto Melo quanto Ribeiro admitiram que os quase mil cruzeiros usados na transação de compra da emissora eram provenientes da embaixada alemã. Finalmente, em 1943, o caso seria arquivado pela Delegacia Especial de Segurança Política e Social, quando o governo brasileiro já havia tomado o lado dos Aliados na guerra, abraçando definitivamente a Política da Boa Vizinhança que seu novo parceiro ideológico vinha-lhe oferecendo desde o inicio da década de 1930.

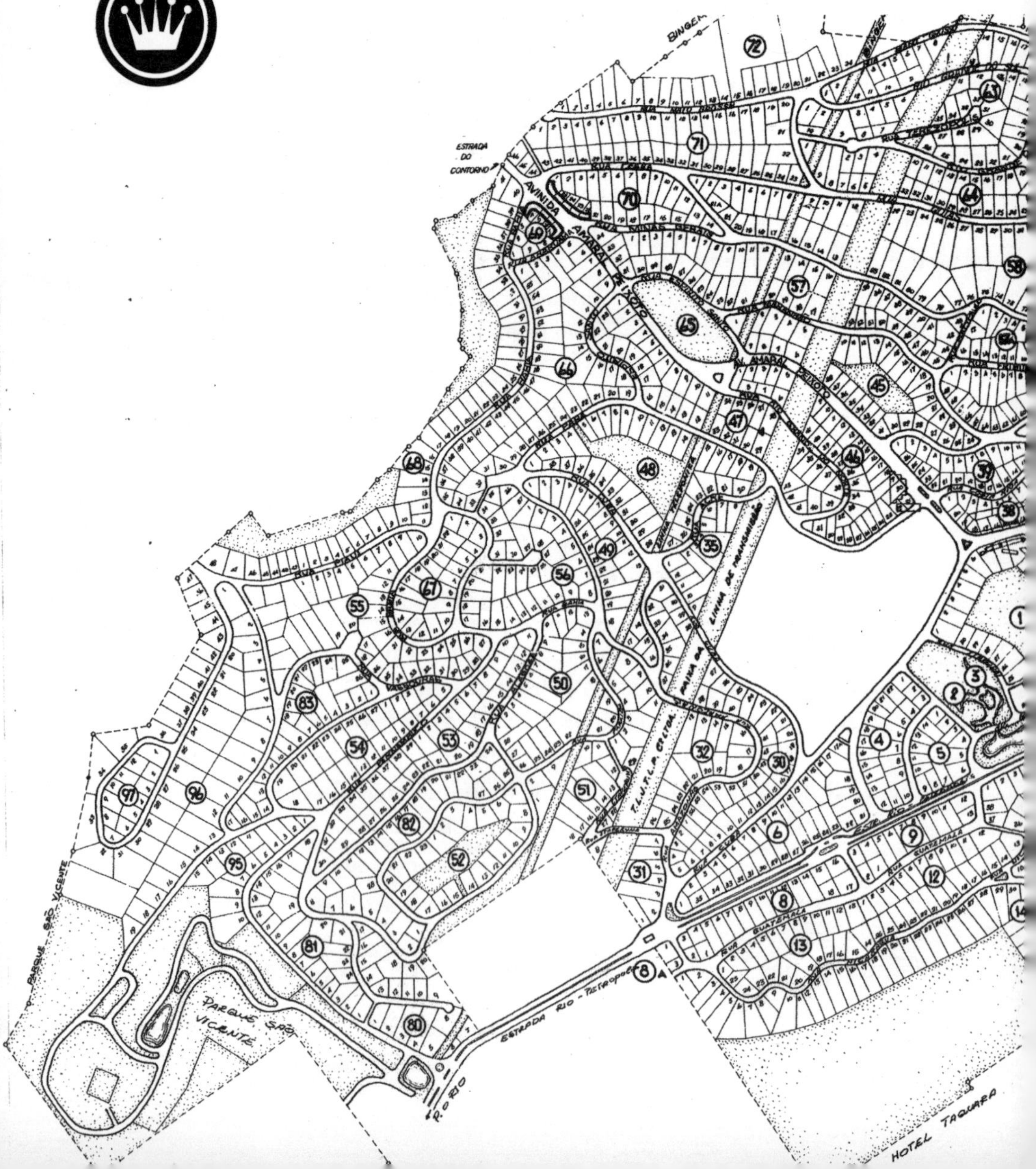
ESTRADA DO CONTORNO
BINGEN
RUA MINAS GERAIS
RUA MATO GROSSO
RUA CEARÁ
AVENIDA
PARQUE SÃO VICENTE
ESTRADA RIO - PETROPOLIS
HOTEL TAQUARA
RIO
FAIXA DA LINHA DE TRANSMISSÃO

Ao idealizar o Quitandinha, Rolla concebeu a criação de um bairro onde as residências seguiam o padrão arquitetônico de seu cassino. Assim, teve que preparar, abastecer e urbanizar uma região inóspita de Petrópolis. Ao visualizar o mapa, o empreendimento principal é pequeno, comparado à imensidão de lotes que venderia.

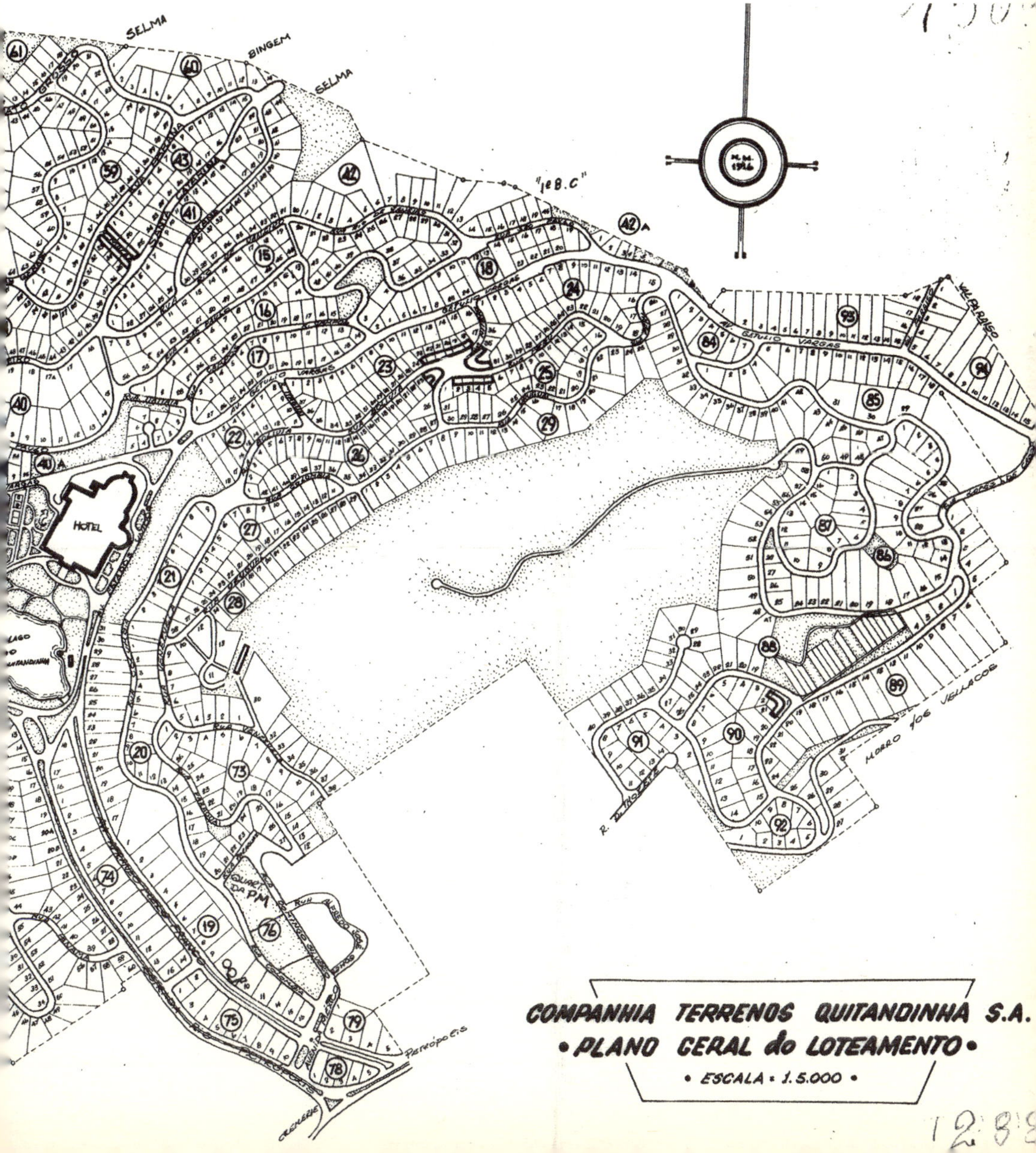

O QUE É QUE A VIZINHANÇA TEM?

A entrada dos Estados Unidos na guerra, no final de 1941, deu um novo sopro à política cultural que o gigante do norte vinha promovendo pelo seu quintal ao sul. Conhecida como a Política da Boa Vizinhança, o programa de Roosevelt visava o intercâmbio cultural entre os Estados Unidos e os países da América Latina, fechando os olhos às práticas ditatoriais de líderes como Getúlio Vargas e às suas indecisões quanto a que lado tomar no conflito.

Era um programa ambicioso, que visava incutir no público latino-americano o interesse pelo *American way of life*, inicialmente afastando a possibilidade de alastramento da ideologia comunista na América. O programa tentava ainda limpar a imagem dos Estados Unidos, bem deteriorada após sucessivas intervenções políticas e militares em países latino-americanos ao longo do século. Mas não deixava de ser uma interferência na política interna desses países, uma vez que o conceito norte-americano de boa vizinhança se comprometia a investir e partilhar tecnologia com o sul, mas impunha os termos em que isso era feito, e ainda exigia o apoio da América Latina a seus ideais e à sua política na arena internacional.

Roosevelt tinha boas razões para temer que o Brasil tomasse o partido do Eixo. Poucos anos antes, Góes Monteiro, uma das mais altas patentes do Exército Brasileiro, fora enviado para fazer um curso de renovação tática na Alemanha. Além disso, o Governo Federal também recebera recentemente, com toda a pompa, homens-chave de Mussolini no Rio de Janeiro. Mas mesmo sem quaisquer vínculos democráticos, Vargas tentava manter uma relação amigável com os Aliados. Só iria decidir que lado tomar no conflito quando alguém estivesse perto da vitória ou cedesse grande quantidade de benefícios ao Brasil.

Assim, para os norte-americanos, era essencial que os vassalos do *Big Stick*[3] fossem seduzidos através de benesses supostamente vantajosas. Mas para o grosso da população latino-americana, a política cultural do vizinho todo-poderoso traduziu-se em oníricas doses, temperadas pelo glamour que os Estados Unidos projetavam através do seu grande embaixador: Hollywood. O cinema mostrava seu real poder de fogo sem dar um tiro, e os filmes americanos eram exibidos até mesmo em países do Eixo. Mas Hollywood não escondia a ideologia política da sua nação, lançando produções com mensagens políticas claras, como o longa metragem crítico a Hitler *Confissões de um espião nazista*, realizado em 1939, ou *O grande ditador* estrelado e dirigido por Charles Chaplin logo depois.

Paralelo a temas ligados ao conflito, já havia alguma vontade em explorar também a temática de histórias desenroladas nos países ao sul, além de utilizar suas divas importadas, de apelidos explosivos; *Brazilian Bombshell*, Mexican Spitfire, Venezuelan Volcano, Cuban Hurricane, Puerto Rican Firecracker etc. A cultura norte-americana tinha intenção de glamorizar a América Latina mesmo caricaturalmente, e o sucesso de Carmen Miranda nos Estados Unidos refletia essa intenção. Entre os brasileiros, ela não foi a única a se apresentar a um público americano atraído pela promoção que seu governo fazia aos países do sul. Havia, por exemplo, o cantor Fernando Alvarez, que em maio de 1941 se apresentava no Cassino Copacabana de Nova York, cidade onde, aliás, segundo o jornalista Júlio Barata, a música "Aurora" estava fazendo um grande sucesso.

Visualizando a Política da Boa Vizinhança como uma oportunidade comercial, Nelson Rockefeller, o magnata do petróleo e dono dos estúdios RKO, foi o grande incentivador privado da proposta. Amigo de Assis Chateaubriand, Rockefeller fora convidado pelo próprio presidente para criar e tornar-se diretor do escritório para os assuntos interamericanos de um governo em vias de tornar-se beligerante. Ou seja, o empresário americano tinha carta branca e, de acordo com seus interesses na política de seu país para a América Latina, fez esforços para que o máximo de estrelas hollywoodianas fizesse campanha para seus filmes, e seu país, em terras tupiniquins, com uma frequência nunca vista até então.

Neste contexto, ainda em 1940, o primeiro de uma constelação a passar uma temporada no Rio de Janeiro, foi Errol Flynn, o protagonista de *Robin Hood* e *O gavião do mar*. Recebido por Getúlio Vargas no Palácio do Catete, na mesma noite, o ator deu uma entrevista para o programa de rádio *Hora do Brasil*, no qual pediu aos brasileiros que o escutassem como uma pessoa que gostaria de estreitar os laços entre os dois países e não como uma celebridade. Os americanos estavam muito preocupados com o destino político que o Brasil tomaria no contexto de guerra, pois poucos dias antes, Getúlio Vargas havia dado um discurso que foi interpretado no norte como simpático ao Eixo. De toda forma, ainda durante a viagem, Flynn enviou uma correspondência ao presidente norte-americano, relaxando-o sobre a posição do ditador brasileiro com a causa pan-americana.

No final de abril de 1941, quem chegou à capital brasileira para passar uns dias foi Douglas Fairbanks Jr. O ator tinha intensa agenda na cidade, dando entrevistas, socializando e até mesmo visitando o presidente Getúlio Vargas, em companhia do homem que vigiava a imprensa, Lourival Fontes, o presidente do DIP. Naquele tempo, havia entre o povo uma paranoia no ar, quanto a se um fascista, nazista ou comunista estaria espionando nossas riquezas, mas um americano podia fazê-lo. Numa nota do *Diário de Notícias*, o depoimento de Fairbanks Jr. afirmava que "se encontra no Brasil, encarregado pelo chefe de governo de seu país, de ver, ouvir, sentir e observar a vida brasileira em todos os seus aspectos, devendo depois, transmitir as suas impressões às autoridades norte-americanas". Obviamente, houve uma noite de gala no Cassino da Urca em homenagem ao astro. Convidado para assistir aos melhores shows da cidade, ficou estupefato com a estrutura da casa de Rolla e com o show dos Brazilian Serenaders.

E logo em agosto chegou John Hay Whitney, um enviado de Rockefeller para o reconhecimento do espaço, que retornou ao milionário com várias sugestões para investimento em produções culturais no Brasil. Quem acompanhava Whitney era o cineasta Walt Disney, e sua equipe de 16 pessoas que vinham executar estudos para seu próximo filme, e passear pela Cidade Maravilhosa. O pessoal dos desenhos animados ficou hospedado no hotel Glória. O intuito oficialesco da vinda deles era o lançamento de *Fantasia*, quando o Cassino da Urca serviu de ambientação para uma festa em que os temas do filme serviram de cenário para uma noite de homenagens. No local, foi montado também um palco e uma encenação carnavalesca, especialmente para os norte-americanos.

Disney e sua equipe ficaram tão empolgados com a cidade que acabaram criando o Zé Carioca, um personagem baseado no malandro que estreou no filme seguinte deles, *Alô amigos*. No término desta produção cinematográfica, se veem os principais redutos de jogo da Baía de Guanabara, em ordem de importância: Copacabana, Atlântico e finalmente o Cassino da Urca, onde a câmera se afasta mostrando o cenário da praia, precedendo o *The End*. Com o passar dos anos, o filme foi banido de ser exibido em sessões infantis, porque o Pato Donald aceita tomar uma cachaça oferecida pelo Zé Carioca. De toda forma, foi a cadência do soluço de Donald bêbado que chamou os batuques para começar um samba orquestrado que estourou em todo mundo: "Aquarela do Brasil", composta por Ary Barroso.

No mês seguinte, Joaquim Rolla ficou sabendo, por seus informantes no governo, que o astro do cinema e do rádio Bing Crosby viajava no Argentina, proveniente da frota da Boa Vizinhança, e que aportaria no Rio de Janeiro rumo a Buenos Aires. Rolla foi pessoalmente ao cruzeiro contratar o astro internacional com uma mala cheia de dólares. O astro, que estava descendo à capital portenha para ampliar sua coleção de cavalos de turfe, já tinha ouvido falar do Cassino da Urca.

Crosby foi convidado por Rolla a passear pelos pontos turísticos do Rio de Janeiro. E logo foram para uma excursão resumida dos cartões-postais da cidade. Desde o princípio da conversa, o cantor dizia ao dono do cassino que não pretendia trabalhar naqueles dias. Mas, mesmo falando línguas diferentes, houve uma grande empatia entre o astro e o ex-tropeiro, que queria dar um cavalo de corrida a Crosby, extasiado pelo cenário carioca. E como o clima alegre da Cidade Maravilhosa acabou contagiando Crosby, ele cedeu à proposta de Rolla para fazer um pequeno ensaio de pouquíssimas músicas e conhecer o seu cassino em atividade.

A noite em que Bing Crosby esteve presente na Urca foi para mais uma das festas beneficentes promovidas pela primeira-dama Darcy Vargas e suas obras assistenciais. Não havia sido anunciado que o cantor americano iria sequer subir ao palco. Durante a apresentação dos Brazilian Serenaders, Carlos Machado ovacionou Crosby, convidando-o a cantar uma música. Bing fingiu que não ia, mas logo consentiu e cantou "Dinah", e perante estrondosos aplausos, ainda ficou no palco para apresentar "Somebody Loves Me", e, em seguida, desceu para sua mesa sorrindo e de pileque, sob o ritmo do samba da orquestra.

Uma noite carnavalesca para Walt Disney. Quando o cineasta esteve no Brasil para lançar *Fantasia*.

A política cultural norte-americana ia ganhando terreno na América Latina, e as rádios no Brasil tocavam de forma ostensiva grandes sucessos como os de Crosby e tantos outros produzidos nos EUA. Mas a Política da Boa Vizinhança procurava promover também o intercâmbio de artistas entre os países ao sul, e são vários os relatos da época que se referem a uma invasão mexicana. O jornalista Otávio Gabus Mendes escreveu, em maio de 1941, que os *swings* da orquestra de Gaó estavam sendo substituídos pelos Sombreros e Melodias Dolentes do México. O próprio Carlos Machado, que tocara com Bing Crosby, comentou em sua autobiografia sobre a época dos grandes boleros, quando o Cassino da Urca parecia um templo asteca, acolhendo números de artistas de renome como Tito Guizar, Pedro Vargas, José Mojica, Augustín Lara, Ortiz Tirado, Toña La Negra, Chucho Martinez, Los Panchos e Elvíra Rios. Melodias como Rancho Grande, Guadalajara, Cielito Lindo, Besame Mucho, Volverás, Noche de Ronda, Maria Bonita, Granada e Vereda Tropical, ficaram famosas, ganhando versões cantadas em português que se celebrizaram no Brasil.

Os mexicanos foram ganhando o coração dos brasileiros, e marcaram sua presença na Urca por vezes até de forma bastante afetiva. Foi o caso do casamento católico, inusitado por ter ocorrido naquela casa de jogo, que uniu em matrimônio Chucho Martinez e a vedete Angelita, e foi celebrado pelo frei e cantor José Mojica. A moda mexicana chegou mesmo a decorar diversas festas que aconteceram na Urca e encantou o filho de Joaquim Rolla, o pequeno Howell, que nesse ano celebrou seu aniversário na nova casa da família em Petrópolis trajando uma fantasia mexicana.

No início da década de 1940, o Rio de Janeiro se impunha no mundo do espetáculo ao ponto de os próprios funcionários da agência de propaganda de Joaquim Rolla, ADA, se impressionarem com a projeção internacional da cidade. Desde o final do ano anterior, o pessoal da agência já vinha recebendo visitas e dava sugestões a um fotógrafo e repórter chamado Hart Preston, que representava a revista *Life*, uma das mais consagradas publicações norte-americanas, no Brasil. Discreto sobre as dependências de sua joia, Rolla não permitia que fotógrafos da imprensa brasileira registrassem o interior da Urca. Como Preston ficou amigo do pessoal da ADA, eles logo conseguiram

A festa de aniversário de 8 anos de Howell Rolla não escapou da invasão latina que estava em voga no Cassino da Urca.

uma liberação do chefe para que o gringo fotografasse os espetáculos e conhecesse os mais importantes *habitués* da sociedade.

Inicialmente, Mário Rolla e sua equipe ficaram decepcionados com a primeira imagem que fazia referência aos cassinos do Rio na *Life*. Era uma reportagem de capa, de 22 de setembro de 1941, em que a bela dançarina Eros Volúsia dançou diversos ritmos nacionais dentro do Cassino Atlântico. A matéria dava destaque apenas à maleabilidade e curvas de Volúsia, que chegou a ser convidada pelo DIP para criar um bailado 100% brasileiro. Além disso, ao longo dos anos, a coreógrafa chegou a se apresentar em todos os cassinos da capital, mas a *Life* não fazia referência à Urca. Rolla pediu a Mário e seu pessoal para que pressionassem Preston para fotografar e escrever uma matéria que desse destaque ao seu cassino.

Não foi bem o que o rei do jogo queria, mas no dia 3 de novembro de 1941, a *Life* dedicou três páginas de texto e imagens num artigo intitulado "Life goes to a nightclub in Rio", sobre a noite carioca. Das 15 fotos focalizando os principais cassinos da cidade, sete são do Cassino da Urca. Do público estampado nas imagens, destacam-se a senhora Darcy Vargas, sua filha Alzira, o genro e interventor do Rio de Janeiro, Ernani do Amaral Peixoto, e o *bon vivant* da família presidencial, o coronel Benjamin Vargas. Era o Cassino da Urca atingindo fama mundial.

Mas estava ainda para chegar o *enfant terrible* de Hollywood. Enviado para dirigir um filme que acabou por nunca ser lançado, e destinado a ser mais um embaixador da Política da Boa Vizinhança, acabou desestabilizando as relações culturais Estados Unidos-Brasil. Afinal, sua leitura da sociedade brasileira não se limitava a belas latinas equilibrando cachos de bananas na cabeça. Para Orson Welles, o Brasil se revelaria uma fonte inesgotável de inspiração, mas não a que os estúdios RKO e o Estado Novo buscavam.

CIDADÃO SAMBA

No dia 8 de fevereiro de 1942, aterrissou no aeroporto Santos Dumont o criador de *Cidadão Kane*, Orson Welles. Vinha completar a equipe de 22 técnicos da RKO, entre os quais fotógrafos, eletricistas, sonoplastas e outros companheiros que o assessoravam desde que era diretor do Mercury Theatre, e que tinham chegado duas semanas antes para filmar o grande acontecimento anual no Brasil, o Carnaval. A imprensa divulgou amplamente a iniciativa do estúdio americano, que foi incentivado pelo seu dono, Rockefeller. O proprietário da RKO havia convencido Orson Welles a filmar no Brasil e no México segmentos de um documentário que, originalmente, tinha a história da música do continente americano como fio condutor. Inicialmente intitulado *Pan-America*, o nome do filme logo foi alterado para *It's All True* (*É tudo verdade*).

A primeira história que foi sugerida a Welles registrar no Brasil era precisamente sobre o samba e o Carnaval. Numa conferência de imprensa no hotel Copacabana Palace, onde ficou hospedado, Welles revelou que pretendia fazer algumas tomadas da festa momesca carioca em cores (*technicolor*), fato inédito na cinematografia brasileira.

Mas o motivo pelo qual o diretor norte-americano teria vindo parar em terras tupiniquins seria bem mais sinistro. Welles, que ganhou enorme respaldo entre a crítica com *Cidadão Kane*, seu primeiro longa-metragem, lançado no ano anterior, estava com o nome na lista dos comunistas radicais que o FBI caçava em Hollywood. E quem colocara o nome do diretor no rol fora precisamente William Randolph Hearst, dono de um dos maiores impérios midiáticos do mundo, o grupo Time, que inspirara o personagem principal da película de Welles, Charles Foster Kane. Hearst não gostou nada de ver sua privacidade exposta num filme e, por este motivo, perseguiu o diretor, pressionando os serviços de espionagem norte-americanos a refreá-lo.

Para convencer a espionagem de que Welles tinha tendências comunistas, Hearst mandou criar um currículo manipulado do cineasta, por meio das suas revistas de fofoca cinematográfica. O conteúdo limitava-se basicamente, a fatos pretensamente subversivos de sua carreira: uma peça de Shakespeare que dirigira com um grupo de atores negros em Nova York, ou a própria encenação de *Guerra dos Mundos* no rádio, que deixara a população em pânico ao imaginar se tratar de uma invasão alienígena real. Fatos nada óbvios para qualquer acusação de comunismo, mas num contexto político de caça às bruxas, tudo valia.

Foi Nelson Rockefeller, o magnata do petróleo e do cinema que inventou a solução para afastar Welles de Hollywood, casando essa intenção com a Política da Boa Vizinhança e, assim, aproveitando para estreitar os laços entre os norte-americanos e os brasileiros. Disse a Welles que poderia gastar uma soma folgada de capital num documentário realizado por países da América Latina.

Atendendo ao pedido governamental, e talvez querendo ter seu nome apagado da lista de comunistas de que o governo americano estava à caça, Welles, que inicialmente iria documentar a história do jazz e da vida de Louis Armstrong, mudou seu projeto abruptamente, fazendo a maior parte do roteiro ser escrita praticamente durante as filmagens. E rapidamente, decidiu que o primeiro segmento a inserir no longa seria baseado num conto de Robert J. Flaherty, um dos pais do formato documentário, que foi produtor deste segmento. Chamava-se *My Friend Bonito*, e foi filmado no México, relatando uma história sobre a amizade de um garoto com um bezerro que, depois de crescer, iria ser sacrificado numa tourada.

Já no Brasil, seriam filmados outros dois segmentos, um sobre a história do samba durante o Carnaval e outro sobre os jangadeiros cearenses. Este último era um curta baseado numa façanha real ocorrida no final de 1941, de que Welles tomou conhecimento num artigo publicado na revista *Time*. Era uma história sobre quatro homens que, numa rudimentar jangada sem instrumentos de navegação e expostos aos caprichos da natureza, haviam desafiado 5 mil quilômetros de oceano para intercederem ao presidente Getúlio Vargas sobre sua condição trabalhista. Mas o segmento do Carnaval seria o primeiro a ser filmado quando chegasse ao Brasil, onde Welles pretendia documentar o samba.

Julgando pelos diários e agendas dos estúdios que bancavam o projeto de *É tudo verdade* no Brasil, cada passo do cineasta era cuidadosamente registrado, desde as suas marcações, remarcações e até atrasos para reuniões importantes com autoridades brasileiras. A fama de Welles deu-lhe privilégios que nunca tinham sido concedidos a diretores de cinema, como a ajuda do Exército brasileiro com potentes refletores para as tomadas noturnas externas, ou a impunidade depois de ter esvaziado os móveis de seu apartamento pela janela direto na avenida Atlântica durante uma tola brincadeira, depois de discutir sobre os abusivos contratos de seu aluguel.

Do mesmo modo inconsequente, porém de forma totalmente impetuosa, o cineasta viu acontecer na Urca, num baile de Carnaval em seus primeiros dias no Brasil, um fato pitoresco protagonizado por Benjamin Vargas. O primeiro-irmão agrediu o advogado Willian Monteiro de Barros e, junto de mais quatro capangas, perseguiram-no de automóvel, provocando um desastre fatal pela madrugada, fato estranhamente não publicado naqueles tempos.

A fama boêmia de Orson Welles também foi amplamente divulgada pela imprensa. Foi chegando ao Rio e rapidamente conhecendo o Cassino da Urca, onde se entrosou com seus artistas, que logo o introduziram nas favelas e na Lapa, onde lhe apresentaram o samba, a cachaça e as mulatas. Entre seus novos amigos, contavam-se Herivelto Martins, seu palpiteiro musical, e Grande Otelo, que, além de companheiros de filmagem, cedo se tornaram parceiros de noitadas e bebedeiras. Outro que estava sempre na companhia de Welles era Vinicius de Moraes, recém-admitido embaixador no Itamaraty e que, alguns anos depois, criou uma história carnavalesca ambientada nas favelas cariocas, que se tornou uma peça de teatro e um filme premiadíssimo chamado *Orfeu Negro*.

O segmento de *É tudo verdade* sobre o samba contaria a história de um menino que se perde numa noite de Carnaval e recebe a ajuda de um sambista malandro para encontrar o caminho de volta para casa. O garoto era interpretado pelo filho de Herivelto, Pery Ribeiro, e o malandro, por Grande Otelo, que, segundo Welles, era um dos melhores atores do mundo. Conheceram-se na primeira noite que o cineasta passou no Cassino da Urca, e Otelo contaria, anos mais tarde que quem trabalhou com o americano estranhava a atitude do gringo, que enchia a cara de cachaça até as cinco da manhã e, às oito, já exigia a presença de todos no set de filmagem. Os brasileiros estavam acostumados à rotina de Cassino da Urca e nunca acordavam antes do meio-dia, o que levava Welles à beira de um ataque de nervos.

Quando veio ao Brasil para filmar o carnaval de 1942, Orson Welles fez amizade com diversos artistas, como Grande Otelo e Herivelto Martins, no Cassino da Urca. Ao lado Orson Welles posa durante uma filmagem de um baile popular.

Mas não foi só com os atores e com a épica aventura marítima que Welles se encantou. As brasileiras também o levavam a perder a cabeça e chegou a ter um caso com a então rainha do samba na Urca, Linda Batista. Era mulherengo, e flertar não era impedimento para buscar outras beldades, até mesmo entre as artistas que compartilhavam o palco com Linda. Tanto que ao iniciar uma perseguição tenaz à jovem e belíssima Emilinha Borba, a quem até prometia levar um dia para Hollywood, Welles causou uma fúria tal em Linda que esta agrediu a colega, rasgando seu vestido minutos antes de ela entrar em palco.

Até hoje, mais de setenta anos depois, a sequência mostrando as cenas de Carnaval filmadas em *technicolor*, com a folia registrada nas ruas, no Teatro Municipal e principalmente dentro do Cassino da Urca, nunca foram mostradas em toda a sua extensão. A tomada mais bonita deste segmento mostra um ritual de aquecimento para tamborins, depois de esticar o couro de gato numa enorme fogueira. Além do cassino, foram filmadas cenas em diversos locais da cidade.

Filmagens do segmento do samba incluíam outras manifestações culturais brasileiras, como uma procissão religiosa de Quarta-Feira de Cinzas ultrapassada pelo menino e pelo malandro, que foram filmadas em Ouro Preto.

Influenciado pelo samba nostálgico recém composto por Grande Otelo e Herivelto Martins, "Vão acabar com a praça Onze", Welles fez questão de incluir na história do samba um aparte sobre as origens urbanas do ritmo de caráter africano. A tal praça Onze, berço do samba de rua, havia sido demolida no ano anterior para dar lugar à avenida Presidente Vargas e foi reconstruída no palco do Cassino da Urca especialmente para o filme, mas o cenário também era utilizado para um número com Grande Otelo e Herivelto Martins cantando o sucesso daquele Carnaval, fato que obviamente levantou a ira do ditador.

Ainda assim, foi Welles que fez as honras de anfitrião no aniversário do presidente brasileiro, que se realizou no dia 18 de abril no Cassino da Urca, organizado pela embaixada americana. Vinha preparando-se para o evento e uma semana antes, como sempre, chegara muito atrasado numa reunião com Rolla, o diretor teatral Iaconelli e os maestros Vicente Paiva e Ray Ventura. Desde que começara as filmagens da produção de *É tudo verdade* na Urca, seu diretor havia acertado com o dono do cassino cerca de 10 mil dólares pelo uso do espaço para locação com acesso livre a todo o ambiente do *grill-room*.

O maestro da casa, Vicente Paiva, havia sido incumbido pelo diretor de cinema de criar uma música chamada "Pan América", a ser incluída na trilha sonora de "É tudo verdade", e que foi tocada pela primeira vez na noite de gala presidencial pela orquestra de Ray Ventura, com tudo sendo filmado, obviamente. Mas os Brazilian Serenaders, sob a batuta de Carlos Machado, apesar de nem terem participado da reunião, abrilhantaram a noite do aniversário de Vargas com diversos clássicos como "Cidade maravilhosa" e "Dolores", cantadas por Emilinha Borba, e "Ai que saudades da Amélia" numa versão jazzística, interpretada pelo cantor mexicano Chuchu Martinez. Logo depois, Linda Batista cantou um samba de Nássara que condizia com o espírito que os americanos queriam ouvir dos brasileiros "Sabemos lutar" devidamente explicada aos ouvintes dos Estados Unidos por Orson Welles, trocando gracinhas com Linda Batista que era seu caso, em pleno palco.

Controlando o microfone, Welles era um profissional em transmissão direta via rádio para os Estados Unidos e celebrou o evento, elogiando o Brasil, o samba e o prazer de dançar dos brasileiros. Apresentou várias canções, falou em português e ainda elogiou aquela noite, que teve o título de "Sinfonia do Brasil", com o show cômico de Grande Otelo, dos caipiras Jararaca e Ratinho e dos acrobatas Vic e Joe, brasileiros que usavam nomes artísticos americanizados. Foi mais uma noite memorável no local, onde o locutor-cineasta comunicou aos Estados Unidos inteiro que "a Urca era um dos últimos lugares autenticamente felizes do mundo".

Mas, apesar de cumprir o seu papel de embaixador, aparecendo em ocasiões oficiais com autoridades brasileiras, e vendendo o Brasil que Rockefeller queria dar a conhecer ao povo norte-americano, o constante contato com a vida boêmia do Rio, o samba e a vida das favelas cariocas deu a Welles uma visão do Brasil que nenhum outro embaixador da Política da Boa Vizinhança tivera antes. Suas reflexões sobre a cultura e sociedade brasileiras apresentaram-se muito longe do estereótipo hollywoodiano do negro e do latino-americano. Pery Ribeiro afirmou no documentário sobre o filme inacabado *É tudo verdade*, de 1993,[4] que Welles fez o que nenhum outro homem havia feito pelo Brasil: mostrar o país como realmente era. Assim, a ideia de pan-americanismo que trouxera o cineasta ao Brasil foi substituída gradualmente por uma maior consciência das raízes comuns africanas que uniam os ritmos da América.

Esta noção era vanguardista, estando mais próxima de análises culturais contemporâneas, e por isso sofreu um boicote institucional de tudo que cercava o projeto. *É tudo verdade*, em sua tentativa de apresentar a gênese comum do samba e do jazz, acabou tornando-se um fracassado projeto arquivado nos armazéns de Hollywood, que relegou a Welles a pecha de maldito. Afinal, esse não era o filme que Rockefeller lhe havia encomendado, e por mais genial que fosse sua ideia, ela nunca passou pelas moviolas de edição da RKO. Se, ao erguer cenários de locais que Getúlio destruíra, Welles já conseguira desagradar ao líder brasileiro, seu novo conceito o preparava agora para comprar uma briga feia com o diretor dos estúdios que bancavam sua produção.

A situação entre Welles e as autoridades, brasileiras e norte-americanas, foi se deteriorando ao longo dos seis meses que o cineasta passou no país. Mas o que realmente parece ter incomodado o governo brasileiro foi a simpatia do americano pelo jangadeiro Jacaré. Tal como Welles era perseguido nos Estados Unidos, o pescador cearense também estava sendo acusado pelo DIP de ser justamente... comunista! Pois apesar das promessas de Vargas feitas à classe trabalhadora, a que Jacaré pertencia, reinvindicações trabalhistas eram paranoicamente olhadas como obra de agentes russos.

Welles já conhecia bem a história dos jangadeiros após ler na revista *Time* sobre a heroica travessia que trouxera Manuel Olímpio (o Jacaré), Jerônimo de Sousa, Raimundo Lima e Pereira da Silva de Fortaleza para a então capital federal, Rio de Janeiro. Tinham vindo pedir providências a Getúlio Vargas sobre os seus direitos previdenciários, que o ditador prometeu dar e não cumpriu.

Quando Welles filmou os quatro jangadeiros originais numa reencenação da viagem, Jacaré acabou falecendo num trágico acidente na Baía de Guanabara. Welles ficou comovido, e, mais determinado que nunca, criou outro segmento, contando as trágicas condições em que os jangadeiros cearenses viviam naqueles tempos. Definitivamente não era, mais uma vez, o que Rockefeller ou Getúlio esperavam.

Sentados, Dalva de Oliveira, Herivelto Martins e Ary Barroso. De pé, Grande Otelo. A qualquer hora do dia que os artistas da Urca quisessem ensaiar, o palco estava aberto a experimentações.

Para tentar mudar a maré, Welles saiu então do Rio e foi morar em Fortaleza por mais de um mês, onde rapidamente escreveu e dirigiu o roteiro, enquanto convivia e filmava cenas com pescadores que nunca haviam visto um filme na vida. Com apenas 10 mil dólares no bolso, retratou o cotidiano daquela gente sofrida, o trabalho das mulheres tecelãs, e encenou a morte de um jangadeiro no mar, seu funeral na aldeia e o futuro incerto de sua jovem viúva. O diretor não terminou de editar a obra, pois o filme foi confiscado pela RKO, que depois foi vendida para a Paramount, onde, em 1958, uma funcionária teria queimado a maior parte dos rolos em *technicolor* na sequência de *It's All True,* em que Grande Otelo aparece. Aparentemente a ordem tinha origem no medo dos estúdios de serem processados por direitos autorais em filmes não lançados.

A carreira de Welles ficou manchada pelo fato de terem lhe dado 1 milhão de dólares para gravar um filme que só não terminou por birra dos próprios estúdios. E será verdade que também por censura do governo brasileiro? Anos mais tarde, Welles comentou que "(...) fizeram outra versão, modificando todas as ideias e refazendo tudo ao modo deles. Eu tinha rodado durante seis meses, mas o estúdio RKO me despediu". Apesar de ter feito seu meio de campo tão bem no país do futebol, no fim da vida o americano chegou a confessar que, quando foi enviado para cá, o último país do mundo a que gostaria de ter ido seria o Brasil.

Para as autoridades, Welles não soube ser um verdadeiro embaixador da Política da Boa Vizinhança, e sua passagem pelo Brasil acabou trazendo vários problemas para a sua carreira nos Estados Unidos, levando o diretor a se mudar para a Europa. Mas, entre o povo brasileiro, o americano ganhou toda a simpatia. Chegou, enturmou-se com a cultura local, tomou todas com os artistas e chegou mesmo a exaltar o sentimento ufanista em voga no Estado Novo ao narrar o aniversário do presidente ao vivo para os Estados Unidos, diretamente do Cassino da Urca.

E se o filme que a RKO queria que ele fizesse soava a pura falsidade, Orson Welles, o boêmio, procurou contar a verdade. Sobre a miséria do nordeste brasileiro, mas também sobre a alegria e a música que circulavam nas ruas, subindo morros e entrando pelas casas de espetáculos e cassinos cariocas. Muitos anos depois, o diretor disse que tentar filmar o Carnaval era como registrar um furacão, e o que se pode dizer desta epopeia cinematográfica é que uma excelente obra do famigerado Welles foi filmada no Brasil e, por não ter sido editada, esconde uma faceta do Carnaval de 1942 no lugar mais feliz do mundo.

O EFEITO CANÁRIO, A CIÊNCIA DO PORAQUÊ E A CRIAÇÃO DO UNIVERSO

Enquanto Welles procurava contar sua verdade sobre a realidade brasileira na tela grande, o Cassino da Urca recebia em seus palcos um artista tão mentiroso que chegou a valer a Rolla um processo no tribunal. Era o burro Canário, um asno vidente que resolvia complexas contas matemáticas batendo com os cascos no chão o número de vezes necessário para o resultado.

Canário chegara ao Rio de Janeiro com seu dono pernambucano Fausto Moreira e o tratador Manuel Fernandes, causando grande sensação ao responder a perguntas como qual o dia da independência do Brasil ou qual a raiz quadrada de oito. O burro acertava tudo, e o fenômeno foi popularizado quase de imediato no jornal *Diário da Noite*, atraindo a atenção de todos, incluindo do dono da Urca. Divertido com o jumento que tinha o mesmo nome de seu fiel animal de montaria em São Domingos do Prata, Rolla foi ver um show em que Canário apresentava toda a sua sabedoria, e de imediato, decidiu contratá-lo.

O primeiro show, amplamente divulgado pela ADA, foi um fracasso. Ary Barroso, que transmitia o número ao vivo pelo rádio, explicou à audiência que o burro se assustara com as luzes e o luxo. Mas o bichinho era tão engraçado que Rolla decidiu não o demitir e, através dos Diários Associados, logo se empenhou em promover Canário de matemático a bruxo, procurando mais um chamariz para atrair público à Urca.

Propôs a Fausto Moreira comprar o animal por 50 contos, e este, que gastara apenas 3 na aquisição, fez as malas e voltou para o nordeste, de consciência limpa. Afinal, ladrão que rouba ladrão tem cem anos de perdão, e que mais poderia ele pensar de um dono de casas de jogo que nem se preocupara em saber como um asno podia se converter em sábio?

Manuel Fernandes, o tratador, permaneceu o único conhecedor do segredo, que afinal era bem simples. Pois, o matemático, no final das contas, era ele. A um gesto seu, imperceptível para o público que assistia encantado a tanta sabedoria, Canário ora alçava ora baixava a pata com que "calculava" o resultado. E logo que se habituou aos palcos, o burro Canário realmente brilhou, igual a qualquer estrela humana que se apresentava na Urca.

O bicho passou então a frequentar a sala de jogo, ficando parado ao lado do pano verde entre as onze e meia e meia-noite, para ser consultado por clientes que desejavam um final de noite feliz com os bolsos cheios de fichas. Entre os consultantes de Canário estavam nomes como o general Góes Monteiro, o ministro Salgado Filho, Lourival Fontes, e os embaixadores Moniz de Aragão, José Bonifácio e Mauricio Nabuco.

Os espetáculos do burro Canário passaram a fazer parte da mitológica noite carioca entre 1941 e 1942. Nesse ínterim, obviamente, houve quem fizesse paródia do bicho, como foi o caso de uma peça de teatro de revista montada por Walter Pinto, na qual o grande comediante Oscarito, o ator Manoel Vieira e a sambista Rosa Sandrini caçoavam sem dó dos crédulos jogadores que apostavam baseados na sorte lida pelo animal. E se o Cassino da Urca tinha as duas maiores duplas caipiras de seu tempo, Jararaca e Ratinho revezando-se com Alvarenga e Ranchinho em sua inocente ironia jeca-tatu, no Cassino Atlântico havia a dupla Palmeira e Piraci, que não era lá muito engraçada, mas levava o público às gargalhadas com sua brincadeira de *O burro Canário*.

E como nem todo mundo achava o fato engraçado, havia quem encarasse a vidência do burro como uma afronta, e tal versão foi o que acabou matando sua vidência, ao menos pra longe dos holofotes.

Renato de Almeida, o jornalista do *Diário da Noite* que trouxera a público o fenômeno Canário, ofereceu 1 conto de réis a quem descobrisse o truque, entrando, em fevereiro de 1942 com uma ação judicial contra exibidores do burro nos templos do jogo.

O advogado de Almeida intimava o Cassino da Urca a marcar data e hora para que o jornalista pudesse demonstrar como era feito o número de Canário e provar que asnos não são sábios, algo que Rolla se negava a aceitar. O tribunal autorizou e Renato de Almeida pôde reclamar o prêmio, que prontamente doou à instituição Abrigo Redentor. O burro Canário fora desmascarado. Ainda morou por algum tempo em Icaraí, mas rapidamente foi aposentado lá para a terra de Rolla, em São Domingos do Prata, onde se diz ter morrido de tédio.

Mas se Canário, um ilustre quadrúpede até então desconhecido, ficou famoso na Urca, outros animais anônimos saíram do cassino de Rolla para o estrelato. É o caso de um poraquê, um peixe-elétrico habitante do Amazonas e do Orenoco, que nadava pelos aquários decorativos do cassino de Rolla. Doado por este, a pedido de seu amigo Virgílio de Melo Franco, ao laboratório de pesquisa do cientista Carlos Chagas Filho, mais tarde Instituto de Biofísica, o peixe da Urca ganhou nome entre os cientistas, interessados em explicações relativas à produção de transformações energéticas em seres vivos, algo até então inexplicável para a ciência.

Dessa forma, a Urca entrou para a história das ciências biológicas. E não se limitou apenas a essa área do conhecimento, pois as roletas de Rolla contribuiriam ainda muito para o entendimento da astrofísica. No inicio da década de 1940, chegava ao Brasil o cientista russo George Gamow, um dos teóricos da teoria do Big Bang. Juntamente com o físico brasileiro Mario Schenberg, que além de ser artista, atuava também no campo da astrofísica, Gamow procurava explicar uma faceta mal entendida de outra teoria cósmica. Tratava-se do problema das supernovas, que formadas pela explosão de estrelas, perdiam energia com muita rapidez, desaparecendo quase tão depressa quanto tinham surgido.

Foi Schenberg quem sugeriu que tal efeito era causado pela existência de neutrinos, nome dado às partículas subatômicas que esfriavam a região central das estrelas, provocando seu colapso. Numa visita dos dois cientistas ao Cassino da Urca fez-se a luz. Ao observar a velocidade com que o dinheiro sumia nas roletas, Gamow de imediato pensou na rapidez em que uma supernova perdia energia, apelidando o fenômeno de Efeito Urca. Esse nome científico, que Gamow apresentaria em 1946 complementando a teoria do Big Bang, virou um acrônimo para a comunidade cientifica, e URCA chegou a ter outro significado, pela dedução do que seria a sigla em inglês, *Ultra Rapid Catastrophe*. Um prenúncio para a história dos cassinos brasileiros que nem o burro Canário teria adivinhado.

TROPA DE SORTE

Joaquim teria talvez pensado na ironia da existência de um efeito Urca como metáfora para a expansão de seus negócios. Afinal, conquistara o mundo ao conseguir estampar o nome do seu cassino carioca aos quatro cantos, e gerara um mito à volta da sua persona. Possuía um forte carisma e uma vontade de ferro, e a menção de seu nome contribuía em muito para aumentar a expectativa que o público vinha criando à volta do seu megaprojeto serrano em Petrópolis. E ao seu sucesso, aliava-se ainda um vasto leque de excelentes relações sociais que vinha estabelecendo por entre a elite estado-novista. Assim, era frequente vê-lo partilhando sua mesa cativa no *grill-room* da Urca com seus dois bons e poderosos amigos, Ernani do Amaral Peixoto, o interventor do Rio de Janeiro que autorizara a construção do Quitandinha, e o contraparte deste em Minas Gerais, Benedito Valadares.

Habitués da Urca, os dois interventores estavam colocados no poder por laços familiares. O primeiro era genro de Getúlio, casado com Alzira, a filha mais velha do presidente. Já o segundo era um pouco mais distante, casado com uma prima da esposa de Vargas, dona Darcy. Valadares foi sucessor de Olegário Maciel no mais alto cargo de Minas Gerais após a morte deste, em 1933. Com a instauração do Estado Novo em 1937, consolidara o poder sempre acompanhado pelo fiel escudeiro e secretário particular, Juscelino Kubitschek.

Entre charutos e uísque importado, reuniam-se com Rolla na Urca, falando de tudo, desde dos espetáculos que se desenrolavam a críticas e elogios à política do presidente, que implicitamente apostava incrementar o turismo nacional à custa do jogo. Amaral Peixoto assumia com orgulho as acusações dos seus próprios inimigos, que diziam que ele havia transformado o estado do Rio de Janeiro num enorme cassino. E Valadares sorria, dizendo que, por ele, Minas teria várias casas de jogo, animadas e lucrativas, espalhadas pelas diversas estâncias de potencial turístico naquele estado.

Numa dessas noites, ainda antes da reinauguração da Urca, em 1938, uma conversa com Valadares foi parar no sul de Minas, onde o governo daquele estado apostava com força no poder das estâncias termais para gerar renda. Joaquim sabia como funcionava a logística econômica do jogo no seu estado natal, naquele momento, totalmente concentrada na região fronteiriça com São Paulo. Em Caxambu, São Lourenço e, principalmente, Poços de Caldas, os endinheirados paulistas torravam suas fortunas enquanto se curavam nas águas benéficas da região. O uso das termas já tinha firme tradição e eram muitas as famílias abastadas que viajavam para lá, aproveitando seus efeitos relaxantes e terapêuticos.

Assim, o estado de Minas vinha aproveitando estruturas que, apesar de precárias, tinham capacidade de crescer exponencialmente. Para isso exigia aos concessionários dos hotéis investimento em turismo de qualidade, que atraísse os mais ricos. A partir daí, tomou-se como modelo o glamour dos cassinos do Rio, que seria seguido onde se concentravam os bons fluidos termais a que a elite de São Paulo e Minas estava habituada. Ali, a renda gerada pela roleta dos grandes hotéis já beneficiara muito o estado, mesmo durante o período que o jogo esteve ilegal.

O carro-chefe do jogo em Minas era o Grande Hotel de Poços de Caldas, que desde o final da década de 1920 trazia a nata da sociedade brasileira para a região. As roletas estiveram presentes em seus salões desde o começo, proliferando a partir daí várias casas de jogo, hotéis, boates e outros locais de entretenimento. E durante os anos 1930, Poços de Caldas entrara também na rota dos artistas que se apresentavam pelos cassinos do Rio e São Paulo.

Valadares explicara a Rolla naquela noite que havia cedido a concessão do Grande Hotel de Poços de Caldas a Bianchi, afinal: amigos, amigos, negócios à parte; o estado de Minas fizera um excelente negócio. O dono da Urca era empresário e sabia disso, sossegou o amigo e deu o toque, sorrindo, de que talvez um dia pudessem fazer um acordo semelhante. Nada que Valadares já não tivesse em mente. Sabendo que Rolla era um homem discreto, baixou a voz, e prometeu que em breve iniciaria a construção de um Grande Hotel em Araxá, na região oeste do estado, para onde pretendia expandir o turismo e o jogo mineiro. E inclinando-se para a frente, olhou Joaquim e disse em voz baixa que o Grande Hotel seria bem maior que todos os outros do sul de Minas, e que Rolla teria preferência.

E não era apenas isso. Adiantou-lhe que tinha planos para construir outro cassino em alguma área da capital de Minas, Belo Horizonte. Só não sabia o local ainda, embora estivesse considerando seriamente a região do Acaba Mundo, no alto da inabitada região sul da cidade. Joaquim sentiu firmeza no plano, mas, sem querer abrir muito o jogo, prometeu apenas que quando o Grande Hotel de Araxá estivesse finalizado voltariam a conversar seriamente sobre o assunto.

Valadares cumpriu tarde a sua parte, mas cumpriu. Pois, apesar de logo após a reinauguração da Urca, em 1938, ter dado inicio às obras do Grande Hotel de Araxá, a construção só estaria completa em 1944. A primeira aposta que Rolla aceitou reservadamente fazer para se expandir para Minas Gerais seria assim a última a se concretizar. Já a segunda, a promessa de um cassino em Belo Horizonte, viria mais rápido.

Em 1940, dois anos depois da conferência com Valadares, o projeto de um cassino para Belo Horizonte começou a tomar forma. O interventor, adepto da política para as artes do Estado Novo, consultou o ministro Gustavo Capanema, que aconselhou para o projeto o menino prodígio da arquitetura brasileira, Oscar Niemeyer. Embrenhado na discussão intelectual à volta da construção da identidade nacional, o jovem arquiteto, que já tinha projetado o polêmico Grande Hotel de Ouro Preto, descaracterizando a arquitetura barroca local, procurava em linhas curvas e sinuosas criar um estilo pleno de brasilidade, que rompesse com a tradição. Em termos técnicos, fazia bom uso do concreto armado, material usado também no Quitandinha, que possibilitava uma ossatura independente aos edifícios, e era uma indústria nacional premiada no estrangeiro, para grande orgulho do Estado Novo.

O arquiteto frequentava os meios artísticos do seu tempo e conhecia os intelectuais que assessoravam o ministro da cultura Gustavo Capanema. E foi precisamente Capanema que, além de recomendá-lo, também o acompanhou ao gabinete de Valadares para discutirem o projeto. Sentado com seu jovial secretário Kubitschek ao lado, Valadares confirmou a sua intenção de que o bairro Acaba Mundo na zona sul da capital do estado fosse equipado com um cassino e toda uma estrutura turística à sua volta.

Niemeyer fez o projeto, mas passaria ainda algum tempo até que voltasse a receber noticias. A situação política fora ligeiramente alterada nos meses seguintes, com Valadares nomeando Juscelino Kubitschek para prefeito de Belo Horizonte, pois não havia eleição. Entregou-lhe a pasta do projeto com carta branca para que fizesse as alterações que bem entendesse, inclusive a respeito da localização do cassino.

Na sua nova qualidade de prefeito de Belo Horizonte, JK não perdeu tempo. Boêmio, pé de valsa e infatigável frequentador dos cassinos cariocas, o jovem político tinha fascínio pelo luxo e ostentação, e queria para a sua cidade o que ele entendia por urbanização benéfica, com bastante foco no mesmo glamour que preenchia as suas incursões pelas noites do Rio de Janeiro.

Desde o início JK não concordara com a localização do bairro Acaba Mundo para a construção do cassino em Belo Horizonte. Dissera isso mesmo a Valadares, e inclusive que sonhava mais longe, com um projeto ainda mais ousado que realmente honrasse a cidade. Kubitschek considerava que a distante área norte da cidade, onde se situava a lagoa da Pampulha, criada artificialmente após a construção de uma barragem em 1938, tinha maiores possibilidades de se transformar num bairro nobre para acolher a elite num cassino ao estilo carioca, bem como outras áreas de lazer para os mais abastados. E quando recebeu de Valadares a prefeitura, arregaçou as mangas e decidiu-se por investir numa área de cerca de $50km^2$ naquela região da capital.

Conceitualizado o bairro da Pampulha, JK não recorreu de imediato a Niemeyer, que tinha o projeto pronto, porém idealizado para a pequena lagoa do Acaba Mundo. Em vez disso, solicitou a vários arquitetos uma variedade de plantas e maquetes, especialmente concebidas para a nova localização. Talvez inspirados pelo colosso do Quitandinha, que andava nas bocas de todo o mundo, os arquitetos procurados pelo prefeito voltavam todos com projetos naquele mesmo estilo arquitetônico normando. Mas a semelhança não agradava a JK, que procurava algo mais ousado, dentro de linhas mais minimalistas e modernas.

Entre os vários arquitetos que o prefeito consultou, estava o francês Alfred Agache, que já vinha trabalhando em alguns projetos para o Estado Novo em diversas cidades brasileiras. Quando Agache lhe recomendou usar a região da Pampulha para construir uma cidade satélite de abastecimento à capital, JK de imediato descartou o francês. Na sua visão, a Pampulha seria muito mais lucrativa e divertida se seguisse a política de turismo do governo Vargas, e enquanto anfitrião da cidade ele poderia receber ali os poderosos e as estrelas que tanto o entretinham em suas visitas à capital federal.

Foi então que pediu a seu amigo Rodrigo de Melo Franco que lhe trouxesse novamente o jovem Oscar Niemeyer. Explicou que decidira criar um bairro de lazer na região da Pampulha sem paralelo no Brasil. E não queria apenas um cassino, pois temia acentuar ainda mais sua fama de boêmio. Assim, além desse prédio, pediu a Niemeyer que também concebesse espaços para um clube, uma igreja e um restaurante.

No entanto, ressaltou que as plantas do cassino eram as mais urgentes; JK precisava delas "para amanhã". E, para satisfazer o jovem e apressado prefeito, Niemeyer passou a noite delineando as linhas curvas do primeiro grande sonho de JK, que juntamente com outras construções dedicadas ao lazer da alta sociedade, seria por algum tempo a menina dos olhos do bairro nobre da Pampulha.

A pressa de JK podia ser entendida pelo seu entusiasmo em querer transformar Belo Horizonte numa cidade de renome. O jovem prefeito mostrava serviço à população e ao interventor que o nomeara, aproveitando para equipar alguma região distante com o glamour noturno do qual ele tanto gostava. Mas havia outras questões prementes que tinham a ver com as relações entre Estado e empresa privada, e o arrastar das obras na Pampulha criava no prefeito certa ansiedade. Isso ficou claro quando a prefeitura de Belo Horizonte atrasou o contrato de entrega do cassino ao empresário do jogo, excedendo seus prazos para a inauguração do local. Um dos fatos que acarretou esta demora foi o fato de o restaurante do prédio ser muito pequeno, e Rolla, que queria chamar a clientela mineira através do apetite, exigiu que a cozinha do Cassino da Pampulha fosse expandida. Com esta situação, num dia de nervos excedidos, Juscelino perdeu a calma com o mestre de obras, levantando a voz no desespero de ver o trabalho atrasado, para, logo a seguir, se acalmar dizendo: "Me desculpe, você é um ser humano, não posso gritar com você desse jeito! É que eu fiz um contrato com o Rolla e tá passando o prazo de entregar."

De fato, Rolla vinha pressionando JK, chegando mesmo a deixar claro que por motivos financeiros teria de cobrar multa, caso a obra atrasasse. Tinha apreço por Kubitschek, homem fiel de seu grande amigo, Benedito Valadares, e gostava do jovem energético que, mesmo um pouco atrasado, lhe entregaria certamente um cassino ainda antes do prometido pelo interventor, o Grande Hotel de Araxá. Este já estava em seu terceiro ano de construção, e ainda demoraria para ficar pronto. O prefeito de BH, que não tinha muito tempo no cargo e estava ansioso por mostrar trabalho, não quis desagradar a Rolla, permitindo a ele que usufruísse do Cassino da Pampulha alguns meses antes de sua inauguração. Assim, logo em janeiro de 1943, a ADA já divulgava grandes shows em Belo Horizonte: Ari Barroso veio interpretar seus sucessos, trazendo Grande Otelo junto, e, no mês seguinte, Alvarenga e Ranchinho foram advertidos por agentes da polícia mineira a não fazerem piadas sobre Benedito Valadares.

O dono da Urca estava realmente deveras cansado de esperar para entrar no jogo em Minas Gerais. O sucesso de Bianchi em Poços de Caldas já lhe chegara aos ouvidos no Rio, era necessário agir rapidamente e atacar o jogo no sul de Minas. Para isso, encomendou a um de seus homens de confiança uma missão de agente secreto: observar as operações do cassino de Bianchi naquela cidade mineira e procurar um terreno apropriado para enfrentar a concorrência.

O agente Bifano, como se chamava o enviado de Rolla, cumpriu bem a missão. Informou ao chefe que Bianchi estava levando a melhor na conquista da alta sociedade paulista. Poços era a divisa mineira com a cidade paulista de Cascata, através da antiga Estrada de Ferro Mogiana ou do ar. Já havia um variado serviço de transporte por meio dos aviões de modelo Electra, das companhias Panair e Aerovias

Brasil, em direção ao Campo de Aviação Caldense, um pequeno e arrojado aeroporto, dos mais modernos do país, ligado com voos diários entre Rio, São Paulo e Belo Horizonte. Os endinheirados vinham gastar seus contos de réis na estância sul-mineira.

Nem a entrada do Brasil na Segunda Guerra Mundial, em que circulavam espiões bem mais perigosos que Bifano, impediu Rolla de avançar com seu propósito. Assim, resolveu procurar seu amigo Walther Moreira Salles, proprietário do Banco Moreira Salles, para juntos contra-atacarem Bianchi. Sozinho, Rolla não conseguiria fazer muito: seu capital já estava comprometido com o Quitandinha, onde o cronograma estava atrasado e ele não se arriscaria noutra via-crúcis atrás de financiamentos. Salles inclusive propusera a Rolla uma sociedade numa casa de jogos alguns anos antes. O banqueiro era um dos credores dos financiamentos imobiliários no Quitandinha. O momento era ideal e Salles, sendo filho de Poços, logo agilizou os trâmites para a construção da filial da Urca em Minas.

A união de forças foi a melhor saída para enfrentar uma concorrência brutal na cidade interiorana que contava com o maior número de cassinos por metro quadrado do Brasil. Poços era considerada a maior estância hidromineral da América Latina e na atividade do pano verde sofria excesso de oferta em seus estabelecimentos, como o Cassino Gibimba, Quissisana, Caldense, Radium, O Ponto, Eden, Selecta, Lider, Bridge Club e Politeama, sem esquecer que os hotéis de menor porte ofereciam em sua maioria uma sala sem infraestrutura de cassino, mas com o mesmo objetivo de um. A vida noturna caldense era tão agitada que grande parte dos artistas dos cassinos de Rolla já havia se apresentado na cidade no inicio da década de 1930.

Afinal, os novos sócios decidiram juntos que a filial da Urca seria erguida a menos de 200 m do principal concorrente. Salles adquiriu parte dos terrenos da antiga Villa Junqueira, estrategicamente localizada na mesma área do Palace, ladeando a praça principal. Através da Companhia de Hotéis Poços de Caldas, de propriedade do banqueiro, as reformas e adaptações ganharam velocidade máxima. Contrataram o mesmo profissional que havia desenhado o belíssimo e moderno prédio do Campo de Aviação, o engenheiro Otavio Lotufo, que junto ao seu sócio Richter comandou em tempo recorde a construção de um empreendimento de tamanho porte. As obras seguiram 24 horas por dia, sete dias por semana e, num período de apenas seis meses, a Urca em Poços de Caldas ganhava vida, e pôde enfim abrir seus salões no último dia de 1942, a tempo da noite de Réveillon. O primeiro objetivo estava completo; o segundo seria a construção de um enorme hotel no porte do Palace, mas essa obra ficaria somente no papel.

E não era apenas a concorrência em Minas Gerais que vinha preocupando Rolla. Sabia que Octávio Guinle possuía um terreno enorme em Teresópolis, e temia que este se adiantasse a ele na região serrana, fazendo frente ao Quitandinha. Recorreu então ao interventor do Rio, seu amigo Ernani do Amaral Peixoto, para que o autorizasse a explorar o jogo também naquela cidade. Com a aprovação do genro de Vargas, avançou com a compra de uma enorme área de terrenos dentro de Teresópolis e também de um pequeno hotel rodeado de um lote. Era o hotel Rizzi, que nas mãos de Rolla ganhou o nome de Higino Palace Hotel de Teresópolis, onde o empresário fez algumas renovações, que concretizou tão depressa quanto a construção da Urca de Poços de Caldas. Logo, com este investimento de Rolla, a cidade de Teresópolis ganhou não só um cassino, mas também um teatro, do outro lado da rua.

Em Belo Horizonte, Kubitschek, sabendo das preocupações de Rolla e não querendo perder a confiança do empresário, concentrou então todos os seus esforços na edificação do seu projeto da Pampulha, que se realizou entre 1940 e 1943, terminando ainda antes do Grande Hotel de Araxá, em apenas metade do tempo que aquele demorou para ser construído. O produto final compreendia o conjunto arquitetônico da Pampulha, com o cassino, a Igreja de São Francisco de Assis, a Casa do Baile e o Iate Clube, que no ano seguinte seriam estrelas da exposição *Brazil Builds – Arquitecture New and Old 1652-1942*, no Museu de Arte Moderna de Nova York. Financiada pelo Departamento para os Assuntos Interamericanos e curada dentro do espírito da Política da Boa Vizinhança, a mostra exibiu aos norte-americanos a moderníssima arquitetura brasileira, acabando por dar projeção internacional a Niemeyer. Trazida para uma digressão a São Paulo, Rio de Janeiro e Belo Horizonte, a exposição também consolidou a popularidade de Kubitschek pelo Brasil.

De pé já bem firme em Minas Gerais, com o Cassino da Urca de Poços de Caldas a todo vapor, Rolla finalmente recebeu das mãos de JK a concessão para explorar o jogo no Cassino da Pampulha. Já conhecia a região, tendo até comprado uma chácara ali perto alguns anos antes. Agradou-lhe a localização do cassino, à beira de uma lagoa, como o seu Quitandinha, e logo imaginou ver espelhada na água a elegante nata da sociedade belo-horizontina, girando as roletas que agitariam a nova noite da cidade onde vivera por duas oportunidades. Gostou das linhas simples e modernas, dos azulejos azuis e brancos que cobriam as paredes, e achou que, embora não fosse tão grande e imponente como a Urca, o edifício projetava bem o glamour da casa-mãe, com a área de jogo sobre a lagoa, o restaurante e a pista de dança de chão em vidro, contidos num edifício em forma de pera, e um palco com mecanismo de elevador como o da Urca carioca.

Em 3 de maio de 1943, Rolla pôde finalmente abrir à sociedade mineira o *grill-room* do seu Cassino da Pampulha, duas semanas antes da inauguração do complexo arquitetônico que compunha o novo bairro. A estrela principal da noite foi o tenor mexicano Pedro Vargas, que já conhecia bem os meandros das casas de espetáculo brasileiras. No dia seguinte ao evento, os jornais comentavam o requinte do cassino gerido por um filho da terra que voltou após conquistar o Brasil a partir da capital federal.

Quando ainda esperava a entrega da concessão do Grande Hotel de Araxá, foi procurado por seu velho amigo Virgílio de Melo Franco, mais uma vez envolvido em atividades políticas subversivas. Com o apoio do ex-cacique da Revolução de 1930, Artur Bernardes, liderava um novo movimento, procurando assinaturas para o Manifesto dos Mineiros. Era uma carta aberta, que seria publicada em 24 de outubro de 1943, aniversário da revolução mencionada, e exigia do governo de Vargas a redemocratização do país e o fim da ditadura.

Joaquim simpatizava com as causas que resistiam à ditadura. Havia até cedido a maquinaria da *Folha da Noite* ao finado jornal de oposição *O Debate*, sob a condição de que seu nome não aparecesse. Então, como colocar o mesmo na lista de assinaturas de uma carta com conteúdo politicamente perigoso? Acabara de abrir o Cassino da Pampulha, esperava ainda receber a concessão de Araxá, e não podia se indispor com seus poderosos amigos interventores de Estado. Virgílio entendeu, sabendo que poderia contar com o amigo para colaborações mais discretas.

Joaquim agira sensatamente ao decidir ficar fora da nova conspiração mineira. Em pouco tempo da publicação da carta, os assinantes sofreriam, cada um, consequências graves para as suas vidas. José de Magalhães Pinto, por exemplo, que era sócio de Joaquim no Banco Mercantil do Brasil, foi exonerado do cargo que ocupava no Banco da Lavoura. Pedro Nava, médico e escritor, e um bom amigo de Joaquim, perdeu seu cargo na Assistência Médica do estado do Rio de Janeiro. E Mário Brant, outro amigo de Rolla, que esteve com ele em São Paulo durante a Revolução de 1932, foi forçado a se aposentar do Banco Hipotecário Lar Brasileiro, onde trabalhava.

Com o Cassino da Pampulha estabelecido, Rolla se firmou definitivamente na alta sociedade de Minas Gerais, aumentando a sua reputação de excelente empresário e a sua influência na esfera da política mineira. Mas, ao contrário da Urca, do Icaraí e do Tênis Clube já em plena atividade, o Cassino da Pampulha tinha como principal chamariz para a clientela da cidade, além dos mesmos shows que eram realizados nestas outras casas, um restaurante de classe e a preços acessíveis. A nata política e intelectual mineira estava sempre presente na casa, onde o cardápio pegou todo o *know-how* da Urca, incrementando o incipiente mercado culinário da capital mineira.

Entre os poderosos *habitués* mineiros, um grande admirador do cardápio e dos shows da Pampulha era o ex-governador Fernando de Mello Vianna. Um grupo de jovens escritores modernistas da segunda geração costumava frequentar o cassino restaurante à beira da pseudopraia da lagoa. Todos na faixa dos 20 anos, frequentavam o cassino e o restaurante chique e com preço em conta. Eram eles Alphonsus de Guimaraens Filho, Fernando Sabino, Hélio Pellegrino, Murilo Rubião e Paulo Mendes Campos, entre outros. Numa noite de 1944, quando ainda engatinhavam escrever em jornais da capital mineira, o grupo de amigos literatos recebeu a visita do paulista Mário de Andrade, e o levaram ao Cassino da Pampulha. Empolgado em receber o criador de *Macunaíma*, o futuro cronista Otto Lara Resende escreveu um poema num guardanapo com as iniciais do cassino durante a madrugada, que foi retribuído numa carta formal pelo escritor paulista.

De toda forma, pouco se escreveu sobre o que acontecia nas noites do Cassino da Pampulha. E o que se tem registrado sobre o local foi elaborado por um policial-artista que trabalhava ali. Em sua autobiografia, escrita algumas décadas depois, o ex-delegado que inspecionava o recinto, Renato Augusto de Lima, relata fatos de toda sorte ocorridos nos salões da Pampulha. Como as mulheres que caprichavam no batom vermelho para poder flertar com os aviadores americanos que iam se divertir por lá; ou o grupo de sapateado do Harlem, os Kangaroo Boys, que após quebrarem o piso de vidro na pista de dança acidentalmente, passaram a noite injustamente presos para não serem linchados. O público da casa, racista e conservador, ofendido com o movimento erotizado dos sapateadores, acusava os Kangaroo de provocar a queda de uma mulher no tal buraco de vidro e terminou caçando briga com eles no transporte de volta ao centro. O delegado foi requisitado a ir ao hotel onde os gringos estavam hospedados, e vendo uma turba querendo praticar um linchamento covarde, preferiu prendê-los para resguardar suas vidas.

O ex-delegado Augusto de Lima, que também era pianista e pintor, falou ainda sobre os hábitos de um grande frequentador do Cassino da Urca, que lá era conhecido como Nonô. Era Juscelino Kubitschek, um *habitué* diário da casa, sempre sorridente, e ao contrário do "Peixe frio", tinha como sua música predileta o "Tico-tico no fubá".

Obviamente JK não conseguiu agradar a todos. A igreja católica, além de ter se negado a reconhecer a igreja São Francisco de Assis, projetada e decorada por um arquiteto e um artista plástico pretensamente comunistas, fez um apelo a seus fiéis, através do bispo Dom Antônio dos Santos Cabral, que afirmou que tal obra era "inspirada pelo espírito do mal e que grandes males tem ocasionado à família belo-horizontina."[5] Mas, a curto prazo, o ataque religioso não chegou a ter qualquer peso na atividade da jogatina.

Rolla tivera que esperar bastante tempo para investir em Minas Gerais, e não podia correr o risco de perder tudo agora que as inaugurações de seus cassinos mineiros se sucediam. Após a abertura da Urca de Poços de Caldas e do Cassino da Pampulha, foi a vez do Grande Hotel de Araxá que lhe fora prometido por Valadares. A demora se devera à monstruosa construção pela qual Valadares enveredara, e que ia muito além do cassino. Toda a estrutura da cidade, desde ruas, estradas, pontes até um aeroporto, viera a complementar a infraestrutura existente, e a obra, além de enaltecer o Estado Novo, incluía o Grande Hotel de Rolla, elemento essencial para complementar uma estância termal que se pretendia atraente para o negócio do turismo.

Finalmente, em abril de 1944, a cidade de Araxá mostrou a sua cara nova. E com toda a pompa e circunstância, todos se dirigiram ao bairro do Barreiro, onde estava presente não só o interventor do estado Benedito Valadares, mas também o presidente Getúlio Vargas. Projetado por Luiz Signorelli, com jardins desenhados por Burle Marx, o Grande Hotel de Araxá era um lugar de luxo requintadíssimo, quase do tamanho do Quitandinha, porém construído em estilo arquitetônico missões. E como uma das grandes obras novas da cidade era a Fonte de Dona Beija, uma mulher muito bela que no século anterior causara inveja e chocara a sociedade local com seus hábitos avançados, Valadares encomendou ao escritor Viriato Corrêa, para a inauguração, uma peça sobre essa figura histórica que, ao contrário do seu tempo, agora tanto honrava a cidade.

Chegado o final do ano de 1944, Rolla possuía três cassinos em Minas Gerais, além da Urca, do Icaraí e do Higino. Com os negócios indo de vento em popa, o agora maior empresário do jogo no Brasil podia, por fim, concentrar-se na inauguração daquela que seria a sua mais imponente obra, o castelo dos seus sonhos e a menina de seus olhos, o parcialmente terminado hotel Cassino Quitandinha.

O conjunto arquitetônico da Pampulha, com destaque ao prédio do cassino, foi construído em tempo recorde.

Quitandin
EXTRA VELHA -
FABRICANTE: WALDEMAR
Fazenda São
DO PRATA

{ 1944-1946 } Capítulo 7

QUITANDINHA, O CASSINO MAJESTADE

Em 1944, com o Brasil já profundamente mergulhado na Segunda Guerra Mundial ao lado dos Aliados, Rolla parecia imune à situação conflituosa grave que afetava o mundo. Expandira seu império do jogo para Minas Gerais e Teresópolis e suas principais preocupações relacionavam-se com a administração de seus vários cassinos e negócios imobiliários. Desde o final de 1942, para incrementar a divulgação e as vendas turísticas, Joaquim fundou a Avipam (a Agência Pan-americana de Viagens e Turismo), no intuito de conquistar um novo nicho de mercado.

O início da década de 1940 revelara-se acidentado, com inúmeras inaugurações se arrastando e, como vimos, foi essa situação que precipitou a abertura da Urca de Poços de Caldas e do Higino. Mas a demora que mais dava dores de cabeça a Rolla era o hotel Cassino Quitandinha, um colosso que ficaria pronto em dois anos, gastando o dobro do tempo previsto. O dono e idealizador do negocio começou a deixar transparecer sua irritação com frequência e foram muitas as vezes que, exaltado, dirigia ameaças a membros da equipe de construção.

Até o designer John Wisner, enviado de Dorothy Draper, foi sujeito a uma espécie de sequestro, pois Rolla temia que o norte-americano partisse sem que os interiores do Quitandinha fossem finalizados.

Com o Quitandinha ainda na fase final de construção, Rolla não aguentou mais. O hotel, embora incompleto, já possuía um terço da sua capacidade de ocupação, com cem quartos prontos para serem usados. Com os serviços sócio-esportivos a meio gás, e uma cozinha gigantesca pronta, com capacidade para confeccionar 10 mil refeições, Rolla não viu porque esperar mais. Era preciso que o esforço daquele investimento grandioso começasse a ser financeiramente compensador, e rápido. Assim, marcou uma inauguração parcial, para o dia 28 de janeiro, que, por motivos de logística, só aconteceu de modo informal. Foi uma festa que ocupou cerca de um quinto da capacidade do Quitandinha, reservada a amigos, políticos, artistas, e pessoas ligadas a Joaquim Rolla. Entretanto, durante esta comemoração informal ocorreu um arranca-toco entre o figurão da mídia Roberto Marinho e o pavio curto Benjamin Vargas, que quis chamar a atenção do jornalista somente pelo fato de ele ter publicado em seu jornal uma notícia de cunho crítico sobre o desabamento do edifício Assis Brasil em Copacabana, onde morreram por volta de vinte operários. O dono do jornal *O Globo* permaneceu irredutível em seu ponto de vista sobre o acidente e chegou a ser ameaçado de arma em punho por Bejo e seus capangas, que eram os seguranças do próprio presidente, como Gregório Fortunato e companhia. Mas tudo foi aparteado pelos leões de chácara do Quitandinha e por Rolla, que pediu a Bejo para se retirar do local.

Mesmo com Rolla tendo tomado uma atitude em sua defesa, dias após o ocorrido, Marinho rompeu o negócio que mantinha com ele em Belo Horizonte e chegou a publicar em seu jornal, no dia 11 de fevereiro de 1944, que nunca mais iria aceitar propaganda de jogo em *O Globo*. Um dia depois, em 12 de fevereiro, uma semana antes do Carnaval, o Quitandinha foi inaugurado para o grande público.

O evento, amplamente divulgado pela mídia e transmitido ao vivo pela rádio Tupi de Assis Chateaubriand, mesmo planejado há meses, transcorreu de forma um tanto desorganizada. Rolla convocou Olímpio Guilherme, o homem da ADA que mais sabia sobre cinema e Hollywood, para exercer uma função para a qual ele não tinha o menor talento. Encarregado da administração do serviço hoteleiro e do espetáculo, Guilherme não pode, apesar de tudo, ser inteiramente responsabilizado pelo fracasso da inauguração parcial do Quitandinha. Os discursos, proferidos por representantes oficiais do Estado Novo, como o prefeito de Petrópolis, que falou em nome do interventor Ernani do Amaral Peixoto, arrastaram-se por horas. E as longas visitas do público aos vários salões do hotel cassino atrasaram o jantar, que inicialmente marcado para as vinte horas no salão Marcondes, só foi servido perto da meia-noite.

Da cozinha monumental, com três alas, uma para doces, uma para salgados e outra para serviços de café, saíram, por fim, os pratos preparados sob as ordens do chef italiano Gabriel Laurent Comte por cerca de cem cozinheiros. Iriam satisfazer dois mil convidados, que pela hora tardia, muitos já embriagados, se aborreceram com a lentidão do serviço. O resultado foram caóticas pilhas de pratos, decorados com o logotipo Q, que Rolla criara no tempo do Tênis Clube de Petrópolis, bloqueando a porta da cozinha de tal forma que nem Guilherme, nem Rolla, nem os garçons podiam passar, tendo de dar uma volta maior, o que agravou mais ainda a situação.

Salvaram a ocasião as orquestras de Gaó e Carlos Machado que, chamadas a abrilhantar o jantar de inauguração, acompanharam o baile pré-carnavalesco e o desfile de belas modelos apresentado durante o jantar, apaziguando um pouco os convidados mortos de fome e tédio. A confusão atrasou ainda mais o show, programado para a meia-noite, uma revista chamada *Vogue 44* estrelada por Grande Otelo e Gloria Thomas, que ainda contou, ao longo da madrugada, com apresentações de Yma Sumac, Madeleine Rosay, Don e Dolores, Alvarenga e Ranchinho, Margareth Lanthos e a famigerada orquestra de Ray Ventura.

Uma equipe de filmagem registrou tudo e criou um cine-jornal de curta duração sobre a noite inaugural do Quitandinha, mas sem relevar os incidentes. O mote do filme *Um grande centro internacional de turismo nas proximidades do Rio!* homenageava o espírito empreendedor, a engenharia e a indústria nacional, a quem se deveu sua esplêndida realidade.

Rolla mal dormiu nos dias que antecenderam a inauguração de sua joia e passou as 24 horas anteriores à festa acordado, acompanhando

A presença do Quitandinha em Petrópolis trouxe novo fôlego à economia da serra fluminense.

todos os detalhes. Não apareceu em nenhuma fotografia oficial à imprensa, mas recebeu as visitas de Bejo Vargas e Filinto Müller, que acompanharam com ele à beira do lago um show pirotécnico com diversas cores e formatos. Rolla pôde também dar parabéns ao arquiteto Luís Fossati, que estava muito satisfeito com o maior projeto que elaborou na vida, agora completo depois de tanto trabalho.

Como os tempos ainda eram de racionamento de combustível e de escassos automóveis, o pessoal convidado que veio do Rio de Janeiro para a cidade serrana ver a inauguração do Quitandinha lotou o trem especial fretado especialmente para esta finalidade. De São Domingos do Prata veio Waldemar, o irmão de Joaquim que representou a família, e, pelo fato de ter ido à inauguração vestido sem terno, quase ficou de fora da festança. Zorayda também compareceu à festa do marido, enquanto o filho Howell, já com 11 anos, pôde finalmente ir numa festa noturna organizada pelo pai, sob os cuidados de sua segunda mãe, a governanta Frida.

E se os quartos do hotel e algumas das instalações maiores ainda não estavam prontos para o público admirar, ao menos todos os presentes puderam se maravilhar com a decoração interna do local, com seus diferentes tons de verde e motivos florais nas cortinas dando um clima de suavidade aos onerosos arranjos neobarrocos criados por Dorothy Draper.

Apesar de a inauguração do Quitandinha não ter sido tão bem-sucedida quanto se previa, o evento do Carnaval daquele ano superou todas as expectativas. Rolla trouxe à cidade serrana de raízes aristocráticas toda a exuberância da popular festa do momo carioca, e naquele ano, não teve Carnaval na Urca. Os artistas que atuavam nos salões que Rolla comandava na Guanabara subiram a serra, e, com eles, 20 mil foliões animaram as noites do Quitandinha entre 10 e 13 de fevereiro.

A estrela do Carnaval de 1944 no Cassino Petropolitano (o antigo Tênis Clube de Rolla e Lulu, agora reestruturado) era Edu da Gaita, que tinha contrato exclusivo na Urca desde 1943, ano em que a sonoridade da sua harmônica entrara na moda após a atribuição de um prêmio do Oscar da Academia de Hollywood a *Sempre no meu coração*, um filme cuja trilha sonora corria ao ritmo de uma gaita instrumental, fazendo que o virtuose apelidado como seu instrumento se tornasse um grande nome do rádio e dos palcos brasileiros. A atuação do artista gaúcho no Quitandinha se prolongaria pela maior parte daquele ano, sendo amplamente divulgada pelos jornais do Rio e São Paulo.

Ao longo dos seus primeiros meses servindo as elites, que vinham do país inteiro viver a experiência Quitandinha, o hotel cassino de Rolla foi ganhando uma reputação de centro de luxo e lazer. Na área dos esportes, Rolla expandiu suas ideias iniciais, e o Quitandinha virou um ponto de entretenimento para os amantes das atividades ao ar livre. Entre as instalações esportivas de que podiam usufruir os hóspedes do hotel estavam a vila hípica, os *courts* de tênis, um rinque de patinação, uma pista de ciclismo, um campo de arco e flecha, outro de esgrima, e outro para a prática de vôlei, além da piscina flutuante. Os frequentadores do Quitandinha podiam ainda nadar ou passear pelo lago artificial em pedalinhos, e até mesmo praticar atividades esportivas no interior do hotel, como bilhar e pingue-pongue. O Quitandinha foi ponto de chegada para uma corrida de carros movidos a gasogênio, que, partindo da capital federal subiram a serra, atingindo a meta de Petrópolis em ruidoso alvoroço.

Mas como nem tudo era alegria, o ano de 1944 também foi intenso em tragédias para o Quitandinha. Entre os hóspedes, afogou-se um jovem no lago e deu-se a morte de uma mulher, que, embriagada, se jogou pela janela, não se sabe se num ato de suicídio ou num estúpido acidente. Com a continuação das obras, deu-se a morte de um funcionário em serviço, e o assassinato de outro por um colega, após uma discussão.

Nenhuma dessas histórias afetou Rolla, que continuou a finalização do seu megaprojeto sem pestanejar. Em dezembro inauguravam-se finalmente os duzentos quartos restantes, e Rolla podia agora promover 100% a capacidade hoteleira do seu empreendimento. Uma frota de Packards fazia o serviço de transporte Petrópolis-Rio-Petrópolis, com partidas a cada trinta minutos, e o Quitandinha entrava nos circuitos turísticos que traziam gente de todo o Brasil e do mundo até aquela cidade serrana.

Enquanto os ventos sopravam favoráveis em Petrópolis, diversos funcionários e *habitués* do único cassino de Niterói foram presos tentando dar um golpe no local. Numa partida de campista, através de um baralho marcado, implantado na mesa número oito pelo crupiê, com a conivência do gerente-geral, por pouco não houve um prejuízo recorde no Cassino Icaraí.

Mas nem só trapaça e jogo sujo ocorriam na capital do estado do Rio de Janeiro. Muita alegria e deleite fluíam do outro lado da Baía de Guanabara. Os shows do Cassino Icaraí já tinham ganhado até identidade própria, com números diferentes da Urca e com estrelas que passavam temporadas inteiras por lá, houve a estreia da cantora Marlene, o auge do sucesso com o Trio de Ouro, o cantor de tangos Alfredo Simoney e até Dercy Gonçalves, fazendo dupla com Grande Otelo.

Já tinha sido criado em Niterói o Icaraí Futebol Clube, que foi o campeão da cidade em 1941 e 1943. Desde 1942, o Icaraí disputou o campeonato fluminense, quando seu futebol ainda era amador, o contrário da profissionalização que já existia no Distrito Federal. Popularmente conhecido como time do cassino desde que fora fundado em 1940, o Icaraí Futebol Clube contratava até mesmo jogadores profissionais do Rio de Janeiro para poder ganhar seus jogos, mas nunca chegou a possuir uma torcida considerável. Foi rival dos tradicionais clubes niteroienses tais como Canto do Rio, Ypiranga e Byron.

Um dos funcionários do Icaraí que intercederam junto a Rolla pela criação e investimento no clube de futebol do cassino foi o polivalente Jaime Redondo, que nunca jogou bola. Começou sua carreira cantando no rádio no início dos anos 1920 e teve também uma passagem na produção e em atuação cinematográfica, quando começou a lidar com jogos de azar. Redondo possuía grande afinidade com o mundo do entretenimento e compôs diversas músicas de sucesso durante sua vida. Na Urca, era corresponsável pelo número do burro Canário e, finalmente, chegou a ser um dos principais homens do Quitandinha desde sua inauguração. Carlos Machado o apelidara de Disco, por ser gordo e chato, mas talvez também porque Redondo fosse grande companheiro dos maestros da velha guarda da Urca, como Gaó e Vicente Paiva, este último com quem ele iria compor o samba-canção "Ave Maria", futuro sucesso de Dalva de Oliveira.

Fechando o ano, e com a desaprovação de Rolla, saiu no dia 9 de dezembro uma reportagem em *O Cruzeiro* da dupla fotógrafo-jornalista Jean Manzon e David Nasser, que descrevia a rotina de uma camareira fictícia da Quitandinha, mesclando suas histórias a várias fofocas dos hóspedes com pedidos extravagantes, que o hotel sempre atendia. E eram muitos os ilustres clientes que ali passavam largas temporadas ou chegaram mesmo a morar lá. Foi o caso do rei deposto da Romênia, Carol II, e de sua amante Madame Lupescu, que chegaram a Petrópolis para incrementar a aura aristocrática da cidade e honrar o cassino de Rolla com sua real presença.

Apesar de não ter gostado da matéria, Rolla prosseguiu comprando espaço naquele veículo para anunciar os eventos e serviços oferecidos no Quitandinha. Obviamente, reclamou da reportagem a Chateaubriand, que mesmo compreendendo o amigo, apenas brincou de puxar orelha da dupla Manzon-Nasser. O motivo era bem óbvio: o texto de Nasser tinha como mote a entrevista secreta de uma arrumadeira do Quitandinha, que assim como ele, veio de Caxambu e conviveu com as mesmas pessoas que ele, era fantasia pura. A matéria, além de contar as intimidades de alguns hóspedes do Quitandinha, tinha entre as mirabolantes fotos de Manzon, um close do momento exato em que um turista americano bêbado tentava em vão, abrir a porta do quarto. Mas Chateaubriand, por compreender que aquela situação não era uma real ameaça a Rolla, naquele momento estava satisfeito com a dinamização que a dupla vinha dando a sua até então incipiente revista. Nos anos seguintes, O Cruzeiro sofreria um significativo aumento em sua vendagem graças às exóticas e maliciosas reportagens do jornalista e do fotógrafo.

Chegado o ano de 1945, Joaquim Rolla apressou-se em terminar o lobby, um novo salão de jantar com capacidade para 800 pessoas, e o restaurante infantil, com pinturas inspiradas nas fábulas de La Fontaine pelo artista plástico Alceu de Paula Penna. Mais tarde, finalizou ainda uma novidade extraordinária: uma piscina térmica, localizada num salão com pinturas decorativas ilustradas pelo artista Santa Rosa.

E, para aumentar a sofisticação inerente a uma casa de espetáculos, Rolla instaurou nas instalações do Quitandinha certas tradições, como a hora do aperitivo, que acontecia sempre às dezoito horas, e o jantar dançante, que se realizava às dezenove. A rádio Tupi começou a fazer transmissões musicais diretamente da boate do hotel. Eram dois programas: o *Novidades musicais do Quitandinha*, promovido como uma divulgação de músicas norte-americanas inéditas no Brasil e gravadas em estúdios nova-iorquinos; e o *Weekend*, um evento de músicas para dançar.

Em maio de 1945, terminava a guerra na Europa, e as tropas brasileiras estavam de regresso. Mas, na imprensa internacional, os acontecimentos que se desenrolavam a uma velocidade vertiginosa no campo de batalha não ocupavam todas as páginas, e até mesmo o Quitandinha era matéria de divulgação. Foram muitas as publicações estrangeiras que mencionaram a obra colossal de Rolla, entre outros, a Fortune, o New York Times, a Harper's Bazaar, o Financial Times, o Reader's Digest e o Chicago Tribune.

Já no Brasil, ainda no começo de 1945, saía no Diário Carioca uma matéria criticando a construção do Quitandinha. Intitulado *Desmascarada a negociata*, o artigo publicava na íntegra o contrato do Cassino Quitandinha com o governo do estado do Rio, apelidando-o de ilícito, uma trapaça que "feria fartamente a economia do estado e maculou as tradições de honra da terra fluminense". Ao que outras publicações simpatizantes de Rolla se apressaram a responder com matérias elogiando o conforto e a decoração do hotel, bem como o fato de ser produto da iniciativa privada, todo capitalizado com seus próprios recursos e com empréstimos privados.

Como se não bastasse, começou a circular nessa época um boato, pela boca do ex-funcionário da ADA Carlos Lacerda, de que Joaquim Rolla seria nomeado como o primeiro mandatário do Ministério do Turismo, aumentando a percepção do público quanto às ligações estreitas entre o empresário do jogo e os altos dignitários do Estado Novo. Quem veio em defesa do amigo durante a polêmica foi Assis Chateaubriand, que a 15 de agosto, data do aniversário de Joaquim, publicou em *O Jornal*, uma matéria sobre o assunto. Republicado com orgulho pelos conterrâneos de Rolla no jornal *A Voz do Prata* 11 dias depois, o artigo defende o empresário mineiro e exonera de qualquer relação com o Estado Novo no que diz respeito ao projeto Quitandinha.

Chateaubriand apresenta como prova da dissociação de Rolla com o Estado Novo o fato de ter sido recusado ao amigo que construísse sua obra-prima no Rio de Janeiro, onde o governo pouco se preocupava com a precária situação hoteleira. Uma situação que, segundo o jornalista, envergonhava o país aonde acorriam milhares de estrangeiros procurando investimentos, e onde certamente depois da guerra muitos mais viriam procurando turismo e lazer. No seu artigo, Chateaubriand exaltava ainda a iniciativa privada de Joaquim, que considerava um serviço nacional de um bom gosto equiparável aos maiores hotéis do estrangeiro, parabenizando um empreendimento em que se dava, segundo ele, primazia aos esportes, e não ao jogo.

A observação de Chateaubriand revela que em 1945 aumentara o debate à volta da moralidade dos jogos de cassino, e Rolla, bem ciente disso, promovia o caráter esportivo do seu empreendimento. Atento a outros eventos desse tipo, com os quais pudesse lucrar através do Quitandinha, o empresário assinou um contrato publicitário de exclusividade com a rádio Mayrink Veiga para transmitir o campeonato sul-americano de futebol que ocorria no Chile. E com o Jockey Club do Rio, onde as suas incursões pelo jogo na capital tinham começado mais de uma década atrás, formou uma parceria por ocasião do *Sweepstake*, um roteiro turístico sócio-esportivo, que trazia paulistas endinheirados à Gávea, com estadia no hotel Quitandinha e transporte para a Cidade Maravilhosa.

Tal como acontecera com a Urca e o Icaraí, o Quitandinha foi ganhando também reputação pela qualidade dos seus espetáculos. Rolla tornara-se um profissional na contratação de artistas, chegando inclusive a aproveitar a ida do jornalista e correspondente internacional *O Cruzeiro* Fernando Lobo, um ex-funcionário da rádio Tupi, para credenciá-lo como representante do Cassino da Urca e do Quitandinha nos Estados Unidos. A função de Lobo no negócio de Rolla era trazer os últimos nomes em cartaz do hemisfério norte para o Brasil, além de divulgar os negócios do empresário mineiro na mídia norte-americana.

Lobo cumpriu bem o seu papel. Firmou um contrato com uma empresa de relações-públicas nova-iorquina, a Tom Fizdale Inc. E eis que o logotipo do "Q" surgiu quase imediatamente nas roupas da marca Macy's, que até hoje é um dos grandes impérios de lojas de departamento. Conseguiram expandir a mensagem do turismo brasileiro também nas propagandas da companhia aérea Panam, que convidava seus passageiros a conhecerem a maravilha que era o Quitandinha, logo ali, "tão perto da Cidade Maravilhosa". A projeção dos negócios de Rolla nos Estados Unidos acabaram por ser financeiramente mais vantajosas para Lobo que seu trabalho de correspondente internacional de *O Cruzeiro*. Pois foi graças a um contrato firmado com um homem de negócios de nome Bern Bernard, interessado no Quitandinha para a organização de eventos diversos, que Lobo conseguiu se manter com uma confortável porcentagem do capital investido nas terras do Tio Sam.

Com a Política da Boa Vizinhança ainda em vigor, o Quitandinha, bem como os novos cassinos de Rolla em Minas Gerais, ganharam, dessa forma, vantagem da concorrência e uma enorme projeção internacional, passando-se ali também a assistir à miríade de artistas de todas as Américas que já haviam atuado em suas casas do Rio de Janeiro. Estava enfim completo e nas bocas de todo o mundo o majestoso e colossal hotel cassino, o castelo a que os sonhos de Rolla deram o nome de Quitandinha.

GUERRA JOGADA

O período que tanto prejudicara Rolla, com inaugurações constantemente adiadas, fora também uma oportunidade para criar laços com um dos grandes provedores de suas salas de entretenimento: os Estados Unidos. Em plena guerra, e com o início da circulação dos artistas exclusivos da Urca pelos outros cassinos que gradualmente aumentavam seu império, Rolla aproveitou para consolidar ainda mais as vantagens que a sua proximidade com o Estado Novo lhe traziam.

Com a adesão do Brasil à Segunda Guerra Mundial, combatendo ao lado dos Aliados, triunfava a Política da Boa Vizinhança, em que os norte-americanos tanto se haviam empenhado para ganhar o apoio da América Latina. Logo, em 1942, após a entrada dos Estados Unidos no conflito, Denis Brean tinha composto o tema "Boogie woogie na favela". Agora, em 1945, no contexto da guerra, quando o Brasil finalmente se decidira por lutar ao lado dos Aliados, a canção era lançada com enorme sucesso por um dos grandes cantores atuantes nos palcos na Urca, o sambista Ciro Monteiro, e andava na boca de todos cariocas:

Chegou o samba minha gente,
Lá na terra do Tio Sam com novidade,
E ele trouxe uma cadência que é maluca,
Pra mexer toda a cidade

O boogie-woogie,boogie-woogie, boogie-woogie,
A nova dança que balança, mas não cansa,
A nova dança que faz parte,
Da política da boa vizinhança

E lá na favela toda batucada,
Já tem boogie-woogie,
Até as cabrochas já dançam,
Já falam do tal boogie-woogie,

E o nosso samba foi por isso que aderiu,
Do Amazonas, Rio Grande, São Paulo e o Rio,
Ao boogie-woogie, boogie-woogie, boogie-woogie

E, de fato, os ventos norte-americanos chegavam aos quatro cantos da América do Sul. Habituados à passagem de estrelas estrangeiras pelos salões onde a elite se reunia nas capitais do país, brasileiros de todos os estados começaram a receber shows itinerantes que visavam apoiar o esforço de guerra e homenagear os combatentes.

A ideia partira dos próprios norte-americanos, ainda em 1941, que sob o incentivo de Roosevelt reuniram diversas organizações cristãs e judaicas, fundando a USO (United Service Organization) que administrava, por meio de voluntários, variados clubes, as Canteens ou Cantinas, que providenciavam apoio às tropas de folga ou em trânsito. Além de refeições preparadas por voluntários e outros serviços como lavanderia, a instituição visava também levantar a moral do exército, organizando espetáculos com artistas de renome contratados para atuar e entreter os soldados. Entre essas estrelas contavam-se *entertainers* como Bob Hope, Fred Astaire, Humphrey Bogart, Glenn Miller e Frank Sinatra, bem como as famosas atrizes Marlene Dietrich, Judy Garland e Lauren Bacall.

De imediato, a USO se instalou no Brasil, onde o diretor da sucursal carioca, Henry Sims, a partir de seu escritório na avenida Rio Branco, passou a controlar as operações daquela organização no país. Através da esposa do presidente, a beneficentíssima Darcy Vargas, que presidia a Legião Brasileira de Assistência, a USO abriu no Brasil as primeiras cantinas dos combatentes logo em 1942, no Rio de Janeiro e em São Paulo. E Rolla, que mudara recentemente a sede de seu escritório na Urca também para a avenida Rio Branco, foi um dos empresários privilegiados a ser contatado por Sims, graças às estreitas relações que mantinha com a primeira-dama.

Assim, durante a guerra, os recrutas tupiniquims habituaram-se a assistir a atuações de artistas nacionais que a rádio e os cassinos popularizaram, sendo inúmeros os artistas que participaram desses espetáculos. Nomes como Francisco Alves, Jararaca e Ratinho, Linda Batista, Beatriz Costa e Lamartine Babo exaltavam a coragem dos combatentes e a capacidade de luta dos brasileiros.

Mas não eram apenas os soldados brasileiros os honrados com as atuações de artistas nacionais. As inúmeras bases norte-americanas existentes no Brasil, que viam o país como essencial à defesa do Atlântico Sul, também receberam em seus hangares, tornados palcos improvisados, uma constelação de famosos. A partir de 1943, isso se traduziu em excursões artísticas denominadas *Show da Vitória*, organizadas em caravanas a partir do Rio de Janeiro, numa colaboração entre os Diários Associados, o Cassino da Urca, a Empresa Quitandinha e a companhia aérea Cruzeiro do Sul.

A ligação entre a Urca e as bases militares norte-americanas do nordeste brasileiro foi facilitada por um dos departamentos da USO, o Mobile Service, que promoveu o conceito dos *Shows da Vitória*, que passaram a alegrar os interrernos no campo de batalha. A primeira caravana de artistas viajou para o nordeste e o norte do país, e foi ciceroneada por Téofilo de Barros Filho, diretor da rádio Tupi no Rio de Janeiro. O *Show da Vitória* foi dirigido por Ary Barroso e contava com a presença de Madeleine Rosay, bailarina do Municipal e sob contrato com a Urca na época.

E se combatentes norte-americanos se habituaram a assistir a shows de artistas nacionais, os soldados brasileiros também eram presenteados com atuações de norte-americanos. Em setembro de 1943, chegava ao Brasil a atriz Ilona Massey, que vinha fazer uma homenagem aos pracinhas nacionais na sua cantina de combatentes. Em conferência com Darcy Vargas, logo a norte-americana combinou participar de uma confraternização de militares na Urca. E fez em grande estilo, para grande alegria dos brasileiros, apresentando-se em palco ao lado de Linda Batista e Grande Otelo, e chegando até mesmo a cantar em português a "Canção do soldado".

A Urca começou então também a promover as homenagens a militares dentro do seu recinto. Além de caçar artistas que passavam pelo Rio de Janeiro em transatlânticos com destino a Buenos Aires, Rolla passou também a chamar para o palco da Urca os artistas-militares que viajavam em barcos de guerra. Foi o caso da Fourth Fleet Band, um conjunto formado por marinheiros norte-americanos, que se apresentou na Urca em 1944 com uma orquestra de *hot-jazz* e *boogie-woogie* ao bom estilo dos tempos de guerra.

E com a abertura do Quitandinha no início daquele ano, o cassino de Petrópolis rapidamente entrou na rota dos artistas pela vitória, na mesma altura em que a USO atingia o auge de suas atividades. Se até aí a Urca já levava a melhor dos outros cassinos cariocas na luta pelos *Shows da Vitória*, com o Quitandinha entrando na concorrência os empresários do jogo carioca parecem ter finalmente acordado, entrando na guerra por outra vitória, a da primazia do seu negócio sobre todos os outros.

Mas a consolidação da Urca na vanguarda dos espetáculos para soldados estava feita. Em julho de 1944, Rolla era elogiado pela sua boa vontade na iniciativa, num artigo escrito pelo seu amigo e parceiro na empreitada, Assis Chateaubriand, para *O Jornal*. E, de fato, Rolla manteve na mira os shows destinados a incentivar os militares no esforço de guerra.

No dia 17 de novembro de 1944, com o Quitandinha já inaugurada, o mineiro organizou na Urca uma *Homenagem aos marujos do Uncle Sam*. Animado pela orquestra de Gaó, o espetáculo contava ainda com uma paródia de Grande Otelo imitando Carmen Miranda, a interpretação de "God Bless America" por marujos norte-americanos acompanhados dos Matilde Brothers, e a esplêndida atuação da belíssima Eros Volúsia que, junto ao corpo de baile da Urca, dançou o "Tico-tico no fubá", e outros temas frenéticos, como maracatu e frevo, deixando os alferes ianques de queixo caído. Foi uma atuação brilhante, merecendo até um artigo a respeito em *O Cruzeiro*, escrito por Fernando Lobo, o mesmo que foi representante dos negócios de Rolla nos Estados Unidos. Em seu texto, o jornalista apresenta Volúsia como a rainha do frevo, o estilo de dança originário de Pernambuco, que ela dançava como ninguém, apresentando aquele ritmo não só às audiências estrangeiras, como também aos próprios cariocas, em cujos cassinos se apresentava.

E para fechar o ano em beleza, chegou uma semana depois, no Rio de Janeiro, um avião cheio de artistas da Broadway e de Hollywood, a USO Unit 391, que já atuara por várias capitais costeiras a norte da Bahia. Uma megaprodução, acompanhada de outro avião só para carregar as 85 toneladas de cenários e figurinos do espetáculo.

Com o show da vitória dos Aliados manchado pela bomba atômica largada sobre a população civil japonesa, terminariam de vez a Segunda Guerra Mundial, bem como as promoções da USO, em agosto de 1945. Ao menos a guerra tinha seu fim, e no dia 16 do mesmo mês celebrava-se, assim, no *grill-room* do Cassino da Urca, a grande festa *Epopeia da vitória*, que homenageava o heroísmo das Nações Unidas, como se autointitulavam os Aliados. Todo o *cast* compareceu, apresentando-se em palco juntamente com a estrela convidada, Rosina de Rimini.

E no rescaldo do triunfo estadunidense, foram recompensados todos que tinham contribuído para o esforço de guerra dos Aliados. Foi assim que, no dia 24 de outubro de 1945, as Forças Armadas americanas realizaram uma festa de tributo ao diretor das empresas Urca e Quitandinha, Sr. Joaquim Rolla. A cerimônia, realizada no Automóvel Clube do Rio de Janeiro, foi presidida pelo novo embaixador dos Estados Unidos, Adolf Berle Junior, que chegara ao Brasil no início do ano, substituindo Jefferson Caffery. Berle era um dos consultores mais próximos do presidente norte-americano e havia trabalhado em vários projetos do *New Deal* e da Política de Boa Vizinhança. Naquela noite o embaixador proferiu um discurso agradecendo ao empresário mineiro o seu compromisso em manter "sempre alto o moral das tropas nas bases do Atlântico Sul" com os shows de entretenimento que organizara durante aqueles anos de conflito. Por esses tempos de paz, Rolla estava com tanto cartaz que, nos bastidores da imprensa carioca, chegou a ser cogitado como o primeiro nome a ocupar a pasta do Ministério do Turismo, caso Vargas ainda ficasse no poder.

Discursaram ainda Henry Sims, o diretor da USO no Brasil, e altas patentes americanas, terminando a cerimônia com os agradecimentos de Rolla e um minuto de silêncio pelos soldados que pereceram na guerra. Finalmente, a homenagem que começara solene, com os hinos americano e brasileiro abrindo a noite, seguidos de sucessivos discursos, acabou em festa bem animada com baile e orquestra, pela madrugada dentro.

Mas, para além da contribuição para levantar o moral dos militares, o intercâmbio de artistas que Rolla possibilitara entrou para sempre na história do *show business* nacional, pela mão dos seus cassinos.

SONHOS DO ECRÃ

À homenagem feita a Rolla pelas autoridades vencedoras na nova ordem mundial estava inerente o reconhecimento do empresário mineiro como um grande homem ligado ao mundo do *show business.* E, de fato, assistimos, ao longo da sua liderança no mundo do jogo brasileiro, a uma incorporação da mídia, como o rádio, na divulgação de diversos estilos musicais, tanto nacionais como estrangeiros.

No cenário carioca e além do universo radiofônico, o contato constante com gente do palco e dos bastidores que também fazia incursões nos ciclos dramatúrgicos aproximou Rolla de outro universo: o da linguagem cinematográfica, que tinha a vantagem de combinar todas as outras artes que já tinham encontrado expressão nos cassinos nacionais. A sociedade carioca ligada ao mundo do espetáculo via no empresário do jogo um produtor de sucesso como Lee Shubert, ou alguém que poderia ter ambições *à la* Hollywood.

Eram tempos de mudança. Rolla começava a sentir o sopro de tempos mais moralistas, em que a prática do jogo começava a ser questionada e já se falava de uma possível proibição. Empresário cauteloso, sempre soubera diversificar seus investimentos e se precaver com contratos nos quais constavam indenizações caso seus negócios chegassem a ser prejudicados por alterações legais. Assim, ponderava agora alargar seus investimentos para outros negócios.

No princípio do governo Dutra, começou a circular um rumor de que Joaquim Rolla estaria planejando montar no Rio de Janeiro um esplêndido estúdio cinematográfico, munido de maquinaria e técnicos vindos especialmente de Hollywood. A revista *A Cena Muda,* especializada na indústria do espetáculo, elogiou tal iniciativa em sua edição no final de abril, referindo-se a Rolla como um homem de ação. A notícia antecipava a proibição do jogo por um dia, conectando o projeto de Rolla ao fim do jogo, concluindo que tal fato por certo beneficiaria o cinema nacional, naquele momento ainda incipiente.

Vinha desde 1935 o interesse do empresário mineiro pelo cinema, quando em setembro daquele ano seu amigo Caio Brant, então apenas um dos sócios-olheiros de seu cassino, levou a Urca a dar sua primeira cartada cinematográfica. Brant acreditava que os mesmos

shows assistidos no cassino poderiam ser filmados e apresentados ao público na tela grande. Resolveu, assim, produzir o filme *Noites cariocas*, lançado naquele mês pela Cinédia.[1]

Dirigido pelo argentino Henrique Cadicamo, a produção contava no elenco com praticamente todos os bons artistas que Brant conhecera na Urca. Foi o primeiro filme brasileiro com linguagem no estilo teatro de revista a fazer sucesso. A companhia teatral de Jardel Jércolis aparecia dançando nos cenários bem produzidos, aproveitados da Urca. Nos números principais, estrelados pelo cantor portenho Carlos Vivan, o filme contava ainda com atuações da cantora Lurdinha Bittencourt, do comediante Mesquitinha e das cantoras austríacas do Singing Babies. Estes últimos estavam na época em cartaz no cassino de Rolla, mas foram liberados pelo contrato que tinham com ele para poderem trabalhar no filme produzido por Brant. No elenco, ainda faziam parte futuras estrelas do cinema até então desconhecidas, merecendo menção a pequena participação de Oscarito e uma ponta de Grande Otelo, que por essa altura ainda mal se conheciam.

Ao utilizar gêneros musicais como tango, caipira e baladas sentimentais, *Noites cariocas* pretendia fazer uma conexão de identidade entre a beleza das praias cariocas e algum sentimento romântico inspirado na canção-tema, de origem argentina. Tanto que o filme era falado e legendado em português e espanhol. *Noites cariocas* não vingou no país vizinho o mesmo sucesso que fez no Rio e em São Paulo. Mas no Brasil foi pioneiro no gênero, tornando-se, nos anos seguintes, um tipo de produção padrão, mote para lançar aquelas canções melosas, bem vendáveis na véspera do Natal.

Assim, a linguagem teatro de revista em formato de cinema foi aperfeiçoada após a estreia satisfatória de *Noites cariocas,* e o dono da Cinédia, Adhemar Gonzaga, logo propôs a Rolla investir no filão da tela grande para a próxima temporada. A ideia era vender o visual dos grandes shows que eram vistos dentro do Cassino da Urca ao grande público, que tinha dinheiro para ver um filme, mas não para jogar. Foi então que João de Barro e Alberto Ribeiro, frequentadores assíduos da Urca, se dedicaram a escrever o roteiro de *O grande cassino*, que foi apresentado por Gonzaga ao potencial investidor mineiro.

Joaquim Rolla gostou da ideia de popularizar seus shows ao povão e topou o negócio, mas como não entendia patavinas de cinema, sugeriu que fosse colocado um nome do ramo no seu lugar. E assim, Gonzaga, ao procurar alguém para ajudá-lo numa empreitada cheia de estrelas, associou-se a outro grande produtor já habituado a fazer filmes sonoros e musicais, Wallace Downey.

O americano chegara ao Brasil em 1928, e tinha no currículo a primeira produção de revista filmada para cinema no Brasil, *Coisas nossas,* que fora lançado em 1931. E no mesmo ano em que *Noites cariocas* foi lançado, Downey, proprietário da Waldow Filmes, codirigira com João de Barro outro grande sucesso, *Alô, alô Brasil,* também produzido em parceria com a Cinédia de Gonzaga, com as atuações de grandes nomes como Mesquitinha, Almirante, Dircinha Batista, Ary Barroso e o Bando da Lua com Carmen Miranda.

Pressionado por Barro e Ribeiro depois do sucesso de *Noites Cariocas*, já de roteiro pronto e incentivado por Gonzaga, Rolla cedeu em injetar capital, mas não em produzir o filme, pois na época ainda lutava para manter à tona da concorrência a sua Urca. Ao apoiar o projeto, além de contribuir financeiramente, colocou à disposição da equipe de filmagem um suporte técnico necessário e liberdade para que usassem suas instalações, com todo o seu *cast* junto.

As filmagens foram iniciadas em outubro de 1935, e o filme, para ter um apelo mais comercial, acabou sendo lançado com o nome *Alô, alô Carnaval*. A pré-estreia foi no Alhambra, no início do ano seguinte. O mais engraçado do roteiro do filme, que quase teve cassino no nome, é que Barro e Ribeiro se inspiraram, de certa forma, na sua própria história ao tentar convencer Joaquim Rolla a bancar seu projeto, pois, à semelhança da vida real, o roteiro tinha como figuras centrais dois autores e sua odisseia para convencer o dono de um cassino a produzir uma revista intitulada Banana da Terra. No entanto, no telão, o empresário da trama fictícia recusa a proposta, acabando mais tarde por recorrer de novo aos autores, quando uma estrela francesa que deveria se apresentar no palco do seu cassino não comparece ao espetáculo.

O roteiro intercalava sátiras a pessoas e situações que marcaram o Rio daquela época, e incluía números musicais brilhantes, como o de Carmen e Aurora Miranda interpretando a marcha "Cantoras do rádio", de João de Barro, Alberto Ribeiro e Lamartine Babo, que fora inspirada na má sorte dos compositores nas roletas da Urca. O elenco musicado contava ainda com Dircinha Batista, Almirante, Francisco Alves e As Irmãs Pagãs. O comediante Oscarito, numa cena hilária, faz o papel de um bêbado sortudo que quase é passado pra trás por dois trapaceiros durante uma jogatina.

Alô, alô Brasil foi um estrondoso sucesso, consagrando temas musicais que entraram para a história do espetáculo brasileiro como "Cadê Mimi" e "O pierrot apaixonado". Esta produção, inspirada na Urca e em Rolla, veio a influenciar um gênero de filme que, a partir daí, ficou conhecido como *musicarnavalesco* (os musicais de Carnaval), geralmente histórias bem inocentes encenadas para o cinema, com o intuito de costurar a trama com canções, e em que temas da festa do Momo se misturavam com diálogos e histórias satíricas.

Em 1939, Rolla bancara também a primeira produção da revista *Joujoux e Balangandans* no Municipal, na qual membros da alta sociedade atuaram como amadores, cedendo naquele mesmo ano apoio financeiro e suporte técnico à sua versão cinematográfica. O filme, dirigido por Amadeu Castelaneta, recriava para o telão o desfile de canções, danças e diálogos da peça, tudo organizado por dona Darcy Vargas nos estúdios da Cinédia. As filmagens tiveram início em agosto daquele ano e prolongaram-se por três meses, e a estreia se deu no dia

1º de dezembro nos cinemas São Luiz, Odeon, Roxy e America, com a presença da primeira-dama e seu séquito, além do poderoso Joaquim Rolla. O sucesso do filme foi tão grande que dois anos depois *Joujoux e Balangandans* voltaria aos palcos em versão superprodução.

Quando *Joujoux* estreou, quem já trabalhara como diretor artístico da Urca fora Luiz de Barros, que tinha vasta experiência como cineasta. Era mestre em criar roteiros inspirados pelo teatro de revistas em que a sátira era mesclada a números musicais de canto e dança. Habituado a criar cenários e figurinos para teatro de revista, Barros aventurou-se por adaptações cinematográficas para teatro. Daí até inverter o método, passando a adaptar estilos teatrais musicados para a tela grande, foi um salto. Já havia produzido um pouco antes *O babão*, uma paródia do filme norte-americano *The Pagan*, com o ator principal Genésio Arruda falando com sotaque caipira.

Pouco a pouco, Barros foi conquistando a admiração de Gonzaga, e em meados daquela década foi chamado pelo diretor da Cinédia para concretizar diversos projetos. Trabalhou ainda em alguns curtas musicados e em três filmes independentes como *Cisne branco, Entra na farra* e *E o circo chegou* ao longo da década de 1930, inclusive enquanto era diretor artístico da Urca. E voltaria ao seu estilo de satirizar musicalmente as grandes produções hollywoodianas em 1943, com *Berlim na batucada*, um filme satirizando a passagem de Orson Welles pelo Brasil, onde o Carnaval brasileiro fora encenado e filmado pela primeira vez, tendo em vista a audiência norte-americana.

Luiz de Barros participara das gravações de *It's All True,* e como todos os brasileiros, assistira à americanização da cultura nacional e à intrusão dos Estados Unidos, com a sua Política da Boa Vizinhança. O filme, lançado no começo de 1944 após três meses de filmagens, foi promovido como uma comédia musical carnavalesca na qual "um produtor norte-americano chega ao Brasil para conhecer o Carnaval carioca e buscar artistas e motivos para um filme". A trama também se inspirava nos relatos sobre os bombardeios da capital alemã pela força aérea britânica, além de satirizar Welles, mostrando pela primeira vez no cinema o cenário do morro da Mangueira, que o diretor americano conhecera tão bem. Novamente, Barros bebia da sátira inspirada em Hollywood para criar um cinema genuinamente brasileiro, mas desta vez criado em cima de um fato do qual ele mesmo participara.

Na época em que Rolla começou sua breve incursão pelo negócio do cinema, Barros abandonava a Cinédia, rompendo com Gonzaga, o que aumentou em muito a especulação de que Rolla estaria realmente se preparando para outras apostas, e que Luiz de Barros faria parte da equipe que o mineiro preparava para arrancar com seus projetos cinematográficos.

Mas no mês seguinte, com o jogo já proibido, começaria a ficar claro que talvez Joaquim Rolla não fosse investir na criação de uma Hollywood brasileira. Principalmente quando logo umas semanas depois, o empresário mineiro doou o guarda-roupa da Urca a seus artistas, que agora se preparavam para fundar uma companhia cooperativa de revista dirigida por Chianca de Garcia. Em agradecimento ao empresário, as estrelas optaram por denominar o seu grupo de teatro como Urca Follies.

As incursões de Rolla pelo cinema limitaram-se, assim, a contribuições financeiras e suporte técnico e artístico a projetos cinematográficos específicos. O seu papel na divulgação de shows e estrelas já ia além dos palcos dos seus cassinos, pelo menos no Icaraí e em Araxá, onde havia salas de cinema.

O sonho de um estúdio cinematográfico passou sim pela cabeça de Rolla, e não faltou quem o incentivasse, como seu assistente Olímpio Guilherme. Mas, no final da guerra, com os novos peões que o xadrez da política internacional colocara em campo, o empresário podia sentir os novos ventos de mudança se aproximando. Perante a incerteza do futuro para seus negócios e a braços com os encargos financeiros que as prolongadas obras do Quitandinha tinham gerado, não era altura para avançar com outro projeto que utilizasse uma logística tão diferenciada.

Dessa vez, optou por escutar o irmão Mário que, sempre atento à política nacional e global, lhe pediu que esperasse. Por mais entusiasmo que os dois irmãos tivessem pelo fim da ditadura que agora se avizinhava, Mário sabia que a proximidade do irmão às autoridades do Estado Novo poderia custar muito caro a Joaquim.

ELEIÇÃO E PROIBIÇÃO

O jogo sempre fora contestado pelos mais conservadores ao longo do seu período de legalidade durante o governo de Getúlio Vargas. Fosse por oposição política ao presidente, que se dizia lucrar diretamente com o negócio através das obras beneficentes de sua esposa, fosse por motivos moralistas e religiosos, a roleta inspirava discussões acesas entre seus adeptos e seus adversários. Nada de novo para Joaquim Rolla, habituado às criticas conservadoras. Mas, durante o ano de 1945, pairava sobre sua cabeça o fantasma da proibição, à medida que assistia a uma polarização crescente das opiniões sobre o assunto.

Interligada com essa crescente intuição, de que o jogo acabaria em breve, estava a certeza generalizada da população de que mais cedo do que tarde, Getúlio cairia. Naquele final de guerra, aumentava a contestação à ditadura e a sociedade brasileira começava a questionar a inconsistência de uma nação que lutara no conflito contra as ditaduras europeias enquanto ela própria vivia sob um regime autoritário.

Entretanto, nos bastidores da diplomacia americana, os Estados Unidos procuravam promover eleições livres no Brasil, procurando esferas de influência a quem se aliar nesse processo. Não eram apenas os brasileiros que viam algo podre em ditaduras de longo prazo. Para a opinião pública norte-americana, acostumada a ouvir a retórica de seu governo relativa à força democrática que os Estados Unidos representavam no mundo, isso também não fazia o menor sentido. O enviado de Roosevelt para embaixador no Brasil, Adolf Berle Junior, tinha uma missão muito especial a cumprir, e que não era secreta. Berle fora incumbido de fazer os conchavos necessários para restaurar o sistema democrático brasileiro.

Mal tinha chegado e logo deu provas das suas enormes qualidades de astuto diplomata. Redigiu um texto em português em que congratulava o governo brasileiro pela sua determinação em restaurar a democracia constitucional, como se isso fosse fato consumado. E para não criar problemas com Vargas, resolveu ler-lhe o texto numa reunião particular. Mas o português macarrônico do embaixador pronunciando o longo discurso enfadou o ditador, que cochilou e no final limitou-se a concordar com tudo que não tinha ouvido. E qual não foi o espanto de Vargas quando ficou sabendo, durante o discurso proferido oficialmente à imprensa em um banquete de homenagem ao embaixador oferecido no Quitandinha de Petropólis, que tinha feito "a solene promessa de eleições livres no Brasil, marcadas para uma data fixada definitivamente por um governo cuja palavra os Estados Unidos sempre acharam inviolável".

A resposta do povo brasileiro foi de júbilo, e Vargas, temendo que outra revolução como a que o levara ao poder agora daí o retirasse, jogou uma cartada política que parecia demonstrar a sua boa vontade às aspirações populares por democracia. Berle havia cumprido sua missão, talvez a última que Roosevelt designou para a América Latina, pois no dia 12 de abril, o presidente norte-americano viria a falecer, terminando aí sua longa permanência de quatro mandatos no poder. E antes que isso acontecesse, talvez a última boa notícia que recebeu vinda do Brasil tenha sido a confirmação de que Vargas marcara realmente eleições para o final daquele ano, além de permitir a fundação de partidos políticos, e inclusive fundando os seus próprios: o PSD (Partido Social Democrata) e o PTB (Partido Trabalhista Brasileiro). De pronto, Vargas, embora inicialmente não tenha apoiado oficialmente nenhum candidato, tinha um favorito: o seu ministro da guerra, o general Eurico Gaspar Dutra, o que incentivou os membros de seus partidos recém-fundados a apoiarem sua escolha.

Com a eleição marcada para o dia 2 de dezembro, também havia o partido de oposição, a UDN (União Democrática Nacional), que lançou como candidato à presidência o conservador brigadeiro Eduardo Gomes. Os velhos conhecidos de Rolla logo se colocaram ao lado da UDN, receosos de que Dutra acabasse sendo um fantoche de Getúlio, pois havia um medo enorme que o caudilho se perpetuasse no poder. Entre os fundadores da UDN, encontravam-se os assinantes do Manifesto dos Mineiros, todos conhecidos de Rolla, como era o caso de Virgílio de Melo Franco, o banqueiro Magalhães Pinto e Daniel de Carvalho. Assim como o próprio Artur Bernardes, embora por um curto período de tempo. Pois em breve o cacique optaria por refundar o seu antigo Partido Republicano Mineiro, agora com a sigla PR, uma vez que os partidos passaram a ser nacionais e não estaduais.

Os grandes rivais da eleição de 1945 eram o PSD de Dutra e a UDN do Brigadeiro. O PSD era um partido com características mais urbanas, voltado para o desenvolvimento industrial e a modernização, enquanto a UDN se identificava mais com o agrário e com questões ligadas aos recursos naturais e ao trabalho da terra na ótica dos grandes proprietários. Quanto ao jogo, e independentemente da posição de cada membro do partido, a UDN assumiu uma postura conservadora, com o Brigadeiro declarando abertamente que, caso fosse eleito, proibiria de imediato o jogo em todo território nacional. O candidato era um militar de carreira, fortemente influenciado pela Igreja Católica, um homem rígido e de conservadorismo exacerbado, e que ainda por cima entendia o jogo como um dos pilares financeiros do governo Vargas.

Já Dutra afirmou publicamente durante a campanha para a eleição não ter opinião formada sobre o assunto, posicionando-se de forma pouco clara. Mas era melhor que tomar partido da proibição, o que levou Rolla a decidir-se pelo apoio político ao PSD. É relevante lembrar que toda a família Rolla de São Domingos do Prata, assim como seu irmão Mário, era massivamente partidária do brigadeiro Eduardo Gomes. De toda forma, Joaquim autorizou seus funcionários a colocar nos seus cassinos várias faixas com os dizeres *Vota Dutra!* durante o ano de 1945.

Ao mesmo tempo em que o debate eleitoral esquentava, existia também uma forte oposição ao fim da ditadura. Em maio de 1945, surgiu o Movimento Queremista, nome originado pelo grito "Queremos Getúlio!", cujo objetivo era manter Vargas no poder, adiando as eleições e lançando a sua candidatura à presidência. Só que o ditador não chegou nem a se candidatar. Talvez Getúlio estivesse convencido de que o movimento que o queria era forte o suficiente para impedir sua queda. No entanto, esta chegaria mais cedo do que esperava, em outubro, menos de dois meses antes da eleição. Existia bastante receio entre as forças opositoras de que o ditador se perpetuasse no poder, legitimado pela sua escolha de um sucessor-fantoche, que já se acreditava ser o vencedor do voto brasileiro.

Enquanto isso, os shows e o jogo fluíam sem parar pelo Cassino da Urca. Numa noite de um Rio de Janeiro aliviado pelo fim da guerra, estavam presentes na roleta o fanfarrão e irmão do presidente Bejo

Vargas e o fotógrafo de *O Cruzeiro*, Jean Manzon. Esperavam o resultado da bola de marfim ser anunciada pelo crupiê: "Quinze, preto, ímpar, lona!" (Ninguém havia apostado no número).

E depois, ironicamente, no mesmo tom, acrescenta: "Paga-se o sete."

Manzon relata ter ficado desconcertado, mas não deixou transparecer nada. Ao lado dele, estava Bejo, que acabara de apostar cem cruzeiros no sete. O crupiê pagou ao influente apostador o valor que daria ao vencedor do quinze, colocando diante dele uma pilha de fichas, representando sua aposta multiplicada 35 vezes. Manzon arregalou os olhos, tanto com a cara de pau de Bejo quanto com a indiferença dos outros clientes, que nem olhavam a cena do sujeito gargalhando ao caminhar em direção ao bar, enchendo a cara e embolsando aquele tanto de fichas que mal cabiam em seus bolsos. Começou a distribuí-las aos funcionários e depois comeu dois pratos enormes, enquanto explicava a Manzon sobre suas noitadas na Urca:

> Eles já me conhecem aqui. Jogo todos os dias na mesa, mas não suporto perder mais de dez vezes seguidas. Assim, à décima vez, eles me pagam com ou sem sorte. De toda forma, eles recuperam depois de eu distribuir todo o meu ganho pelo local. Preferem isso a me ver jogar com a minha própria roleta!

E Bejo tira um enorme revólver e faz girar o carregador, mesmo com o restaurante cheio. Os clientes ainda continuam indiferentes com Bejo rindo aos soluços: "É uma espécie de roleta-russa, continua ele, mas os seis buracos ganham."[2]

O fotógrafo de *O Cruzeiro* também ria, mas com um sorriso amarelo, certo de que aquela arrogância e abuso de autoridade do irmão do presidente acabaria um dia por prejudicar o ditador. E de fato, em finais de outubro, quando Getúlio nomeou para o cargo de Chefe da Policia do Distrito Federal seu irmão que posava de gângster na Urca, o presidente acabou precipitando a sua própria queda.

A decisão de Vargas de passar para Bejo a chefia policial do Rio implicava depor do cargo João Alberto, uma alta patente do Exército, que foi alçado ao cargo de prefeito do Distrito Federal, o que não agradou nada aos militares que o rodeavam no poder. Para tornar tudo ainda mais complicado, ao saber da oposição militar à sua nomeação, Bejo ainda proclamou em voz bem alta, jogando e bebendo na Urca, que prenderia todos os generais que conspirassem contra seu irmão. Estava tão embriagado que não se deu conta que estava presente na bancada do bar o udenista Virgílio de Melo Franco.

Melo Franco, que havia partilhado a mesa com Joaquim nos tempos de jogo no Jockey Club, era um dos fundadores da UDN. Tinha abandonado o baralho e a roleta ainda na década de 1930, por considerar que "além do tempo que o hábito lhe comia", o jogo "não assentava bem com sua reputação de homem sério, integrado na política". Mas nem por isso deixou de frequentar a mesa cativa do amigo Rolla na Urca e circular pelos seus salões. Na realidade, nunca se manifestou pela proibição, nem tampouco quando o jogo foi colocado em pauta como sendo um legado do Estado Novo a corromper as leis.

E na manhã seguinte, Melo Franco conseguiu se comunicar com o ministro de guerra de Vargas, o general Góes Monteiro, que recentemente viera substituir Dutra. E se Bejo nunca assumiu a chefia da autoridade policial do Rio de Janeiro, foi graças a esse general avisado por Virgílio. Furioso com as ameaças de Bejo, Góes Monteiro se dirigiu de imediato ao presidente do Supremo Tribunal Federal, José Linhares, convencendo-o a substituir o ditador Getúlio Vargas até as eleições que agora estavam próximas. Não restou a Getúlio Vargas outra opção senão renunciar depois de quinze anos incólume no poder.

E como estávamos no Rio de Janeiro, obviamente que tal fato deu samba, e nos preparos do Carnaval seguinte, já havia uma marchinha para satirizar o irmão do ex-ditador, em duplo sentido:

Foi seu beijo,
Foi Seu Beijo
Foi Seu Beijo
Que atrapalhou
Um amor de quinze anos
Beijo dado sem malícia
(...)
Mas um beijo pra polícia
É motivo de cadeia

O presidente Dutra em sua posse, acompanhado da primeira-dama, dona Santinha. Ninguém imaginava que o casal bonachão fosse passado à história como responsável pela proibição do jogo no Brasil.

Enfim chegou a tão esperada data do pleito eleitoral, com uma derrota para os conservadores da República Velha que deu a presidência ao general Dutra. Durante a campanha, o debate levantado pela UDN opondo-se ao funcionamento dos cassinos acendera em muito a discussão da moralidade da roleta e o destino dado aos lucros do pano verde. Eram os impostos pagos que não iam diretamente ao governo, mas sim às instituições beneficentes outrora controladas pela ex-primeira-dama, Darcy Vargas. E Rolla sabia que a esposa do novo presidente eleito, Carmela Dutra, mais conhecida por dona Santinha, era uma devota católica que se opunha terminantemente ao negócio do jogo. Além disso, Dutra não conseguira a maioria absoluta no Congresso e, para viabilizar seu governo, logo que eleito, formou uma coligação com a UDN.

Assim sendo, o general nomeou para seu ministro da justiça o pessedista Carlos Luz, um político oriundo da tradicional família mineira. Ao mesmo tempo desta movimentação no Governo, Rolla não viu com bons olhos o conchavo político da Igreja Católica, que elevou o bispo conservador Dom Jaime de Barros Câmara ao status de cardeal logo depois da posse presidencial. Com todo este cenário se costurando, apesar de ter apoiado o PSD, Rolla sabia que o jogo seria proibido a qualquer momento. Era a hora de partir para outros negócios, com o turismo ainda de carro-chefe.

Havia outro udenista nomeado como ministro da agricultura do governo Dutra que era um velho conhecido dos Rolla – Daniel de Carvalho. Rolla quis estreitar seus laços de amizade com ele e lhe fez um pedido para ajudar sua cidade natal. Sua terra acabou incluída num projeto para postos agropecuários de apoio aos serviços públicos administrados pelas prefeituras dos meios rurais. Rolla queria testar a ideia em São Domingos do Prata, e Mário, que tinha fortes ambições políticas na época, deu total apoio a Joaquim no trâmite. No entanto, alertou ao irmão para que se preparasse para a proibição, pois não acreditava que nem antigos e poderosos amigos pudessem reverter o que estava se desenrolando. No ano seguinte, a cidade onde os irmãos Rolla foram criados foi contemplada com o Posto Agropecuário da Água Limpa, uma experiência agrícola inovadora para cidades de pequeno porte daquele tempo.

Rolla resolveu então agradar ao novo poder, oferecendo um jantar de gala dançante ao novo líder brasileiro, no dia de sua posse, a 31 de janeiro de 1946, no Quitandinha. Convidou dezenas de embaixadores estrangeiros, incluindo o embaixador norte-americano Adolf Berle Junior, o pivô no processo de redemocratização no Brasil, que agora, de missão cumprida, se preparava para regressar à sua terra natal. Para entreter os convidados, Rolla convocou Carlos Machado e os Brazilian Serenaders para animarem a noite. E no dia seguinte organizou a corrida hípica Gaspar Dutra, demonstrando às autoridades convidadas que passaram a noite no Quitandinha o quanto aquela joia do turismo nacional irradiava brilho. O empresário parecia querer comunicar ao novo poder que aquela obra que tanto lhe custara teria de ser mantida, não só por causa dele, pois havia uma pena de forte indenização governamental a seus trabalhadores caso o jogo caísse. Mas claro, nada mencionou sobre o assunto e deixou correr a festa, preocupando-se principalmente em causar no novo presidente uma imagem boa o suficiente para que a proibição ao menos fosse postergada.

E esmerou-se em fazer ver que seu Quitandinha permanecia um embaixador do luxo e do bom gosto, continuando a receber estrelas internacionais em suas glamorosas instalações. No Carnaval de 1946, quem veio passear por lá foi a voluptuosa atriz Lana Turner, que estrelara recentemente em *O destino bate à sua porta*, ganhando fama mundial. A atriz norte-americana participou do último Carnaval com jogo no Quitandinha, distribuindo sorrisos e acabando por permanecer um mês no "hotel mais completo e confortável que existe".

A revista *O Cruzeiro* cobriu a estadia da estrela hollywoodiana no Quitandinha, trazida por Waldemar Torres, diretor da MGM do Brasil e amigo de Rolla. Naquele mesmo período, a 9 de fevereiro de 1946, a dupla Manzon-Nasser produziu uma elogiosa reportagem a Joaquim Rolla. Nasser faz um elogio espontâneo ao criador do Quitandinha, que afirma ser ao mesmo tempo um dos homens mais discutidos e desconhecidos do país. Foi a primeira reportagem e fotografia em que o homem por trás do maior império do jogo no Brasil é enfocado sozinho. Num estilo jornalístico bastante criativo, Nasser discorre fantasias sobre a vida de tropeiro de Joaquim, bem como sobre as suas atividades subversivas de revolucionário, onde quase teria sido fuzilado por andar com uma caneta que continha gás lacrimogênio em sua carga (*sic*). E descreve os projetos megalomaníacos de Rolla, que diz querer construir "32 grandes hotéis de turismo" pelo Brasil. Numa enorme foto inédita do salão Mauá com as roletas e mesas de bacará em funcionamento, a legenda informa que o jogo funcionava durante apenas quatro meses do ano no Quitandinha, sendo apenas uma atividade secundária para o local. Nasser conclui que a maravilha construída por Rolla em Petrópolis é uma máquina de tirar dinheiro "dos donos das fábricas de tecidos, dos magnatas, dos barões de um império extinto, dos latifundiários avarentos e distribui esse dinheiro em empreendimentos diversos, alargando as construções" e o desenvolvimento.

Mas nem a vinda de celebridades internacionais ao Quitandinha, nem a primeira defesa pública de Rolla pela mais famosa dupla do jornalismo brasileiro impediram uma sorte ruim ao seu jogo. Logo após o período carnavalesco, Rolla encontrava-se almoçando na sua mesa cativa da Urca quando recebeu a visita do amigo Virgílio de Melo Franco. Vinha com o semblante sombrio para lhe avisar que efetivamente, no máximo em dois meses, a proibição do jogo seria oficializada, mas que já estava definitivamente decidida. Apesar de saber que poderia acontecer a qualquer momento, Rolla chateou-se em escutar o fato incontestável. A era dos cassinos estava chegando ao fim. Viu passar à frente dos seus olhos todos os momentos que vivera em suas casas de jogo, as alegrias e as preocupações, mas pesou-lhe mais saber que o seu sonho maior, o Quitandinha, que tanto lhe custara, poderia se tornar um castelo fantasma, sem o barulho das roletas que por tanto tempo preenchera a sua vida. Agradeceu ao amigo e preparou-se para perder seu negócio tão lucrativo.

No dia 30 de abril, enquanto Rolla almoçava em casa ao som do rádio, recebeu a noticia subitamente pelo transmissor. A interrupção breve anunciava com solenidade: "O presidente da República acaba de assinar um decreto proibindo o jogo em todo o país". Dirigindo-se ao seu escritório na avenida Rio Branco, não deixou transparecer a sua preocupação aos funcionários e amigos que o esperavam com ansiedade. "A vida não para", afirmou.

O público já vinha ouvindo rumores há tempos. Mas não soube da decisão de Dutra até vê-la impressa com letras garrafais, maiores que o próprio título do jornal *O Globo,* estranhamente no mesmo dia em que o presidente assinou a proibição: *EXTINGUIDO O JOGO EM TODO O BRASIL.*

E esse foi mais um duro golpe para Rolla, pois Marinho, que, tal como Virgílio, fora um dos amigos que o avisara do desfecho do jogo antes do fato, agora publicava uma reportagem devastadora, com um conteúdo agressivo que não apresentava os cassinos pelo investimento em turismo e glamour que traziam ao Brasil, mas denunciando-os como antros frequentados por senadores e outros políticos, onde os lucros do jogo eram destinados a sabe-se lá para que fins. E o susto maior é que agora, de maior empresário da atividade do jogo no país, da noite para o dia tornara-se o maior contraventor.

A primeira vez que tinha pensado nesta hipótese foi ao ler uma reportagem na revista norte-americana *Time* com o título de *Brasil: a cruz e a roleta,*[3] no início do ano, poucos dias depois da morte de sua mãe. Era um artigo afirmando que ele, Rolla, movimentava uma enorme parcela dos cerca de 300 milhões de dólares que o jogo movimentava no Brasil por ano e por ser o rei do jogo, era alvo predileto do arcebispo Dom Jaime de Barros Câmara. Mas o ponto final foi mesmo a reportagem de *O Globo* acompanhada da foto tirada por Jean Manzon no Cassino Copacabana, onde funcionários da contabilidade procediam à contagem de dinheiro "longe dos olhares dos infelizes jogadores e dos fiscais da prefeitura". Uma foto que Manzon oferecera primeiro à Assis Chateaubriand, diretor dos Diários Associados, que, por respeito ao seu amigo Rolla, se recusou a publicá-la.

Um dia antes do Dia do Trabalhador, Rolla, emocionado, subiu numa pequena bancada avisando aos funcionários sobre o fechamento dos salões da Urca. Disse que mandava todos para casa a contragosto. Em seguida, tomou uma barca para Niterói, onde fez o mesmo procedimento com o pessoal do Cassino Icaraí, que continuou com o hotel aberto. Voltando de novo ao Rio na mesma tarde, subiu a estrada para Petrópolis, onde foi conversar com os funcionários para lidar com um novo conceito do Quitandinha. Sentiu um peso enorme no coração, mas estava pronto para enfrentar o dia seguinte, quando teria de fazer contas aos custos da proibição, e rever com seus advogados as cláusulas que lhe davam o direito a uma indenização do Estado caso o fim do jogo viesse a ser decretado. E após uma noite na qual mal cochilou, levantou-se na manhã seguinte com o mesmo pesar no peito e o semblante mais carregado de preocupações que nunca.

Era o dia 1º de maio de 1946, um dia negro para Rolla e seus sete mil funcionários, além dos outros trinta mil trabalhadores da indústria do jogo no Brasil, que acordaram sem emprego e sem razões para celebrar aquela data.

Grupo 26

Escreva o que eu digo: entre os vinte cinco bichos será incluído uma pomba capaz de levar a banca à glória.
— Pomba?
— Sim, senhor: o Rôla.

J.C.

Careta

Com a proibição do jogo, havia certa intenção em instalar um clima de ilegalidade nas atividades de Rolla, como nesta charge de J. Carlos publicada em *O Careta*.

{ 1946-1950 } Capítulo 8

SEXO, MENTIRAS E MORTE

Aquele ano de 1946 foi um tanto sombrio para Rolla. Não apenas assistira ao Estado colocar o seu principal negócio na ilegalidade, mas também logo no início do ano perdera a mãe, que já aos 75 anos, pereceu depois de uma prolongada febre que nunca ficou explicada. Mesmo de longe, ele dera a ela todo o apoio possível, indicando que fosse internada em Belo Horizonte. Junto de seus irmãos, autorizou os médicos para que a operassem, numa cirurgia que acabou agravando o estado de dona Chiquinha. Recebendo a notícia de que a mãe estava à beira da morte, fretou um avião e partiu de imediato com sua família do Rio para Minas Gerais.

Chegaram tarde, apenas algumas horas depois da morte da mãe que ocorrera durante o sono na calma daquela madrugada de 23 de janeiro. Uma semana depois, Mário escreveria em seu diário sobre a sua dor e a saudade que dona Chiquinha deixou na família dispersa, lamentando as "injuriações" da vida que o tinham levado para longe de sua mãe.

O enterro de dona Chiquinha ficou marcado na mente de Joaquim, não apenas pela dor. Após o funeral foi levado a conhecer uma figura que seria marcante na sua vida, o famoso médium mineiro Chico Xavier, grande amigo da família. Tinha respeito pelo espiritismo, doutrina religiosa seguida pelo seu tio Ismael Braga, que sempre o amparara desde que se mudara para o Rio de Janeiro.

Chico Xavier já era uma importante figura, que a fantasiosa dupla de jornalistas Nasser e Mazon havia tentado desmascarar numa de suas infames reportagens em *O Cruzeiro*. Rolla lembrava-se bem do episódio. Não apenas porque fora publicado pouco tempo antes do artigo sobre o Quitandinha, no qual descreviam seu hotel pelos olhos de uma camareira fictícia, mas principalmente porque um dia escutara Manzon contar que, apesar de ter fingido ser um jornalista americano sob nome falso para entrevistar o espírita, este sabia a sua verdadeira identidade, dirigindo-se a Jean Manzon e ao companheiro David Nasser na dedicatória de um livro que lhes ofertou na ocasião. A tentativa de os jornalistas provarem que o espírita era um charlatão falhou redondamente, e Rolla, que intimamente já tinha por Xavier uma admiração, após conhecê-lo no funeral da mãe começou gradualmente a se interessar cada vez mais pelas questões espirituais.

Além do forte abalo que a morte da mãe causou, os dois irmãos voltaram para o eixo Rio-Petrópolis e continuaram com seus negócios. Mas a vida pessoal de Joaquim ainda sofreria mais abalos durante esse ano. Pouco antes da proibição, teve de lidar com mais uma doença na família que lhe causaria grandes preocupações ao longo da vida. Desta vez foi seu filho Howell, que nessa altura tinha apenas 13 anos.

Uma tarde, cansado, ao largar o expediente mais cedo no Rio de Janeiro, Rolla subiu a Serra e chegou à sua casa de Petrópolis ainda de dia, encontrando os empregados em profundo alvoroço. Era o garoto Howell, que se recusava a sair do armário do seu quarto. Veio a mãe, os funcionários da casa e até a governanta Frida, todos assustados pois constatavam que a criança não estava de trote, estava realmente aterrorizada com um homem em cima de um cavalo que passeava pela casa e pelos jardins, mas que mais ninguém conseguia ver.

Alarmado, Rolla chamou de imediato o médico da família, doutor Brigagão, que após um longo exame com o garoto, pediu ao empresário e sua esposa uma conversa em particular. Foi conduzido à sala que Rolla mantinha como escritório na casa, e então explicou aos assustados pais que Howell estava passando pelo que parecia ser um primeiro ataque de esquizofrenia. Após alguns dias no Rio de Janeiro, fizeram exames e foram apresentados a uma equipe de médicos psiquiatras indicados pelo doutor Brigagão. O casal acabou recebendo o pior diagnóstico possível, constatando ainda que teria de aprender a lidar com a condição permanente de seu filho.

Rolla sentiu um misto de ternura pelo seu filho, e de revolta pela injustiça de uma doença daquele porte vir a afetar assim um jovem inocente. Tinha grandes sonhos para Howell, esperando que um dia seu filho pudesse assumir seus negócios, mas agora todas essas esperanças caíam por terra. Além de tudo, tinha perdido contato com Rubens, seu primogênito que vivia em Belo Horizonte, e com quem agora, mais do que nunca, sentia vontade de se aproximar.

Como se não bastasse, o seu segundo casamento já não ia bem. Nos últimos anos, a relação com Zorayda tornara-se cada vez mais distante, com Rolla viajando constantemente entre as cidades onde seus cassinos ficavam. O casal conversava cada vez menos, principalmente depois de terem se mudado para a mansão de Petrópolis, quando Zorayda decidiu que seria melhor dormirem em quartos separados. E agora, com a doença de Howell, notou Zorayda num estado de ausência constante, como se ele fosse culpado pelo mal que afetava o garoto.

Ainda assim, mesmo depois da rotina intensa, havia dias que Rolla chegava a sua casa no desejo de reatar algum resto de companheirismo ou afeto que se perdera durante seus afazeres como homem de negócios. Mas Zorayda parecia estar sempre muito ocupada, fechada em seu quarto ou em constantes saídas com a melhor amiga, uma jovem esbelta e altiva que ignorava Rolla, pois o cumprimentava de modo bem seco. Tanto que um dia, num acesso de raiva, ao chegar em casa quando a mulher se preparava para sair com a amiga, acabou explodindo e tirou-lhe as chaves, proibindo-a de sair. Poderia ter sido uma reação passageira, mas Rolla, desconfiado que a amiga servia de bode expiatório para a esposa sair e encontrar algum Don Juan, passou a instruir os empregados que do portão, sem autorização sua, Zorayda não passava. E os porteiros da residência petropolitana de Rolla cumpriam as ordens, impedindo a própria patroa de sair de casa. Já a amiga, essa sim, tinha autorização para entrar e fazer companhia à esposa cativa.

O ataque de ciúmes de Rolla não era sem justificativa. Tinha chegado a contratar um detetive particular, mas só recebia notícias dos passeios a cavalo e a pé que Zorayda dava com a amiga. Agora, com a esposa reclusa, em princípio não teria mais com que se preocupar e voltou à sua rotina de muito trabalho.

Até um dia em que um susto ainda pôde piorar a sua sorte naquele ano amargo. Após o cancelamento de uma reunião, acabou retornando mais cedo a casa. Mais uma vez, esperava descobrir algum motivo para reatar com Zorayda, e dar início a uma conversa que, de alguma forma, pudesse trazer de volta a relação que tinham partilhado desde aquele dia em que se viram pela primeira vez no Jockey Club.

Aproximou-se do quarto da mulher, mas ao ouvir os risos da amiga, abriu a porta de rompante, sem bater, e já com atitude irritada. O que viu não só assinalou o final do seu casamento, como o abalou fortemente, talvez ainda mais que a proibição. Afinal a desconfiança era válida, mas o problema era a amiga e não um Don Juan qualquer. Uma humilhação como essa, naquela época nem passava pela cabeça de um marido, principalmente de um empresário da sua envergadura, respeitado e conhecido mundialmente, com relações sócio-políticas do mais alto nível. A separação acabou acontecendo dentro da maior discrição possível; apenas gente muito próxima e da máxima confiança de Joaquim ficou sabendo da verdadeira razão, pois não havia processo judicial, afinal não eram casados legalmente. Ele saiu um pouco de Petrópolis, voltando a viver no Rio de Janeiro.

E em julho, ainda com os trâmites da separação em curso, recebeu outra notícia triste que novamente o transportava a uma nostalgia pueril de volta ao Prata. O tio Chico Rolla, seu velho incentivador de empreitadas, falecera na fazenda do Seára, onde a odisseia de empresário dele começara. Desta vez, não viajou ao Prata, pôde apenas enviar através de Mário uma coroa de flores, pois estava imerso em reuniões melindrosas que ocupavam todo o seu tempo. Eram muitos contratos para resolver, as questões trabalhistas eram uma carga que rapidamente transformaram Rolla num patrão mal-quisto pelos ex-empregados.

Mas esse foi o último golpe que suportou carregar sozinho. A morte do coronel levou-o a questionamentos sobre o sentido da vida em geral, e o da sua, em particular. De repente, após tantos anos sob as luzes alucinantes dos cassinos, via tudo escuro e sentia um peso no coração que julgava não conseguir suportar mais. Foi quando decidiu procurar seus grandes amigos, os tios Ismael e Filinha, seu esteio afetivo no Rio de Janeiro desde os primórdios da Urca.

Na noite em que bateu na porta da casa dos tios, abandonou todas as reservas e desabafou finalmente todos os pesares e preocupações que o vinham atormentando. Foi uma conversa que se revelou um marco no seu percurso. Desde o enterro da mãe, e da conversa que mantivera com Chico Xavier, vinha pensando na sua espiritualidade ou na falta dela. Lembrou que sempre quando podia ajudava o próximo, desde um pedido beneficente a alguma instituição no Rio de Janeiro ou um pedido vindo dos seus amigos e parentes mineiros. Lembrou aos seus entes queridos de uma vez que sentira algo parecido. Foi quando o seu amigo Pedro Ernesto, ex-prefeito do Rio de Janeiro, levou-o a uma casa de tratamento de hanseníase, onde Joaquim, acostumado ao luxo em sua vida cotidiana, pôde sentir de perto o quanto as pessoas impedidas de convivência com o próximo, pelo seu estado de saúde, sofriam. Desta forma, durante cerca de dez anos, o Cassino da Urca doou mensalmente às Ligas de Caridade uma ajuda de custo para amparar os doentes do mal de Hansen e seus familiares em maiores dificuldades. Foi a primeira vez que chegou a repensar sua atividade comercial. Como ser humano, assumiu aos tios que também sentia certa culpa pelo seu negócio viciar pessoas que muitas vezes esqueciam-se de seu patrimônio em jogo e perdiam tudo que tinham. Pôde ajudar muitas causas, mas assim como tudo no mundo, mesmo que fora de seus domínios, também chegou a prejudicar gente de bem que perdia a cabeça.

Após abrir o coração a Ismael, este lhe fez uma longa explanação sobre os carmas passados, o que fez muito sentido a Joaquim. A partir da assimilação deste dogma e no intuito de alterar o rumo de sua sorte, o ex-empresário dos cassinos passou a abraçar a causa espírita. Entrou numa busca mística em resposta às rasteiras que a vida lhe passara de uma vez. Em pouco tempo, o outrora açougueiro iniciaria um percurso que o levaria inclusive ao vegetarianismo, estilo de vida hoje tão comum e ainda tão raro naquela época. Nosso personagem disse numa entrevista que já tinha matado muito boi no braço, e como este foi um ofício que lhe deu alento suficiente para lhe tirar dos tempos de azar, essas coisas de matar bicho nunca lhe fizeram confusão. Mas ante o período que agora passava, com a doença de Howell, a separação traumática de Zorayda e a morte da mãe e do tio, a sensibilidade veio à flor da pele. A resolução de se tornar vegetariano surgiu de repente, num dia, quando ao entrar em casa se compadeceu às lágrimas com o esganiçado histérico de uma galinha prestes a ser decapitada para lhe servir de almoço.

A vida pessoal de Joaquim sofreu vários abalos naquele ano de 1946, mas foi também um ponto de virada no seu percurso espiritual e resultou em alterações fundamentais no seu estilo de vida. E nos negócios, com a proibição da jogatina decretada, o ano seria, se não de novas experiências de sucesso, um dos mais preocupantes para o empresário, que por mais de uma década tinha sido rei da noite carioca.

REDENÇÃO PELO TURISMO

Com o fim dos cassinos, e com a aura de democracia pairando no ar, começaram a chover de todas as direções críticas em relação ao jogo e a Joaquim, que durante a ditadura eram apenas pronunciadas em voz baixa e entre amigos. Como antes, a principal razão continuava a estar relacionada com os destinos dados aos lucros da jogatina, e o papel destes empresários junto ao poder.

Até o burro Canário foi ressuscitado para ser caçoado pelos folhetins. Oswald de Andrade, em seu texto *Sobre o jogo,* publicado em abril de 1946, se referiu à família do asno, "uma estirpe ilustre" que tinha imposto o luxo em Petrópolis enquanto o povo brasileiro passava necessidades. E comparava a relação de Rolla com o Estado Novo a um Terceiro Reich petropolitano, com o empresário sucedendo a Dom Pedro II e ao barão de Rio Branco como referência-mor do poder na cidade imperial. O escritor modernista, que já chegara a frequentar a Urca, acusava ainda a tal família do burro Canário de continuar com o vício atrás de portas fechadas, colocando apenas os funcionários das casas de jogo como os reais prejudicados pela proibição, pois de repente milhares de famílias se viram sem sustento.

De uma forma menos irônica, no mês seguinte, no jornal *Folha da Manhã*, Olímpio Guilherme também tocaria com o dedo nesta ferida, quando escreveu uma análise sobre a responsabilidade do Estado no pagamento de indenizações trabalhistas. Um encargo que a ditadura firmara em contrato para assegurar aos empresários, que em caso de proibição, não haveria esse prejuízo. Agora que o Estado Novo caíra, circulavam rumores que o governo eleito preparava-se para esquivar desse contrato, pois Dutra, mesmo tendo ganhado sob o crivo de Vargas, pretendia enterrar qualquer vínculo forte com o gaúcho que mais tempo governou o Brasil.

Tão desesperado quanto Rolla, estava Alberto Bianchi, o dono do Cassino Atlântico. Os dois empresários, que já haviam sido rivais no palco das jogatinas, tinham se reunido logo após a proibição com o sindicato das casas de entretenimento, debatendo o contrato que haviam firmado com Vargas, e tentado se convencer que não havia motivo para acreditar que o governo não cumpriria. Conseguiram, assim, ganhar algum tempo, mas Rolla, perante os novos rumores de que Dutra não pagaria, decidiu não esperar mais e noticiar o aluguel do Quitandinha a uma faculdade.

Ao saber disso, Bianchi nem pensou em fazer frente a seu antigo adversário e alugar a joia de Petrópolis. Para ele aquilo foi um péssimo sinal, pois ainda esperava que o governo Dutra cumprisse com o prometido pela ditadura de Vargas, principalmente no que tocava às compensações dos funcionários. Colérico, pôs-se a gritar, referindo-se ao presidente: "Eu mato aquele filho da..."

E levantando-se de sua cadeira, abriu a gaveta com um puxão violento, sacando de dentro um revólver, que colocou no terno, e dirigindo-se apressadamente para a rua. Quase correndo pelos corredores de seu escritório na avenida Franklin Roosevelt, com a cara toda vermelha de raiva, continuava a gritar que iria matar Dutra, deixando todos por quem passava perplexos. Já quase na porta, ao cruzar o lobby, foi segurado pelos braços por dois amigos que o impediram de sair; afinal o episódio podia acabar em tragédia e prisão, ou provavelmente morte! Passado algum tempo, Bianchi se acalmou, retornando ao escritório e não parando de soltar resmungos e injúrias ao presidente.

Obviamente, Dutra não soube das ameaças do dono do Atlântico. Mas o anúncio do aluguel do Quitandinha, e o boato consequente de que se tornaria uma faculdade, teve algum efeito no presidente. No mesmo dia resolveu chamar o empresário Joaquim Rolla à Guanabara, com urgência, para uma reunião em seu gabinete.

Com alguma esperança reacendendo no coração, Rolla compareceu no dia e hora marcados, munido de contrato e toda a documentação relativa às finanças do Quitandinha e seus outros cassinos. Ao que o presidente prestou pouca atenção, tendo inclusive sido bastante claro com o empresário e confirmando que estava decidido a não assumir a responsabilidade dos contratos feitos com o Estado Novo. Rolla viu cair por terra ali a sua derradeira esperança de que a chamada do presidente fosse fazer justiça ao acordado com o governo anterior.

Mas Dutra tinha outra coisa em mente. Expôs a Joaquim que o melhor para o Brasil seria se o empresário mantivesse o Quitandinha como hotel. Seria um desastre ao turismo nacional caso a atividade do local se alterasse. E por mais que Rolla insistisse que a solução hoteleira não seria suficiente para quitar suas dívidas no tempo estipulado, o presidente sempre respondia que lhe daria toda a ajuda necessária para isso. Apesar do tom de tensão, o diálogo entre o ex-tropeiro que ficou rico na ditadura e o presidente militar eleito democraticamente deve ter sido engraçado; o general Dutra tinha um problema de dicção, ao trocar o C pelo X, e o capitão Rolla, que saiu da roça, trocava o L pelo R.

O que ficou decidido nesta reunião, inicialmente, é que o Governo Federal não arcaria com as despesas trabalhistas dos funcionários das casas de jogo de Joaquim, mesmo sabendo que ele era um empresário que tinha um diferencial em sua área, afinal, já havia investido pesado no turismo nacional. Mas, se o presidente pagasse os direitos trabalhistas dos funcionários de Rolla, tal fato abriria precedente para outros donos de estabelecimentos semelhantes processarem o erário, que sairia perdendo demais. De toda forma, como Quitandinha ainda estava sendo incensado internacionalmente como um dos hotéis mais suntuosos do planeta, Dutra apresentou a Joaquim um projeto ligado ao comércio internacional, pedindo que o empresário delineasse suas propostas num nicho comercial para a abertura de mercado aos produtos internacionais, um fato inédito na história do Brasil.

Vencido pelo cansaço, Rolla finalmente desistiu de pedir o que lhe era de direito, mas concordou com a proposta, prometendo apenas que pensaria no assunto. De volta em casa, enquanto jantava, pensou no quanto sonhara em construir um castelo, e como o Quitandinha era praticamente um filho para ele. Doía-lhe o coração sempre que pensava em se desfazer daquele lugar. Mas decidiu refletir mais um pouco e não tomar uma decisão precipitada e emocional. Precisava manter a cabeça fria e já lhe bastavam as preocupações financeiras e o peso da responsabilidade com o pagamento aos seus funcionários.

A frieza das ideias durou pouco, e no dia seguinte acabou por ceder ao coração. Ao verificar a correspondência matinal, notou uma carta de estampa elegante endereçada a ele vinda da prefeitura de Petrópolis. Era um comunicado com a intenção de lhe prestar uma homenagem em agradecimento a tudo o que havia feito pela cidade. Afinal, a construção do Quitandinha foi um marco para a estância serrana, que foi colocada no mapa do turismo internacional a partir da iniciativa de Rolla. Além do mais, o Quitandinha influíra até na modernização do sistema de distribuição de águas na cidade e na construção de novos bairros de luxo que muito honravam sua tradição aristocrática. Joaquim era visto como um benfeitor de Petrópolis.

Comovido com a intenção da prefeitura, Joaquim decidiu ali mesmo que daria mais uma oportunidade para que seu sonho de Petrópolis vingasse, se não pelo jogo, então por outra função ligada ao turismo, que era o outro grande vértice que alimentara os hotéis cassinos durante a ditadura. Encomendou no mesmo dia um estudo de mercado para apurar quais negócios os peritos previam que teriam mais viabilidade econômica no Brasil.

O retorno levou apenas alguns dias. Com o fim da guerra, os Aliados estavam prontos para abrir as portas do comércio livre, e Dutra, que devia sua eleição à democratização brasileira promovida pelos norte-americanos, aceitara abrir as fronteiras para importação de produtos estrangeiros. O resultado do estudo de mercado feito pelos analistas que Rolla contratara era claro: a solução seria complementar as atividades hoteleiras do Quitandinha com negócios que refletissem essa tendência. E entre as várias sugestões que lhe fizeram, Rolla interessou-se por uma em particular. Uma exposição de produtos do mundo todo, que incentivasse trocas comerciais entre empresários nacionais e estrangeiros, estimulando a economia global do pós-guerra. Era como uma política de boa vizinhança com o mundo, em que as estrelas em palco seriam agora os grandes homens de negócios.

Era, portanto, a solução perfeita, pois casava os desígnios comerciais veladamente cobrados pelos norte-americanos a Dutra com o interesse de Rolla em manter o Quitandinha com perspectivas financeiras viáveis. Quando levou a ideia ao presidente, foi recebido pelo seu ministro da justiça, Carlos Luz, um dos mais ardentes críticos do jogo no Brasil. Em tom de ironia, o ministro questionou a Rolla se o projeto que iria apresentar ao presidente seria suficiente para manter o elefante branco de Quitandinha sem jogo. No que foi respondido na lata pelo matuto: "Caçador quando é bom, caça com *quarquer* arma".

O presidente chegou naquele momento e riu com a resposta de Rolla, pois parecia estar pensando o mesmo e, contente pelo empresário aceitar manter o Quitandinha, deu o seu aval novamente, prometendo que poderia contar com a ajuda de seu governo para que o evento se realizasse com todo o sucesso.

Entretanto, ainda havia o problema das dívidas trabalhistas e bancárias. Para quitar os pagamentos, que ainda eram muitos, Rolla passou por intensas negociações com seus credores. Tinha uma carta guardada na manga e assim, valeram-lhe os vários terrenos que comprara ao redor do Quitandinha, um bairro aristocrático completamente urbanizado, que ofereceu aos bancos como solução de pagamento e liquidação de grande parte das dívidas.

Em julho, a prefeitura de Petrópolis realizou finalmente no Quitandinha o jantar em homenagem ao empreendedorismo de Rolla na cidade. Durante seu discurso de agradecimento, o empresário pôde anunciar o novo destino do hotel. Em dois anos, seria sediada ali a Feira Internacional da Indústria e Comércio do Quitandinha, que seria o carro-chefe para simbolizar a abertura da fronteira comercial brasileira. E logo depois, pelos jornais, o público então ficou sabendo que o Quitandinha não seria mais uma faculdade, e que permaneceria nas mãos do empresário que o criou.

Desde que a proibição fora imposta, as outras casas comerciais de Rolla já funcionavam inteiramente pensadas para a hotelaria. Era o caso do Icaraí, em Niterói, onde as últimas roletas no Brasil foram paradas. Já a Urca, que não era equipada com hotel, não teve outro remédio senão fechar, pois a frequência sem jogo era praticamente nula. Mais tarde, Rolla acabaria por ceder a um pedido de seu leal amigo Chatô para que lhe vendesse o antigo cassino, onde, em 1950, instalou a primeira emissora de televisão do país, a Tupi. Já o Higino, de Teresópolis, continuou por algum tempo funcionando como hotel, mas viria a ser transformado em um condomínio quando foi vendido, no início dos anos 1950.

Em Minas Gerais, Rolla viu-se obrigado a terminar a sociedade que tinha feito com Moreira Salles para administrar o Cassino da Urca de Poços de Caldas. Manteve o Grande Hotel de Araxá com a função de termas e hotelaria, e foi obrigado pelo prefeito de Belo Horizonte, Pedro Laborne, a manter o Cassino da Pampulha somente com espetáculos durante seis meses. O prefeito afirmou que lhe cobraria a multa caso não cumprisse o contrato. E Joaquim, que três anos antes tinha pressionado o prefeito Kubitschek a fazer o mesmo se não lhe entregasse o projeto pronto no prazo estipulado, não teve outro remédio senão cumprir o que o novo prefeito lhe ordenava.

Com o jogo proibido no país, a mesma revista *Time* que no início do ano citara a Igreja Católica mirando Rolla e sua atividade, publicou outro artigo afirmando que esta proibição velada era uma hipocrisia. Afinal, os impostos recebidos pelo governo brasileiro com a loteria federal, as corridas de cavalos e os cassinos não superavam o volume que o jogo do bicho, até hoje na ilegalidade, poderia oferecer ao erário. Ou seja, mesmo de fora, notava-se que os negócios de jogatina ilícitos no país não foram resolvidos e que a proibição do jogo era um mero paliativo para acatar os desejos católicos reacionários.

Depois do inferno que tinha sido a sua vida, tanto no setor profissional quanto particular, o ano de 1947 entrou como uma nova fase para o empresário. Um recomeço para, na pós-era dos cassinos, continuar mantendo-se ativo na política financeira do país e se esforçando para inovar suas relações comerciais em outras esferas. Para isto, não deveria haver nem ao menos uma fagulha de esperança para o jogo voltar. Será?

DIPLOMACIA FRIA

O ano de 1947 entrou para a história brasileira como o do rompimento do país com os ideais socialistas, ou, mais exatamente, com a União Soviética. Em maio, ocorreu o fechamento do PCB (Partido Comunista Brasileiro), quando as relações entre os russos e o Brasil já estavam tênues. A alegação para impedir o PCB de continuar existindo dizia respeito a uma cláusula das normas do partido, que determinava o dever de seus dirigentes obedecerem a ordens vindas diretamente da União Soviética. Com a soberania nacional posta em causa, não faltaram vozes se pronunciando contra o comunismo no Brasil.

Além disso, com o fim da guerra, a América Latina viu reforçada a pressão dos Estados Unidos, que impunha a sua política externa de luta contra o comunismo. E se as críticas à Revolução Russa já vinham de antes, agora elas se revestiam de comparações com o nazismo e o fascismo, outrora abraçados por brasileiros conservadores, mas que no pós-guerra caíram em desgraça. Estranhamente, a ideologia que um dia se opusera ao *American way of life*, recebendo uma Carmen Miranda americanizada com frieza no Cassino da Urca, tinha algo em comum com o agora inimigo comunista, um desprezo enorme pelo capitalismo americano. Ainda assim, foi precisamente esta mesma direita conservadora nacionalista que mais se empenhou na luta contra os ideais socialistas.

Foi neste clima de rivalidade ideológica que, no dia do aniversário de Rolla, 15 de agosto, começou no hotel Quitandinha a Conferência Interamericana para a Manutenção da Paz e da Segurança do Continente. O encontro foi promovido pelo Ministério das Relações Exteriores, o Itamaraty, e presidido pelo chanceler Raul Fernandes. Autoridades de toda a América estiveram presentes, fazendo-se as nações envolvidas representar pela sua *intelligentsia* diplomática, científica e militar. Os Estados Unidos enviaram Vannevar Bush, um dos criadores da bomba atômica, o general Marshall, que planejou o ataque do Dia D e o almirante Halsey, presente na assinatura da rendição do Japão no fim da Segunda Guerra Mundial. Heróis vencedores de uma guerra que vinham agora ironicamente impor a manutenção da paz.

Afora os mexericos politiqueiros, a grande estrela do Quitandinha naqueles dias foi a primeira-dama argentina Eva Perón, a ex-atriz Evita. A revista *O Cruzeiro* publicou uma espetaculosa matéria escrita por David Nasser e fotografada por Jean Manzon em que se mostrava a protetora dos descamisados tomando vinho chileno e cumprimentando o general Marshall, sob uma cortina desenhada por Dorothy Draper. Obviamente, a dupla tirou uma casquinha do mito, que ao mesmo tempo que pregava valores de humildade apelativos às classes trabalhadoras, se fazia acompanhar para a Conferência Interamericana de uma vasta comitiva com quatro caminhões de malas.

Durante duas semanas, foram debatidas medidas essencialmente políticas que, votadas no próprio local, deixavam de fora as questões econômicas. Numa ata de conclusões sobre os temas colocados em cheque, o embaixador brasileiro Raul Fernandes chegou a declarar que era pela "adoção de medidas de âmbito continental contra o comunismo e as atividades subversivas que seriam expressão do expansionismo soviético". O Brasil afirmava oficialmente de que lado se posicionava na Guerra Fria quando esta ainda dava seus primeiros passos.

Durante a realização da Conferência Interamericana, já havia um clima de expectativa com as relações que a Exposição Internacional poderiam gerar no Quitandinha no final do ano seguinte. A equipe de relações-públicas de Rolla tinha, entre seus integrantes, os ex-funcionários da ADA. Estavam fazendo um trabalho enorme ao convidar as embaixadas de todos os países do mundo. Até as nações do bloco socialista receberam a mesma mensagem de estímulo aos negócios no Brasil, que agora promovia orgulhosamente a abertura de suas fronteiras. Era um sonho de Rolla que cada nação estivesse representada no Quitandinha com um *stand* para a comercialização de seus produtos.

Alguns embaixadores presentes na Conferência Interamericana iam comentando com o dono do Quitandinha ter recebido o convite por aqueles dias. Certo dia, enquanto caminhava pelos corredores de seu hotel, onde os hóspedes conservadores estavam em alta, Rolla foi surpreendido pelo almirante Halsey. O norte-americano começou por um cumprimento cordial, dando-lhe os parabéns pela ideia e execução da Exposição. Mas na sequência, em tom mais grave e baixo, o almirante perguntou a Rolla, olhos nos olhos, se ele não achava que deveriam participar da Feira somente os países democráticos, para fortalecer o recrudescimento da ideologia em que o papel-moeda valesse de verdade. Segundo Olímpio Guilherme, o empresário não se deixou intimidar, tendo respondido calmamente: "A exposição é mundial, almirante."

Preocupado em vender ideias e desinteressado de orientações políticas, Rolla pediu licença ao militar e retomou sua marcha. Mal sabia ele que sua inocente posição apartidária tinha preço. E como se verificaria mais tarde, sairia cara.

No Brasil, eram numerosos os comentários sobre a estreita aproximação aos Estados Unidos, que marcara a atuação do governo Dutra desde seus primeiros dias no poder. O alinhamento da política brasileira com os intentos norte-americanos ficou clara naquele mesmo ano, quando Dutra aboliu o PCB. E logo depois, a Conferência Interamericana no Quitandinha, resultou em um acordo firmado que ficou com o nome de Tratado do Rio de Janeiro, no qual os países do continente se comprometiam a considerar qualquer ataque a um de seus membros como um ataque a todos. E a ameaça era claramente declarada como potencialmente originária na União Soviética.

A ocasião estava revestida de tanta importância na política internacional que até o presidente norte-americano Harry Truman compareceu à assinatura do Tratado. Conta-se que ao chegar, perante honrosa recepção, dirigiu-se de mão estendida a Dutra perguntando:

– *How do you do Dutra*?

Ao que o presidente brasileiro apertando-lhe efusivamente a mão respondeu sorridente:

– *How tru you tru Truman*?

Anedotas à parte, o alinhamento entre os dois países trazia ao Brasil obrigações veladas que comprometiam as suas relações com os países que compunham o bloco soviético. Com a abolição do PCB, o Brasil comunicava ao mundo o rompimento das relações diplomáticas com os países da Cortina de Ferro, uma situação que se manteria até 1962. E na União Soviética a propaganda stalinista apressou-se em fazer circular a falsa notícia de que Dutra um dia fora condecorado pelo próprio Hitler.

Mas nem por isso os comunistas brasileiros sucumbiram aos interesses norte-americanos. O PCB, tal como o jogo, deixou de existir oficialmente no país e chegou até mesmo a ver caçados os políticos que por sua legenda tinham sido democraticamente eleitos. Uma medida ironicamente vista como antidemocrática para quem, como o Brasil, levantava princípios de democracia propagandeada pelo seu poderoso parceiro ao norte. Apesar disso, o PCB permaneceu ativo na clandestinidade, passando seus membros a infiltrar-se em outros partidos e mantendo em circulação numerosos jornais sindicalistas de teor bolchevista.

Assim como o comunismo, também a servidão à *Pax Americana*[1] já havia rendido constrangimento nacional. Quando o general Eisenhower visitara o Brasil, o presidente da UDN, Otávio Mangabeira, fez um discurso bajulador que deu o que falar: "Em nome do país (...) inclino-me respeitoso diante do General Comandante-Chefe dos Exércitos que esmagaram a tirania, beijando, em silêncio, a mão que conduziu à vitória as Forças da Liberdade."

A foto que o fotógrafo Ibrahim Sued tirou de Mangabeira beijando a mão de Eisenhower foi motivo de piada e gerou acaloradas discussões sobre a crescente americanização do país. Mas em 1947 o paradigma econômico nacional eram as fronteiras abertas, e era por isso importante agradar ao país que tivesse melhor condições de exportar seus produtos ao Brasil. E dá-lhe Cadillacs, uísque e toda sorte de material feito de plástico chegando aos portos brasileiros e gradualmente cativando o povo para o estilo de vida americano.

Apesar do ambiente hostil que se desenhava pelo globo, criado pela imposição ideológica dos Estados Unidos, a Conferência Interamericana foi notícia mundial e definiu os rumos políticos a seguir pelos países americanos. Mais uma vez, a revista *Time* destacou Rolla, afirmando que se tinha alguém a lucrar com a Conferência, seria o dono do Quitandinha.

Após o êxito do evento com os embaixadores pan-americanos, Rolla passou o primeiro semestre do ano seguinte adaptando a infraestrutura de seu hotel, outrora voltada ao jogo, à enorme Exposição Internacional de Indústria e Comércio. Para isso, contou com a ajuda de um conterrâneo para a função de gerente. Era Aloysio Penna Martins, que cumpriu o cargo com eficiência e rapidamente se tornou o homem de confiança de Rolla.

A Exposição Internacional foi concebida nos moldes dos maiores eventos de negócios que aconteciam pelo mundo desde o final do século XIX. A inauguração da Exposição foi no dia 10 de julho, quando a demanda ainda era insuficiente, apesar da intensa divulgação à volta do evento. A taxa de importação de produtos recebia um abate absurdamente grande se as transações comerciais fossem feitas na Exposição. Isso desde que não houvesse similar nacional, além de que, o negócio só podia ser concretizado bilateralmente, ou seja, mediante exportação brasileira para o país negociante de uma quantia equivalente em produtos nacionais. A proposta das regras de negociação colocadas em pauta no Quitandinha parecia boa demais para ser verdade, e a maioria das empresas convidadas, tanto nacionais quanto estrangeiras, desconfiaram. A exposição começou, assim, timidamente, com apenas metade dos estandes ocupados.

E chegou o grande dia para Rolla, em 1948. Seguindo o formato redondo do salão, posicionados lado a lado, inúmeras estátuas brancas com cerca de seis metros de altura hasteavam bandeiras dos países participantes. Na antessala foi colocado um monumental globo terrestre que seria acionado na inauguração via controle remoto pelo presidente Dutra. E não faltou um excelente trabalho de relações-públicas, que fez o evento correr mundo pela mídia internacional. Várias publicações debruçaram-se na história do Quitandinha e em Rolla, chegando a comentar-se que o empresário mineiro teria em mente alugar o hotel a terceiros, uma ideia que, se de fato passara pela cabeça de Joaquim, já teria sido abandonada.

Quem se entusiasmou com a notícia foi o maior hoteleiro do mundo, Eugene Chase Eppley. No alto do belíssimo hotel Fontenelle, enraizado no centro de Omaha, Estados Unidos, recebeu a novidade em primeira mão pela boca de Milton Harris, um empresário de Miami que estivera recentemente no Brasil e soube da possibilidade de alugar o Quitandinha.

Eppley, o prodígio que com apenas 19 anos construiu sua primeira hospedaria, era presidente e proprietário da Eppley Hotels Company. Sua empresa possuía 25 dos melhores estabelecimentos hoteleiros do mundo, e já vinha há algum tempo estudando a possibilidade de ampliar a sua rede. Estivera no início da década de 1940 fazendo um tour pela América do Sul atrás de uma boa oportunidade de negócios. Daquela viagem voltou para Omaha com a certeza que precisava expandir, porém, como o mundo estava em guerra, era difícil fazer uma proposta concreta fora das fronteiras. Quando soube do Quitandinha por meio de Harris, o gigante Eppley, com seus dois metros de altura, resolveu apurar a informação *in loco*.

Naquela madrugada de julho, Joaquim acordou tão cedo que ainda era noite, e embora morasse no Copacabana, não fez questão de tomar café, tamanha era a ansiedade para a inauguração, na qual estariam presentes diversas autoridades. A viagem Rio-Petrópolis foi feita com tranquilidade, pois em situações especiais como esta, Rolla mal dormia, ficando pronto para o evento com a antecedência necessária para conseguir chegar ao local antes do trânsito intenso.

De longe, ao avistar o Quitandinha já tomada de grande azáfama, com toda a cidade alvoroçada, diversos extras contratados e inúmeros órgãos de mídia de todo o mundo presentes, Rolla lembrou da inauguração oficial de quatro anos atrás. Aquilo alimentava sua esperança de que houvesse vida sem jogo para o hotel. Estacionou o carro na garagem subterrânea e, de lá, acionou o elevador para o térreo, preparando-se para a agitada agenda do dia, segundo a qual teria de receber incontáveis cumprimentos e ciceronear o presidente Dutra. Entre as figuras que esperava, estaria Eppley, que chegara naquele dia especialmente para o evento, acompanhado de Milton Harris, que já avisara Rolla sobre as intenções do empresário.

Pela lateral do hotel, segurando uma imensa bandeira brasileira em uma das mãos, e usando a outra para apontar a entrada, uma gigante estátua branca recebia os visitantes. Uma salva de palmas com vários flashes e um foguetório marcaram o início da Exposição Internacional do Quitandinha.

Rolla, trajando terno branco, sua cor predileta, acompanhou Dutra e sua comitiva por todos os estandes. Apesar do caráter internacional, inúmeras empresas brasileiras também representavam todos os estados nacionais, nos mais variados ramos, de calçados a papéis, de siderurgia a floricultura, além de empresas estrangeiras apresentando seus produtos. Entretanto, uma das grandes atrações acabou por ser uma maquete da cidade do Rio de Janeiro que, apesar de construída especialmente para o evento, era meramente decorativa e nada tinha a ver com o propósito comercial da Exposição. Apesar disso foi feita com tal perfeição que atraiu visitantes dispostos a passar horas na fila para observá-la.

Suando muito, Rolla passava constantemente um pequeno lenço branco sobre o rosto. Posou para fotos e fez o que menos gostava, deu uma entrevista. Um banquete foi oferecido aos convidados, e em seguida, houve a apresentação da Orquestra Sinfônica do Municipal no teatro giratório. Após o presidente brasileiro discursar e se retirar, foi a vez de Rolla virar sua atenção para o ilustre visitante, Eugene Eppley. Acompanhado do empresário norte-americano, de Olímpio Guilherme e do intermediário Harris, Rolla conduziu os convidados através das dependências mais importantes, o que acabou consumindo o resto do dia. Resolveram depois jantar na churrascaria defronte ao lago, e foi então que Eppley disse ter ficado sabendo do interesse de Rolla em alugar o hotel. Realmente essa tinha sido uma possibilidade que ponderara e que acabou correndo nas rodas sociais. Mas agora, com a Exposição em andamento, Rolla afirmou não ter mais interesse no negócio. Quando a reunião acabou, nada tinha sido oficialmente acertado. Mas Eppley passou a ser fã de churrasco, ciceroneado por Rolla, que era um vegetariano convicto. Ficaram de se falar novamente, e com experiência hoteleira de sobra na mesa, era questão de tempo até acharem uma maneira de atuarem juntos.

Passados alguns dias, Rolla foi chamado para uma conversa com o presidente no Palácio do Catete. Esperava acertar os ponteiros para novos contratos que dariam continuidade à Exposição Internacional do Quitandinha. Aguardando ansiosamente na sala de espera, o empresário foi surpreendido por um assessor que, de cachimbo pendurado na boca e ar arrogante, lhe perguntou se tinha ligações com a Polônia. Ao que Rolla respondeu em tom curioso não ter ligações com ninguém. Foi então que seu misterioso interlocutor tirou do bolso uma carta da organização da Exposição Internacional, endereçada ao Ministério do Comércio da Polônia, em que era solicitada sua participação no evento. Rolla explicou ao sujeito que esta era uma carta circular endereçada a todos os países do mundo, e o assessor, satisfeito com a resposta, informou a ele que infelizmente o presidente não poderia recebê-lo naquela tarde, pois houvera um imprevisto na agenda. Visivelmente preocupado e ciente das guerras ideológicas que marcavam aquela nova era na política internacional, Rolla abandonou o palácio presidencial não prenunciando um bom desfecho para seu renovado negócio. Seria possível que mais uma vez o governo Dutra puxaria o tapete debaixo dos seus pés?

A Exposição seguiu durante mais quatro meses, enchendo os salões Marconi, Mauá, Roosevelt e Bolivar do antigo cassino, além dos quatrocentos quartos do Quitandinha lotados diariamente, com uma média de 80 mil visitantes por mês. Inicialmente os participantes eram os próprios estados brasileiros, propagandas institucionais (como o Sesc, o Sesi, Senac e a Cruz Vermelha), empresas especializadas em importação e exportação, transportes e algumas participações do ramo da indústria têxtil e alimentar. Mas como as poucas empresas que começaram na Exposição Internacional nas primeiras semanas alçaram voos altíssimos com uma baixa tributação para exportar e importar, a notícia logo correu o mundo.

Antes mesmo que agosto chegasse, Rolla conseguiu alugar o restante dos estandes a preços bem concorridos. E se o volume de julho foi pequeno, no mês seguinte o montante negociado triplicou. Estavam representados pelos salões do Quitandinha negócios tão diversificados quanto charutos baianos, bicicletas francesas e tecidos suíços. Os inovadores automóveis da marca Tucker também estiveram presentes em um belo estande de importação da firma, que tinha sede brasileira em São Paulo.

Em novembro, o volume negociado mensalmente já era 100 vezes maior que no primeiro mês de funcionamento. Para isso, muito contribuiu o número de eletrodomésticos sendo comercializados a preços incrivelmente abaixo dos praticados no resto do Brasil. Um enorme fluxo de gente começou a encher frequentemente o espaço, para garantir seu rádio, sua geladeira, ou outros produtos considerados supérfluos.

Ao menos, o mecanismo proposto no evento era realmente uma grande jogada para quem queria importar ou exportar, e o movimento financeiro cresceu vertiginosamente. Quando a Exposição estava no auge, no dia 29 de outubro de 1948, Joaquim recebeu uma notícia muito triste sobre um amigo com quem iria se encontrar exatamente naquele dia. De madrugada, Virgílio de Melo Franco, na véspera de partir para o Quitandinha, onde ficaria hospedado para conhecer o mecanismo da Exposição, tivera a sua residência invadida por um ex-caseiro que, insatisfeito por ter sido despedido, queria vingança. Virgílio acordou com o barulho, e de arma em punho, foi conferir o que se passava. De tocaia perto porta, o ex-caseiro disparou um tiro na direção de Virgílio, que, ao responder, também lhe acertou. Uma troca fatal para ambos, e assim, o dileto amigo de Joaquim Rolla e homem de proa da política nacional perdeu a vida numa morte misteriosa. O empresário mineiro ficou fortemente abalado com a perda do amigo, e seu irmão Mário, inveterado seguidor de Virgílio e ainda com pretensões políticas, viu perder-se ali seu maior vínculo à UDN, o mais forte partido de oposição brasileiro.

Pela primeira vez em alguns anos, o local não dava prejuízo por mais de uma temporada, e ainda gerava bons negócios para seus expositores. Procurando novas possibilidades nesta atividade, Olímpio Guilherme foi designado por Rolla para participar de uma reunião do Comércio Exterior em Chicago. Junto a uma comitiva brasileira que contava com a presença de João Daudt, presidente da Confederação Nacional do Comércio, e Euvaldo Lodi, presidente da Confederação da Indústria, Guilherme compareceu. Foi quando, assustado, tomou conhecimento de um boletim que circulava de maneira reservada entre os convidados. Neste se informava os participantes sobre o iminente fechamento da Exposição Internacional do Quitandinha. Olímpio, incrédulo com a notícia, ligou de imediato para Rolla, lhe comunicando do absurdo que estava para acontecer. Rolla, que após a reunião cancelada com o presidente Dutra já suspeitava de mau agouro, entrou de imediato em contato com Vieira de Mello, delegado do governo junto à Exposição, que lhe prometeu se inteirar sobre a veracidade do boletim.

Três dias se passaram até que este, em resposta, assegurou a Rolla não ter com o que se preocupar, pois o presidente Dutra estava tão animado com o sucesso da Exposição que a notícia era certamente apenas um rumor. E mais um mês se passou, quando as embaixadas de todos os países começaram a receber instruções de que, além das mercadorias destinadas à Exposição que haviam sido criteriosamente escolhidas para não serem taxadas, quaisquer outras seriam também livres e desembaraçadas de impostos. Foi um gesto de clara sabotagem comercial, pois em menos de duas semanas a Exposição foi invadida com os mais supérfluos e irregulares tipos de mercadorias, em desacordo com as regras do próprio evento. A imprensa deu ampla e rápida divulgação ao fato e Rolla ainda tentava entender como, subitamente, tanta mercadoria fútil chegara à Exposição. Além de ser acusado de comunista, começou também a circular o boato de que ele seria o beneficiário dessas quinquilharias. Finalmente, por decreto, o governo mostraria sua intransigência e inflexibilidade ao decretar o fechamento da Exposição em 24 horas.

Sem tempo para assimilar o golpe, Rolla recebeu ainda de um diretor do Ministério da Fazenda, doutor Xisto, um comunicado ordenando que todas as mercadorias da Exposição fossem recolhidas e dizendo que os encargos das transações eram da responsabilidade dos organizadores da mesma. Quando voltou ao escritório, inúmeros agentes comerciais, advogados e embaixadores de outros países estavam prontos para exigir de Rolla os seus direitos. Desgastado pelos contratos assinados e não cumpridos dos tempos de outrora pelo atual governo, Rolla sentiu-se mais uma vez traído, e desistiu definitivamente de manter qualquer conversa, ligação ou negócio com Dutra e sua equipe. E passou a ver Eppley como a salvação que lhe restava para a sobrevivência do Quitandinha.

Logo que a Exposição foi cancelada, o hoteleiro norte-americano voltou ao Brasil e visitou Petrópolis com o intuito de negociar o Quitandinha. Ao mesmo tempo, o presidente Dutra recebia a visita do presidente do Uruguai, Luis Batlle Berres. Durante a semana que passou no Brasil em visita oficial, Berres confidenciou a Dutra durante um almoço no Palácio Rio Negro que após a proibição do jogo no Brasil, aumentara a procura de brasileiros pela atividade no país vizinho, o que dera aos cassinos uruguaios um incremento crescente em suas receitas. Esta declaração de Berres pode ter sido um dos fatores que levou Eppley a se interessar pelo Quitandinha, e quando voltou ao Brasil para tentar convencer Rolla novamente, o empresário norte-americano confessou acreditar em uma possível virada de mesa contra o decreto-lei número 9215.[2]

A base da segunda conversa entre o hoteleiro norte-americano e Rolla foi bem diferente da acontecida meses antes na churrascaria. Quitandinha agora não tinha previsão de renda como antes e Rolla estava ainda mais endividado, ficando sem ter o que barganhar com Eppley, que acabou impondo suas condições para fechar um arrendamento. Acertaram um sinal, divisão proporcional de lucros e a condução do hotel a cargo da Eppley Termas do Brasil, empresa que o norte-americano fundou rapidamente e que ficou a cargo de Milton Harris. Em poucos meses, Eppley passou a utilizar todo o seu conhecimento, divulgando o Quitandinha em propagandas no interior de sua cadeia de hotéis e fazendo uma parceria com agências de turismo de seu país para receber turistas americanos que visitavam o Rio.

Despreocupado com a sobrevivência do Quitandinha, Rolla pôde então dar asas à imaginação. Queria colocar a vida financeira em ordem, e para isso manteve o Banco Mercantil do Brasil, que era uma de suas maiores fontes de renda. Agora, ansiava por levantar o Grande Hotel de Araxá, que assim como o Quitandinha, gerava enormes despesas. Joaquim pediu a Mário que passasse a organizar grandes eventos no hotel de Araxá para movimentar o inóspito local. Ocupado em manter um folhetim de caráter financeiro, o *Observador econômico*, Mário procurou alguém para ajudar. E, através de contatos na mídia, apresentou a Joaquim um jornalista recém-chegado de Minas Gerais. Natural de Barbacena, José Mauro Gonçalves assinava uma coluna nos Diários Associados em que retratava a nata das socialites. Gonçalves ficou sabendo da vontade do governo de seu estado natal em promover um encontro entre o governador mineiro Milton Campos e o governador de São Paulo, Adhemar de Barros. Conseguiu então que a reunião fosse agendada no Grande Hotel de Araxá.

Marcou-se uma festa para mil convidados e Gonçalves acertou a locação de um avião que levaria a Araxá os convidados vindos do Rio de Janeiro. Afinal, a cidadezinha mineira não se mantinha bem sem o jogo e esse tipo de evento servia para esquentar a vontade dos cariocas de frequentarem a estância termal mineira. Se as contas do local pesassem demais, bastaria Rolla devolvê-lo ao estado de Minas para que este o arrendasse a outra empresa.

Durante um final de semana, no verão de 1949, dia de calor intenso, diversos carros se dirigiram ao aeroporto Santos Dumont, onde, com forte ventania, os convidados animados embarcaram com destino a Araxá. Durante o voo, Rolla mandou servir champanhe gelada aos passageiros. Descontraído, puxou conversa com uma jovem de sorriso cativante, sentada logo atrás. Seu nome era Diva Cavalcanti, e viajava acompanhada de uma amiga e dos pais desta. Rolla, jogando charme, ofereceu-se para ele mesmo servir champanhe às amigas, e, em seguida, perguntou se as donzelas tinham idade para beber. A resposta de Diva foi certeira: "Tenho idade para beber e para fazer o que eu quiser, pois sou independente."

Dali em diante, Joaquim entrou em sintonia com a resoluta moça, mantendo com ela uma conversa que durou todo o trajeto. Quando aterrissaram em Minas, já estavam com o papo bem afinado. Com os convidados confortavelmente instalados no bairro do Barreiro, em Araxá, era claro já o clima de romance entre o novo casal. Naquela mesma noite, houve um coquetel elegante para todos os presentes, no qual Joaquim e Diva trocaram confidências, jantaram e dançaram juntos noite afora. No dia seguinte, o café da manhã e o almoço ocorreram entre movimentados encontros sociais, e de tarde, num grupo formado por cerca de vinte pessoas, incluindo Joaquim e Diva, ocorreu um passeio pela extensa área do Grande Hotel. Vestidos com trajes leves, os membros do grupo caminharam pela fonte Dona Beja, visitaram as ruínas do antigo hotel Rádio e tomaram banhos nas fontes termais para terminarem o dia relaxados. Pouco se discutiu de concreto na agenda política de Adhemar de Barros e Milton Campos nesse final de semana em Araxá, mas algo de bom surgiu na vida de Joaquim, que nos últimos anos fora marcada por crises pessoais e financeiras.

De regresso ao Rio, Rolla e Diva passaram a frequentar as noites dançantes no hotel Excelsior, onde o ex-maestro da Urca, Simon Bountman, regia os ritmos. Logo engataram um namoro sério que, devido à diferença de idade, chamou a atenção dos mais conservadores. Rolla já atingira a meta dos 50, mas a sua energia não deixava nada a dever à mocidade de Diva, com a maioridade recém-adquirida. Sempre animado, ia buscá-la para passear, jantar, viajar e assistir às suas partidas de peteca no posto seis ou dois, onde um pequeno grupo de moças, fãs do esporte ou enamoradas dos atletas, se reuniam para assistir aos *matchs* disputados.

Considerado o melhor saque carioca, Rolla praticava o esporte duas vezes por semana, das oito ao meio-dia, com sol ou chuva. As equipes eram compostas por banqueiros, comerciantes, mas também por jovens atletas ainda sem trabalho. E o que antes comecara como hábito para não "criar barriga" acabou transformando-se num esporte sério e com regras afinadas. Principalmente quando o Urca Peteca Clube enfrentava o Posto Dois Peteca Clube, no qual havia até juiz.

Mas Joaquim Rolla, amigo pessoal e formador de ambas as agremiações, jogava cada vez por uma camisa.

Foram tempos de calma e tranquilidade para um homem dinâmico e irrequieto como Rolla. Mal sabia, porém, que essa paz tinha dias contados. Quando já transparecia que os problemas haviam dado uma trégua, uma notícia impensável desceu a serra, mais rápido que caminhão sem freio. A Eppley Termas do Brasil desistiu de suas atividades no país. Tudo ocorreu na calada da noite, sem notificação ou maiores esclarecimentos. Abandonaram tudo, deixando salários em atraso e subtraindo peças de valor.

Nem mesmo Eugene Eppley conseguiu colocar o castelo de Rolla sem jogo no azul por muito tempo. Para não sair no prejuízo, pilhou o hotel e tirou seus diretores do Brasil, numa ação que remete aos atos dos corsários que se escondiam nas leis de seus países para pilhar embarcações alheias desarmadas. Agora o problema seria mover uma ação judicial que alcançasse e fizesse justiça além das fronteiras. Foi quando Rolla contratou Nelson Cândido Motta, um jovem e renomado advogado brasileiro, que procuraria justiça para o empresário mineiro nos tribunais estrangeiros.

Quitandinha, a sua menina dos olhos, voltava a lhe trazer problemas. Sem ter mais para onde correr e sob risco de ter que assumir novas pendências trabalhistas criadas por terceiros, Rolla esperava por um verdadeiro milagre. Conseguiu uma reunião com o governador do Rio de Janeiro, Edmundo de Macedo Soares. O dirigente do executivo ficou sensibilizado em ver os vultosos prejuízos de Rolla desde a proibição do jogo no país. E firmou com ele novo contrato, fundando-se a Companhia Fluminense de Turismo e Hotéis, que arrendaria o Quitandinha ao governo para a realização de grandes eventos de investimento no turismo dnaquele estado.

De toda forma, o dono do Quitandinha passava noites em claro, amedrontado com pesadelos de mais uma puxada de tapete. Depois de tanto revés num tempo tão limitado, o corpo seria o primeiro a indicar que Rolla estava vivendo no limite de suas energias. Com uma sensação forte de dormência no braço, assim que chegou ao escritório, Rolla sofreu um enfarto. Foi socorrido pelos funcionários Aloysio e Wanda, que o levaram às pressas ao hospital. Lá, foi atendido pelo seu amigo, doutor Brigagão, que conhecera no princípio da década, quando foi morar em Petrópolis.

O médico lhe deu sedativos para se recuperar do baque, forçando-o a ficar em repouso, coisa que nunca acontecia. Quando abriu os olhos, Rolla viu Zorayda ao seu lado. Ela passara todo o dia e a noite anterior acompanhando o ex-marido. Foi o doutor Brigagão que a chamara, pensando que assim poderia reatar o casamento dos amigos. Rolla confessou a Zorayda que estava em outro relacionamento. Mesmo distantes, os dois souberam lidar com a sua situação de uma forma madura e saudável.

Quando o motorista Cupido chegou, Rolla pediu para que entrasse em contato com Diva. E foi sua nova e jovem namorada que, ao saber do seu estado de saúde, passou a partir daí a acompanhá-lo.

{ 1950-1957 } Capítulo 9

IDEIAS COMO PRESSÃO

No final da década de 1940, o Brasil já discutia a próxima corrida presidencial, que viria a ser realizada em 3 de outubro de 1950, na data alusiva à Revolução de 1930. O mandato liberal de Dutra, que tivera início em 1946, parecia ter afastado definitivamente da presidência o velho ditador, mas agora, às vésperas da nova eleição, corriam boatos de que Getúlio, ainda ligado à política como senador, poderia se candidatar novamente à presidência.

Os primeiros rumores da volta do controverso político vieram logo após uma entrevista concedida por Vargas ao jornalista Samuel Wainer. Publicada no *O Cruzeiro*, a entrevista já deixava de certa forma clara a intenção do antigo ditador de voltar a se candidatar à presidência. Apesar de Vargas ter apoiado seu antigo ministro da guerra, Gaspar Dutra, a política seguida por este ia contra suas medidas nacionalistas e trabalhistas. A abertura das fronteiras promovida pelo general sob pressão dos norte-americanos era um exemplo disso, e o fato de Dutra ter procurado membros na oposição para completar seu *staff* ministerial fora mais um sinal de que rompera definitivamente com os ideais getulistas.

Assim, após a divulgação da entrevista de Vargas, os apoiadores do ex-ditador não perderam tempo, lançando de imediato uma campanha que encheu o país de cartazes com os dizeres "Ele voltará". Não era nem necessário perguntar quem era "ele". E se o ditador permaneceu silencioso por alguns meses ainda, recusando comentar a sua potencial candidatura, muitos se questionavam se, com o possível regresso de Vargas, voltariam de novo os bons tempos do jogo e dos cassinos.

Entre esses otimistas encontrava-se, obviamente, Joaquim Rolla. Refeito do susto do enfarte, recuperava-se rapidamente com a ajuda e o carinho de seu novo amor, a jovem Diva, cuja companhia constante ia fortalecendo os laços que uniam os dois. A possibilidade do regresso de Vargas reacendeu em Rolla uma chama de esperança. Lembrando-se de como o jogo ocorria ilegalmente no início da década de 1930, e como essa situação pressionara o caudilho a legalizar a atividade outrora, Rolla decidiu agir.

No dia 4 de fevereiro de 1950, junto com seu amigo Luiz Alves Castro, e sem consultar governador ou presidente, Rolla decidiu novamente girar as roletas no Cassino Icaraí. A antiga clientela, com saudade dos bons tempos de shows e jogo, compareceu em massa. O capitão Lulu, animado, recebia com o sócio os antigos e contumazes clientes com alegria contagiante. A casa não estava reequipada totalmente, como na década anterior, mas era a única naquele momento em condições de uso.

A dupla, animada, já fazia planos para retomar o Quitandinha do governo, que o alugava, quando avistou no estacionamento em frente ao jardim do hotel três viaturas policiais. Dos seis homens que delas desembarcaram, apenas dois seguiram caminhando rumo à porta do *grill-room*. Lá, os donos foram notificados da necessidade de se fechar a casa; caso contrário, os responsáveis pelo estabelecimento seriam encaminhados à prisão.

Mas tudo não passava de um teste das autoridades querendo mostrar serviço. E, se o governador Macedo Soares fazia vista grossa com a atividade do jogo no estado do Rio, e ainda por cima existia a forte possibilidade de Vargas voltar ao poder, era a hora de forçar a legalização da atividade por iniciativa própria. Com a situação financeira instável, Rolla não tinha muito a perder e decidiu arriscar, enveredando pelo negócio do jogo, ainda que ilegalmente. Caso a tática não desse certo, só restava mesmo a Joaquim mudar por completo o ramo de seus negócios.

Assim, nos anos que se seguiram o jogo correu velado em salas reservadas no Icaraí, no Higino de Teresópolis e em Araxá. O Quitandinha, arrendado ao governo para eventos oficiais, ainda voltaria a ouvir o som das fichas, mas só depois da eleição. A situação parecia ter voltado ao patamar de duas décadas atrás. Jogava-se, e as autoridades fingiam não saber. O próprio Carlos Machado, que em 1948 abrira no Rio a sua casa de shows, Monte Carlo, cedeu a um pedido de Rolla e consentiu que também ali o jogo corresse de forma velada. A torre da mansão que Machado montou com luxuosos shows no bairro da Gávea ajudou a torná-lo o maior nome do *show business* na Cidade Maravilhosa, durante a década de 1950.

No inicio de junho de 1950, Vargas confirmou oficialmente a sua candidatura contra o brigadeiro Eduardo Gomes, udenista que já concorrera contra Dutra na eleição anterior, o que agora reforçava a convicção de que a vitória do antigo caudilho estava garantida. Mas, ao contrário de Dutra, a eleição de 1950 era para votar tanto nos cargos executivos nacionais como nos estaduais. No último caso, tentavam a eleição pela mesma coligação de Vargas dois amigos de Rolla: Ernani do Amaral Peixoto e Juscelino Kubitschek, respectivamente pelo Rio de Janeiro e Minas Gerais.

Quando os brasileiros compareceram às urnas para eleger seus representantes executivos e legislativos no âmbito nacional e estadual, o resultado não poderia ser mais satisfatório para Joaquim: Getúlio Dorneles Vargas, com praticamente 50% dos votos, venceu, pela segunda eleição consecutiva, o brigadeiro Eduardo Gomes. Em Minas, Juscelino é eleito sob o binômio desenvolvimentista de Energia e Transporte. E no Rio, Amaral Peixoto. Rolla chegou mesmo a acreditar que o contrato assinado em 1940, com relação à multa pelo fechamento dos cassinos, não reconhecido por Macedo Soares e Dutra, agora poderia ser finalmente executado, pois Amaral Peixoto não poderia usar o argumento do ex-presidente. Afinal, fora ele próprio que assinara o contrato com os empresários do jogo.

Vargas acreditava que devia muito da sua vitória a Samuel Wainer, pois tinha sido a entrevista que lhe concedera um ano antes que possibilitara o frenesi para a sua bem-sucedida eleição. O jornalista, sabendo disso, procurou, junto do presidente recém-eleito, capital para abrir um novo jornal. E no meio de 1951 já estava na praça a *Última Hora*, que fez diferença aos demais veículos de mídia pela sua orientação trabalhista e de suporte ao governo de Vargas. O jornal de Wainer contratou os melhores profissionais do mercado e deu um banho na concorrência no quesito de qualidade gráfica e de impressão moderna. Foi o primeiro diário a ter fotografias coloridas na capa.

O empréstimo concedido ao jornalista pelo Banco do Brasil, com autorização de Vargas, chamou a atenção dos adversários do presidente, entre eles o deputado Carlos Lacerda, a essa altura proprietário da *Tribuna da Imprensa*, que de imediato lançou uma campanha contra aquela situação. O fato de Wainer, apesar de registrado ainda criança como brasileiro, ser russo de nascimento, foi o porta-estandarte da oposição, pois há uma lei que veta a qualquer estrangeiro a possibilidade de ser proprietário de um veículo de mídia brasileiro.

Com os adversários à perna, não chegava qualquer sinal de que Vargas pretendesse algum dia voltar a legalizar o jogo. Quando, depois da eleição, Rolla procurou Amaral Peixoto para discutir sobre a multa assinada em contrato, este ficou de examinar a questão junto a Vargas. O presidente decidiu pelo não pagamento da multa, mas tentou resolver o problema de um jeito que não o comprometesse. Através de um projeto de lei, Vargas colocou no Congresso Nacional uma votação para restaurar o jogo em todo o país. Na reunião do dia 17 de maio de 1951, a bancada oposicionista, com grande esforço, acabou barrando a retomada dos cassinos por 16 votos contra quatro.

Mas se o governo não permitiu a Rolla retomar seus negócios como nos tempos áureos, o empresário decidiu continuar o jogo sob vista grossa, pelo menos até que pagasse o rombo das causas trabalhistas de outrora, que a justiça poderia lhe impor a qualquer momento. E assim, foi deixando as roletas girarem. No alto da torre do Quitandinha, agora liberta de contrato de arrendamento com o antigo governo fluminense, o pano verde foi novamente colocado sobre a mesa. A torre era um verdadeiro labirinto, que anteriormente abrigara os salões de cabeleireiros do hotel, além da contabilidade da noite de jogatina. Agora, recebia ilustres convidados, reunidos para a prática ilegal, que, sem o glamour dos grandes salões de anteriormente, ainda assim rendia um bom capital. E, quando, por razões políticas, a situação da ilegalidade ficava mais arriscada, algum aficionado jogador em posição de alto cargo governamental dava o toque a Rolla, Machado ou Lulu, para andarem mais cautelosos e cessarem as atividades temporariamente.

Mas se o jogo proibido era protegido por alguns membros da elite política, havia outros que não deixavam passar em branco a transgressão. Era o caso de Tenório Cavalcanti, deputado alagoano pela UDN, eleito com a quarta maior votação do estado, e que era a própria encarnação do justiceiro defensor dos pobres e oprimidos, dispondo-se a uma verdadeira cruzada contra as elites. Inimigo do jogo, um belo dia juntou seu grupo de capangas e subiu a serra para pegar a turma do carteado em plena atividade. Em jeito de emboscada, quando chegaram perto do Quitandinha, apagaram as luzes dos carros. Nos metros finais aceleraram freneticamente, parando depois abruptamente e logo correndo em direção ao edifício enquanto davam ordem de prisão a todo mundo. Numa cena digna de filme de ação hollywoodiano, o deputado prosseguiu correndo pelas escadas com a sua esvoaçante capa preta, onde sempre ocultava Lurdinha, sua metralhadora de estimação. Irrompeu pela sala de jogo e finalmente deteve-se perante o público silencioso e bem familiar. Provavelmente se arrependeu de imediato do tempo e combustível gasto para subir a Serra, pois ali só encontrou colegas de mandato, além de políticos com cargos superiores e um cliente de sobrenome Vargas. Arrumou Lurdinha entre as pernas e retirou-se o mais rápido que pôde do recinto para não atrapalhar o poderoso rolar da roleta.

Depois da investida de Tenório e perdidas de vez todas as esperanças de algum dia conseguir fazer valer o contrato firmado dez anos antes com Amaral Peixoto, Rolla achou que o risco não valia a pena e decidiu abandonar a atividade ilegal. Atento à indústria do turismo e hotelaria, e ao que se ia desenvolvendo nessas áreas em outros países, começou por lançar um serviço de marmitas personalizadas, um primórdio do restaurante *self-service*, que veio facilitar o horário de almoço corrido dos trabalhadores cariocas. E como sempre, pensando grande, idealizou um conceito similar ao que hoje chamamos de *time sharing*, a possibilidade de o proprietário de um quarto, suíte ou apartamento numa unidade hoteleira, poder alugar a terceiros. Para isso teria o apoio do governo, no que tomou como uma contrapartida ou retribuição pelo que tinha perdido com o não cumprimento do contrato trabalhista.

Pronto para uma nova empreitada, Rolla começou então a planejar em Petropólis a construção do edifício Mauá, que faria parte do complexo Condomínio Hoteleiro Quitandinha. Durante anos deixara ao cuidado de Fossati a execução dos seus projetos e ideias. Porém, desde que o arquiteto se associara a Bianchi como sócio, Rolla afastara-se do italiano. Lembrou-se então do jovem e renomado arquiteto Oscar Niemeyer, que construíra o Cassino da Pampulha, e decidiu encomendar-lhe um projeto.

Algumas semanas depois, após nova reunião com Niemeyer, Rolla abandonava o escritório do arquiteto extasiado. Levava nas mãos um belo caderno explicando em detalhes toda a concepção do projeto, e era claro que Niemeyer soubera passar bem para o papel o conceito hoteleiro que Rolla lhe transmitira. O novo prédio também tinha uma proposta comercial inovadora e apostava no conforto coletivo, levando em conta aqueles que ambicionavam comprar uma casa de férias, mas não possuíam grandes condições financeiras para adquiri-la ou mantê-la. Era algo fora do padrão, pois seriam 5.700 apartamentos com três tipos de metragem, variando em número de quartos, tamanho de sala, e orientação geográfica. Poderiam ser virados para Petrópolis ou para a estrada que liga a cidade ao Rio de Janeiro.

O edifício, construído em uma área da própria Companhia de Terrenos Quitandinha, atrás do hotel de mesmo nome, formaria um gigantesco monobloco de 400 metros de frente por 155 metros de altura, em 33 andares e 28 elevadores externos, para minimizar o barulho e atender uma população de até 20 mil pessoas. Contaria com os serviços hoteleiros habituais, além de consultório médico e dentário. No último andar do edifício, moradores e visitantes poderiam jantar e admirar a vista magnífica através das paredes de vidro de um elegante restaurante.

Na área inferior, era como uma verdadeira cidade. Em torno do *hall* central, onde uma imensa loja moderna daria vida e animação ao local, planejavam-se cerca de duzentas lojas, salão de beleza, barbeiro, galeria de arte, salas de conferência, piscina olímpica e infantil, salões de leitura com isolamento acústico e um teatro subterrâneo com capacidade para 200 espectadores. E para atrair mais turistas, Rolla ainda encomendou a Cândido Portinari, então no auge de sua carreira, uma pintura mural que se estenderia por centenas de metros quadrados.

Mais um sonho megalomaníaco de Rolla. Mas este, porém, tal como a indenização prometida ao empresário na década anterior, não estava destinado a sair do papel.

A TORRE EIFFEL DE BH

Rolla calculara mal, que o amigo Ernani do Amaral Peixoto pudesse lhe dar apoio total para qualquer empreendimento que quisesse fazer. Quando o governador do Rio viu no papel o megaprojeto que o mineiro propunha para Petrópolis, disse-lhe de cara que não poderia ajudar com qualquer financiamento nesse sentido, achando a proposta deveras ousada. Com Vargas e Amaral Peixoto lhe negando o regresso do jogo e o apoio a novos projetos, Rolla logo tratou de pensar em outra solução.

Foi quando se lembrou de outro amigo eleito e, como ele, amante de projetos audazes e grandiosos. Tratava-se de Juscelino Kubitschek, o novo governador de Minas que, quando ainda prefeito de Belo Horizonte, lhe dera a concessão do Cassino da Pampulha. Desde muito tempo haviam tornado-se amigos e JK sempre fazia uma visita a Rolla quando passava pelo Rio de Janeiro. Foi ele o primeiro convidado a saborear um almoço mineiro na cobertura à rua Rainha Elizabeth, a nova residência que Rolla comprara para morar com Diva. E já nessa mesma ocasião, tinham falado em fazerem novos projetos juntos.

Quanto mais pensava nisso, mais acreditava que Kubitschek seria o homem ideal para lhe dar apoio. E Belo Horizonte era agora uma cidade diferente, em acelerado crescimento, graças à iniciativa do novo governador. Era um político de apelo popular, pois durante sua administração, idealizou e urbanizou regiões inteiras, canalizou as águas que irrigavam a cidade, construiu pontes e integrou o centro a vários núcleos populacionais da zona suburbana, além de investir nas redes subterrâneas de luz e telefone.

Quando se candidatou a governador de Minas Gerais, Kubitschek prometia investir pesado em energia e transporte. E de fato, quando se elegeu, o ritmo frenético com que criava e executava projetos não diminuiu. Em menos de dois anos tinha criado uma companhia estatal energética, a Cemig (Centrais Elétricas de Minas Gerais), o que possibilitaria um crescimento mais ágil da industrialização na zona metropolitana de Belo Horizonte.

Rolla não se enganara, portanto, quando decidiu levar a Kubitschek o projeto que pensara para o edifício Mauá de Petrópolis. Renomeara o colosso de Condomínio Governador JK (CGJK) para agradar ao amigo político quando novamente pedira a Niemeyer para redimensionar o mastodonte arquitetônico que tinha inicialmente planejado em Petrópolis. Agora mais modestamente, afinal, a ideia tinha de ser adequada a uma cidade que crescia muito, mas com limitações de espaço na zona central. Ainda assim, seria o maior edifício de Minas Gerais na época, e o segundo maior do Brasil.

Tal como esperava, Kubitschek ficou entusiasmado com a obra. E com os olhos brilhando já ia dizendo a Rolla que sonhara fazer algo grande assim no centro da cidade, que segundo o governador precisava de um diferencial arquitetônico, imponente, cosmopolita, enobrecedor e revolucionário. A região vivia um momento de valorização desde a construção da praça Raul Soares, e surgiram nas redondezas bairros nobres como Lourdes e Santo Agostinho, o que certamente atrairia mais moradores para a região.

Rolla passou então a frequentar mais assiduamente a capital mineira, sendo visto com frequência na companhia do governador. A amizade rendia matérias de chamada humorística no recém-criado jornal de oposição ao governador mineiro, o Binômio, um nome irônico por derivar do mote da campanha juscelinista, "binômio administrativo para a energia e transporte". Quando soube do empreendimento da dupla, o jornal soltou a manchete em letras garrafais: *JUSCELINO VAI PÔR ROLLA NA PRAÇA RAUL SOARES.*

A frase de duplo sentido causou alvoroço, principalmente entre aqueles que não leram a notícia integralmente e se detiveram no título. Estaria o governador louco? Houve quem defendesse a família mineira, a igreja falou de diabo à solta, e ouviram-se acalorados discursos na Assembleia Legislativa. E como se não bastasse, dois números depois, o jornal insistia na anedota: *JUSCELINO FOI A ARAXÁ E LEVOU ROLLA.*

Mais uma manchete vistosa para uma pequena notícia que se limitava a relatar a visita ao Grande Hotel de Araxá, que o governador fez com o concessionário do negócio, o Sr. Joaquim Rolla. A oposição desconfiava da proximidade entre o empresário e o governador, e não paravam de circular rumores de que o empreendimento a ser construído na praça Raul Soares seria simplesmente para favorecer um particular. E à luz dos valores da tradicional família mineira, este particular tinha a desvantagem de ter sido um homem do jogo.

O governador resistia às críticas e afirmava que pretendia adquirir sete andares do condomínio para instalar as secretarias do estado. Isso se traduziria numa enorme economia com a situação de inúmeros aluguéis, além de concentrar todos os departamentos do estado em um único lugar. Beneficiaria com isso a população, que dessa forma poderia ser atendida com mais eficiência. Mas de nada serviam os argumentos de Kubitschek. Um deputado da oposição dizia que a "única e exclusiva finalidade do projeto é propiciar ao Sr. Joaquim Rolla a possibilidade de explorar um grande hotel de turismo, com as conhecidas boites e outras adjacências comuns em hotéis dessa natureza, como o de Quitandinha".[1]

Tentando calar seus adversários, o governo de Minas realizou uma licitação pública para apresentação de um projeto de condomínio na praça Raul Soares. Mas nem mesmo o polêmico milionário Antonio Luciano Pereira Filho,[2] com quem Rolla já discutia na justiça sobre a propriedade de alguns terrenos na Pampulha, apresentou proposta. E assim, quando completou um ano de gestão, Juscelino pôde anunciar oficialmente "a construção da monumental realização arquitetônica que será a marca registrada de Belo Horizonte, ou seja, o que é a torre Eiffel para Paris, ou o Rockfeller Center para Nova York". Finalmente desimpedido para iniciar os procedimentos, Rolla pôde então prosseguir. Contratou as construtoras Ajax e outra de Marco Paulo Rabelo e, durante o lançamento da pedra fundamental, garantiu que o CGJK estaria pronto em três anos.

Morar ali seria uma ruptura com o estilo de vida mineiro. A grande maioria da população vivia em casas com jardim ou quintal, ainda que pudessem ser pequenos. Os apartamentos em certas plantas ofereciam quarto, sala e banheiro. As refeições eram feitas fora ou em algum restaurante do prédio. Levar os mineiros a aceitar um conceito tão inovador podia ser difícil e, por isso, o governo deu início a uma intensa divulgação do projeto e de suas áreas de entretenimento: museu, hotel, cinema, teatro, biblioteca, restaurantes, piscina, lojas e até mesmo um novo terminal rodoviário. E apesar de ser, na época, inconcebível para os mineiros alugar casa própria a um estranho, a publicidade do condomínio enfatizava a vantagem de um proprietário do CGJK poder alugar seu imóvel e gerar renda.

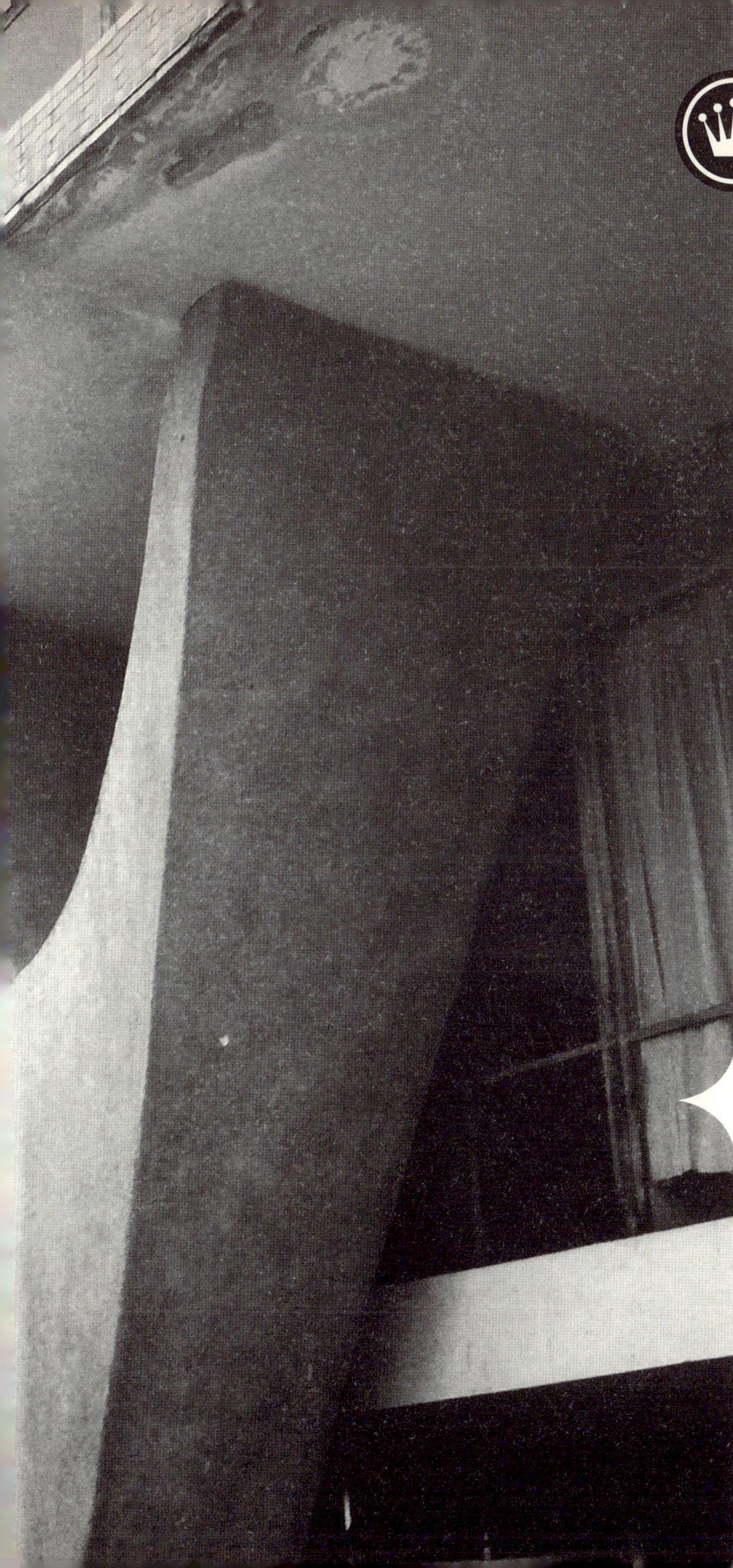

375

O condomínio JK, em Belo Horizonte, apesar de sua atribulada construção, é um dos prédios mais famosos da cidade.

Em frente ao canteiro de obras, localizado ao redor da praça Raul Soares, Rolla alugou a parte inferior do edifício Casablanca e montou um estande. Seu filho mais velho, Rubens, aparecia de vez em quando, buscando quixotescamente, à revelia do pai, exercer alguma função, e acabando sempre por ser amparado pelo tio João. No estande da praça, Rolla colocou corretores que lutavam para explicar ao desconfiado e provinciano povo mineiro o estilo de vida do futuro, em condomínio e na vertical.

O CGJK trouxe realmente bastante controvérsia por seu conceito inovador e inédito na capital mineira. A construção, que mudaria a paisagem urbana e propunha um espaço de moradia inteiramente diferente, estava, por essas razões, sujeita às críticas dos cidadãos mais conservadores. Era um tema de debate público aceso, e não faltou quem apontasse o dedo aos ilustres construtores denunciando os custos exagerados que estariam trocando por notoriedade e favores pessoais. Entre os intelectuais houve mesmo quem manifestasse o momento de controvérsia de uma forma metafórica e irônica por meio de uma fantástica literatura. Foi o caso de Murilo Rubião, escritor belo-horizontino e antigo frequentador do Cassino da Pampulha, que, durante a construção do CGJK, escreveu *O edifício*, conto descrevendo uma obra babélica em que um engenheiro ambicioso e sedento de reconhecimento público não cessa de construir piso sobre piso, erguendo uma torre superior a oitocentos andares. E que belo-horizontino, lendo esse conto naquela época, não pensaria de imediato em Kubitschek, Niemeyer ou Rolla, os patronos da arquitetura moderna mineira, ambicionando deixar seu legado para serem recordados pela história?

Além de se preocupar com o lado promocional do projeto junto do público, Rolla encomendou ainda um filme comercial sobre o CGJK, que passava antes de toda sessão de cinema em Belo Horizonte e nas maiores cidades mineiras, além de passar também no Rio e em São Paulo. Tanta publicidade parecia estar funcionando bem, pois o empresário estava conseguindo negociar vários apartamentos ainda antes de iniciar a construção. Sem ter que desembolsar com o terreno, e correndo bem a pré-venda, Rolla mal precisaria tirar uma moeda do bolso para concretizar a obra.

Animado com a aceitação comercial, voltou-lhe a veia megalômana e logo encomendou a Niemeyer uma segunda torre em um terreno público, na parte inferior do edifício original. JK não criou problemas burocráticos ou políticos e cedeu o terreno, mas o maior prejudicado viria a ser o próprio Joaquim Rolla.

Como era de se prever, assim como acontecera com o Quitandinha, Rolla não conseguiria entregar o projeto na data combinada. Uma obra de tamanho inédito gerava sempre imprevistos, e Niemeyer estava bastante ocupado com os inúmeros compromissos que tinha no Brasil, como o Copan de São Paulo, e no exterior.

Além disto, a economia nacional não ajudou. O Brasil mostrava sinais de ter perdido o controle inflacionário e as vendas realizadas com prestações a perder de vista e juros simbólicos logo se tornariam deficitárias. Como solução, Rolla entendia que a segunda torre salvaria a situação e, num acesso de fúria pela demora de Niemeyer, foi até o escritório do arquiteto, e, na ausência dele, procurou e recolheu todo o material referente ao projeto. E ainda deixou um recado com a secretária: "Diga ao senhor Niemeyer que o escritório dele agora é na avenida Rio Branco, 311, 9º andar."

O arquiteto logo fez o projeto como Rolla queria, mas já não tinha prazer algum para a concretização daquele prédio, que realmente teria sérios problemas. Em poucos meses a situação agravou-se, e o empresário foi obrigado a reajustar em 150% as prestações, o que causou a paralisação imediata das obras por causa de uma ação ajuizada pelos compradores. O estado era o único a manter o pagamento em dia.

MISS Q. CHANCHADA NACIONAL

Apesar de passar grande parte do seu tempo em Minas Gerais supervisionando as obras do Condomínio Governador JK, Rolla ainda mantinha o pé firme em Petrópolis, vistoriando as vendas da Companhia de Terrenos Quitandinha e aproveitando para visitar seu filho Howell, que ainda morava com a mãe. Além disso, era preciso administrar o Quitandinha, que continuava a ser um polo do *show business*, mas nem por isso dava poucas dores de cabeça ao empresário. Ainda envolvido nos antigos problemas contratuais com o empreendimento de Petrópolis, Rolla foi chamado diversas vezes para resolver pendengas trabalhistas.

O mais grave aconteceu em 1953, quando lhe telefonaram do hotel avisando sobre a ocupação pacífica do Quitandinha por antigos funcionários dos cassinos que continuavam lhe pressionando a pagar o devido. Rolla pôs à venda de imediato no mercado 200 apartamentos para conseguir honrar o compromisso que o governo lhe omitira. Mantendo sua convicção de que o Quitandinha iria sobreviver a todos os percalços, intensificou a sua estratégia de arrendamento da área de lazer para o maior número de eventos possíveis.

Entre tais eventos, o empresário vinha mantendo, desde 1947, um contrato flexível com os estúdios de cinema Atlântida, especializados num gênero cinematográfico que cada vez ganhava mais adeptos ao longo daquela década, a chanchada. Era a segunda fase das revistas filmadas nos anos 1930, outrora teatrais e radiofônicas, mas agora representava outro meio de empregar os inúmeros artistas que a proibição do jogo havia deixado desempregados. Com a chegada de diversos técnicos cinematográficos no país durante o pós-guerra, intensificou-se a produção, o que não escapou aos olhos de empresários astutos como Rolla, que logo aproveitou para ceder o Quitandinha para as produções da Atlântida, em troca de publicidade.

O primeiro diretor a utilizar o Quitandinha como estúdio foi Watson Macedo, que realizou ali *Este mundo é um pandeiro*. Do elenco participaram o Quitandinha Serenaders, que na época ainda atuava no hotel homônimo, bem como a dupla Grande Otelo e Oscarito. O êxito de bilheteria do filme foi enorme e nos anos seguintes, Macedo voltou a dirigir diversos sucessos filmados no Quitandinha, como *É fogo na roupa*, de 1952. Durante toda a década de 1950, a Atlântida manteria o Quitandinha como cenário de diversas chanchadas, com o regresso de Macedo e outras produções realizadas por diretores como José Carlos Burle e, principalmente, por seu pupilo Carlos Manga.

Em julho de 1954, o Quitandinha voltou a ser o centro das atenções quando ali se realizou o primeiro concurso Miss Brasil. Quem venceu a disputa foi a baiana Marta Rocha, que recebeu das mãos do poeta Manoel Bandeira a faixa de mulher mais bela do país. O sucesso do evento Miss Brasil no Quitandinha ganhou ainda mais projeção quando a eleita Marta Rocha ganhou o segundo lugar no concurso internacional Miss Universo, só não levou o prêmio por ter o quadril um pouco mais largo, o que não chega a ser defeito por aqui.

Assim, Petrópolis entrou no mapa da indústria do glamour e da elegância, tornando famosos os maiôs Águia, feitos exclusivamente com malharia petropolitana da marca Catalina, consagrada internacionalmente. Nos três anos seguintes, o Quitandinha de Rolla voltou a acolher as candidatas, coroando sucessivamente Emilia Correia, do Ceará, Maria José Cardoso, do Rio Grande do Sul, e Terezinha Morango, do Amazonas. Esta última ficou famosa não apenas por sua beleza, mas por ser a primeira miss eleita ao vivo, com transmissão direta pela TV Tupi.

Mas quando a primeira edição do Miss Brasil foi anunciada, o presidente Vargas passava por dias difíceis no cargo. Os problemas ficaram mais intensos para o presidente gaúcho com seus rivais da UDN. Começou a levantar a ira dos liberais a partir da estatização do petróleo e com a criação da Petrobrás no ano anterior. Agora, após ter acatado a sugestão de seu ex-ministro do trabalho João Goulart, aumentara o salário mínimo em 100% no dia 1º de maio, uma medida populista que lhe criou inimizades entre o patronato.

No dia 25 de agosto as manchetes foram tomadas pela notícia dramática de um evento ocorrido no dia anterior: o suicídio do presidente Getúlio Vargas, a um ano do fim de seu mandato. Pressionado para renunciar ao cargo pelas altas patentes militares, o ex-ditador pôs fim à vida dando um tiro no próprio coração. A exigência de que

Figura onipresente no mundo político e econômico no Brasil de seu tempo, Chateaubriand tinha e dava carta branca a Joaquim Rolla em qualquer negócio. Aqui, ao lado da Miss Marta Rocha.

Vargas se afastasse do poder foi consequência de um atentado dirigido ao seu inimigo Carlos Lacerda, que acabou vitimando o major Rubens Vaz. A emboscada fatal conduziu as investigações ao chefe da guarda pessoal do presidente, Gregório Fortunato, que tinha negócios imobiliários suspeitos com gente da família Vargas. José Café Filho, o vice-presidente, assumiria assim o poder por um ano politicamente tumultuado, até que a nova eleição presidencial fosse realizada.

O final daquele ano histórico de 1954 terminaria reavivando as memórias dos mais saudosos pelos chiques e glamorosos anos 1930. No início de dezembro chegaria ao Brasil, após 14 anos ausente, a grande Carmen Miranda. A estrela vinha preparada para participar do Carnaval de 1955, mas, desgastada pelo consumo excessivo de barbitúricos, foi aconselhada por seus médicos a se afastar dos palcos para um repouso forçado. Velha amiga de Rolla, Carmen escolheu os bons ares da serra para repousar. E decidiu hospedar-se por um bom tempo no Quitandinha, onde não iria ficar totalmente isolada dos festejos momescos, pois um dos grandes bailes frequentados pela elite no Carnaval carioca era promovido ali.

Ainda que um pouco afastada da esfera pública, nem por isso a estrela sumiu das bocas do mundo. Certa noite, quando acabara de assistir a uma apresentação de Dercy Gonçalves no teatro do hotel, chamou efusivamente a atenção dos presentes para contar uma novidade: "Eu vou casar com o Joaquim Rolla!"

A notícia foi estampada num jornal petropolitano em tom de chacota, pois todos sabiam que a atriz estava casada com David Sebastian, além do que, na mesma nota dizia-se que Rolla estava às vésperas de contrair matrimônio com a bela e jovem Diva Cavalcanti.

A visita de Carmen ao Brasil coincidiu com a preparação para as eleições presidenciais de 1955, que se realizariam como sempre a 3 de outubro. A Pequena Notável não chegou a ver o resultado da disputa, quatro meses depois de ir embora do Brasil, faleceu em Beverly Hills. Em seu enterro, no Rio de Janeiro, foi ovacionada por meio milhão de pessoas que foram se despedir da estrela.

Na corrida pelo cargo de presidente estava o antigo prefeito de Belo Horizonte e governador de Minas Gerais, Juscelino Kubitschek. O edifício idealizado por Rolla que levava o seu nome estava ainda em fase de construção na capital mineira, com grandes *outdoors* dos candidatos do PSD afixados no seu topo, JK para presidente, Bias Fortes para governador. E os laços entre Rolla e JK eram cada vez mais estreitos. Tanto que, após a morte de Vargas, foi na mansão do empresário em Petrópolis que o pessedista JK se reunira com o udenista Carlos Lacerda para discutir sua candidatura à presidência, mas dali não saíra conchavo algum. E JK terminou vencedor do pleito, assim como seu vice, o petebista João Goulart e de seu candidato em Minas, Bias Fortes.

Ainda antes dessa vitória, logo após JK se lançar na corrida eleitoral, Rolla sentia o fim de uma era na política nacional. Se o suicídio de Vargas trouxera uma sensação de outro possível recomeço no governo da nação, para Rolla 1955 foi o ano em que faleceu o político que primeiro lhe trouxera apoio na vida: Artur Bernardes. Então com 80 anos, e ainda exercendo o cargo de deputado federal, desaparecia assim o homem que um dia tinha transformado o tropeiro Rolla em revolucionário. Bernardes partiu no ano da corrida presidencial, que foi também um período conturbado na política brasileira. Café Filho licenciou-se pouco antes do término do mandato por motivo de saúde, sendo substituído no cargo por Carlos Luz, presidente da Câmara dos Deputados. Este, que tinha sido ministro da justiça de Dutra, acabou exercendo o cargo de presidente por apenas três dias, pois logo o seu ministro da guerra, Henrique Lott, notou que ele conspirava contra seu próprio partido, o PSD, e contra a democracia, pois estava blefando.[3] Num ato ousado, para evitar um golpe da oposição e garantir a posse de JK, recentemente eleito, o próprio ministro da guerra demitiu o presidente, que foi substituído pelo senador Nereu Ramos, indicado pelo Congresso.

Fechando o quinquênio começado por Vargas, Ramos governou o Brasil por cerca de três meses, transferindo a faixa presidencial para Juscelino no mesmo Palácio do Catete, onde toda essa crise se passara. Na cerimônia de alívio, estava o amigo Rolla, que se fazia acompanhar por sua esposa Diva naquele momento histórico.[4]

No dia 31 de janeiro de 1956, Diva e Joaquim durante a cerimônia de posse de Juscelino Kubitschek.

{1957-1965} Capítulo 10

CARIOCAS DESTRONADOS

A presidência de JK ficou na história como uma das mais celebradas do Brasil, principalmente por colocar em prática uma ideia muito antiga, vinda desde os tempos coloniais: uma nova capital bem no coração do país. Tal sonho tomou forma ao longo da história, ganhando força no século XX, quando durante a presidência de Café Filho foi delimitada a área do distrito federal, onde se ergueria a nova capital. A cidade levaria o mesmo nome que lhe dera José Bonifácio no século XIX, quando a ideia era apenas sonho, Brasília. E assim, a cidade do Rio de Janeiro ganharia o status de estado da Guanabara.

Meteu mãos à obra e em apenas três anos conseguiu inaugurar a nova capital federal. Metade do tempo gasto para construir o Grande Hotel de Araxá, e ainda antes que Rolla visse o CGJK de Belo Horizonte terminado. Mas apesar dessa constatação irônica, Brasília era uma cidade, e a sua construção representou um tremendo esforço nacional.

Quem não ficou nada satisfeito com o fato, além da oposição, foram os cariocas. Kubitschek queria agradar aos habitantes da Cidade Maravilhosa, e em parte, talvez por uma questão de orgulho pessoal, ambicionava deixar sua marca no cartão-postal que o Rio de Janeiro representava no exterior. Em 1958, esforçou-se por mostrar seu apreço pela população carioca ao promover uma carreata que transportou a seleção brasileira, com o título inédito de campeã mundial de futebol, pela avenida Rio Branco, após se consagrar na Suécia.

Porém, bem antes disso, como medidas populistas e passageiras não chegariam para neutralizar os cariocas mais orgulhosos, JK rascunhava um ousado projeto para a cidade, que por certo agradaria à população do Rio, e simultaneamente colocaria seu nome nas bocas do mundo além-fronteiras. Assim, munido de uma equipe jurídica, resgatou uma lei criada no final de 1947 por Eurico Gaspar Dutra com o intuito de incentivar o intercâmbio comercial com outros países. Esta lei, que concedia o livre comércio numa Exposição Internacional de Indústria e Comércio a uma entidade brasileira, tinha sido pensada para o benefício de Joaquim Rolla, pois era uma forma que Dutra arrumara de compensar o empresário mineiro pelo prejuízo que a proibição do jogo lhe causara. Apesar da exposição realizada no Quitandinha em 1948 ter durado poucos meses e ter sido cancelada, a lei nunca fora anulada. E como Joaquim Rolla agora estava tendo problemas para terminar a cidade vertical iniciada por ele e JK em Belo Horizonte, o presidente resolveu ajudar seu velho amigo. Concedeu-lhe mais uma vez a organização de um evento nos mesmos moldes do de 1948. A obrigação de Rolla era apenas construir o prédio, pois o governo, além de lhe conceder facilidades, estava emprestando-lhe ainda o terreno por um período de vinte anos, durante os quais poderia arrendar o edifício para eventos particulares, shows e feiras. Com a possibilidade de realizar um lucrativo negócio, Joaquim decidiu apostar todas as suas cartas neste intento.

O Rio era uma cidade mais bem equipada em termos de infraestrutura cultural do que Belo Horizonte, onde JK experimentara seu talento para obras gigantescas. Mas faltava-lhe um edifício adequado para comportar grandes feiras, como a Exposição Internacional. Acostumado a pensar em construções inovadoras para áreas inóspitas necessitando revitalização, JK procurou no Rio de Janeiro uma região propícia a esse conceito de desenvolvimento. Foi encontrá-la no bairro de São Cristóvão, uma área localizada no sentido norte da cidade, mas ainda perto do porto. Como acontecera com o Cassino da Pampulha, o Grande Hotel de Araxá, o Quitandinha e o Cassino da Urca, todos negócios ligados a Joaquim Rolla, a escolha do bairro de São Cristovão para a construção de um pavilhão tinha o intuito de levar a especulação imobiliária àquela região.

O bairro de São Cristóvão oferecia semelhanças simbólicas com Petrópolis. A fazenda Quitandinha, que dera nome ao majestoso hotel cassino de Rolla naquela cidade, fora outrora um ponto de parada para tropeiros e outros viajantes na rota do ouro em Minas Gerais. Da mesma forma, a região norte da cidade do Rio de Janeiro começara por ser um entreposto comercial a partir de onde os metais preciosos vindos do interior eram escoados para a Europa. A área servia, assim, de estalagem para quem estava de passagem a negócios, e por isso mesmo foi dada à região o nome de São Cristóvão, o santo protetor dos viajantes.

Durante a década de 1950, quando o Pavilhão começava a ser pensado por JK, o bairro São Cristóvão tornou-se ponto de chegada dos famosos paus-de-arara, os caminhões que traziam imigrantes nordestinos para o Rio de Janeiro. Assim como os candangos que construíram Brasília eram na maioria nordestinos, na capital carioca os pejorativamente chamados paraíbas fugiam da miséria, e vinham para a cidade grande oferecer sua mão de obra barata. Muitos acabaram virando comerciantes, e foi ali, bem no largo de São Cristovão, que seria o local escolhido para construir o Pavilhão, onde iniciaram uma pequena feira que também levou o nome do bairro. À medida que as obras avançavam, crescia também a feira nordestina no entorno. Um contraste curioso que colocava em evidência um Brasil onde o luxo e desenvolvimento pensados pelo presidente se opunham fortemente a situações reais de precariedade e pobreza.

A Exposição Internacional de Indústria e Comércio seria o espaço para os países estrangeiros revezarem seus atrativos comerciais num intercâmbio constante de produtos, numa área próxima às docas do Rio de Janeiro. E já que a nova capital, Brasília, exibiria ao mundo a arquitetura modernista brasileira, JK defendia que a antiga capital também deveria ser contemplada com alguma recompensa similar.

Não bastava a JK deixar a marca do modernismo em Belo Horizonte e numa nova cidade pensada para capital federal. O novo presidente estava decidido a entrar também na história do Rio de Janeiro, erguendo ali um edifício que mostraria ao mundo a modernidade que ele acreditava ser representativa do seu mandato. E como sempre, ao longo da sua carreira de prefeito e governador, também na presidência havia lugar na garupa para o empresário Joaquim Rolla.

A MÃO DE DEUS ATRASOU

Firmado o contrato, a concepção da Exposição Internacional foi entregue a Sérgio Bernardes, um dos poucos arquitetos brasileiros de renome que não inscreveu algum projeto para a construção de Brasília. Acabado de chegar da Europa, onde tinha sido premiado por seu engenhoso, moderno e funcional Pavilhão do Brasil na Feira Internacional de Bruxelas de 1958, Bernardes era conhecido por conceber edifícios que, apesar de possuírem toda a carga modernista, tinham uma distribuição interna e uso muito melhores que os de seus contemporâneos.

O pavilhão que desenhara para a Feira de Bruxelas possuía uma cobertura suspensa sobre 2400m^2 de área e, quando questionado sobre o inovador teto, respondeu que ele representava a mão de Deus pousada sobre o Brasil. E se os belgas haviam remetido o Pavilhão do Brasil para os fundos da Feira, numa área relativamente mais isolada,

foi a obra de Bernardes que colocou o Brasil em evidência. O edifício tornou-se a sensação do evento, chamando atenção para o aproveitamento do declive natural que conduzia à entrada, quando o visitante, depois de passar por uma grande rampa, chegava ao amplo espaço de pé-direito baixo e paredes vazadas.

Juscelino figurava como presidente desenvolvimentista, ligado a artistas e arquitetos modernistas. Assim, Bernardes, já com experiência na criação do celebrado pavilhão brasileiro, parecia o candidato ideal para projetar o espaço da Exposição Internacional a se realizar no Rio de Janeiro. Inicialmente, o presidente pensara em criar uma área dividida em vários estandes separados. Mas o que Bernardes lhe apresentou era bem diferente.

O projeto concebido para o São Cristóvão consistia num espaço aberto em planta oval, cobrindo uma área de 50 mil metros quadrados. De longe se tem a impressão de ser um grande estádio. Tal como no pavilhão concebido para a Feira de Bruxelas, o teto era suspenso, sem uma única coluna para suportá-lo, e parecendo insinuar um pássaro batendo as asas. Acabou sendo mais um marco na carreira do arquiteto e na história da arquitetura moderna brasileira, pois viria a bater um recorde mundial neste quesito. Porém a característica mais extravagante do projeto consistia em pequenos lagos artificiais e nas duas cachoeiras que desciam pelas laterais opostas em filetes d'água, lançados sobre o teto por poderosas bombas para amenizar o calor interno.

Entusiasmado com o arrojado projeto, Kubitschek nomeou o general Olympio Mourão e Max do Rego Monteiro, representante do ministro da indústria e comércio, para fiscalizar o andamento das obras três vezes por semana. Rolla ficou feliz em ter Mourão como seu fiscal: já o conhecia desde os tempos do jogo, e ambos frequentavam retiros de final de semana em Teresópolis, onde costumavam encontrar-se junto de suas famílias.

Em seguida, Joaquim Rolla pôde finalmente iniciar contato com os países interessados em expor seus produtos no Pavilhão. Mais de trinta nações confirmaram presença na inauguração, que ficou marcada para 1959, no dia 7 de setembro, data da Independência do Brasil. O empresário fechava assim a década com as esperanças renovadas para um futuro de negócios bem-sucedidos e lucrativos.

Logo Joaquim foi procurar seus homens de confiança, recrutando alguns funcionários e amigos de outras obras, entre eles o engenheiro José Linhares. Não houve sequer grande necessidade de terraplanagem, e a parte de alvenaria para a sustentação foi erguida rapidamente, sem maiores problemas. A verdadeira guerra ficou reservada para a cobertura, que, sendo pioneira em tamanho e sustentação, nunca tinha sido feita. E como para completar o acabamento do chão era preciso que o teto ficasse firme, a cada experimento malsucedido na parte superior, atrasava-se também a parte inferior. Sérgio Bernardes indicara uma empresa americana para fornecer o plástico que revestiria o teto, porém, a ausência de técnicos habilitados dificultou a colocação dos cabos de aço, deixando a cobertura folgada. Quando já se dava a parte superior da obra por finalizada e se preparava a comemoração pelo feito, veio um temporal e o vento provocou o desabamento do teto, adiando-se a concretização da feira para o ano seguinte. O fato ocorreu sem fatalidades, amenizando o empresário de seu monstruoso prejuízo.

Olympio Mourão convocou uma reunião de emergência com a Comissão, mas o arquiteto Sérgio Bernardes nem se dignou a comparecer. Furioso pelo seu dano financeiro, Rolla dirigiu-se pessoalmente ao escritório de Bernardes, onde se deu uma acesa discussão. A certa altura, o arquiteto exaltou-se e gritou que só não dava uns tapas em Rolla por este ser de idade avançada. Foi quando o mineiro sessentão, que estava em forma e "não acreditava em idade e sim no tempo" perdeu a cabeça. Ganhou impulso e num gesto brusco segurou o arquiteto pelo gogó e jogou-se sobre ele, derrubando-o. No alvoroço que se seguiu, entre gritos e acusações, rompeu-se a parceria, e só quando se acalmou é que Rolla percebeu que estava sozinho para resolver o problema da cobertura. Desesperado, foi ver Mourão para lhe contar o sucedido, e já meio resoluto afirmou que cobriria o teto com lona. Ao que o amigo questionou entre gargalhadas: "Está querendo montar um circo, Rolla?"

Pensadas todas as opções, decidiram manter o mesmo projeto para a cobertura e pedir novo material. Quase seis meses se passaram quando descobriram que a empresa americana que vivia prorrogando a entrega estava à beira da falência. Com o tempo para a nova inauguração anunciada esgotando-se, decidiram encomendar um produto similar nacional à empresa Goyana, mas não sem antes testarem-na em uma área de 40x6 metros dentro da própria fábrica, que teve resultados bastante satisfatórios.

Quando as 47 toneladas de plástico estavam prontas para serem colocadas sobre as 90 toneladas de cabos esticados, Mourão e Rolla descobriram que o material enviado não estava de acordo com o testado na fábrica e especificado em contrato. Desta vez, Rolla partiu para a justiça, devolvendo todo o material. E, como o novo atraso acarretou a necessidade de refazer as obras de concretagem, deformadas por falta de uso, o empresário viu-se obrigado a mais uma vez comunicar às nações participantes o adiamento da Exposição por um ano. Agora se previa que a inauguração seria em 1961. Vários países começaram a se desinteressar do evento e alguns até abriram processos contra a organização.

Tentando por todos os meios solucionar o problema, Mourão e Rolla acabaram decidindo utilizar alumínio para cobrir o telhado. Para fornecimento do metal leve, que seria utilizado para sustentar a cobertura com ganchos no teto, procurou Mauro Hernando Moreira, um próspero empresário do ramo, que era filho de José Moreira, engenheiro que também trabalhara nos traçados ferroviários de Rolla. Havia contratado um engenheiro egípcio que se encarregou de colocar a cobertura, e Mourão conseguiu que seu amigo, o general Amaury Kruel, concedesse diversos jipes do exército para esticar os cabos. A ocasião adquiriu ares de solenidade quando, notando o desânimo dos funcionários com as dificuldades da obra, Rolla fez um discurso emocionado, pedindo um voto de confiança para que todos juntos logo terminassem aquela empreitada.

A operação do telhado foi bem-sucedida, e podiam agora finalmente fazer as obras do chão. Mas em outro revés de fortuna, faltou cimento no mercado, atrasando de novo a obra. Rolla perguntava-se quando o destino pararia de lhe testar a paciência. Deixava Diva preocupada, queixando-se constantemente de dores no peito, apesar de vir mantendo um regime de saúde vegetariano, se cuidar caminhando diariamente, e terminar de trabalhar às 18 horas em ponto para passar mais tempo com a família, que aumentara nos últimos anos. Em 1958, quando já era avô de sua primeira neta Vivian, filha de Rubens, nascia sua filha Valéria, fruto da sua ligação com Diva. E agora, em meio a mais um imbróglio imobiliário, a mulher lhe contara estar novamente grávida.

Resignado, e com seu megaprojeto atrasado, adiou mais uma vez a inauguração. Desta vez, os países que haviam confirmado sua presença, responderam todos se recusando a participar de algo com ele novamente. E quando finalmente já se desesperava, tentando se conformar com o cancelamento total do evento, surgiu um apoio inesperado, vindo do outro lado do mundo, de uma nação outrora *non grata*, mas que agora, no novo contexto político, reataria novamente relações diplomáticas com o Brasil.

Era a União Soviética, cuja ideologia contrária ao governo Dutra precipitara o final abrupto da Exposição Internacional no Quitandinha. Mas agora o país socialista voltava em grande estilo para se apresentar aos brasileiros e salvar Joaquim Rolla.

ROLLA NO PANO VERMELHO

Apesar da forte influência norte-americana por todo o continente, eram os russos que estavam na moda. Em 1957, tinham lançado o primeiro satélite a orbitar a Terra no espaço, um feito extraordinário que inspirou o cineasta brasileiro, Carlos Manga, a dirigir, dois anos depois, o filme *O homem do Sputnik*. Essa produção, mais uma a utilizar o cenário do Quitandinha como fundo, contou com a presença de Joaquim e Diva Rolla na *première*.

Entretanto, a construção de Brasília avançara feroz pelo planalto central, levando o país a uma situação de inflação galopante. Quando, em 22 de abril de 1960 a nova capital federal foi finalmente inaugurada, a situação econômica era gravíssima. Em outubro daquele ano, realizaram-se novas eleições, e a escolha dos cidadãos caiu sobre um candidato da oposição, desta vez indicado pela UDN. Assim, no início de 1961, no meio da crise financeira, tomava posse Jânio Quadros.

O novo presidente era um homem excêntrico e moralista. Visto por muitos como um louco, apesar de se posicionar à direita do espectro político, ganhou inimizades no governo ao reatar relações diplomáticas com a União Soviética e apoiar a Revolução Cubana. Com tendências ditatoriais, e certo de que o povo o defenderia, renunciou em agosto de 1961, esperando voltar em breve com aclamação popular. Seu vice, João Goulart, que já servira Kubitschek no segundo cargo mais importante do país, então assumiu o poder, que os militares conservadores e o Congresso Nacional só autorizaram sob uma nova forma de governo imposta, o parlamentarismo. O governo de Goulart passou por diversos momentos de tensão, pois o presidente tinha fama de comunista e temia-se que enveredasse por uma revolução à la cubana.

Por essa altura, Joaquim, ainda com a construção do Pavilhão de São Cristovão marcada para o dia de são nunca, e as obras do CGJK sem previsão de término, resolveu abandonar o projeto de Belo Horizonte. A construção de Brasília gerou uma inflação altíssima e sem controle, que acabou prejudicando Rolla, preso a cláusulas contratuais relativas às vendas dos apartamentos do CGJK, que não lhe permitiam aumentar o preço estipulado inicialmente. Quando conseguiu finalmente iniciar a construção da segunda torre, o empresário já procurava uma saída estratégica do projeto. E naquele mesmo ano de complicadas manobras políticas presidenciais, Rolla tomou uma decisão: passou a responsabilidade pelo término da obra às empresas Adersy e Conege da capital mineira. Regressou ao Rio para supervisionar o final da construção do Pavilhão de São Cristovão, à medida que viu desistirem, uma a uma, as nações convidadas em 1959.

Portanto, foi com alívio que, logo no início de 1962, recebeu a notícia do interesse soviético em utilizar o Pavilhão para apresentar aos brasileiros o que de melhor se fazia nas indústrias dentro da Cortina de Ferro. Em plena Guerra Fria, entre euforias de Sputnik e paranoias antissoviéticas, ninguém entendia se a presidência do Brasil estava à esquerda ou à direita. Mesmo sem ser partidário da UDN ou de Goulart, Rolla deu graças à nova administração que reatara amizade com a URSS, e dessa forma lhe salvara a situação, ainda que indiretamente.

O encontro com os russos deu-se numa sexta-feira e foi presenciado por seu irmão Mário, a quem coube resolver um mal-entendido. Os emissários soviéticos estavam apenas aguardando a assinatura do contrato para retornarem a seu país. Joaquim, decidido a manter o regime de horário que ele mesmo tinha estipulado, estava pronto para assinar, quando bateram seis horas da tarde. Sem mais palavras, levantou-se, inclinou a cabeça em tom de despedida e retirou-se da sala. Na mesa, ficou o papel com a assinatura de Rolla em branco, deixando os russos em cirílico alvoroço ao tentar entender o que se passara. E foi Mário quem acalmou os ânimos, explicando a excentricidade do irmão como um rígido compromisso que a saúde lhe impunha. Os russos perderam o voo marcado para o dia seguinte e tiveram que esperar pela segunda-feira para firmar a parceria definitivamente.

Dois dias antes da inauguração da Feira Soviética, em entrevista ao programa de Flávio Cavalcanti à TV Rio, Rolla promoveu o evento, falando da enorme contribuição do mesmo para a economia do país. Destacou que o acontecimento traria ótimas oportunidades para o comércio e a indústria. Quando o entrevistador lhe perguntou se concordava com a campanha contra o jogo feita pelo *O Globo*, Rolla defendeu a mesma, afirmando que o jogo era apenas uma faceta do turismo, mas completamente desnecessário. O acontecimento da Feira Soviética, acrescentou, traria muito mais benefícios do que o jogo.

Fosse essa ou não a opinião real de Joaquim, o fato é que não foi a controvérsia do jogo que marcou o evento. Viviam-se dias de agitada rivalidade entre os dois poderes ideológicos que dominavam o mundo. Os Estados Unidos podiam até não ter batido os russos na corrida ao espaço, mas detinham o poder da bomba atômica, que continuavam testando mesmo após verificar as horríveis consequências de uma guerra nuclear. Os russos denunciavam a ameaça que sentiam perante aquela arma devastadora nas mãos do inimigo, até que em maio de 1962, Kruschev, o líder soviético, anunciou ao mundo que a URSS iniciaria testes nucleares. Era a fase mais perigosa da Guerra Fria, e no Brasil eram claros os partidarismos políticos que opunham os favoráveis à ideologia capitalista aos marxistas.

Assim, a inauguração da Feira Soviética no Pavilhão de São Cristovão não podia ter se passado sem que se gerasse grande controvérsia. E entre os ferrenhos anticomunistas estava o então governador da Guanabara, Carlos Lacerda. Mas nem por isso Lacerda deixou de comparecer à inauguração da Feira da União Soviética, que finalmente se realizou a 3 de maio de 1962. Esquivando-se ao discurso de abertura, Rolla passou a função para Mourão, que sob a estátua de Lênin, se dirigiu ao mal-encarado Lacerda dizendo: "Senhor governador, a comissão encarregada da Exposição Internacional de São Cristovão tem a honra de fazer-lhe a entrega deste Pavilhão, a maior área coberta sem suportes internos do mundo."

A feira russa estendeu suas traquitanas tecnológicas além do Pavilhão, para o rossio da praça de São Cristóvão, e provocou uma verdadeira Guerra Fria no Rio de Janeiro. É que os Estados Unidos, ressabiados com os russos, enviaram de imediato ao Brasil uma exposição espacial improvisada que chegou precisamente na véspera da inauguração da Feira da União Soviética. A peça principal era a cápsula original onde o coronel Glenn tinha completado a primeira viagem orbital norte-americana, em fevereiro daquele ano, a *Friendship 7*. Espelhando os anos áureos da Política da Boa Vizinhança, os norte-americanos vinham circulando a nave pela América Latina, promovendo-se a sul de suas fronteiras com o que de melhor tinham para mostrar de seus avanços tecnológicos. A cápsula viajou para o Rio transportada num avião da força aérea dos Estados Unidos. Vinha de Buenos Aires, onde ficou brevemente após passar pelo Chile e Colômbia e, depois do Brasil, continuaria viagem para a Cidade do México. Permaneceu três dias na recém-destronada capital brasileira, podendo ser vista na Cinelândia, em Copacabana e no Jardim do Méier, onde os norte-americanos complementavam o curioso objeto com projeções educativas e cartazes explicativos.

Os brasileiros divertiam-se com a Guerra Fria em pleno calor carioca. Enquanto o governador da Guanabara se fazia presente nas cerimônias dos dois eventos, a Feira da URSS ganhou projeção no dia seguinte à sua abertura ao receber a visita do presidente João Goulart e do primeiro-ministro Tancredo Neves. Tanto criticada quanto apreciada, a Exposição Soviética contava com um acervo bem mais considerável do que a mostra norte-americana. Além de exibir o famoso Sputnik, primeiro satélite artificial colocado em órbita pelo homem, e os equipamentos de Yuri Gagarin e Gherman Titov, os primeiros cosmonautas a verem a Terra do espaço, os russos incluíram no evento milhares de amostras da indústria e da agricultura do seu país. E, para completar, sorteavam-se alguns visitantes da Exposição para um passeio gratuito a bordo de um helicóptero soviético sobre a Baía de Guanabara.

Rolla assistia a tudo fascinado, principalmente com os produtos tecnológicos dos soviéticos. E o helicóptero despertou-lhe o lado irrequieto de sempre querer fazer arrojados e inovadores negócios. Foi dos primeiros a usufruir do voo sobre a Cidade Maravilhosa e logo ali já cogitava a possível compra de uma frota para ligar o Rio ao Quitandinha e vice-versa. Voar estava na moda, por isso, quem sabe não transformava o negócio em companhia aérea? E assim, promoveu uma viagem experimental a partir da Cidade Maravilhosa para Petrópolis e Teresópolis. O percurso, que durava apenas 15 e 23 minutos, respectivamente, tinha até serviço de bordo, executado pelas belas recepcionistas da exposição em São Cristovão, que chegaram até mesmo a figurar numa reportagem de *O Cruzeiro*. A iniciativa fez tanto sucesso que a aeronáutica civil acabou autorizando que operasse regular e gratuitamente até o final de agosto daquele ano. Rolla ficou sabendo que era a URSS quem na época fabricava o maior helicóptero do mundo, capaz de levar até 40 pessoas. Perante o sucesso do voo, e a possibi-

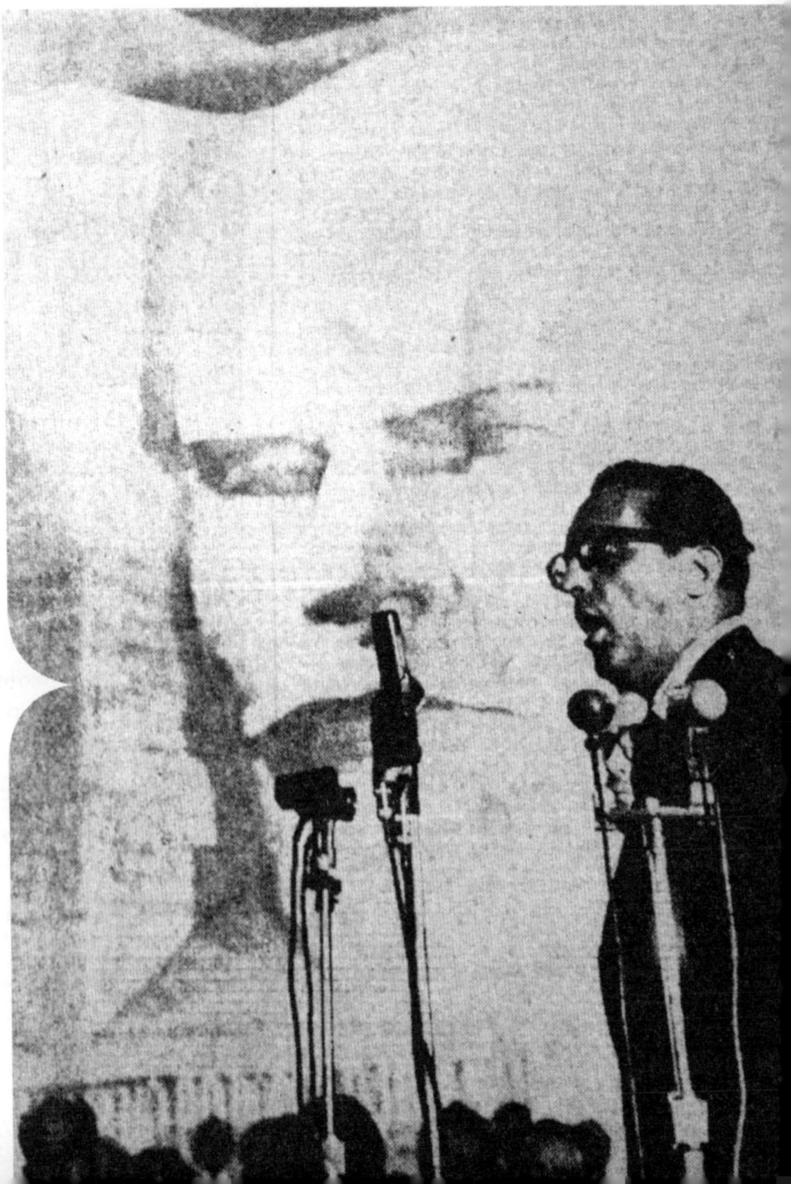

Sob a estátua de Lenin, o ex-comunista Carlos Lacerda discursa na inauguração da Feira da União Soviética no Pavilhão de São Cristóvão.

lidade de mais um negócio lucrativo, o empresário chegou mesmo a marcar uma viagem a Moscou para conversar sobre o assunto.

Apesar da sofisticação soviética, a imprensa local noticiou a inauguração do Pavilhão timidamente, limitando-se a publicidades de uma página inteira, pagas pelo próprio governo russo. Já a propaganda da capenga exposição itinerante americana era notícia de primeira página. A única nota positiva que o Pavilhão de São Cristóvão rendeu saiu na véspera da inauguração, anunciando o comparecimento do ministro do exterior da União Soviética, Nicolai Patolitchev, no evento. Mas, durante o período que a Feira durou, os jornais mencionavam-na em tom irônico, dando relevo a protestos contra os russos, como era o caso das manifestações realizadas pela União das Mulheres Patrióticas, que consideravam a exposição uma afronta à tradicional família católica. Outra crítica de destaque em diversos jornais conservadores vinha da própria Igreja Católica. O cardeal Dom Jaime de Barros Câmara, o mesmo que influenciou Dutra a proibir o jogo, apelidou a Exposição da União Soviética de Cavalo de Troia para a infiltração comunista. E, com um presidente que muitos denunciavam ser amigo dos vermelhos, estava instalada de vez a paranoia anticomunista.

Numa manhã de domingo, duas semanas após a inauguração, em 20 de maio de 1962, os visitantes e funcionários da exposição foram surpreendidos por uma ordem de evacuação do recinto. No dia anterior, de peso na consciência, o coronel aposentado José Chaves Lameirão, tinha confessado aos brigadeiros Guedes Muniz e João Adil de Oliveira que havia sido aliciado pelo amanuense Luís Carlos Botelho, o Luís Integralista, para participar de um atentado que explodiria a estrutura do prédio recém-inaugurado. Lameirão era anticomunista ativo, e terminara sua carreira sendo afastado da Força Aérea Brasileira por desequilíbrio mental.

Feita a denúncia, a polícia prendeu Lameirão, e de imediato evacuou o local e deu início à busca. Nada encontrando, resolveram permitir o regresso dos funcionários, instruindo-os a continuarem atentos à possibilidade da existência de uma bomba. O engenheiro russo Yuri Ribakov resolveu então inspecionar minuciosamente as áreas ligadas à produção de carvão, petróleo e energia elétrica pelas quais era responsável. Foi neste último setor que encontrou uma mala escondida atrás de uma maquete, e qual não foi sua surpresa quando, ao abri-la, descobriu um relógio ligado em fios. Voltaram os bombeiros e a polícia, e a bomba que nunca explodiu encheu as capas de jornais e revistas, e só foi ligeiramente ofuscada pela notícia de que o longa-metragem *O pagador de promessas* tinha acabado de ganhar a Palma de Ouro no Festival de Cinema de Cannes.

Lameirão, principal suspeito, foi colocado em cela incomunicável, e os colegas a quem confessara o atentado fecharam-se em copas para a imprensa. Na sequência da investigação foram identificados e presos outros quatro integrantes da conspiração: Roberto Godói Moreira, que era major do Exército, Nestor Ferreira de Souza, que era pedreiro, e os irmãos Paulo e Domingos Brissac de Freitas, respectivamente engenheiro e dentista. Os jornais revelaram ainda que as autoridades tinham lançado caça ao suposto colaborador de Lameirão, o também aposentado major Paulo Viana de Aguiar, que teria fugido para o sul do país.

Outro conspirador em fuga era Ronald James Waters, um agrônomo norte-americano, residente no Rio de Janeiro que dizia ser agente da CIA. Segundo os russos, cuja alta tecnologia em sistemas de segurança permitira a filmagem da colocação da bomba por avançadas câmeras de vigilância, teria sido Waters o autor do crime. E, na versão oficial dos fatos, acabou se concluindo que, após a denúncia por Lameirão, a bomba teria sido levada para outro setor por outro membro da conspiração, onde acabou sendo encontrada pelo engenheiro russo.

Noutra interpretação não oficial, corriam à boca pequena rumores de que o próprio governador Carlos Lacerda seria o mandante do atentado. O que gerava até piadas, pois no início daquele mês o governador tinha proibido o uso de bombas juninas à população carioca nas celebrações populares que se aproximavam. Pouco tempo depois, o governador e a polícia do Rio estariam novamente envolvidos numa bruma de suspeita, quando se descobriu um cemitério de mais de cem mendigos do Abrigo Cristo Redentor, com crânios fraturados e marcas de tortura.

O governador nunca foi sequer intimidado a depor, nem no caso dos mendigos, e nem no caso do atentado ao Pavilhão de São Cristovão. Todos os comparsas envolvidos no último foram absolvidos rapidamente, aumentando os boatos de que teriam as costas quentes por al-

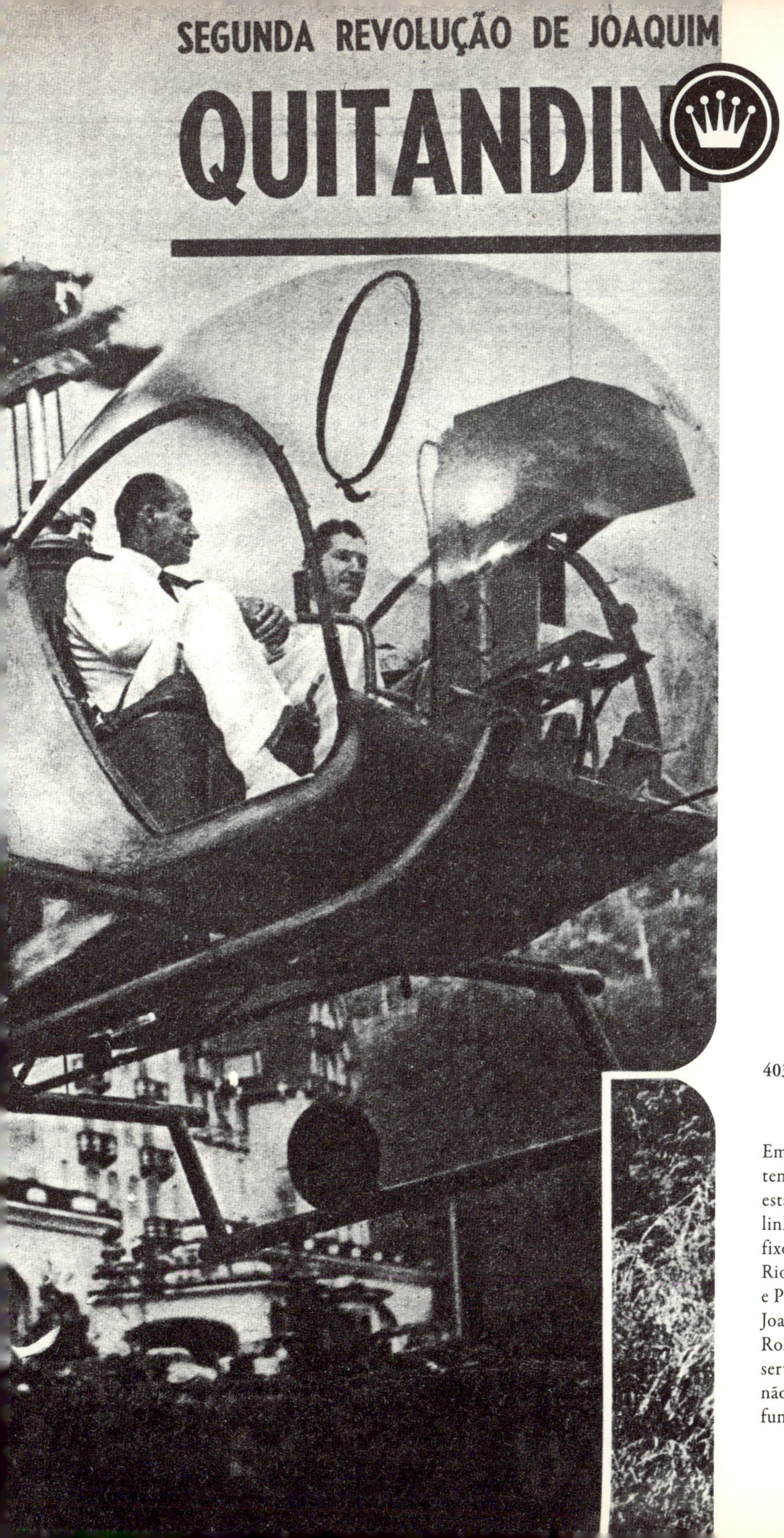

Em uma tentativa de estabelecer uma linha de voos fixos entre o Rio de Janeiro e Petrópolis, Joaquim Rolla testa os serviços que não chegaram a funcionar.

guém em alta posição governamental. Contribuiu para a absolvição judicial a notícia, largamente divulgada na imprensa, de que a bomba era inofensiva e, estando desativada, teria sido colocada apenas para dar um susto nos simpatizantes da União Soviética. Argumento refutado pelo perito Wolmen Joaquim Lima, que também afirmou não serem de Lameirão as impressões digitais encontradas na bomba. Confirmava-se, assim, a versão verificada pelas câmeras de segurança russas. Segundo o técnico criminalista a quantidade de explosivos colocada no Pavilhão só não funcionou por sorte. Se o pior tivesse acontecido, o dispositivo teria destruído toda a estrutura e matado milhares de visitantes. E nesse caso, teria sido sim, como diria o cardeal, um verdadeiro Cavalo de Troia, só que nesta ocasião, vindo da extrema direita.

Três dias depois do atentado que afinal não matou ninguém, o ministro da justiça Alfredo Nasser e o subsecretário das relações exteriores, reabriam a exposição diante de grande aparato policial. Militares munidos com metralhadora foram posicionados a cada vinte metros, prontos a atuar em caso de necessidade. Até a polícia feminina foi chamada para inspecionar as bolsas das senhoras, pois as instruções do ministro obrigavam que todos os visitantes, a partir de agora, fossem revistados.

Assim, o atentado que por sorte não funcionou, acabou deixando apenas uma vitima: o empresário mineiro Joaquim Rolla. Após quatro anos de sucessivos percalços para construir o Pavilhão, não conseguira realizar o evento internacional que queria, acabando por se meter numa Guerra Fria que não tinha comprado. São Cristovão foi seu último grande empreendimento, mas não a última vez que se veria prejudicado pelas manobras políticas de seus patronos.

ESTUDANTES, POLITICAGEM E OUTRA REVOLUÇÃO

Em junho de 1962, um mês depois do atentado no Pavilhão soviético na Guerra Fria carioca, o Brasil consagrava-se bicampeão mundial de futebol no Chile, após vencer a comunista Tchecoslováquia por três a um. Mas no campo político brasileiro, a batalha entre as duas ideologias dominantes estava longe de terminar.

Se não fosse a alegria da vitória do time nacional e o celebrado nascimento da segunda filha de Rolla, Carla, o empresário teria tido mais um terrível ano pela frente. O Quitandinha permanecia uma constante nos negócios do mineiro. Mantinha a sua função de hotel e era um dos locais escolhidos para a realização de grandes eventos e conferências, inclusive de caráter político. Foi o que aconteceu entre 15 e 21 de julho daquele ano, quando o Quitandinha recebeu o XXV Congresso da União Nacional de Estudantes, no qual participaram cerca de 800 delegados vindos de todo o país. A aproximação com Rolla foi feita por meio do amigo deste, Leonel Brizola, na altura governador do Rio Grande do Sul e um forte apoiador do movimento estudantil. O que Rolla não esperava era mais uma Guerra Fria no Quitandinha, e o desaparecimento de objetos variados que os estudantes teriam levado de recordação.

Entre os jovens universitários, havia intensa participação na luta ideológica. A união estudantil apoiara Goulart durante a Campanha da Legalidade liderada pelo próprio Brizola, e fazia fortes reivindicações à legalização do Partido Comunista Brasileiro. Além disso, desde a vitória de Kubitschek, o movimento focava seus protestos nos acordos entre o governo e multinacionais estrangeiras, produto do capitalismo norte-americano. No Rio, onde o governador Carlos Lacerda era declaradamente anticomunista, era de se esperar que os estudantes encontrassem diversas dificuldades.

Pouco antes do Congresso no Quitandinha, as Milícias Anticomunistas (MAC), haviam metralhado a sede da UNE no Rio de

Janeiro. Na serra petropolitana, durante o tempo que passaram alojados no hotel de Rolla, os jovens foram ameaçados por diversas vezes. Agentes infiltrados foram pegos espalhando um pó que vinha irritando os olhos de quem nele pisava. Levados à assembleia popular de estudantes para se explicarem, os agentes mostraram-se tão arrogantes que quase foram agredidos, e tiveram de sair sob escolta de alguns jovens mais pacíficos.

Noutra ocasião, de madrugada, os estudantes expulsaram agentes armados, que, munidos de gás lacrimogêneo, os atacaram nas dependências do hotel. Na sequência, houve troca de tiros quando os agentes tentavam escapar de uma multidão de jovens enfurecidos, quando três participantes do Congresso foram baleados, mas sobreviveram. Depois desse acontecimento, que os estudantes nem se deram ao trabalho de denunciar à polícia, o Congresso prosseguiu com tranquilidade. Os jovens estabeleceram um novo controle de entradas e saídas, e brincaram com o acontecido em noites de farra, encenando teatrinhos nos quais parodiavam o ataque da extrema-direita.

O atentado aos estudantes durante o congresso no Quitandinha no mesmo ano do atentado no Pavilhão de São Cristovão foi o princípio do fim para Rolla. Estava cansado de negócios que só lhe traziam problemas. Aos 63 anos, com uma mulher jovem e duas filhas pequenas, possuía recursos suficientes para viver confortavelmente o resto da sua vida e garantir o futuro da sua família. Não precisava de tantas preocupações e começou a pensar seriamente em vender o Quitandinha. O Pavilhão de São Cristovão poderia não dar resultado, mas decidiu manter o edifício durante mais algum tempo para arrendar na organização de eventos, como foi o caso da Feira da China, do Exército e da Aeronáutica.

No meio de todos os fervores ideológicos à sua volta, Rolla tentara se manter à margem da política durante os últimos anos. Apesar disso, durante os breves meses em que procurava um comprador digno para seu hotel em Petrópolis, a política lhe permitiu afastar do pensamento os problemas nos negócios. Foi muito estressante para Rolla, ao ter procurado o prefeito de Petrópolis, ter sido desprezado por duas reuniões consecutivas, e na terceira vez, ao tomar um chá de cadeira de 30 minutos, decidiu abandonar seus negócios na Cidade Imperial.

Perto do fim do ano ofereceu a venda do Quitandinha ao empresário Adelino Boralli, dono da Santa Paula Melhoramentos, uma das maiores imobiliárias do país. Endinheirado, o descendente de italianos era famoso por ter construído três cidades no estado do Paraná, as quais tinha equipado com toda a infraestrutura necessária, como edifícios para escola, igreja, hospital, energia elétrica e até mesmo aeroporto. Boralli foi também responsável por ter introduzido o plantio de café naquele estado, na década de 1940. Era um homem por quem Rolla tinha admiração, mas, mesmo assim, foi com pesar que no ano seguinte o mineiro se despediu do Quitandinha.

Ainda em 1962, apoiou a campanha do seu irmão caçula Mário, que, sob a legenda do velho PR, se lançava na corrida para deputado estadual. Joaquim bancou a rodagem do poeta através de várias pequenas cidades da região do Rio Doce, chegando mesmo a doar um relógio para a igreja de São José do Goiabal na tentativa de conquistar mais votos para o irmão.

Também Waldemar Rolla, um dos irmãos que permaneceram em São Domingos do Prata, que era, nessa altura, um homem de posses, detentor de diversas fazendas e produtor da cachaça Quitandinha, se esforçou por ajudar na eleição de Mário. O poeta tinha um forte adversário na sua cidade natal, o jovem pessedista Paulino Cícero, filho do doutor José Mateus de Vasconcelos, que era o médico e cacique político em São Domingos do Prata naquela época.

As famílias pratianas dividiam seus votos entre os dois candidatos, pelos quais tinham fortes vínculos de amizade. Certo dia, um homem do campo, pai de numerosa família, foi abordado por Waldemar Rolla, que buscava apoio para Mário. Quando o homem disse que dividiria os votos de sua casa entre os dois conterrâneos, o irmão do candidato respondeu com secura: "Metade? Então nem precisa, queria todos."

E talvez pela falta de tato do irmão na caça aos votos, na eleição realizada a 7 de outubro o poeta não se elegeu. Ainda assim, Mário exerceu o cargo por um ano na categoria de suplente, mas após a Revolução de 1964, deixou de lado suas aspirações a uma carreira de cargos políticos eletivos, passando a ser secretário da Companhia Vale do Rio Doce e de seu diretor, Eliezer Batista.

A Revolução de 1964 ocorreu na madrugada do dia 31 de março, poucos dias após o presidente João Goulart anunciar que faria uma

409

Durante a campanha de 1962, Mário Rolla discursa ao lado de Bias Fortes.

ampla reforma agrária no país. Absolutamente contrário a este tipo de ideologia, quem assumiu o poder foi o marechal Castelo Branco, cioso em obedecer às ordens das classes mais conservadoras a partir da UDN, da Igreja Católica e dos próprios militares de alto escalão, que só passariam o cargo para um civil mais de vinte anos depois. O movimento foi orquestrado pelo general Olympio Mourão na ocupação do Rio de Janeiro, a partir da cidade de Juiz de Fora.

Logo que o movimento militar eclodiu, centenas de pessoas foram exiladas do país. Não só políticos ligados a João Goulart, mas também intelectuais e artistas. Logo neste contexto, o médico de Rolla, doutor José Brigagão, deu uma infeliz declaração a um jornal dizendo-se socialista. De imediato, quem leu a notícia com o dia ainda por sair foi Joaquim Rolla, que ligou a Olympio Mourão para pedir cobertura na fuga do amigo. O médico, que nunca fora comunista de verdade, passou duas semanas escondido na casa de Rolla em Teresópolis, sob vista grossa do próprio general, que fora estopim daqueles tempos de patrulha ideológica. Em pouco tempo, Rolla e Mourão conseguiram convencer o mesmo jornal a entrevistar Brigagão como um direito de resposta sobre o que ele tinha dito anteriormente, afinal Brigagão nunca foi comunista. Assim, o médico saiu ileso dos tempos militares.

Mas a implantação da ditadura no Brasil teria ainda mais uma consequência devastadora para Rolla. O golpe fora apoiado incondicionalmente pelo governador da Guanabara, Carlos Lacerda, que continuou no mesmo cargo. O anticomunista, que permanece na história como um possível envolvido no atentado do Pavilhão de São Cristovão, era inimigo dos dois ex-presidentes aos quais Joaquim Rolla foi ligado, Getúlio Vargas e Juscelino Kubitschek. E apesar de Diva ter confessado um dia, numa entrevista particular, que Rolla não tinha aversão a Lacerda e até gostava dele, a verdade é que o governador deu um golpe no empresário que mais parecia uma vingança pelas amizades políticas do mineiro.

Apoiado pelo governo federal que tomou o poder, Carlos Lacerda desapropriou o Pavilhão de São Cristovão, retirando de Rolla os direitos de concessão que JK lhe garantira no final da década anterior. A atitude do governador num contexto de ditadura espelhava a medida tomada pelo presidente Dutra no sistema democrático que sucedeu Vargas, na década de 1940, e que tanto prejudicara Joaquim no caso do

Quitandinha. E assim, Lacerda decidiu não honrar o compromisso do governo Kubitschek, interpretando, através de uma cláusula do contrato que estipulava a concessão como sendo a título precário, que o estado da Guanabara podia tomar de volta o Pavilhão quando lhe parecesse necessário, e sem indenização para o concessionário.

Em 1965, Joaquim Rolla tentaria ainda que os tribunais alterassem a decisão do governador da Guanabara. Mas a justiça funcionava para a ditadura e a ditadura queria o Pavilhão de volta. Foi a última grande batalha política do empresário mineiro.

{ 1965-1972 } Capítulo 11

200 ANOS

Em 1965, aos 66 anos, Joaquim Rolla ainda era considerado um empresário influente e ainda possuía uma grande fortuna. O tropeiro que virou empresário do jogo e do turismo foi testemunha de mudanças políticas radicais por diversas vezes. Conheceu alguns dos nomes mais famosos do século XX, e esteve à frente de alguns dos mais ousados projetos que o Brasil já viu. Se tivesse conseguido replicar o Quitandinha em cada um dos estados brasileiros, como pretendia originalmente, onde poderia ter chegado?

Joaquim sabia bem que vivera uma vida incomum e cheia de percalços. Perto do final, recordando as muitas décadas que atravessara chegou a dizer: “Nunca fiz dinheiro com dinheiro. Dinheiro só é feito com trabalho e inteligência. Tenho material para ser escrito um livro sobre as experiências de minha vida. Vivi intensamente os meus trabalhos. Estou com 200 anos de vida.”

E podia ser que o empresário se sentisse assim. Duzentos era um número querido e especial para Joaquim. Cada vez mais místico espiritualmente, foi no quarto 200 que, após um longo passeio pelas dependências e exteriores do Quitandinha, decidira vender o hotel que fora a menina dos seus olhos. E foi também ali que passara sozinho a última noite antes de Adelino Boralli assumir o comando do hotel. Uma noite extremamente emocionante para o empresário, na qual teria tomado várias decisões para os anos seguintes, como confessou posteriormente.

A primeira foi abandonar Petrópolis definitivamente. Agora que o Quitandinha não era mais seu, resolveu desfazer-se da Companhia de Terrenos Quitandinha, e dos seus sustentáculos, o Banco Mercantil do Brasil e a Avipam. Para isso, procurou Gilson Cony dos Santos, um jovem comerciante por quem possuía grande admiração e tratava como um filho. Já o conhecia bem, pois fora Gilson que o ajudara na venda dos terrenos petropolitanos, tomando a iniciativa de procurar os bancos credores de Rolla quando o mineiro precisou. Com a comissão das vendas, Gilson acumulara um belo patrimônio, revelando tamanha competência, que Rolla, ansioso em sair logo de Petrópolis, aceitou passar a Companhia para ele com pagamentos mensais a perder de vista.

Assistia-se também ao início da consolidação do mercado bancário brasileiro. Num período de dez anos, mais de quarenta estabelecimentos saíram da praça porque se associaram ou foram comprados.

E o banco de Rolla, sem capital para adquirir, foi adquirido. A proposta veio dos mineiros da família Araújo, proprietários desde 1953 do Banco Mercantil de Minas Gerais. Os Araújo tinham adquirido recentemente o banco Industrial Minas Gerais, o Santa Cruz e o Metrópole, os dois últimos do Rio de Janeiro. Continuando com as aquisições, na década de 1970, os Araújo incorporaram o Industrial de Campina Grande e o Mercantil do Brasil, mas ofereceram a Rolla uma oportunidade de continuar no negócio como sócio minoritário. O empresário agradeceu, declinou e vendeu assim a sua instituição bancária ao Mercantil de Minas Gerais, que passou a assumir a identificação nacional de Banco Mercantil do Brasil. Quanto à Avipam, logo foi comprada por um inglês de nome Philips, que marcou uma reunião com o mineiro para lhe propor pessoalmente os termos da compra.

Mas se as duas últimas décadas de sua vida foram agonizantes em termos empresariais, houvera também momentos de muita alegria passados com a sua jovem esposa e as filhas pequenas. Diva preocupava-se com a saúde do marido e tentava colaborar para que, pelo menos na vida pessoal, o empresário tivesse sossego. Ouvia-o atentamente e levou tão a sério a conversa de Joaquim sobre a necessidade de cortar gastos em casa que, ingenuamente, chegou a abandonar guardanapos de pano para economizar no sabão e água, adotando os de papel. Só quando Rolla apareceu na semana seguinte com um Cadillac novinho é que a esposa se deu conta que não seriam nem a água, nem o sabão a fazer a verdadeira diferença no orçamento da casa.

Então, sugeriu que fizessem uma viagem, mudassem de ar, conhecessem novos lugares e pessoas, e se concedessem o que nunca tinham: descanso, sossego e tempo só para os dois. Apesar dos problemas, como recusar o pedido doce da mulher que só lhe trouxera coisas boas na vida? Decidiu então oferecer a Diva uma viagem de duas semanas pela Europa, num roteiro que incluía Grécia e Portugal, países que a esposa sempre quisera conhecer. Pediu à sogra que tomasse conta das pequenas Valéria e Carla, e partiu com Diva, alimentando secretamente a esperança que, ao regressar, encontrasse sobre a mesa propostas para negócios interessantes.

A viagem foi encantadora. Passaram algumas situações inusitadas, como o incêndio no quarto do hotel na Grécia, em que foram obrigados a sair correndo de pijamas no meio da madrugada. E tiveram algumas pequenas discussões, pois Rolla ficava impaciente com Diva, que, ainda aprendendo inglês, tinha dificuldade em traduzir tudo com rapidez. Em Portugal, divertiram-se com a estátua do marquês de Pombal, concordando que o ministro setecentista era fisicamente muito parecido com Rolla. E, principalmente, curtiram em harmonia as duas semanas que passearam juntos. Quando voltaram, Rolla estava bem mais descansado, e essa diferença de comportamento foi tão tangível que até mesmo Mário Rolla, que não trabalhava mais com o irmão, sentiu o efeito positivo da viagem, indicando a Diva o pequeno livro *Perfeição*, de Eça de Queiroz, em reconhecimento aos seus cuidados com o irmão, a quem tanto queria bem.

Tinha finalmente encontrado a felicidade conjugal no terceiro casamento. Com a segunda mulher, Zorayda, mantinha uma relação próxima de amizade. Quando vendeu a mansão onde ambos tinham vivido em Petrópolis ao empresário alemão Hemberg, Rolla comprou um belo apartamento com vista para o mar para Zorayda em Copacabana.

Já com a primeira mulher, Odette, os atritos eram constantes. E, logo após o golpe militar, no meio da venda do Quitandinha e da desapropriação do Pavilhão de São Cristovão, Joaquim voltou a receber notícias dela, ao saber por seu advogado Cotrim Neto que Odette acabara de entrar com um pedido de revisão da pensão em Belo Horizonte.

A primeira esposa não era a única a apontar-lhe o dedo naquela cidade. Exatamente na mesma altura, o milionário belo-horizontino Antonio Luciano pleiteava a posse de mais um terreno registrado em nome de Rolla. Cansado de problemas e negócios que o levavam para longe da família, viajou para Belo Horizonte para cuidar desses assuntos e marcou ainda uma reunião no Palácio Mangabeiras com o governador Magalhães Pinto, devolvendo oficialmente nesse encontro a administração do Grande Hotel de Araxá ao governo de Minas Gerais.

Apesar das dificuldades por conta da expropriação do Pavilhão de São Cristovão e das enormes perdas causadas pela catastrófica investida no CGJK, Rolla tentava se equilibrar para não decretar concordata. Acreditava estar passando apenas por uma má fase que logo acabaria, evitando por isso alongar suas conversas com pessimistas, e preferindo alimentar pensamentos e atitudes positivas. Assim, não cogitava nem por um momento perder a ação de indenização pelo Pavilhão de São Cristovão e recuperar com juros a fortuna ali concretada. Porém, um dia foi obrigado a enxergar a realidade, quando seu contador, acompanhado de João Daher e Aloysio Penna lhe expuseram a gravidade das finanças. Se não agisse rapidamente e os prejuízos continuassem, a concordata seria decretada em menos de um ano.

Rolla não tencionava vender seus bens apenas para viver de renda. Continuava sonhando com novos projetos, e atormentavam-no as palavras de seu pai, que um dia o repreendera "por não saber esquentar lugar" e que iria "ser assim, até o fim". Virou-se então para o último recurso hoteleiro que lhe restava e que lhe trouxera pouquíssimas preocupações nas décadas anteriores: Teresópolis. Num gesto de última cartada, começou por procurar Oscar Niemeyer e Marcos Vasconcelos para que desenhassem uma série de hotéis em Teresópolis. Passou meses tentando em vão marcar horário com Niemeyer, que postergou o quanto pode fazer um novo projeto para o empresário. Encontrou então outro arquiteto para rabiscar a planta da primeira investida em Teresópolis, e decidiu construir na gigantesca área que possuía na cidade. Na planta desenhava-se um novo e modesto hotel que Rolla, já que "seu bicho carpinteiro não o deixava parar", tinha o objetivo de fazer lucrar através da rotatividade.

Comunicou a Diva seus planos e passava todos os feriados e finais de semana com a família em Teresópolis. Mas teria ainda que enfrentar outro imbróglio. Ao chegar acompanhado do arquiteto para examinarem o terreno, constatou, para sua surpresa, que uma boa parte tinha sido ocupada irregularmente por dezenas de famílias. Procurou no escritório da Teresópolis Imobiliária por Portella, corretor e homem de confiança responsável pela empresa e terrenos. Portella fingiu estar surpreso, e logo Rolla descobriu, indo conversar pessoalmente com os invasores, que foi o próprio Portella quem oferecera os terrenos em troca de votos. No mesmo dia foi demitido, mas a caridade política com patrimônio de terceiros rendeu resultados e acabou se elegendo. Rolla assumiu então pessoalmente a negociação com os invasores. Não desejava a reintegração de posse, pois muitas famílias já tinham casas construídas. Queria apenas concretizar a venda de maneira oficial, e por isso concordou em receber valores que, em alguns casos, correspondiam à metade do preço de mercado.

A construção do hotel era agora prioridade do empresário, e rapidamente o Vila Nova de Paquequer foi tomando forma e, entre negociações com os ocupantes, Rolla chegou a trocar a mão de obra de alguns invasores pela posse do terreno. Um desses trabalhadores foi o pai de João Piriguidim. O jovem de apenas 12 anos levava o almoço todo dia para o pai na obra, que saboreava a refeição sempre acompanhada de alguma bebida alcoólica. Rolla ganhou afeição pelo garoto, e solidário à situação de pobreza em que Piriguidim vivia, todo final de mês lhe dava algumas notas guardadas dentro de uma caixinha de fósforo, bem longe das vistas do pai. Dizia ao garoto que aquele era um salário, pois Piriguidim era um menino responsável que fazia por merecer a quantia.

Rolla mantinha ainda a fazenda Araras em Petrópolis, que antes servira de sustento à cozinha do Quitandinha. Sob os cuidados de Domingos Silvério, nenhuma invasão aconteceu, mas, preocupado com esta possibilidade, visitava mensalmente o local, até decidir por vendê-lo. Iniciou então contatos para se desfazer da propriedade, Olympio Mourão, que era vizinho de Rolla em Teresópolis e costumava visitá-lo nos finais de semana, quando soube da intenção, foi logo sentenciando: "Procura o JK, não foi ele que lhe pôs em duas enrascadas? Agora que te ajude a sair de uma."

Rolla seguiu o conselho e ligou para Kubitschek. E foi o ex-presidente, que desde 1967 trabalhava no Banco Denasa de Investimentos, exercendo o cargo de diretor-presidente do conselho administrativo, que realmente ajudou Rolla. Adquiriu a fazenda Araras e loteou-a, transformando o terreno em um grande condomínio. E um dos primeiros a adquirir um lote foi o velho amigo e antigo sócio no Cassino da Urca de Poços de Caldas, Walther Moreira Salles.

Moreira Salles foi, inclusive, um dos convidados de Rolla para comparecer à inauguração do hotel Paquequer, a enorme festa contou com sessões de fotos com a bela neta Vivian como modelo oficial do evento, e, em um momento incomum, Rolla discursou, prometendo uma ampliação externa com a construção de bangalôs que poderiam hospedar famílias inteiras e oferecer mais privacidade. Porém, mais um golpe estava para atingir o empresário. Havia solicitado um empréstimo ao Banco do Brasil para executar a prometida ampliação que, sem maiores explicações, não foi liberado. Numa mistura de espanto, raiva e impotência, Rolla redigiu um documento de seis páginas, relatando toda a sua vida e exigindo que o Banco reconhecesse por escrito que nem ele nem nenhuma de suas empresas deviam um centavo sequer àquela instituição.

Após lhe ser negado o empréstimo, Rolla sentiu o golpe e mostrou prostração. Podia agora constatar o que sempre dissera: "Dinheiro não vale de nada. O que vale é o tempo." Mas tempo era algo que ele sentia não ter muito mais. Acreditava que a recusa do empréstimo estava ligada à sua idade, e não à sua condição financeira. Considerava isso injusto, pois sempre fizera questão de cumprir seus contratos, mesmo quando de boca, como na época de tropeiro. Nos últimos vinte anos sofrera todo o tipo de adversidade, mas nunca ficou devendo a ninguém.

Sua neta Vivian, que naquela época fazia um estágio no escritório do avô e costumava voltar para casa com ele de carona, percebeu o abatimento e ficou preocupada. Um dia convidou-o para um passeio após o expediente. Foram até a Cinelândia, compraram sorvete e ficaram durante horas dentro do carro conversando. A neta escutou toda a trajetória de vida do avô, para ouvir no final o lamento "não tive sorte na vida". Tentou animá-lo, relembrando suas conquistas, realizações e dizendo que ele não teria feito tudo que fez, se não pudesse contar com a sorte também. Confortou o avô reafirmando sua certeza de que logo ele encontraria uma forma de se erguer novamente.

Em 1967, Rolla deu uma entrevista para o jornal *Estado de São Paulo*, num momento em que se falava sobre a possibilidade de o jogo voltar. Assim como já tinha feito cinco anos antes, reafirmou não ter interesse algum no assunto, considerava-se vacinado e já não acreditava no jogo como uma faceta essencial do turismo. O repórter questionou o empresário sobre a possibilidade de uma roleta flutuante na Guanabara. Ao que Rolla respondeu que se fosse para ser flutuante, então que se fizesse na Amazônia, pois o turista poderia fazer um safári, pescar e ainda divulgar um desconhecido pedaço do Brasil através de suas fotos.

Essa entrevista, principalmente por ter abordado o assunto Amazônia, foi o mote que chamou a atenção de alguns deputados simpatizantes da ideia que, depois de alguns anos, convidaram Rolla para dar uma ampla palestra sobre o assunto na Capital Federal. Esse convite reavivou a natureza inquieta de Rolla.

Na década de 1970 desembarcaram no Brasil as primeiras máquinas de fliperama vindas dos Estados Unidos. Ficha a ficha, adolescentes alimentavam as temáticas caixas com tampa de vidro, disputando a pontuação máxima. Rolla testemunhou pessoalmente o quão atrativo poderia ser o futuro negócio. Vendo a possibilidade de uma nova iniciativa comercial, Rolla fez questão de levar Carla em uma caminhada com a intenção de ver a reação da filha. Não por acaso, passariam diante de um estabelecimento repleto de fliperamas. Mas Carla nem sequer percebeu as presença das máquinas. O pai fingiu surpresa, dando assim motivo para entrar no recinto. A garota, que apenas pedia para ir embora, não ficou convencida e apenas lembrou anos mais tarde o comentário que escutou o pai balbuciar: "Acho que perdi o *feeling* para negócios."

Inativo e desiludido com a vida de empresário, Rolla mantinha-se a maior parte do tempo numa apatia que se refletia num silêncio cada vez mais constante. Alimentava-se mal e começou a perder peso. Com a saúde debilitada, o resultado foi logo uma pneumonia. Lutava para combater o desânimo, tentando manter a rotina, quando em 1972, recebeu no meio de junho, em seu apartamento, uma equipe do jornal *O Globo*, que publicou no dia 23 uma matéria de página inteira com a entrevista ao antigo empresário do jogo e do turismo.

Essa reportagem correu entre os amigos petequeiros, que logo se organizaram para visitá-lo e recordar os bons e velhos tempos. Torciam pela pronta recuperação do amigo e pediram-lhe que se recuperasse rapidamente para aparecer na praia. Mesmo que não fosse jogar, poderia ser juiz.

Na manhã de domingo do dia 29 de julho de 1972, mesmo desautorizado pelo seu médico e amigo Dr. Brigagão, acordou cedo, aprontou um jogo de cena e por cima do seu traje de petequista vestiu calça e blusa, além de um boné que sempre usava por aqueles dias para evitar o aumento de manchas de sol na careca. Quando desceu para o café da manhã, encontrou Diva com a cozinheira elaborando o prato do dia. Enquanto Rolla bebia uma vitamina de frutas e lutava para não ter o pé bicado pela galinha que Valéria e Carla criavam no apartamento, foi questionado por Diva aonde ia vestido daquele jeito. Respondeu que já que não podia jogar, iria à praia participar como juiz de uma partida de peteca, e que não era para Diva se preocupar, pois a função não exigiria nenhum esforço físico. Despediu-se da esposa e dirigiu-se ao posto seis. A caminhada rápida não durava 10 minutos, e no trajeto ainda encontrou com um antigo amigo da época dos cassinos, a quem confidenciou estar planejando um negócio de hotéis na Amazônia.

Sem pressa, caminhando pelo calçadão, o seu traje em pleno domingo de sol chamava atenção pelo desacordo das vestimentas com o ambiente de calor intenso. Mas as roupas serviram apenas para enganar Diva, pois assim que colocou o pé na areia, logo tirou a calça e a blusa, preparando-se para jogar. Os amigos ainda questionaram se já estava recuperado, mas o velho Prontinho nem respondeu. Fez questão de começar jogando, e durante boa parte da manhã parecia o jovem de outrora, gritando, pulando, sacando e cortando. Com 72 anos, prestes a completar 73, readquiriu naquela tarde a vitalidade de adolescente. Anysio, um dos mais antigos integrantes, ainda convidou a turma para almoçarem juntos, mas Rolla declinou dizendo que preferia almoçar em casa. Voltou cansado, suado e trajando a cômica calça.

Quando entrou no apartamento, beijou a esposa, que logo percebeu que juiz não suava aquele tanto, mas nada comentou. Rolla então pediu a Diva que instruísse a empregada Ivanilde para servir o almoço enquanto tomava um rápido banho. A cozinha no andar inferior era localizada logo abaixo do quarto de Joaquim, e enquanto preparava o cardápio vegetariano de Rolla, escutou um barulho seco vindo do piso superior. Não deu importância, seguindo no andamento das panelas. Mas, com a mesa posta e o almoço esfriando, a demora de Rolla começou a preocupar Diva. Abeirando-se da escada, a esposa chamou Joaquim. Mas ele não mais responderia. Vitimado por um enfarte, faleceu naquele dia, após participar do jogo que tanto adorava e readquirir, ainda que por algumas horas, a alegria de viver.

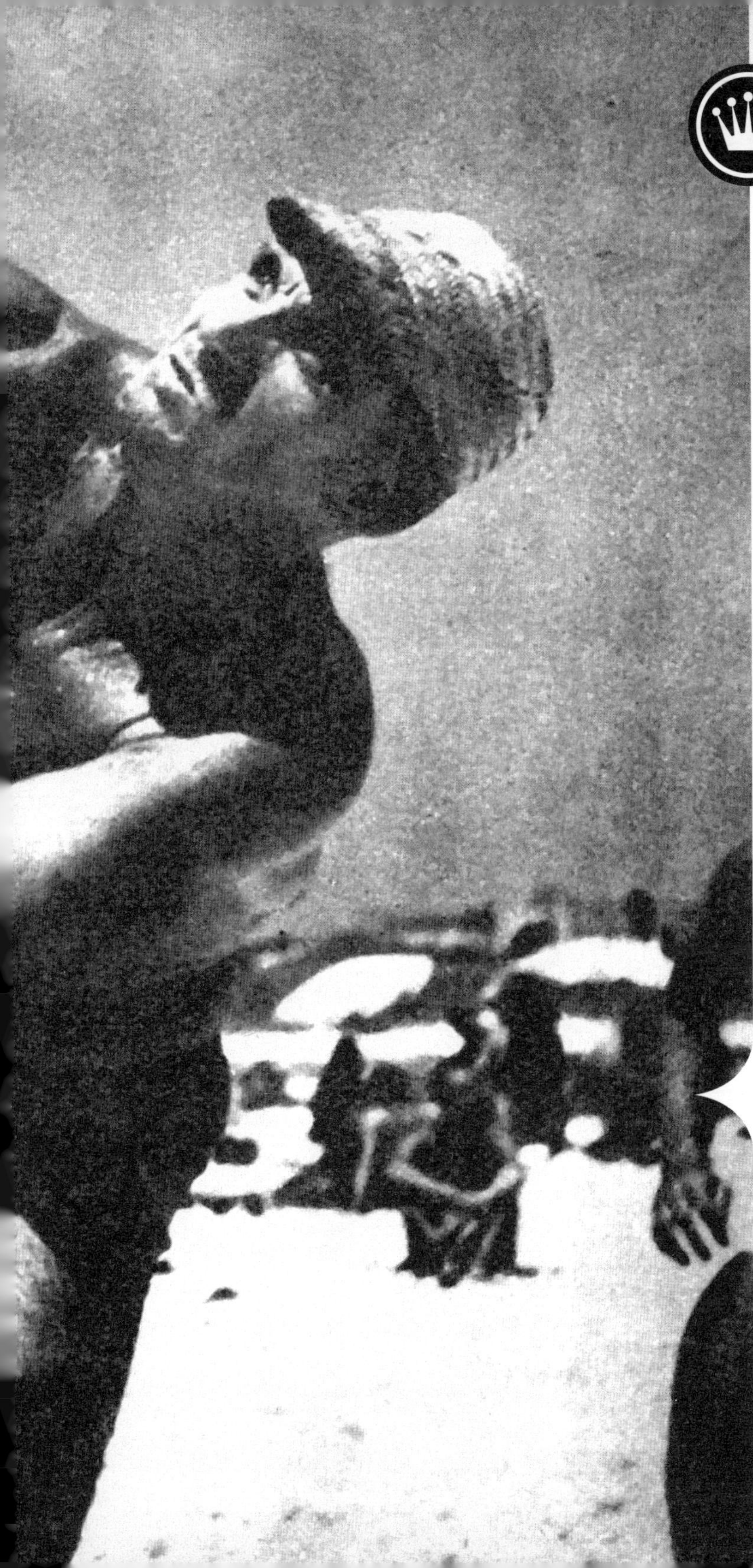

Em uma reportagem do *O Cruzeiro*, Joaquim Rolla foi apontado como um ás da peteca carioca.

Joaquim Rolla
ontem e hoje

BANCO MERCANTIL DO BRASIL:
Em funcionamento, sendo o 16° maior banco do país.

AVIPAM:
Em funcionamento, sendo a quarta maior operadora de turismo empresarial do Brasil.

EFVM:
Em funcionamento e com intenso movimento diário, sendo a única linha ferroviária do Brasil a ligar duas capitais.

***O DEBATE*:**
Em funcionamento via internet.

CASA ROLLA:
Em funcionamento na cidade de Belo Horizonte.

FAZENDA EM ARARAS:
Atual condomínio Araras.

TÊNIS CLUBE DE PETRÓPOLIS:
Em funcionamento, atual Clube Petropolitano.

CASSINO HIGINO:
Se tornou um condomínio.

CASSINO ICARAÍ:
Hoje é a reitoria da Universidade Federal Fluminense.

CASSINO DA URCA DE POÇOS DE CALDAS:
Atual museu da cidade.

CASSINO DA PAMPULHA:
Atual museu de arte.

CASSINO DE ARAXÁ:
Atual Grande Hotel de Araxá sob administração do grupo TAUA.

CONDOMÍNIO EDIFÍCIO JUSCELINO KUBITSCHEK:
Em funcionamento, é o maior edifício de Minas Gerais.

PAVILHÃO DE SÃO CRISTOVÃO:
Abriga o Centro de Tradições Nordestinas Luiz Gonzaga.

HOTEL VENDA NOVA PAQUEQUER:
Continua funcionando como hotel.

CASSINO DA URCA:
Futura sede do Instituto Europeu de Design.

CASSINO QUITANDINHA:
Pertence atualmente ao SESC do Rio de Janeiro.

Notas

Capítulo I

[1] O *music-hall* surgiu em Londres no final do século XIX, mas fez sucesso do outro lado do Canal da Mancha, onde se tornou tipicamente francês, prosperando até mesmo à chegada da televisão. Era uma mescla de circo glamorizado com teatro anárquico. Alguns acreditavam que o *music-hall* era a própria vida real, sem muita ordem, e o drama teatral, apenas uma estilização mastigada da história. Seus maiores nomes: Josephine Baker, Maurice Chevalier, Mistinguett e Edith Piaf – de todas estas estrelas, apenas a última não subiu ao palco no Cassino da Urca.

[2] Tanto o Partido Republicano Mineiro quanto o Partido Republicano Paulista foram criados às vésperas do término da Monarquia e foram os mandatários da política brasileira durante quarenta anos. Seu período de domínio ficou conhecido como política do café com leite, representando o poder econômico de paulistas e mineiros, respectivamente. O último representante mineiro deste conchavo a ser presidente da República foi justamente Artur Bernardes (1875-1955).

[3] O celibatário pastor protestante e engenheiro Olegário Maciel (1855-1933) começou na política ainda no Império, quando foi deputado

provincial. Foi presidente de Minas Gerais entre 1930 e 1933. Em 1930, quando era candidato, aos 75 anos, presumia-se que, caso ganhasse a eleição, não completaria o mandato por sua idade avançada. Na Revolução de 1930 foi o único presidente de estado brasileiro a se manter no cargo, permanecendo no poder até mesmo durante a tentativa de golpe perpetrada contra ele pelo PRM e pelos tenentes em 1931.

4 Esta categoria social "remonta aos tempos do Cassino da Urca. (...) O advento da Urca, sob a direção desse dínamo humano que se chama Joaquim Rolla (...) com os seus espetáculos famosos em face dos principais centros congêneres do mundo, gerou o *café-society*, esse grupo em que a preocupação de recriar-se é permanente". José Mauro Gonçalves, *Café-society*.

5 O cineasta Luiz Moretzhon da Cunha e Figueiredo da Fonseca de Almeida e Barros Castelo Branco Teixeira de Barros (1893-1982) foi um dos mais prolíficos diretores do cinema nacional. Era também cenógrafo, roteirista, ator e fotógrafo.

6 Luiz de Barros, *Minhas memórias de cineasta*.

7 O engenheiro norte-americano Percival Farquhar (1864-1953) foi um importante investidor de capital estrangeiro na América Latina. No Brasil destacou-se pela construção da ferrovia Madeira-Mamoré e como controlador da empresa Itabira Iron Ore Company.

8 Amynthas Jacques de Moraes (1898-1977) foi um grande empresário do ramo da mineração e depois da Segunda Guerra Mundial fundou a Acesita junto a Percival Farquhar.

9 O quacre (em inglês, *quaker*) é o indivíduo de uma organização religiosa cristã de cunho anticlerical, com grande influência no estado norte-americano da Pensilvânia, de onde Farquhar era originário. Pregam a simplicidade, o pacifismo, a igualdade e a honestidade como motes. O grupo teve origem na Inglaterra e se estabeleceu nos Estados Unidos desde o século XVII.

10 O primeiro periódico da rede do Chateaubriand havia sido adquirido em 1924, pago pelos honorários que Farqhuar lhe devia pela defesa em tribunal dos seus interesses de exportação de minério, contra o governo de Artur Bernardes.

11 Mais conhecida como Companhia Vale do Rio Doce, ou simplesmente Vale, hoje a companhia é uma das maiores empresas mineradoras do mundo. Sua origem remonta à Itabira Iron Ore Company, que em 1910 foi comprada por capitalistas anglo-americanos, junto com sua principal via de escoamento, a EFVM (Estrada de Ferro Vitória-Minas). Em 1942, foi

estatizada pelo governo Getúlio Vargas, como condição para que o Brasil entrasse na Guerra ao lado dos Estados Unidos e da Inglaterra.

[12] A Estrada de Ferro Vitória-Minas (EFVM) começou a ser construída no início do século XX, partindo de Vitória a Diamantina. Porém, com a descoberta das jazidas de minério em Itabira logo depois, o traçado privilegiou o trajeto até lá. O trecho construído por Joaquim Rolla, Antônio Dias X São José da Lagoa já é nesta região.

Capítulo 2

[1] São Tomé hoje é um distrito homônimo da cidade de Dom Silvério – naquele tempo denominava-se Saúde – e pertencia à cidade de Alvinópolis.

[2] São Domingos do Prata é um município do centro-leste mineiro a 140 km de Belo Horizonte. Emancipou-se em 1891 das terras de Santa Bárbara, Itabira e Mariana. Naquele tempo, a cidade do Prata, como é conhecida por seus nativos, tinha cerca de 20 mil habitantes e sua principal renda era proveniente das fazendas cafeeiras e do gado. Como qualquer outro lugar daquela região, também possuía atividades em outros setores, todos essencialmente ligados à agropecuária – da fabricação do queijo aos suínos e das pequenas mercearias de secos e molhados ao hábito de tropeirar. Dizia-se que por ali também se encontrava ouro, como houvera nas minas de sua vila Santana do Alfié cem anos atrás, mas mesmo com o manganês encontrado em abundância, a extração mineral sempre foi potencial e nunca real.

[3] A Revolta Liberal de 1842 ocorreu em São Paulo e Minas Gerais quando os políticos do Partido Liberal foram impedidos de tomar posse pelo governo regente, então mantido pelo Partido Conservador. Em Minas Gerais, ficaram conhecidos como Os Luzias, pois na cidade Santa Luzia houve uma batalha endossando o movimento.

[4] Hoje conhecida como Nova Era, uma das pequenas cidades mais prósperas da região.

[5] "Olha a ambiguidade melancólica do rosto dessa mulher à janela, que abre para mares impossíveis de liberdade", Carlos Drummond de Andrade, *Imagem, terra, memória - poema* baseado nas fotos de Brás Martins da Costa.

[6] Frei Thiago Santiago, *São Domingos do Prata, subsídios para a história.*

[7] Desde que Belo Horizonte foi inaugurada, em 1897, até cerca de 1920, a cidade manteve-se repleta de construções e ruas vicinais sendo calçadas.

O antigo Curral Del Rey enfrentava forte resistência dos tradicionalistas ouro-pretanos, principalmente funcionários públicos, que não viam com bons olhos a transferência da capital para um local ermo no centro do Estado.

[8] Alberto Deodato Maia Barreto (1896-1978) era um advogado sergipano e havia exercido em Minas Gerais o cargo de promotor de justiça em várias comarcas. Colaborador do jornal *O Paiz*, redigiu nele diversas crônicas e, como escritor, foi premiado pela Academia Brasileira de Letras. Conhecedor da imprensa brasileira, escreveu durante muito tempo em renomados jornais cariocas.

[9] A Comissão Executiva do PRM recebia esta alcunha por ser um conselho intransigente em deliberar "aos correligionários tudo e aos adversários o rigor implacável da Justiça" – expressão atribuída a Bernardes. A gênese da palavra Tarasca remete a existência de um monstro grotesco numa festa religiosa e também era usada pejorativamente para mulher mandona.

[10] O Grande Hotel foi demolido para dar lugar ao edifício Maletta, o primeiro grande edifício da cidade com caráter comercial e residencial. Hoje é um importante polo cultural da cidade, reduto de sebos, restaurantes, cafés e espaços alternativos.

[11] Pedro Nava, *Beira-mar*.

[12] Proeminente figura da política mineira de seu tempo, o advogado Virgílio de Melo Franco (1897-1948) elegeu-se deputado com apenas 25 anos. Descendente de família de políticos, era filho do diplomata Afrânio de Melo Franco.

[13] Antes mesmo de assumir a Presidência da República, Artur Bernardes enfrentava uma ferrenha oposição de seus adversários, que ainda durante a campanha afirmavam "que o candidato não seria eleito; eleito não seria reconhecido, não tomaria posse, não transporia os umbrais do Palácio do Catete". Antes de assumir o cargo, provou-se que correspondências em que o político teria denegrido Hermes da Fonseca foram forjadas. Virgílio de Melo Franco chegou a viajar à Europa para obter, de grafólogos profissionais, as provas que inocentaram Bernardes.

[14] Descendente de aristocrática linhagem política, o advogado Antônio Carlos Ribeiro de Andrada (1870-1946) era uma das grandes lideranças da Tarasca, de facção oposta a Bernardes.

[15] Advogado, bancário e empresário do setor têxtil, Venceslau Brás (1868-1966) era presidente do Brasil quando o país entrou na Primeira Guerra Mundial e esteve indiretamente envolvido na política até o fim da vida, aos 98 anos.

[16] Hoje denominada Jaguaraçu, é uma pequena cidade do Vale do Aço.
[17] A *addressograph* era uma máquina de impressão de pequenos marcadores de papel com o endereço dos assinantes de um periódico.
[18] Após a Segunda Guerra Mundial, com a beligerância declarada entre o Brasil e o eixo Alemanha, Japão e Itália, o time passou a denominar-se Cruzeiro Esporte Clube.
[19] Na época, o folhetim paulista era do mesmo grupo do *Folha da Manhã*, hoje *Folha de São Paulo*.
[20] A estrada ligando São Domingos do Prata a Saúde atravessa o distrito de Teixeiras, na metade do caminho.
[21] A Concentração Conservadora foi a chapa do candidato Melo Viana para a Presidência de Minas Gerais, em oposição a Olegário Maciel.
[22] Naquela época, o Brasil possuía 21 estados e o Distrito Federal, que era o Rio de Janeiro.
[23] No sudoeste da Paraíba, o coronel João Pereira, desde 1º de junho de 1930, anunciara a independência de Princesa. A cidade proclamou-se separada da Paraíba e causou uma pequena guerra civil dentro do estado. O governo de João Pessoa estava com dificuldades para reprimir o movimento, pois o Ministério da Guerra recusava-lhe a compra legal de material bélico e seu opositor conseguia armas e munições no mercado negro. Seus Aliados da Aliança Liberal, Minas Gerais e Rio Grande do Sul, também nada faziam ou declaravam a respeito. Juntamente com o Atentado de Montes Claros, foi outro prenúncio da Revolução de 1930.
[24] Jornal *Estado de Minas*, 18 de julho de 1930.
[25] *Folha da Noite Mineira*, dia 13 de julho de 1930. Acervo da Hemeroteca Histórica da Biblioteca Luiz de Bessa, Belo Horizonte.
[26] O mandato de Artur Bernardes na presidência foi marcado pela sua dificuldade em resolver os anseios do Movimento Tenentista, que já havia se rebelado contra o governo anterior, cresceu e lhe deu muito trabalho. A grande Revolta Paulista de 1924 deu origem à Coluna Prestes (1925-1927), que percorreu milhares de quilômetros pelo país. Sob pulso autoritário, Bernardes chegou a criar uma prisão isolada em Clevelândia (no Oiapoque, extremo norte do Brasil), para onde enviava e isolava seus inimigos tenentes, sindicalistas, anarquistas e comunistas.
[27] No início do período republicano brasileiro, a Força Pública era formada pela Polícia Militar e pelo Corpo de Bombeiros de cada estado. Minas Gerais era o estado mais populoso do país e tinha em sua Força Pública

um contingente bem superior ao do próprio Exército. Este foi o motivo do apoio de Olegário Maciel ter sido tão essencial à Revolução de 1930.

[28] Se convertidos aos valores de 2012, cerca de 5 milhões de dólares.

[29] Carolina Nabuco , *A vida de Virgílio de Melo Franco.*

[30] A maior repercussão do Movimento Tenentista foi a Coluna Prestes, que percorreu o Brasil por 25 mil quilômetros com um pequeno exército. Pretendiam convencer a população do sertão brasileiro a se rebelar contra o sistema coronelista. Foram ineficientes em sua persuasão e fugiram para a Bolívia. O líder da Coluna, Luís Carlos Prestes, exilou-se na Argentina e tornou-se comunista, motivo pelo qual negou o comando militar da Revolução de 1930, cargo que foi cedido a Góes Monteiro.

[31] Os maiores nomes do movimento tenentista a perdurar politicamente foram Juarez Távora, Eduardo Gomes e Juracyr Magalhães.

[32]

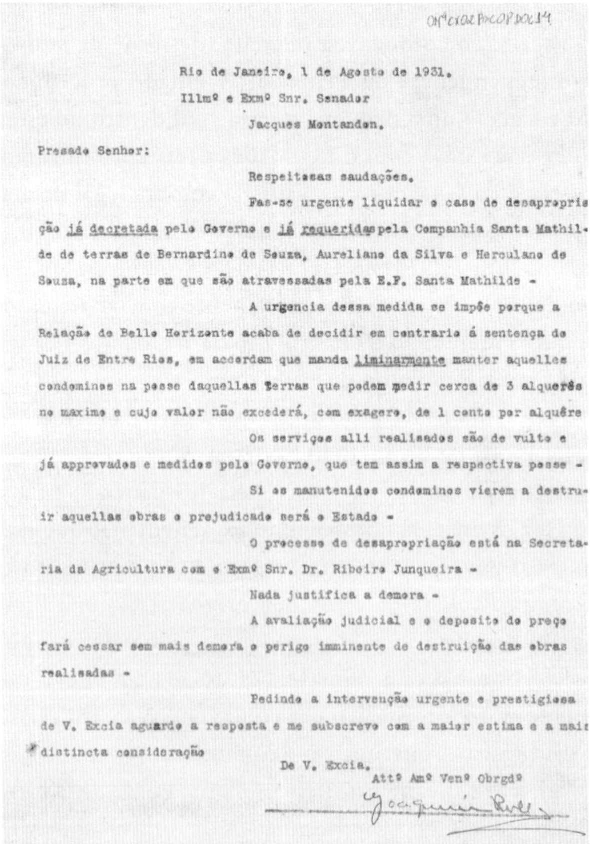

Rio de Janeiro, 1 de Agosto de 1931.

Illmº e Exmº Snr. Senador
Jacques Montandon.

Presado Senhor:

Respeitosas saudações.

Faz-se urgente liquidar o caso de desapropriação já decretada pelo Governo e já requeridas pela Companhia Santa Mathilde de terras de Bernardino de Souza, Aureliano da Silva e Herculano de Souza, na parte em que são atravessadas pela E.F. Santa Mathilde -

A urgencia dessa medida se impõe porque a Relação de Bello Horizonte acaba de decidir em contrario á sentença do Juiz de Entre Rios, em accordam que manda liminarmente manter aquelles condominos na posse daquellas terras que podem medir cerca de 3 alquerês no maximo e cujo valor não excederá, com exagero, de 1 conto por alquêre

Os serviços alli realisados são de vulto e já approvados e medidos pelo Governo, que tem assim a respectiva posse -

Si os manutenidos condominos vierem a destruir aquellas obras o prejudicado será o Estado -

O processo de desapropriação está na Secretaria da Agricultura com o Exmº Snr. Dr. Ribeiro Junqueira -

Nada justifica a demora -

A avaliação judicial e o deposito do preço fará cessar sem mais demora o perigo imminente de destruição das obras realisadas -

Pedindo a intervenção urgente e prestigiosa de V. Excia aguardo a resposta e me subscrevo com a maior estima e a mais distincta consideração

De V. Excia.
Attº Amº Venº Obrgdº

[33] Paulo Pinheiro Chagas, *Esse velho vento da aventura.*

[34] A fusão do PRM com a Legião de Outubro gerou o PSN (Partido Social Nacionalista). Em tal legenda, conviveram por alguns meses a ideologia oligárquica e a fascista. Seus próprios membros não viam um futuro auspicioso nesta conciliação, chegando a apelidá-lo de Partido Sem Nome.

[35] O Pico do Cauê era a principal referência geográfica de Itabira. Foi anunciado em 1910 que no local havia a maior reserva de minério à flor da terra no mundo, provocando o desaparecimento de seu cume no decorrer do século XX.

[36] Retirado do processo de ação ordinária de desquite, autorizado por Odette de Castro Drummond.

[37] As iniciais dos estudantes executados: Martins, Miragia, Drausio e Camargo.

[38] Paulo Pinheiro Chagas, *Esse velho vento da aventura.*

[39] Durante o período da Revolução Constitucionalista, qualquer movimento para atravessar as fronteiras de São Paulo deveria ser autorizado pelos governos beligerantes.

[40] Klinger exercia a função de chefe militar supremo no estado de Mato Grosso quando o Governo Provisório descobriu que ele conspirava com os paulistas, demitindo-o do Exército.

[41] O Gabinete Negro reunia-se a portas fechadas e à revelia dos outros ministros de estado do governo provisório. Com o nome oficial de Conselho Nacional Consultivo, tinha entre seus representantes Getúlio Vargas, Oswaldo Aranha, Góis Monteiro, Ari Parreiras e, entre outros, tenentistas, Juarez Távora.

[42] Carta enviada a 16 de setembro de 1932 à esposa de Artur Bernardes pelos presos políticos na Casa de Detenção do Rio de Janeiro, solidarizando-se com a situação de Artur Bernardes Filho, também preso junto com eles.

Capítulo 3

[1] Havia total independência entre a administração do hotel Copacabana Palace (pertencente à família Guinle) e o cassino, que de quatro em quatro anos era arrendado a um grupo de empresários distintos.

[2] Segundo Carlos Machado, o Valete 11 "elaborou uma agenda, diziam que a mais completa que se conheceu no Brasil, com o nome, endereço e telefone de inúmeras vedetes, cantoras e bailarinas. Era requisitadíssimo pelos homens do Estado Novo e pelos milionários, tendo ficado muito rico organizando programas para todos. Acertava o encontro, marcava hora e determinava o preço, tudo isso recebendo comissão de ambas as partes." Carlos Machado e Paulo Pinho, *Memórias sem maquiagem*.

[3] Inicialmente os shows da noite utilizavam-se de números cômicos e acrobáticos circenses, esquetes do teatro de revista e cantores de diversos estilos musicais começando o sucesso no rádio, muitos deles com nomes inventados para fingirem ser estrelas de outros países.

[4] Enquanto Niterói era a capital do estado do Rio de Janeiro, a cidade homônima, a capital do Brasil, não estava sob o domínio de Niterói, pois tinha autonomia de Distrito Federal.

[5] A Ação Integralista Brasileira foi um partido brasileiro com grande representatividade durante a década de 1930. De ideologia nacionalista-cristã, era inspirada pelo fascismo italiano. Liderada pelo paulista Plínio Salgado, chegou a arrebatar milhões de seguidores, que usavam camisas verdes e saudavam-se com expressão tupi *Anauê* (você é meu irmão). Apoiaram o golpe do Estado Novo de Getúlio Vargas, em novembro de 1937, mas logo o ditador colocou o integralismo na ilegalidade, assim como todos os partidos políticos.

[6] A Agência Difusora de Anúncios foi a primeira empresa publicitária/relações-públicas brasileira fundada por uma empresa privada com o intuito único e exclusivo de divulgar seu próprio negócio.

Capítulo 4

[1] Jornal *Folha da Noite*, numa matéria de capa sobre o fechamento do Cassino La Plage de Guarujá, em 16 de outubro de 1931.

[2] A Sociedade Anônima Cassino Balneário da Urca, fundada em março de 1933, originalmente pertencia à Companhia Construtora e Imobiliária do Rio de Janeiro, empresa sob o comando de Octávio e da família Cotta.

[3] *Folha da Manhã*, 2 de fevereiro de 1933.

[4] *Jornal do Estado de São Paulo*, 12 de março de 1933, em referência a uma matéria de *A Noite* publicada naqueles dias, o jogo já funcionava, mesmo ilegalmente, na Urca e em Copacabana.

[5] Trivial jogo de baralho, geralmente partilhado por crianças, no qual quem permanece com o maior número de cartas perde.

[6] De acordo com as regras daquela empresa recém-constituída, estava vedada aos sócios a venda de suas ações a terceiros sem autorização prévia dos outros acionistas.

[7] O bairro da Urca foi concebido no final do século XIX, mas sua expansão só se tornou possível com a construção de um aterro ligando aquela península a Botafogo, em 1922.

[8] O físico e teólogo francês Blaise Pascal é tido como o inventor da roleta, no século XVII.

[9] Era pelas redondezas dos Arcos da Lapa, a "Montmartre Carioca", que trafegava o cerne da boemia da capital federal na década de 1930. Os seus botecos, boates, cafés e cabarés ficavam lotados praticamente a semana inteira. Caminho entre a Cinelândia e Santa Teresa, a região era um notório reduto de artistas, cantores e malandros.

[10] O jornal *A Batalha* fora criado como uma resposta ao fato de Virgílio de Melo Franco ter sido preterido ao cargo máximo do poder executivo em Minas Gerais, o qual pretendia ocupar desde jovem.

[11] Os mais cotados para ocupar o cargo eram os nomes em ascensão Gustavo Capanema e Virgílio de Melo Franco, indicações feitas, respectivamente, pelos gaúchos Flores da Cunha e Oswaldo Aranha. Num golpe de astúcia, o governante caudilho escolheu o deputado federal menos votado na bancada mineira nas últimas eleições. Benedito Valadares possuía laços familiares com Vargas e não tinha líderes políticos a seguir, a não ser o próprio presidente. Depois do fato, Capanema tornou-se o ministro da educação e o pai de Virgílio, Afrânio, renunciou ao cargo de ministro das

relações exteriores, marcando o dissídio definitivo dos Melo Franco com Vargas.

[12] A Intentona Comunista, liderada por Luiz Carlos Prestes, foi uma quartelada que iria ocorrer nas principais capitais do Brasil. Foi uma tentativa frustrada de instaurar um governo socialista no país, em novembro de 1935. O movimento teve baixa aceitação entre os militares, sendo que apenas em Natal, capital do Rio Grande do Norte, houve certa dificuldade para conter o movimento. No Rio de Janeiro, foram desbaratados pela polícia de Filinto Müller.

[13] *A Noite*, 18 de janeiro de 1935.

[14] Revista *Fon-Fon*, 13 de abril de 1935, na coluna "Feira das vaidades".

[15] Revista *Fon-Fon*, 1º de junho de 1935, na coluna "Feira das vaidades".

[16] Luiz André Ferreira de Oliveira, *Getúlio Vargas e o desenvolvimento do rádio no país: um estúdio do rádio de 1930 a 1945*.

[17] Revista *Fon-Fon*, 17 de agosto de 1935.

[18] *Vaudeville* era um gênero de espetáculo de variedades que incluía desde canções populares a circos de horror e literatura burlesca, reunindo apresentações diversas, interpretadas por músicos, bailarinos, comediantes, acrobatas, atores, cantores, mágicos e até mesmo animais adestrados. Assim como o *music-hall* que ocorria na França e Inglaterra, o *vaudeville* desenvolveu-se desde o final do século XIX nos Estados Unidos e Canadá, tornando-se popular no início do século XX pelo mundo afora.

[19] O Bal Tabarin foi uma casa de shows que marcou época em Paris. Por lá passaram grandes nomes da música, como o violinista Django Reinhardt, mas suas principais atrações eram as dançarinas de cancã.

[20] O radialista César Ladeira (1910-1969) foi um dos principais nomes do rádio brasileiro na sua fase de ascensão.

[21] O artista Grande Otelo, que alguns anos depois seria uma das maiores estrelas do Cassino da Urca, relatou em diversas entrevistas que os únicos negros que podiam entrar por lá eram os do palco.

[22] Suetônio Soares Valença , *Tra-la-lá (Lamartine Babo)*.

[23] A marcha "Cantoras do rádio" foi interpretada pela primeira vez no filme *Alô, alô Carnaval*, em 1935, pelas irmãs Miranda, e tornou-se um grande sucesso de disco e rádio na voz das Irmãs Pagãs, em 1936.

[24] *Folha da Manhã*, 28 de fevereiro de 1936.

[25] *Folha da manhã*, 21 de julho de 1936.

[26] A empresa Cassino Balneário da Urca S.A. era de propriedade de Joaquim Rolla e a Cassinos Reunidos Ltda., do capitão Lulu.
[27] Um dos maiores hoteleiros norte-americanos do século XX, a esta altura Eugene Eppley (1884-1958) era dono do Fontenelle, o maior hotel de Omaha, capital do Nebraska. Sua rede de hotéis foi vendida ao Sheraton pouco antes de sua morte.
[28] Ruy Castro, *Carmen*.
[29] *A Noite*, 2 e 3 de fevereiro de 1938.

Capítulo 5

[1] *A Noite*, dia 24 de fevereiro de 1939.
[2] Helena Wladimirna Antipoff (1892-1974) foi uma pedagoga russa que veio para o Brasil no final da década de 1920 para trabalhar no desenvolvimento da educação, com foco na zona rural e para deficientes. Em 1940, depois de realizar uma campanha para comprar a fazenda do Rosário, inaugurou por lá, na região metropolitana da capital mineira, em Ibirité, um modelo de ensinamento, ajuda e tolerância que até hoje persiste.
[3] Criadas no início do século XX pelo empresário da Broadway Florenz Ziegfield, as Ziegfeld Follies eram encenações teatrais baseadas no Folies Bergères de Paris, que por sua vez, influenciou o teatro de revista que estava germinando neste período.
[4] *A Noite*, 1º de julho de 1939.
[5] *A Noite*, 10 de janeiro de 1940.
[6] Arthur L. de Oliveira Filho e Marília T. Barboza de Silva em *Cartola: os tempos idos*. Rio de Janeiro. FUNARTE, 1983.
[7] Revista *Fon-Fon*, 20 de abril de 1935.
[8] Assim como a Urca, Copacabana iniciou seu desenvolvimento no começo do século XX. O acesso por via terrestre só foi inaugurado em 1905, com o advento do túnel e do bondinho.

Capítulo 6

[1] Os *founding fathers* foram os elaboradores da constituição norte-americana.

[2] Dorothy Draper, *Decorating Is Fun! How to Be Your Own Decorator* (1939) nunca foi traduzido para o português.

[3] O governo norte-americano dava plena autoridade a si próprio para interferir em qualquer país do continente em que seus interesses fossem afetados, seguindo essa tradição desde o inicio do século XIX, quando foi instaurada a doutrina de James Monroe. Em 1901, a política do *Big Stick*, de Theodore Roosevelt, veio acentuar a política de intervenção dos Estados Unidos ao sul da sua fronteira.

[4] Em 1993, Bill Krohn, Myron Meysel e Richard Wilson vieram ao Brasil saber como estavam os participantes ainda vivos do filme e sobre a situação dos jangadeiros. O resultado é o documentário homônimo do filme de Welles, *It's All True*, no qual montaram o segmento *Quatro homens numa jangada* com uma trilha sonora revisitada. Quanto à parte de *História do samba*, assiste-se a apenas curtas cenas das ruas do Rio, do Cassino da Urca e de Grande Otelo atuando.

[5] Affonso Henriques, *Ascensão e queda de Getúlio Vargas. Vol.2: O Estado Novo*.

Capítulo 7

[1] Fundada em 1930 pelo jornalista e cineasta Adhemar Gonzaga, a Cinédia foi a primeira empresa séria a produzir e investir pesado no cinema brasileiro, tendo durado mais de uma década.

[2] Henry Rebatel, *Le Regard du Jaguar*. Tradução de Manuela Tenreiro.

[3] Revista *Time*, 21 de janeiro de 1946.

Capítulo 8

[1] Usado tanto por defensores quanto por críticos, o termo latino *Pax Americana* refere-se à hegemonia norte-americana no mundo. Também indica o período de relativa paz entre as potências ocidentais após o fim da Segunda Guerra Mundial, a partir da criação da ONU.

[2] Promulgada em 30 de abril de 1946 pelo presidente Eurico Gaspar Dutra, foi a lei que proibiu a prática ou a exploração de jogos de azar em todo o território brasileiro.

Capítulo 9

[1] *Diário da Assembleia Legislativa de Minas Gerais*, 21 de novembro de 1951.

[2] O bilionário Antônio Luciano ficou conhecido por ter sido um dos mais ricos e excêntricos personagens de Belo Horizonte entre as décadas de 1940/1990. Era proprietário dos melhores hotéis e cinemas da capital mineira de seu tempo. É constantemente acusado de ter comprado a virgindade de jovens, além de possuir dezenas de filhos espalhados pela cidade.

[3] Apesar de ser do PSD e mineiro como Juscelino, o político Carlos Luz estava conspirando com a UDN.

[4] No Brasil, ainda demoraria algumas décadas até que o próximo presidente eleito pelo voto fosse cumprir seu mandato até o final.

Bibliografia

AGUIAR, Alessandra Burger de. *Araxá: turismo e identidade.* Dissertação de mestrado, Universidade Anhembi Morumbi. São Paulo: 2006.

AGUIAR, Elizabeth Oshima de; BARBATO, Roberto Luiz de Arruda. *Análise da estrutura de cabos de cobertura do pavilhão da feria Internacional de Indústria e Comércio — Rio de Janeiro.* São Carlos, SP. Cadernos de Engenharia de Estruturas (USP). n. 20, p.127-148. 2002.

BADARÓ, Murilo. *José Maria Alkimim.* 1.ed. Rio de Janeiro: editora Nova Fronteira. 1996.

BARROS, Luiz de. *Minhas memórias de cineasta.* 1.ed. Rio de Janeiro: Artenova/Embrafilme. 1978.

BIAL, Pedro. *Roberto Marinho.* 1.ed. Rio de Janeiro: Jorge Zahar Editor. 2004.

BRASIL, Helio. *São Cristóvão.* 1.ed. Rio de Janeiro: Relume Dumará. 2004.

BRAZIL: *The Cross and the Wheel.* Revista Time. Maio/1946.

CABRAL, Sérgio. *Grande Otelo, uma biografia.* 1.ed. Rio de Janeiro: Editora 34. 2007.

CASTRO, Maria Ceres Pimenta S. *Itinerário da imprensa de Belo Horizonte: 1895-1954. Coleção Joaquim Nauco Linhares*. Belo Horizonte: Editora UFMG. 1995.

CASTRO, Ruy. *Carmen, uma biografia*. 1.ed. São Paulo: Companhia das Letras. 2005. / *Chega de saudade, a história e as histórias da bossa nova*. 2.ed. São Paulo: Companhia das Letras.1990.

CAVALCANTI, Lauro. *Perfis do Rio, Sergio Bernardes*. 1.ed. Rio de Janeiro: Relume Dumará. 2004.

CAVALCANTI, Pedro. *A corrupção no Brasil*. 1.ed. São Paulo: Siciliano. 1991.

CHAGAS, Paulo Pinheiro. *Esse velho vento da aventura: memórias*. 3.ed. Belo Horizonte: editora Itatiaia. 1982.

CHAVES, Gilmar. *Feira de São Cristóvão*. 1.ed. Rio de Janeiro: Relume Dumará. 1999.

DALSTROM, Harl Adams. *Eugene C. Eppley: His Life & Legacy*. 1.ed. Chicago, EUA: Johnson Pub. 1969.

DEODATO, Alberto. *Políticos e outros bichos domésticos: crônicas*. 2.ed. Belo Horizonte: editora Itatiaia. 1963. / *Roteiro da Lapa... e outros roteiros*. 1.ed. Belo Horizonte: editora Itatiaia. 1960.

DINIZ, Mano; MOREIRA, Augusto. *A admiração de JK pelo Diário de Petrópolis*. Jornal de Petrópolis. Jan./2006.

FIGUEIREDO, Eurico de Lima (org.). *Os militares e a Revolução de 30*. 1.ed. São Paulo: editora Paz & Terra. 1979.

FIGUEIREDO, Guilherme. *A bala perdida, memórias*. 1.ed. Rio de Janeiro: Topbooks. 1998.

GASPARI, Elio. *A Ditadura encurralada*. 1.ed. São Paulo: Companhia das Letras. 2004.

GAULD, Charles A. *Farquhar, o último titã*. 1.ed. São Paulo: editora de Cultura. 2006.

GONÇALVES, José Mauro. *Café-society*. 2.ed. Rio de Janeiro: editora Civilização Brasileira. 1956.

HENRIQUES, Affonso. *Ascensão e queda de Getúlio Vargas. Vol. 1: O maquiavélico/ Vol. 2: O Estado Novo/ Vol. 3: Declínio e morte*. 1.ed. Rio de Janeiro: editora Record. 1966.

JÚNIOR, Queiroz. *Carmen Miranda, vida, glória, amor e morte*. 2.ed. Rio de Janeiro: Companhia Brasileira de Artes Gráficas. 1956.

LACERDA, Carlos. *Depoimento*. 2.ed. Rio de Janeiro: editora Nova Fronteira. 1977.

LIMA, Alberto de Souza. *Arthur Bernardes perante a história*. 1.ed. Belo Horizonte: editora I.H.G. 1983.

LIMA, Glaura Teixeira Nogueira. *Das águas passadas à terra do sol: ensaio sobre a história de Araxá*. 2.ed. Belo Horizonte: BDMG Cultural. 2002.

LOBO, Fernando. *À mesa do vilariño*. 1.ed. Rio de Janeiro: editora Record. 1991.

LOUZEIRO, José. *Urca: o bairro sonhado*. 1.ed. Rio de Janeiro: Relume Dumará. 2000.

LUSTOSA, Isabel. *Perfis do Rio: Nássara*. 1.ed. Rio de Janeiro: Relume Dumará. 1999.

MACEDO, Danilo Matoso. *Da matéria à invenção: as obras de Oscar Niemeyer em Minas Gerais: 1938-1955*. Brasília: Câmara dos Deputados. 2008.

MACHADO, Carlos; PINHO, Paulo de Faria. 1.ed. *Memórias sem maquiagem*. São Paulo: Cultura. 1978.

MARINHO, Flávio. *Oscarito, o riso e o siso*. 1.ed. Rio de Janeiro: editora Record. 2007.

MARIZ, Vasco. *A canção brasileira*. 1.ed. Rio de Janeiro: editora Francisco Alves. 1959.

MEGALE, Nilza Botelho. *Memórias históricas de Poços de Caldas*. 2.ed. Poços de Caldas, MG: Sulminas. 2002.

MEIRELLES, Domingos. *1930, Os órfãos da revolução*. 1.ed. Rio de Janeiro: editora Record. 2005.

MENDES, Diego Marcondes; RAMOS, Ludimila Ribeiro; SOUZA, Maria Isabel Braga; TURATTI, Talita. *A era dos cassinos em poços de caldas*. Monografia, Centro Universitário das Faculdades Associadas de Ensino (Unifae). São João da Boa Vista, SP: 2007.

MEY, Letícia; ALVIM, Euda. *Quem contará as pequenas histórias? Uma biografia romanceada de Augusto Frederico Schmidt*. 1.ed. São Paulo: editora Globo. 2005.

MORAES, Fernando. *Chatô, o rei do Brasil*. 13.ed. São Paulo: Companhia das Letras. 1994.

MOREIRA, Augusto; MOREIRA, Mano; CAMPOS, José Luiz. *Hotel Quitandinha — 60 anos, a história de um empreendimento gigantesco*

Joaquim Rolla, um tocador de boi que venceu. / Rolla: no dia 30 de abril grande empresário, no dia seguinte, 1º de maio, mero contraventor hoje só resta o prédio e até o nome, mudou. Jornal de Petrópolis. Fev./2006.

MOURA, Roberto. *Perfis do Rio, Grande Othelo.* 1.ed. Rio de Janeiro: Relume Dumará. 1996.

MOURÃO, Laurita. *Mourão, o general do pijama vermelho.* 1.ed. Rio de Janeiro: editora Francisco Alves. 2002.

MOURÃO, Olympio. *Memórias, a verdade de um revolucionário.* 1.ed. Porto Alegre: L&PM. 1978.

NABUCO, Carolina. *A vida de Virgílio de Melo Franco.* 1.ed. Rio de Janeiro: José Olympio. 1962.

NASSIF, Luís. *A indústria do entretenimento.* Folha de São Paulo. Março/2006.

NAVA, Pedro. *Beira-Mar.* 1.ed. São Paulo: Atelier Editorial. 2003.

NEVES, Flávio Menna Barreto. *Apostas encerradas, o breve império do Cassino Quitandinha.* 1.ed. Petrópolis, RJ: Globalmídia Comunicação. 2009.

NORONHA, Luiz. *Perfis do Rio, Carlos Machado.* 1.ed. Rio de Janeiro: Relume Dumará. 1998.

OLIVEIRA, Luiz André Ferreira de. *Getúlio Vargas e o desenvolvimento do rádio no país: um estudo do rádio de 1930 a 1945.* Dissertação de mestrado, Centro de Pesquisa e Documentação de História Contemporânea do Brasil (CPDOC). Rio de Janeiro. 2006.

PACHECO, Lúcio. *O Major, o dia em que o Cassino da Pampulha fechou.* 1.ed. São Paulo: editora Gutenberg. 2004.

PEIXOTO, Alzira Vargas do Amaral. *Getúlio, meu pai.* 1.ed. São Paulo: editora Globo. 1960.

PIMENTEL, Luís (org.). *A Revista do Lalau: Uma seleção de raridades, textos dispersos e inéditos de Sérgio Porto, o homem que inventou Stanislaw Ponte Preta e o país do Febeapá.* Rio de Janeiro: editora Agir. 2008.

PIMENTEL, Thais Velloso Cougo. *A torre Kubitschek, a trajetória de um projeto em 30 anos de Brasil.* Belo Horizonte: Secretaria de Estado da Cultura. 1993.

RABÊLO, José Maria. *Binômio, edição histórica.* Belo Horizonte: Barlavento. 2004.

RAMOS, Fernão; MIRANDA, Luiz Felipe Miranda (org.). *Enciclopédia do cinema brasileiro.* 1.ed. São Paulo: Senac. 2000.

REZENDE, Renato Arruda de. *1947, o ano em que o Brasil foi mais imperialista que o rei: o fechamento do PCB e o rompimento das relações Brasil-União Soviética*. Dissertação de Mestrado. Universidade Federal da Grande Dourados. Dourados, MS: 2005.

ROCHA, José Sergio. *Roberto Silveira, a pedra e o fogo*. 1.ed. Niterói, RJ: Casa Jorge Editorial. 2003.

ROLLA, Mário. *Diários*. Não Publicado. 1931 a 1946.

ROSA, Léa Brígida de Alvarenga. *Uma ferrovia em questão: a Vitória a Minas (1890-1940)*. Vitória: Fundação Ceciliano Abel de Almeida & Universidade Federal do Espírito Santo. 1985.

SANTIAGO, Frei Thiago. *São Domingos do Prata, subsídios para a história*. 1.ed. Divinópolis, MG: Santa Edwiges. 1995.

O SAQUE da peteca carioca. O Cruzeiro. Mar./1958.

SILVA, Hélio. *1938, Terrorismo em Campo Verde*. Rio de Janeiro: editora Civilização Brasileira. 1971. / *1930, A revolução traída*. Rio de Janeiro: editora Civilização Brasileira. 1966. / *1945, Por que depuseram Vargas*. Rio de Janeiro: editora Civilização Brasileira. 1976.

SILVA, Hélio. *Eurico Gaspar Dutra, 16º Presidente do Brasil, 1946-1951*. 1.ed. São Paulo: editora Três. 1983.

SOARES, Jô. *O homem que matou Getúlio Vargas*. 2.ed. São Paulo: Companhia das Letras. 1998.

TEIXEIRA, Carlos M. *Em obras: história do vazio em Belo Horizonte*. 1.ed. São Paulo: Cosac & Naif. 1999.

TOTA, Antônio Pedro. *O imperialismo sedutor*. 1.ed. São Paulo: Companhia das Letras. 2000.

VALENÇA, Suetônio Soares. *Tra-la-lá (Lamartine Babo)*. 2.ed. Rio de Janeiro: Velha Lapa Gráfica e Editora. 1989.

VARNEY, Carleton. *The Draper Touch The High Life & High Style of Dorothy Draper*. New Jersey, EUA: Prentice-Hall. 1998.

VASCONCELLOS, Eduardo Alcântara de. *Noel Rosa: para ler e ouvir*. 1.ed. São Paulo: editora Barcarolla. 2004.

A VOLTA do capitão Rolla. O Cruzeiro. Nov./1950.

GUIMARÃES, General Hermes. *Reflexões durante o circuito da Europa — Quitandinha — Atração turistica internacional*. Revista Social. n.311. Mar./1969.

MAGALHÃES, Junior R. *Variações sobre o cinema brasileiro*. A Cena Muda. v.26, n. 18, p.3. Abr./1946.

JOAQUIM Rola, do Cassino da Urca e do Quitandinha, morre no Rio aos 72 anos. Jornal do Brasil. Jul./1972.

MORREU Joaquim Rolla, Construtor de Quitandinha. O Globo. Jul./1972.

O HOTEL Quitandinha não podia ser fechado, declara patético o seu criador, Joaquim Rola. Jornal do Povo. Jul./1951.

ROLLA, os 60 anos de uma organização. Jornal de 476Casa. Ago./1990.

ROLLA começou com um sonho e acordou no Cassino da Urca. O Globo. Jul./1972.

TURISMO Enlutado – Morreu Joaquim Rolla. Forum Econômico. n.42, p.5 (jornal sem data).

UM busto para o Fantástico Joaquim Rolla. Jornal de Cascatinha. Maio/2007.

VENCERAM os empregados do Hotel Quitandinha. Jornal do Povo. Maio/1950.

Instituições visitadas

Arquivo e Biblioteca Gabriela Mistrall (Petrópolis), Arquivo Diários Associados do Estado de Minas, Arquivo Jornal do Brasil, Arquivo Folha de São Paulo, Arquivo O Globo, Arquivo Público de Belo Horizonte, Biblioteca Nacional, Biblioteca da ABI, Fundação Cultural Calmon Barreto (Araxá), Hemeroteca Pública de Minas Gerais – Biblioteca Luiz Bessa, Museu de Araxá, Instituto Histórico e Geográfico de Minas Gerais, Museu de Arte da Pampulha, Museu Pedro Nolasco (acervo da EFVM, Vitória), Museu de Poços de Caldas, Museu da Imagem e do Som Rio de Janeiro.

Entrevistas

Ana Maria Rola, Ankito, Aparecida Mendes, Aparecida Nardy, Terezinha Nardy, Carla Cavalcanti Rolla, Diva Cavalcanti, Valéria Cavalcanti Rolla, Eliezer Batista, Glória Silvestre Mendes, Goulart de Andrade, Idaliza Silverio Beghini, Jesus Perdigão, Joel Silveira, João Batista Moraes, João Braz Martins Perdigão, José Abdanur, José Maria Rabelo, José Mauro Gonçalves, Júlio Rego Filho, Jupira Rolla, Laurita Mourão, Liliane Rolla, Rubens Rolla, Vivian Rolla, Lourdes Lessa, Mario Saladini,

Mauro Hernando Martins da Costa, Maria da Conceição Moreira, Maria Paula Machado Horta, Mário Rolla, Mário Gustavo Rolla, Nelson Cândido Motta, Olga Dantas Novaes, Orieta Prado, Oscar Niemeyer, Paulino Cícero de Vasconcelos, Pedro Serafim Souza, Ruy Castro, Tárcio Primo Belém Barbosa, Vírginia Lane, Yolanda Duarte, e Zorayda Azevedo.

Agradecimentos

Em primeiro lugar a Manuela Tenreiro e Nilza Rolla, sem a ajuda delas o livro não teria sido possível. Ao Ruy Castro, Ricardo Amaral, Martha Ribas e a equipe da editora Casa da Palavra. Mário Gustavo Rolla, por ter cedido as memórias de seu pai em diários e gravações, e, pela ponte com a Duffry que acreditou no projeto. João Braz Martins Perdigão (in memorian) pela insistência em contar histórias de Joaquim Rolla. Brígida Campbell, Debora Fantini, Diva dos Santos Cavalcanti, Emanuelle Frossard, Gilson Cony dos Santos, Odette Drummond (in memorian) e Rodrigo Rolla.

Muito obrigado

Adriana Cabral, Ana Carolina Jácome, André Rubião, Antônio Carlos Vasconcelos, Bia Lotufo Junqueira, Carlos Henrique Barçante, Carla e Diego Salomão, Claude Rouen, Cristian Morais, Daniel Mendes e Laercio Maciel (fórum São Domingos do Prata), Daniel Silva Lima, Daniel Toledo, Deborah Vartuli, Desali, Estandelau, Efigênia Moraes, Paulo Rolla, Vinícius e Thereza Perdigão, Erika Bueno, Escritório

Dorothy Draper (de Nova Iorque), Evandro Carlos Guilhon de Castro, Everardo e Elvira Rolla, família de José Rolla Guerra (Zé Tinduca), Fernando Macedo, Flávio Menna Barreto, Gabriel Caram, Glaura Teixeira Nogueira, Glória Horta Rolla, Guilherme Horta e Studio Anta, Guido Motta, Helvécio Moreira Filho, Isadora Moreira, Ilza Maria de Oliveira Carvalho, Jayme Furtado, Joana Brandão, José Augusto (Tizé), José Silvério Vasconcelos Miranda, Josely Drummond, Jussara Marrichi, Kael Kasabian, Livraria Quixote, Lélia, Lúcia, Luiz Fernando e Maria Edith Rolla, Leonardo Moreira, Luiz Fernando Morais Rolla, Luiz Navarro, Luiza Schiavo, Marcello Campos (de Porto Alegre), Maria Lutterbach, Mauri Torres, Marcelo Lustosa, Marco Aurélio Barroso, Maria e Vera Drummond, Melissa Rocha, Mosh, Olga Dantas Novaes, Oazinguito Ferreira, Paulo Afonso de Lima, Pedro Morais, Phillipe Bandeira de Mello e Fredímio Trotta, Renato Negrão, Roberta Alves de Souza, Rosa e Maria do Carmo Martins da Costa Perdigão, Rubens Marra, Rui César dos Santos, Sarah Alcântara, Sílvia Duarte Perdigão, Thais Maria Bueno Silveira, Tonico Amâncio, Toninho Vaz, Ulisses Moisés, Ruth Perdigão, Ruth Hemberg, Wagner Augusto Álvares, Zeca Perdigão e Zemog.

CEM MIL REIS
100$000
1403
500
CASINO BALNEARIO ATLANTICO

Índice Onomástico

Créditos das imagens

Acervo Carla Rolla p. 386.
Acervo família de Pedro Rolla Sobrinho p. 52/53.
Acervo Diva Cavalcanti p. 362, 384/385, 412, capa.
Acervo dos autores p. 1, 10/11, 27, 28, 34/35, 38/39, 44/45, 64, 94/95, 103 (doada pela família de Odette Drummond), 120/121, 134/135, 160, 210, 214/215, 217, 220, 267, 296, 334, 374/375, 408/409.
Acervo Gilson Cony dos Santos p. 258/259.
Acervo Olaga Dantas Novaes p. 206.
Arquivo J. Carlos p. 333.
Arquivo público da cidade de Belo Horizonte, coleção José Goés p. 88/89.
Arquivo público mineiro p. 100/101, 434.
CEDOC Funarte p. 198/199.
Diários Associados Press p. 159, 194/195, 246/247, 294/295, 302/303, 380/381, 403, 424/425.
Fundação Cultural Calmon Barreto p. 142/143, capa.
G. Ermakoff Casa Editorial p. 82/83.
Getty Images p. 12, 18/19, 24/25, 238, 264/265, 272/273, capa.
Instituto Moreira Salles p. 152/153, 200, 277 (coleção Carlos Moskovics), 326/327.
Jornal do Brasil p. 400.
Museu Aeroespacial p. 174/175.

CEM MIL REIS
1403
500

CEM MIL REIS
100$000
1403
500
CASINO BALNEARIO ATLANTICO

1ª edição	fevereiro de 2012
impressão	Santa Marta
papel de miolo	Pólen Soft 70 g/m²
papel de capa	cartão Supremo 300 g/m²
tipografia	Garamond Premier Pro